THARIK HUSSAIN

DAS MINARETT IN DEN BERGEN

PORTRÄT EINES UNVERMUTETEN EUROPAS

Aus dem Englischen von Elisabeth Schmalen

HarperCollins

Die Originalausgabe erschien 2021 unter dem Titel
Minarets in the Mountains. A Journey Into Muslim Europe
bei Bradt Guides Ltd., Chesham.

1. Auflage 2023

Deutsche Erstausgabe

Gesetzt aus der Adobe Caslon Pro
von GGP Media GmbH, Pößneck
Druck und Bindung von GGP Media GmbH, Pößneck
Printed in Germany
ISBN 978-3-365-00311-4
www.harpercollins.de

FÜR MEINE ELTERN,
MEINE FRAU TAMARA UND
MEINE TÖCHTER AMANI, ANAIYA UND MAYA

Save
Donau
Bosnien und
Herzegowina
Travnik
Vranduk
Zenica
Dinarisches
Kroatien
Sarajevo
Višegrad
Save
Mostar
Gebirge
Foča
Sjenic
Blagaj
Montenegro
Podgorica
Albani
Adria
N
Krujë
Durrës
Tirana
Italien
Berat
W
O
Vlorë
Gjirokastër
S

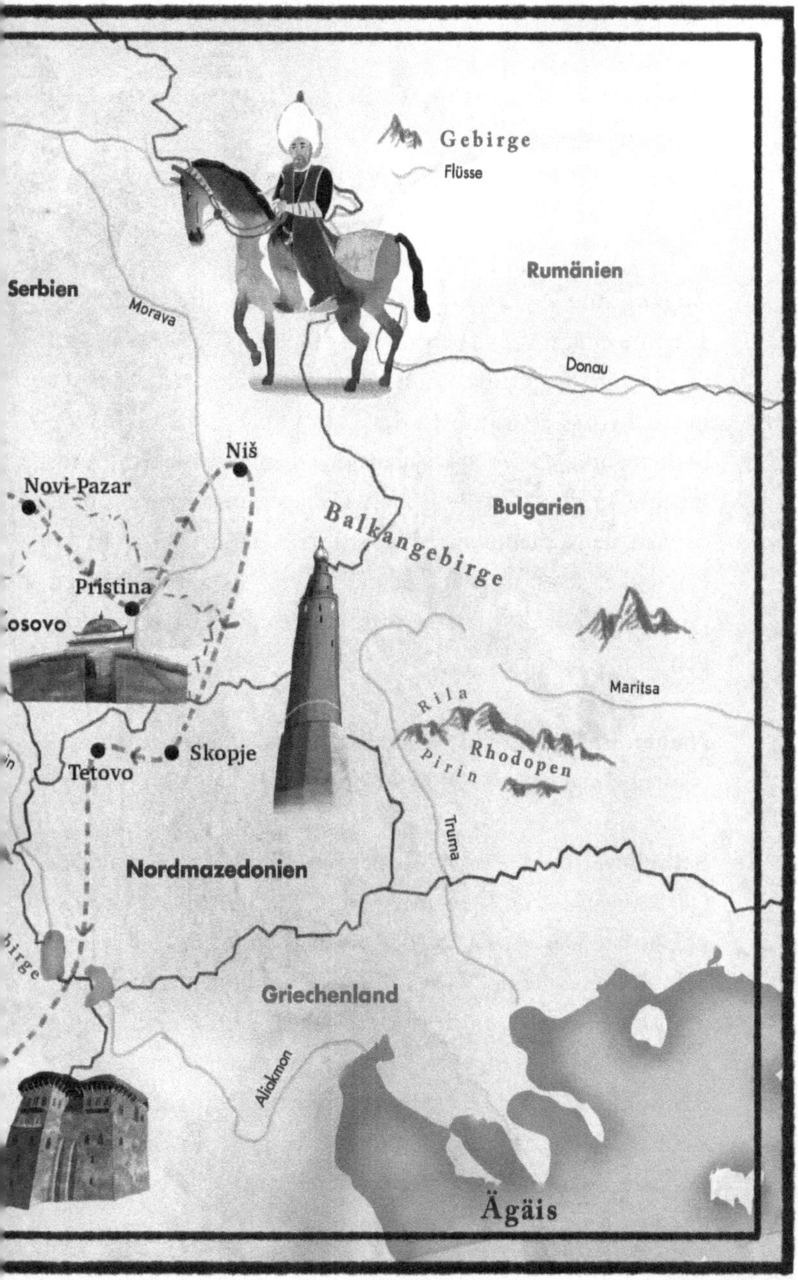
Gebirge
Flüsse
Rumänien
Serbien
Morava
Donau
Niš
Novi-Pazar
Bulgarien
Balkangebirge
Pristina
osovo
Maritsa
Rila
Rhodopen
Pirin
Skopje
Tetovo
Truma
Nordmazedonien
birge
Griechenland
Aliakmon
Ägäis

HINWEISE

Zugang zum Werk von Evliya Çelebi: Obwohl es in der Geschichte einige Versuche gab, Evliya Çelebis *Seyahâtnâme* zu übersetzen, bringt die Größe und Natur dieser Aufgabe es mit sich, dass ein Großteil des Textes für Sprecher des Englischen und Deutschen bis heute unzugänglich ist. Der Autor möchte an dieser Stelle Robert Dankoff und Sooyong Kim danken, den bedeutendsten Übersetzern der *Seyahâtnâme* ins Englische, deren immense Bemühungen viel dazu beitrugen, ihm das Werk des großen osmanischen Reisenden zugänglich zu machen.

Namen im Text: Zum Schutz der Privatsphäre wurden die Namen einiger Personen im Text verändert.

Schreibweise: In diesem Buch wurden die Bezeichnungen *Qur'ān, Makkah und Madinah* anders geschrieben, als es sonst üblich ist. Der Autor ist der Ansicht, dass die verbreitete Schreibweise dieser Namen, die auf veralteten, ungenauen Transliterationen aus dem Arabischen beruht und häufig zu einer falschen Aussprache führt, dem heiligsten Text des Islam und seinen zwei heiligsten Stätten nicht gerecht wird. Als Muslim ist es ihm wichtig, dem entgegenzuwirken, und er dankt dem Verlag für dessen Bereitschaft, diese Entscheidung zu respektieren.

INHALT

EINLEITUNG

INNIGE TOLERANZ

PALAMARTSA, BULGARIEN

Bleistiftdünne schneeweiße Minarette, gekrönt von spitz zulaufenden Kegeln, ragten uns entgegen, als wir durch die weitläufige Ebene von Nordbulgarien fuhren, nicht weit von der Grenze zu Rumänien. Neben jedem der Türme war die unverwechselbare Kuppel einer kleinen Moschee auszumachen.

Einige von ihnen waren verfallen. Andere verschlossen. Eine oder zwei jedoch verfügten über einen kleinen Friedhof, mit gepflegten Rasenflächen zwischen den uralten turbanförmigen Grabsteinen. Als wir anhielten, um durchs Fenster einen Blick in die Moscheen zu werfen, sahen wir Stapel von farbenfrohen Gebetsteppichen an den Wänden, unter abgenutzten Tespih (Gebetsketten), die an kleinen Haken hingen. Irgendwann wurde mir klar: Das hier waren lebendige muslimische Dörfer mit langer Geschichte. Aber wie kamen sie bloß hierher?

Wir waren auf dem Weg zu einem Ökobauernhof im abgelegenen Dorf Palamartsa, das sich in die Hügellandschaft im Nordosten Bulgariens schmiegt. Eine Woche lang war ich zusammen mit meinen beiden Töchtern Amani und Anaiya in Transsilvanien Dracula auf der Spur gewesen, und nachdem wir ihre Mutter Tamara am Flughafen in Bukarest abgeholt hatten, war unsere Familie jetzt wieder vereint. Unsere weiteren Pläne bestanden vor allem darin, den Rest unseres Sommerurlaubs mit Nichtstun zu verbringen.

Von dem Bauernhof hatte ich durch einen Artikel im *Guardian* erfahren, der die Eigentümer als Verfechter des »Slow Living«-Konzepts beschrieb, und genau deshalb waren wir hier: Wir wollten es für ein paar Tage ganz ruhig angehen lassen. In London hetzten wir alle ständig einem straffen Zeitplan hinterher und waren jeden Tag damit beschäftigt, unsere Arbeit, die Nachmittagsbeschäftigungen der Kinder und deren Betreuung zu jonglieren. Wir mussten immerzu mehrere Bälle gleichzeitig in der Luft halten und versuchten ständig, zwei Fliegen mit einer Klappe zu schlagen – unser Leben hatte sich zum Klischee der modernen Gesellschaft entwickelt.

Die Woche auf dem Bauernhof in Palamartsa sollte das genaue Gegenteil sein: Wir hatten vor, tagelang in Hängematten zu lungern, zu lesen und im Garten unser eigenes Biogemüse zu ernten. Doch nun hatte die unerwartete Entdeckung der muslimischen Dörfer mir einen Ball zugeworfen, mit dem ich sehr gern jonglieren wollte.

Über Bulgarien wusste ich vor dieser Reise eigentlich nur, dass das Land einen der talentiertesten Fußballspieler aller Zeiten hervorgebracht hatte: Hristo Stoichkov (nach anderer Umschrift: Christo Stoitschkow). Ich erinnere mich bis heute, wie ich als fußballverrückter Jugendlicher die Weltmeisterschaft 1994 in den USA verfolgte und völlig gebannt war von dem linksfüßigen Genie, das aussah wie ein Knastbruder und Tore einfach zum Spaß zu schießen schien. Stoitschkows Bulgaren warfen in einer traumhaften Siegesserie Mannschaften wie Mexiko und Deutschland aus dem Turnier und kamen bis ins Halbfinale, und Stoitschkow wurde WM-Torschützenkönig. Am Ende reckten die Brasilianer den Pokal in die Höhe, aber Stoitschkow und seine tapfere kleine Nation, die den großen Mannschaften in jenem Jahr einen echten Schrecken einjagten, blieben allen in Erinnerung.

Das war also alles, was ich über Bulgarien wusste: Es war das Heimatland von Stoitschkow, früher kommunistisch gewesen, und die Nationalflagge sah aus wie die von Italien auf die Seite gedreht und etwas anderer Farbenfolge. Ich hatte keinerlei Anlass zu der Annahme, Bulgaren könnten Muslime sein.

Als der englische Schriftsteller Patrick Leigh Fermor in den 1930er-Jahren als junger Mann auf seiner Bildungsreise von Hoek van Holland nach Istanbul durch Zentralbulgarien wanderte, durchquerte er Landstriche, die als Teil des Osmanischen Reiches seit fast 500 Jahren muslimisch waren – ein Erbe, das Fermor deutlich ins Auge sprang. Er beschreibt, wie er »überall Türken mit Turban und Fez« sah, deren Frauen Kleidung trugen, die nur die Augenpartie frei ließ. Er erinnert sich daran, wie er an einer Vielzahl von Moscheen vorbeilief und einmal sogar die Nacht in den Ruinen eines Gotteshauses verbrachte. Vor einer weiteren traf er auf ein paar Einheimische, die im Schneidersitz auf dem Boden saßen und entweder Kaffee aus winzigen Tässchen schlürften oder eine *nargileh* rauchten, während andere am Brunnen standen und sich, wie vorgeschrieben, vor dem Ruf zum Gebet wuschen. Diese Szene hätte sich ohne Weiteres in Fes, Tunis oder Algier abspielen können, doch für den jungen Fermor unterschieden sich die Muslime nicht groß von ihren andersgläubigen Landsleuten.

Mittlerweile war fast ein Jahrhundert vergangen, seit er

diese Worte geschrieben hatte, und die Zeiten, in denen bedeutende Teile Osteuropas als muslimisch galten, waren vorbei. Ähnlich wie die Anwesenheit der Mauren in Spanien, Portugal und Italien findet dieser Aspekt der Geschichte im historischen Narrativ dieser Regionen kaum noch Berücksichtigung, weder in der offiziellen Geschichtsschreibung noch in der populären Auffassung. Daran ist zum Teil der lange währende atheistische Kommunismus schuld, der auf Fermor und seine heute verblassten Fußstapfen folgte. Heute gehen weite Teile der Welt einfach davon aus, dass Südosteuropa ein säkularer, ungastlicher, grauer Ort ist, zerrissen von ethnischen Konflikten, obwohl dieses Bild die sechs Jahrhunderte umspannende muslimische Geschichte der Region und ihre große ursprüngliche muslimische Bevölkerung komplett ausblendet. Kein Wunder, dass die muslimischen Dörfer in Bulgarien samt ihren kleinen, weißen Moscheen so eine Überraschung für uns waren!

Für uns als muslimische Familie, die zu einer Zeit in Europa lebt, in der Muslimen das Bild vermittelt wird, sie seien gesellschaftliche Außenseiter, stellten diese Dörfer eine verlockende Gelegenheit dar: Sie boten uns die Chance, eine einheimische Version unserer Selbst zu treffen.

Ich kam in Bangladesch zur Welt, bevor meine Familie in den frühen 1980ern ins Londoner East End zog, zu einer Zeit, in der der Rassismus dort seinen Höhepunkt erreichte. »Pakis klatschen« war ein beliebter Zeitvertreib, auf Etiketten von Marmeladengläsern war die stereotype schwarze Figur »Golliwog« zu sehen, und die rechtsextreme British National Party hatte einen Infostand in der Brick Lane – mitten im Herzen der frisch aus Bangladesch eingetroffenen Immigrantengemeinde.

Mir wurde von Anfang an deutlich zu verstehen gegeben, dass ich nicht hierhergehörte. Ich war ein verwirrtes und verängstigtes Kind, das miterlebte, wie ein rassistischer Schläger meinen Vater vor unserer Tür attackierte; ich hörte, wie die Polizei beharrlich wiederholte, die Skinheads nicht ausfindig machen zu können, die meinem Bruder eine Platzwunde am Kopf verpasst hatten; ich vernahm den ängstlichen Aufschrei meiner Mutter, wenn wieder jemand einen Böller durch unseren Briefschlitz steckte, und sah voller Entsetzen, wie ein halbstarker Neonazi meinem Freund die Wange aufschlitzte, ehe sein Fascho-Kumpel mir nachsetzte.

Ich wuchs mit dem Gefühl auf, dass weite Teile der Gesellschaft mich hassten, einfach weil ich war, wer ich war, und mich ohne Weiteres umgebracht hätten, nur um das zu beweisen. Das war schwer zu verarbeiten für ein Kind.

Daher fühlte es sich auf seltsame Weise vertraut an, als der Rassismus nach der Jahrtausendwende zwar nachließ – oder zumindest nicht mehr so offen ausgelebt wurde –, dafür aber ein neues Vorurteil aufkam. Während man mir zuvor immer gesagt hatte, ich gehöre nicht hierher, weil ich ein »Paki« sei, hieß es nun, ich gehöre nicht hierher, weil ich Muslim sei. Und das war nicht nur in England so; es machte den Eindruck, als würde die gesamte westliche Welt mich und »meinesgleichen« am liebsten vertreiben. Sowohl gebildete Akademiker wie Bernard Lewis und Samuel P. Huntington als auch Hass schürende gefeierte Publizistinnen wie Katie Hopkins und Melanie Phillips stießen laut und deutlich ins gleiche Horn: Muslime seien keine Europäer.

Ich hatte mittlerweile selbst Kinder, nachdem ich meine Jugendliebe geheiratet hatte. Unsere Familie war muslimisch mit multiethnischem, multikulturellem und multireligiösem Hintergrund – mit christlichen, jüdischen und muslimischen

Wurzeln. Irgendwie musste ich diesen Hass und diese Ablehnung, die, wie ich wusste, auch meinen Kindern entgegenschlagen würden, verstehen lernen.

Deshalb waren die Muslime vom Balkan von so großer Bedeutung für mich. Sie waren nicht das Ergebnis von Migrationsbewegungen, nicht zum Islam konvertiert und galten nicht als »Fremde« in Europa. Sie waren Muslime, deren Identität in und durch Europa entstanden war. Sie waren fest in der lokalen Gemeinschaft verwurzelt. Diese Menschen waren genauso Europäer, wie sie Muslime waren.

Ich wollte wissen, ob sie die gleichen inneren Konflikte durchlitten wie wir. Machten sie sich Gedanken darüber, ob sie dazugehörten? Wie gelang es ihnen, gleichzeitig europäisch und muslimisch zu sein? Fühlten sie sich ebenso ausgegrenzt wie viele von uns? Waren sie *in irgendeiner Weise* wie wir?

Gebannt unternahmen wir in jenem Sommer 2014 mehrere Tagesausflüge in muslimische Dörfer und Städte rund um Palamartsa. Unser Lieblingsort war Schumen, eine kleine bulgarische Stadt wie viele andere auch – graue, hoch aufragende Mietshäuser unterhalb eines protzigen kommunistischen Denkmals, das in seinem »Macho-Stil« alles überragte. Am Ostrand von Schumen, nahe der historischen Altstadt und umgeben von sattgrünen Hügeln, befindet sich die wunderschöne Şerif-Halil-Pascha-Moschee, auch unter der Bezeichnung Tombul-Moschee bekannt, aus der Zeit der osmanischen Herrschaft. Sie gilt als eines der beeindruckendsten Beispiele für den Stil der sogenannten Tulpenzeit und verbindet farbenfrohe europäische Barockmuster mit klassischen osmanischen Elementen, etwa einer Vielzahl von Kuppeln und einem eleganten, schlanken Minarett. Im Inneren der Moschee nahmen wir unter einem großen Baugerüst am traditionellen Freitagsgebet (*dschuma*) teil, bevor wir uns in den Innenhof begaben, wo unter einer Bleikuppel, die von weißen korinthischen Säulen getragen wird, ein malerischer Brunnen steht, aus dessen Hähnen angeblich heiliges Wasser fließt. Wir setzten uns auf eine Stufe, die warme Augustsonne auf dem Gesicht, und sahen zu, wie sich die Einheimischen so umarmten, wie sie es auch schon zu Fermors Zeiten getan haben dürften, nur dass sie heute keine Turbane oder Fez mehr trugen. In ihren Stoffhosen, Jeans, Hemden und T-Shirts unterschieden sich die Männer nicht von allen anderen Bulgaren, die uns bisher begegnet waren.

Später zeigten uns einige von ihnen stolz ihre neue Madrasa, ein großes, modernes Gebäude gegenüber der historischen Moschee, das durch Mittel aus der Türkei und Bosnien finanziert worden war. Diejenigen, die ein wenig Englisch sprachen, erzählten uns vom guten Zusammenleben mit ihren nichtmuslimischen Freunden und Nachbarn – auch das hatten wir in dem Balkanstaat nicht erwartet.

Wie sich herausstellte, war das in Schumen nichts Neues. Schon 1785 zeichnete ein französischer Reisender ein faszinierendes Bild eines religiösen Pluralismus, in dem sich die Religionen gegenseitig befruchteten. Er beschrieb die Einheimischen als »halb türkisch, halb bulgarisch; Muslime und Christen«, die Seite an Seite lebten, untereinander heirateten, »schlechten Wein« zusammen tranken und »sowohl gegen den Ramadan als auch gegen die christlichen Fastenregeln verstießen«. Ihm zufolge herrschten hier Respekt und Ehrfurcht beiden Religionen gegenüber, in einer Gesellschaft, in der Kinder ihren Glauben frei wählen durften, in vielen Haushalten sowohl das Kreuz als auch der Halbmond an der Wand hingen und auf den Regalen Turbane neben Ikonen zu sehen waren und der Qur'ān neben der Bibel stand.

Dieses Bild weckte Erinnerungen in mir. Im East End meiner Jugend war ich trotz der Rassisten inmitten von Menschen verschiedenster religiöser und atheistischer Überzeugungen aufgewachsen, und meine Freunde und ich waren ebenfalls gut darin gewesen, uns über den Ramadan hinwegzusetzen: Wir hatten uns davongeschlichen, um eine verbotene Zigarette zu rauchen oder uns heimlich eine Tüte Chips reinzuziehen. Bei Sonnenuntergang kehrten wir zurück und taten so, als wären wir ausgehungert, wobei wir peinlich genau darauf achteten, unseren Eltern und den frommeren Geschwistern nicht zu nahe zu kommen, damit sie nicht bemerkten, dass unser Atem nach Rauch und Essig roch. Selbst an den Tagen des Eid-Festes, das in Bulgarien Bayram genannt wird, feierten wir nach den morgendlichen Gebeten abends gern mit »schlechtem Wein« und Schnaps und betranken uns fröhlich mit unseren nichtmuslimischen Freunden. Und natürlich heirateten später auch einige von uns untereinander.

Betrieben wurde der Ökobauernhof von einem herzlichen Ehepaar aus Westeuropa – Claire Coulter, einer irischen Reiki-Meisterin, und Chris Fenton, einem Archäologen aus England. Sie hatten billig zwei einfache Bauernhäuser erstanden, nachdem sie sich auf einer Reise in ihrem Campingbus fast acht Jahre zuvor in die bulgarische Landschaft verliebt hatten. In einem der beiden hatten sie sich ein gemütliches Zuhause eingerichtet, das andere hatten sie in eine urige Ferienunterkunft verwandelt, die ihren Strom aus nachhaltigen Energiequellen bezog und sogar mit einer Komposttoilette ausgestattet war. Claire und Chris hielten eine Reihe Nutztiere – eine Ziege, mehrere Schweine und ein paar Hühner – und zogen ihr eigenes Obst und Gemüse. Ihr Leben war die bulgarische Version der britischen 1970er-Jahre-Fernsehserie

The Good Life. Die beiden waren intelligent und aufgeschlossen und interessierten sich zu meiner großen Freude auch für das muslimische Erbe der Region.

»Unser Ziegenhirte ist Muslim«, erzählte mir Claire eines Morgens, als sie uns die tägliche Portion Ziegenmilch, Käse, eingemachtes Obst und frisch gebackenes Brot brachte. »Und die ältere Frau von gegenüber auch.«

Ich warf einen Blick auf das von Weinranken bedeckte Natursteinhäuschen auf der anderen Straßenseite, halb in der Erwartung, eine Frau mit Kopftuch im Vorgarten zu sehen, aber das war natürlich Unsinn. Weder der Ziegenhirte noch die Nachbarin unterschieden sich äußerlich vom Rest der Dorfbewohner. In diesem Teil der Welt reichte die Vermischung der Kulturen und der Geschichte so weit in die Vergangenheit, dass die Grenzen schon vor Jahrhunderten verwischt waren.

Das trat nirgendwo deutlicher zutage als bei der Grabstätte, die Chris mir an einem unserer Tage dort zeigte. Sie lag etwa eine Autostunde vom Hof entfernt, in der Nähe des Dorfes Sweschtari. Tamara und die Mädchen begeistern sich nicht ganz so sehr für tote Menschen wie ich, daher fuhren Chris und ich zusammen mit einem jungen spanischen Pärchen, das ebenfalls auf dem Bauernhof Urlaub machte, dorthin. Chris stieg mit uns eine steile, gewundene Betontreppe hinab, die in ein Waldgebiet führte. Über uns bildeten bunte, an Äste gebundene Stofffetzen eine Art Baldachin aus kleinen Regenbögen. Auf halber Strecke zeigte Chris auf ein Grab an einer flachen Stelle am Abhang. Die Inschrift war völlig verwittert, aber der gemeißelte Grabstein – in Form eines osmanischen Turbans – war deutlich zu erkennen.

Das osmanische Mausoleum – auf Türkisch *türbe* – sei im 16. Jahrhundert auf einer alten thrakischen Kultstätte errichtet worden, die wohl aus dem 4. Jahrhundert vor Christus stamme, erklärte Chris. Das Grab, das sich auf einer großen Lichtung inmitten von steil aufragenden Hügeln befindet, ist dem Vernehmen nach die letzte Ruhestätte des alevitischen Heiligen Demir Baba. Seit seiner Errichtung ist der Ort ein Anlaufpunkt für religiöse Pilger. Historische Drucke im winzigen Museum der Türbe zeigen die aufwendig gestaltete Grabstätte auf der Lichtung mit einer Moschee daneben, vor der Männer mit großen Turbanen stehen. Von den beiden Holzbauten daneben diente einer als Quartier für die Anhänger der Bruderschaft, die sich inspiriert von den Lehren des Heiligen bildete, und der andere als Imāret (öffentliche Unterkunft), wo den müden Pilgern, die ebenfalls auf den Bildern zu sehen sind, nach ihrer Ankunft eine Mahlzeit und ein Bett zur Verfügung gestellt wurden.

»Aber es sind nicht nur Muslime, die herkommen«, meinte Chris, als wir uns über die »heilige« Quelle beugten, die auf wundersame Weise in Gegenwart von Demir Baba entsprungen sein sollte. »Auch Christen besuchen das Grab. Sie glauben allerdings nicht, dass es die sterblichen Überreste von Demir Baba enthält, sondern die des heiligen Georg.«

Das wahre Wunder ist laut Chris, dass dieser Widerspruch offenbar nicht zu Konflikten zwischen den beiden Glaubensgruppen führt. Sie haben einen Weg gefunden, die Überzeugungen der jeweils anderen zu respektieren und sich das Heiligtum zu teilen.

Als ich das kühle siebeneckige Mausoleum betrat, erwartete mich eine hervorragend organisierte Darbietung religiöser Toleranz. Die heilige Stätte war mit Ehrfurcht präzise in der Mitte unterteilt worden. Auf der einen Seite hingen schiitische Bildnisse von Ali, Hasan und Husain (Familienmitgliedern des Propheten) an den Wänden, mit arabischen

Inschriften dazwischen, die Gott, den Propheten und seine Familie priesen. Darunter befanden sich eine Reihe Tespih, ein Stapel Gebetsteppiche und weitere bunte Stofffetzen von der Art, wie sie draußen hingen. Auf der anderen Seite der Trennlinie waren, ebenso sauber und ordentlich, Ikonen, Kreuze, Kerzen und Rosenkränze zu sehen. Wo die religiösen Grenzen verschwammen, kam beides zusammen – auf dem Grab in der Mitte häuften sich muslimische und christliche Darbringungen.

Diese innige Toleranz gegenüber dem jeweils anderen Glauben bewegte mich zutiefst. So etwas war mir in Europa noch nie begegnet.

Warum, fragte ich mich, wurde das nicht öffentlich gefeiert? Warum wussten nicht viel mehr Menschen von dieser beispielhaften religiösen Toleranz auf dem Balkan?

Aus irgendeinem Grund sind die Erinnerungen an das muslimische Erbe der Region – wie das muslimische Erbe Europas – hauptsächlich negativ besetzt, wenn es sie überhaupt gibt. Auch Fermor beschreibt die Eroberung Konstantinopels durch die Osmanen 1453 als »größte Katastrophe, die über Europa hereinbrach, seit der Plünderung Roms durch die Goten«. Als habe das osmanische Europa nichts Gutes hervorgebracht.

Ein Teil der Antwort, stellte ich kurz darauf fest, fand sich in Chris' und Claires gut sortiertem Bücherregal. Als ich meinen Blick an einem ereignisarmen Nachmittag über die Titel schweifen ließ, fielen mir zwei faszinierende Bände ins Auge: *The Turks of Bulgaria: History, Traditions, Culture* (»Die Türken Bulgariens: Geschichte, Traditionen, Kultur«) und *A Guide to Ottoman Bulgaria* (»Ein Reiseführer zum osmanischen Bulgarien«). Herausgeber beider Bücher war der bulgarische Journalist Anthony Georgieff, und es waren die ersten englischsprachigen Werke über das muslimische Erbe Bulgariens (oder sonst irgendeines Balkanstaates), auf die ich je gestoßen war. Im Vorwort zum ersten der beiden Titel, überschrieben mit »Nicht in Schwarz-Weiß«, erklärt Georgieff, dass die bulgarischen Historiker schon seit der 1946 erfolgten Gründung des modernen Staates, der »Volksrepublik Bulgarien«, alles dafür getan hätten, die fünf Jahrhunderte andauernde osmanische Herrschaft als eine »Serie von Massenmorden, Pfählungen und strömendem Blut« darzustellen. Über die herausragende Architektur, die faszinierende Kultur, die tolerante Gesellschaft oder die liberalen osmanischen Sultane hingegen sei, so Georgieff, kein Wort gefallen.

Dabei hätten Bulgaren und Türken bis auf die Anfangszeit und das Ende der osmanischen Herrschaft »relativ harmonisch Seite an Seite« gelebt, wie es auch der französische Reisende 1785 beschrieben hatte. Diese fünf Jahrhunderte unter muslimischer Herrschaft hatten Bulgarien unwiderruflich geprägt. Viele Aspekte der »bulgarischen« Kultur gehen in Wahrheit auf das osmanische Erbe zurück. Das gilt auch für viele bulgarische Begriffe und traditionelle Speisen, Sprichwörter und Märchen. Selbst die Gewohnheit, Sonnenblumenkerne zu essen, lässt sich auf die Muslime zurückführen.

Georgieff hebt hervor, wie tolerant die Osmanen damals waren, zumindest für ihre Zeit. Ohne ihre Praxis der religiösen Pluralität, die durch den muslimischen Glauben inspiriert war, hätte es nach dem Mittelalter vielleicht nicht mehr allzu viele europäische Juden gegeben. Als die katholischen Könige von Spanien, Ferdinand und Isabella, 1492 mit dem Alhambra-Edikt dafür sorgten, dass die sephardischen Juden aus Spanien vertrieben wurden, nahmen die Osmanen die Flüchtlinge bei sich auf. Sultan Bayezid II. schickte sogar Schiffe, um sie abzuholen, zusammen mit den spanischen Muslimen, die ebenfalls vor die Wahl gestellt worden waren, das Land zu verlassen oder zum Katholizismus zu konvertieren. Wie auch andere Nichtmuslime mussten die Juden einfach nur ihre Steuern zahlen, um sich auf dem osmanischen Territorium sicher fühlen zu können. Es stimmt, dass einige Herrscher diese Regelung ausnutzten und höhere Steuern für Nichtmuslime erließen – das System war nicht perfekt, aber es war deutlich besser als die meisten nichtmuslimischen Systeme im Europa vor der Aufklärung. Das letzte Mal, dass sich die europäischen Juden hatten so sicher fühlen können, war wahrscheinlich während der Herrschaft der muslimischen Umayyaden in Spanien gewesen, denn in vielen europäischen Ländern kam es wiederholt zu Verfolgungen und Vertreibungen, etwa in England 1290, im heutigen Deutschland in den 1380er- und 1390er-Jahren und in Frankreich 1394. Immer wieder kam es in Europa zu Massakern an der jüdischen Bevölkerung, häufig befeuert durch christliche religiöse Führer. Zu Beginn des 13. Jahrhunderts verbot Papst Innozenz III. den Christen, mit Juden zusammenzuleben, zu arbeiten und zu handeln, und der Reformator Martin Luther erklärte im 16. Jahrhundert, es sei »unser Schuld«, also der Christen, die Juden nicht totzuschlagen. Europas religiöse Intoleranz beschränkte sich allerdings nicht auf die Juden; im 13. Jahrhundert begann Frankreich die christlichen Katharer auszulöschen und wiederholte das Gleiche später im Rahmen der europäischen Religionskriege mit den protestantischen Hugenotten. Diese Kriege spielten sich im 16. und 17. Jahrhundert zwischen Christen verschiedener Konfessionen ab und kosteten geschätzt 15 Millionen Menschen in Europa das Leben.

Allein die Vielfalt der religiösen Flüchtlinge, die sich

freiwillig auf osmanischem Herrschaftsgebiet niederließen, spricht für sich. Das Osmanische Reich waren, wie alle Reiche, keineswegs vollkommen, aber es sollte, wie Georgieff betont, nicht einfach als schwarz oder weiß betrachtet werden.

Heute machen die ethnischen Türken nur noch acht Prozent der Bevölkerung Bulgariens aus. Dieser geringe Anteil erklärt sich durch die ethnischen »Säuberungen« im Namen des christlichen Nationalismus im späten 19. Jahrhundert und die furchtbaren antimuslimischen Pogrome des berüchtigten »Wiedergeburt«-Prozesses im 20. Jahrhundert. Dieser strebte die »Reinwaschung« des nationalen Kulturerbes an, indem man »muslimische« Kleidung und die türkische Sprache verbot, Ortsnamen änderte und Moscheen und osmanische Bauwerke, darunter auch Friedhöfe, verwüstete oder zerstörte. Tausende ethnisch bulgarische Muslime – die Pomaken – und Roma wurden gezwungen, zum Christentum zu konvertieren, und ethnische Türken mussten ihre Namen slawisieren. Wer Widerstand leistete, wurde verprügelt, ins Gefängnis geworfen oder getötet. Die beängstigenden Übergriffe brachten viele bulgarische Muslime dazu, ihre Häuser aufzugeben, ihr Land zu verlassen und auszuwandern, vor allem in die Türkei. Es gab mindestens drei große Auswanderungswellen: in den 1950er-, 1970er- und 1980er-Jahren. Bei der letzten von ihnen emigrierten fast 360.000 Menschen, nachdem 1984 und 1985 rund 800.000 Muslime gezwungen wurden, ihren Namen zu ändern. Diese sogenannte »Große Exkursion« war die umfassendste Zwangsmigration der zweiten Hälfte des 20. Jahrhunderts in Europa. Bei der Volkszählung im folgenden Jahr wurde nicht mehr nach der ethnischen Zugehörigkeit gefragt. Staatlicherseits gab es jetzt nur noch »Bulgaren«.

Unser Sommerurlaub in Bulgarien hatte uns die Augen dafür geöffnet, dass tatsächlich noch ein lebendiges ursprüngliches »muslimisches Europa« existierte. Mir persönlich hatte er aber auch gezeigt, wie prekär diese Existenz war und welche Bemühungen unternommen wurden, sie auszumerzen und zu verleugnen. Das hatte urplötzlich das dringende Bedürfnis in mir geweckt, mir anzuschauen, was noch da war, bevor es zu spät war, und zwar nicht allein, sondern zusammen mit meiner Frau und meinen Töchtern. Meiner Ansicht nach ging es hier auch um ihr kulturelles Erbe, als Europäerinnen und als Musliminnen – ein Erbe und eine Geschichte, über die sie sonst nichts erfahren würden. Außerdem wäre eine Reise mit ihnen zusammen eine ganz andere Erfahrung, sie würde mir Zugang zu Orten verschaffen, die mir allein nicht offenstünden, und wichtige und neue Sichtweisen bieten. Wir sind britische Muslime, aber meine Frau und ich sind unterschiedlicher Herkunft, sie stammt aus Großbritannien, ich aus Bangladesch. Die drei würden die Orte, die wir besuchten, mit anderen Augen sehen als ich. Sie *mussten* mitkommen. Und so fing ich an, in jenem Sommer im idyllischen Bauernhaus mitten im bulgarischen Nirgendwo einen Plan zu schmieden.

Nach einem Blick auf die Landkarte Europas war mir klar, dass unsere kulturelle Spurensuche uns in den Winkel des Kontinents führen musste, der bis heute zu Recht als »muslimisch geprägtes Europa« gilt: den Westbalkan – sechs Länder, die auf eine jahrhundertelange islamische Geschichte zurückschauen und von denen drei bis heute über eine mehrheitlich muslimische Bevölkerung verfügen: Bosnien und Herzegowina, Kosovo und Albanien sind im Grunde die einzigen »muslimischen« Länder Europas. Doch auch ihre Nachbarstaaten – Serbien, Nordmazedonien und

Montenegro – besitzen eine langjährige muslimische Tradition. Dazu war diese Region nicht nur reich an europäisch-muslimischer Kultur und Geschichte, sondern auch von übersichtlicher Größe, sodass wir alle sechs Länder in einem einzigen abenteuerlichen Sommerurlaub bereisen könnten.

Als Tamara und ich uns an die Routenplanung machten, bemerkte ich schon bald, dass es kaum Literatur zum muslimischen Erbe dieser Region gab. Niemand hatte ein Überblickswerk über die muslimischen Orte, Menschen, Bräuche, Moscheen und Bauwerke dort verfasst, weder in der Vergangenheit noch in der Gegenwart. Selbst der gefeierte britische Reisejournalist Michael Palin war bei seiner Tour durch diese Länder vor gut einem Jahrzehnt vor allem an der jüngeren kommunistischen Geschichte interessiert gewesen und hatte der jahrhundertelangen muslimischen Prägung kaum Beachtung geschenkt. Offenbar würde ich mich, abgesehen von meiner Intuition, vor allem auf die Einblicke von Besuchern wie Fermor verlassen müssen, Nichtmuslimen aus Westeuropa, was einige Probleme mit sich brachte.

Als Gegengewicht zu diesen Stimmen brauchte ich jemanden mit *echten* Kenntnissen über das muslimische Europa, jemanden, der selbst Muslim war, jemanden aus dem Osten. Genau genommen gab es nur einen einzigen Kandidaten: den großen Reisenden des Osmanischen Reiches, Evliya Çelebi. Evliya hatte nicht nur viele der Orte und Städte besucht, die jetzt auch zu unseren Zielen zählten, sondern seine Reise in der Mitte des 17. Jahrhunderts unternommen, als das Osmanische Reich seine größte Ausdehnung in Europa erreicht hatte. Evliyas Europa war so »muslimisch« wie zu keinem anderen Zeitpunkt, und er hatte es als Vertreter der kultiviertesten Gesellschaft der damaligen Welt bereist. Evliyas Vater hatte dem legendären Sultan Süleyman dem

Prächtigen gedient, dessen Herrschaft als kulturelle Blütezeit des Osmanischen Reiches gilt. Bildende Kunst, Musik, Literatur und ganz allgemein die anspruchsvolle Kultur wurden ausgiebig gefördert in dem Reich, das sich von der Grenze zu Österreich im Westen bis zum Persischen Golf im Osten erstreckte und ganz unterschiedliche Völker und Religionen beherbergte.

Evliya, der für seinen Scharfsinn, sein Wissen und seine Redekunst bekannt war und sich darauf berief, von berühmten Dichtern und sogar vom Propheten Muhammad abzustammen, war im Verlauf seines Lebens mehr als 40 Jahre lang auf Reisen, zusammen mit mehreren der großen Paschas (osmanischen Statthaltern) der Zeit – er war offenbar ein unterhaltsamer Gefährte. Zehn dieser Jahre (1660 bis 1670) verbrachte er auf dem Balkan, und so bieten seine Reiseberichte einen faszinierenden und einzigartigen Einblick in das muslimische Europa.

Evliyas Reisetagebuch, die *Seyahâtnâme*, in dem er seine epischen Expeditionen auf dem Gebiet des Osmanischen Reiches schildert, macht ihn zu einem der ersten großen Reiseschriftsteller des muslimischen Europas und zu einem der am häufigsten zitierten Autoren zum Thema Balkan. Auf der Suche nach dem modernen muslimischen Europa den Fußspuren eines derart gebildeten Kenners seines historischen Vorläufers zu folgen, bedeutete, dass Evliya uns immer noch wichtige Einblicke verschaffen konnte, selbst wenn die Geschichte und das kulturelle Erbe, nach dem wir suchten, mittlerweile verschwunden sein sollten – zumindest führte er uns vor Augen, wie »muslimisch« Europa einst war.

TEIL EINS

BOSNIEN UND HERZEGOWINA

EINE OSMANISCHE STADT

SARAJEVO

Es war der melodische Ruf des Muezzin, der mich auf dem Weg zu meinem ersten Ziel in Sarajevo zur Eile antrieb. Die heiligen Worte, die alle Muslime zum Gebet einluden, hallten durch das Tal, in dem die Hauptstadt von Bosnien und Herzegowina liegt. Die Altstadt, die sich in einem schmalen Streifen in West-Ost-Richtung am Ufer der Miljacka entlang erstreckt, die sich aus dem umgebenden Gebirge hinabschlängelt, gleicht bis heute einer geschäftigen mittelalterlichen Stadt.

Überall um mich herum führten schmale Gassen in die historischen Stadtviertel, in denen einst ausschließlich Metallarbeiten, Lederwaren, Gold oder Kaffee vertrieben wurden. In manchen Häusern befanden sich auch heute noch solche Läden oder Werkstätten und konkurrierten mit den modernen Restaurants, Cafés und Souvenirshops um den Raum.

Der spätabendliche *adhān* (Gebetsruf) ist immer etwas Besonderes. Die grünen Hügel waren von tintenschwarzer Dunkelheit umhüllt, als die feierlichen arabischen Worte durch das Tal klangen und eine Moschee nach der anderen zum Leben erwachte. Bei jedem Ruf, der sich dem Chor anschloss und ihn weiter anschwellen ließ, drehte ich den Kopf in die Richtung seiner Herkunft und entdeckte ein weiteres hoch aufragendes altes Minarett, das mir zuvor entgangen war. Sie schienen einfach überall zu sein, und jedes von ihnen zeugte davon, dass Sarajevo immer schon eine muslimische Stadt gewesen war.

Mit der Gründung Sarajevos im Jahr 1461 war Bosnien, nur zwei Jahre bevor es offiziell zu einem osmanischen Sandschak (Verwaltungsbezirk) wurde, praktisch zu einem muslimischen Land erklärt worden, und das ist es seitdem auch voller Stolz geblieben.

Als Junge hatte ich nicht gewusst, dass es in Europa Städte gab, in denen der *adhān* ein ganz normaler Teil des Alltags war, und ich hätte mir ganz sicher nicht ausmalen können, dass eine solche Stadt nur gut 1600 Kilometer Luftlinie östlich von uns lag und nicht Kairo oder Istanbul hieß.

Wie die meisten britischen Kinder der 1990er-Jahre hatte ich den Namen Sarajevo zum ersten Mal aus dem Mund eines mittelalten weißen Nachrichtensprechers mit Oberschichtsakzent vernommen. Immer wenn er etwas über Sarajevo sagte, waren auf dem Bildschirm grobkörnige Aufnahmen von Männern, Frauen und Kindern zu sehen, die inmitten von hellen Lichtblitzen und ohrenbetäubendem Lärm in Deckung gingen. Diese von Angst und Zerstörung geprägten Bilder glichen denen, die eingeblendet wurden, wenn der Mann »Bagdad« oder »Mogadischu« sagte.

Damals war Sarajevo ein Kriegsschauplatz, irgendwo weit, weit weg – vielleicht sogar in der Nähe von Bagdad und Mogadischu? Nein. So viel wusste ich. Ich war mir darüber im Klaren, dass der Irak und Somalia »muslimische« Länder waren und die Menschen dort aussahen wie ich. Regelmäßig brachten meine Eltern und die Würdenträger in der Moschee ihre Trauer über das Leid der irakischen und somalischen Muslime zum Ausdruck und widmeten ihnen sogar Gebete, aber ich kann mich nicht daran erinnern, je für die Bosnier in Sarajevo gebetet zu haben.

Nun betrat ich den großen steinernen Innenhof der Gazi-Husrev-Beg-Moschee und begab mich direkt zum Eingang des großen Gebetsraumes. Aus den Lautsprechern waren Qur'ān-Verse zu hören. Das deutete darauf hin, dass ich zu spät kam. Also hastete ich am kunstvoll verzierten Brunnen im Hof vorbei, entledigte mich rasch meiner Schuhe, warf sie ins hölzerne Schuhregal und riss die große Tür auf, in der Erwartung, dahinter auf in Reih und Glied kniende Gläubige zu stoßen. Doch es gab keine Reihe. Genau genommen wirkten alle Anwesenden im halb leeren Raum ziemlich entspannt: Einige von ihnen beendeten gerade zusätzliche *Sunna*-Gebete, andere hielten einen Qur'ān in den Händen und lasen darin, und ein oder zwei der älteren Anwesenden gaben sich Mühe, nicht einzunicken.

Hatte ich wirklich Qur'ān-Verse vernommen?

Da erklang die Stimme erneut, und ich erkannte sofort die *al-Ichlās*-Sure. Es war eine tiefe, alte Stimme, aber ich konnte nicht sehen, woher sie kam. Vorn stand kein Imam, der Platz vor dem farbenfrohen und kunstvollen marmornen Mihrāb war leer. Ich war verwirrt. Der Beginn des Gebets lief normalerweise anders ab.

Nicht aber hier in Bosnien.

Genau wie die prachtvolle Moschee, in der ich stand, sind auch die Praktiken der Glaubensausübung in Bosnien von der Türkei geprägt, wo es üblich ist, vor dem gemeinsamen Gebet bestimmte wichtige Abschnitte des Qur'ān zu rezitieren. Als mir das klar wurde, erkannte ich zu meiner großen Erleichterung, dass ich das Gebet keineswegs verpasst hatte. Ich würde meine Suche nach dem muslimischen Europa doch so beginnen können, wie ich es mir vorgestellt hatte: indem ich mich neben den einheimischen Muslimen Europas vor Gott verneigte.

Sobald der alte Mann die *al-Ichlās* dreimal vorgetragen hatte, ließ er als *duā* zunächst noch die *Fātiḥa* folgen, bevor die *iqāma* erklang (der kürzere Ruf, der ankündigt, dass das gemeinsame Gebet nun beginnt). Daraufhin kamen alle langsam auf die Füße. Die Männer bildeten gerade Reihen mit dem Gesicht Richtung Mihrāb, und die Frauen stellten sich unter einem Teil der Mahfil (der hölzernen Empore im hinteren Teil) auf. Es gab keine bauliche Trennung zwischen den Geschlechtern.

Ich fand mich in der ersten Reihe in der Nähe eines großen marmornen Minbar wieder, von dem aus der Imam am Freitag seine Predigt hielt. Links und rechts von mir standen zwei ältere Herren, von denen einer nur wenige Minuten zuvor ziemlich sicher noch gedöst hatte.

Nach einigen Sekunden kündigte das Rascheln des Vorhangs unter dem Minbar die Ankunft des Imams an. Er trug ein langes Gewand und eine rote Kopfbedeckung, die einem Fez ähnelte, und war jung, um die 30, während seine Gemeinde – vier Reihen, die etwa ein Viertel des Gebetsraumes füllten – größtenteils schon in den Herbst des Lebens eingetreten war. Als er begann, die *Fātiḥa* zu sprechen, wurde seine Stimme höher, melodiöser. Er hielt an den richtigen Stellen inne und betonte die Worte auf eine Art und Weise, die auf jahrelange Übung hinwies, wahrscheinlich eine klassische Ausbildung. Das überraschte mich nicht – die Gazi-Husrev-Beg-Moschee ist die größte Sarajevos, erbaut im 16. Jahrhundert durch einen der berühmtesten Gouverneure der Stadt. Selbstverständlich war der Mann, der ausgewählt worden war, hier durch das Gebet zu führen, ein Meister seines Fachs.

Seine klangvollen Worte erfüllten den Gebetsraum und hallten von der hohen Decke und der verzierten Kuppel in der Mitte wider, auf eine Art und Weise, die einer Kathedrale würdig gewesen wäre.

Als ich dort stand, die Arme um die Mitte geschlungen, die Schultern und Füße nur wenige Zentimeter von denen der Herrschaften links und rechts von mir entfernt, fühlte ich mich für einen Augenblick in die monumentalen Moscheen in Istanbul versetzt – dem architektonischen und spirituellen Vorbild der Gazi Husrev.

Die Moschee war während der Blütezeit des Osmanischen Reiches entstanden, 1531, als Sultan Süleyman der Prächtige auf dem Thron saß. Sie war Teil eines riesigen Gebäudekomplexes, finanziert durch den *waqf* (einer Art Stiftung) eines der engsten Berater des Sultans, Gazi Husrev Beg, dem damaligen Gouverneur von Bosnien und mütterlicherseits Enkel von Sultan Bayezid II. Mit den Mitteln aus dem *waqf* wurden neben der Moschee auch mehrere Schulen, Bibliotheken, öffentliche Bäder, Unterkünfte für Reisende (Han) und Arme (Imäret) sowie Uhrtürme in Sarajevo errichtet, wodurch die Stadt zu einer der bedeutendsten der Region aufstieg. Einige der Gebäude bestehen bis heute, unter anderem das Grab von Gazi Husrev Beg, aber die Hauptattraktion ist und bleibt die Moschee, eines der schönsten Beispiele klassischer osmanischer Architektur in Bosnien.

Da sie während der ruhmreichen Ära des großen Architekten Mimar Sinan entstand, bemühte man sich, genau wie bei jeder großen osmanischen Moschee jener Zeit – wie ich im Verlauf der Reise feststellen sollte –, eine Verbindung zwischen ihr und dem herausragenden Mann herzustellen, auch wenn dies manchmal weit hergeholt war – und das war es in diesem Fall wirklich. Die Muslime Sarajevos wollten unbedingt beweisen, dass Sinan die Gazi-Husrev-Beg-Moschee »in Augenschein genommen« hatte. Der Chefarchitekt des Reiches war so angesehen, dass selbst eine mögliche Inspektion durch ihn als erwähnenswert galt.

Als der Imam das letzte *salām* abschloss und dabei über die linke Schulter schaute – das Zeichen, dass das Gebet nun zu Ende war –, richtete ich den Blick auf die Blumenornamente rund um die Fenster und die rot-grünen wabenartigen Trompen unter der großen Mittelkuppel, durch deren unteren Teil sich eine filigrane Inschrift zog. Wie viele osmanische Moscheen dieser Zeit besitzt auch die Gazi Husrev neben der großen noch mehrere kleinere Kuppeln. Sie alle wölben sich nebeneinander über dem großen Portikus am Eingang, der gebaut wurde, um sicherzustellen, dass den Reisenden abseits der fünf täglichen Gebetszeiten, wenn die Türen vieler Moscheen verschlossen sind, ein sauberer und trockener Ort zum Beten zur Verfügung steht. Muslimische Reisende sind nicht verpflichtet, zu den festgelegten Zeiten zu beten, sondern können es tun, wann es ihnen passt.

Die Malereien, die ich im Inneren der Moschee bewunderte, waren jedoch keine Originale. Diese waren bedauerlicherweise während »Renovierungsarbeiten« in der Zeit, als Bosnien zu Österreich-Ungarn gehörte, zerstört worden. Die heutige Gestaltung des Innenraums – inspiriert durch zeitgenössische osmanische Moscheen – geht auf den Wiederaufbau zurück, nachdem die Moschee in den 1990er-Jahren im Bosnienkrieg durch serbische Bomben beschädigt worden war. Sie war absichtlich ins Visier genommen worden. Das Bombardieren historischer Bauten und Kulturdenkmäler im Krieg ist stets ein Zeichen an den Feind, dass man es auf seine Identität abgesehen hat – man will zerstören, was ihn zu dem macht, der er ist. So gingen schon die Deutschen und die Briten im Zweiten Weltkrieg gegeneinander vor; das berühmteste Beispiel sind die sogenannten Baedeker-Angriffe. Dabei nahm die Luftwaffe angeblich jedes Gebäude in England ins Visier, das in dem beliebten Baedeker-Reiseführer für Großbritannien mit drei Sternen verzeichnet war – also die historisch und kulturell bedeutendsten Sehenswürdigkeiten –, um es dann in Grund und Boden zu bomben. Aus dem gleichen Grund nahmen sich die Serben die Gazi-Husrev-Beg-Moschee vor. Angriffe dieser Art, die ein Beobachter von der Harvard University als »kulturellen Genozid« bezeichnete, wurden während des Kriegs, der das Land zwischen April 1992 und Dezember 1995 in Schutt und Asche legte, zu einem serbischen Markenzeichen.

Der Bosnienkrieg war einer von mehreren Kriegen, die ausgefochten wurden, als Jugoslawien 1991 auseinanderbrach, und er speiste sich aus historisch bedingten Nationalismen entlang ethnisch-religiöser Trennlinien. Als das mehrheitlich muslimische Bosnien und Herzegowina im März 1992 seine Unabhängigkeit erklärte und eine multiethnische Zukunft auf Grundlage der traditionellen *komšiluk*, der »guten Nachbarschaft«, anstrebte, weigerten sich zunächst die orthodoxen Serben und später auch die katholischen Kroaten, die in Bosnien lebten, das zu akzeptieren. Beide Volksgruppen erklärten ihre jeweiligen Gebiete zu autonomen Staaten und der Mehrheit des Landes, den bosnischen Muslimen (Bosniaken), den Krieg. Die bosnischen Serben und die bosnischen Kroaten erhielten Unterstützung aus Serbien und Kroatien, denen man vorwarf, die frisch entstandene Republik Bosnien und Herzegowina spalten zu wollen, um ihre eigenen Territorien zu vergrößern. Es war eine Art religiöser Terrorismus, bevor der Begriff populär wurde.

Der bittere Konflikt sorgte dafür, dass ehemalige Nachbarn, Freunde und sogar Familienmitglieder plötzlich gegeneinander kämpften. Die Folge waren zerbombte Dörfer und Städte, ethnische »Säuberungen«, Massaker und systematische Vergewaltigungen. Auch wenn die Serben als Haupttäter gelten, werden auch den Bosniaken und Kroaten Kriegsverbrechen zur Last gelegt. Der Krieg kostete 100.000 Menschen das Leben, weitere zwei Millionen ihre Heimat und zählt bis heute zu den schlimmsten ethnischen »Säuberungen« seit dem Zweiten Weltkrieg.

Als er schließlich mit dem am 14. Dezember 1995 in Paris unterzeichneten Friedensabkommen zu Ende ging, entstand ein ungewöhnliches neues Land: eines, in dem zwei »Nationen« mit eigenen Gesetzen, Parlamenten und Hauptstädten ohne Grenzen innerhalb eines übergeordneten Staates existieren. Der Staat Bosnien und Herzegowina besteht sowohl aus der Föderation Bosnien und Herzegowina, wo die Mehrheit muslimische Bosniaken sind, und aus der Republik Srpska, wo hauptsächlich ethnische Serben leben, die dem christlich-orthodoxen Glauben anhängen.

Der Rückweg von der Moschee führte mich zum winzigen Baščaršija-Platz nahe einer ziemlich belebten Haltestelle, wo die ältlichen blau-gelben Straßenbahnen geräuschvoll zum Stehen kommen. Der Platz beherbergt den markanten Sebilj, eine Konstruktion aus kunstvoll geschnitztem Holz, die einem kleinen Kiosk mit einem Kuppeldach im osmanischen Stil gleicht, und ist ein beliebter Ort, um kurz Rast zu machen und den Kindern zuzuschauen, wie sie die Tauben jagen, oder den Touristen, wie sie neben dem heutigen Wahrzeichen Sarajevos posieren.

Ich beschloss, dort einen Happen zu essen, und nahm Platz auf einem Stuhl vor einem der Restaurants mit Blick auf den

Sebilj. Das Bauwerk entstand ursprünglich 1752 als Brunnen für durstige Reisende. Der Grund dafür, dass es wie ein Kiosk aussieht, ist der, dass früher tatsächlich ein Mann darin saß, der sogenannte »Sebilja« – abgeleitet vom arabischen Wort für »Straße« oder »Weg« –, der Wasser für die durstigen Wanderer schöpfte. Leider brannte der Original-Sebilj 1852 ab, und als er von den Habsburgern, zu deren Reich Bosnien seit Ende des 19. Jahrhunderts gehörte, neu errichtet wurde, wurde ein Wasserhahn an der Seite eingebaut, sodass die Besucher von nun an zu jeder Tages- und Nachtzeit Zugang zu erfrischend kühlem Wasser hatten.

Die freie Verfügbarkeit von Trinkwasser zählte zu den Dingen, die großen Eindruck auf den osmanischen Reisenden Evliya Çelebi machten, als er im Jahr 1660 nach Sarajevo geschickt wurde, um seinen Onkel mütterlicherseits, Melek Ahmed Pascha, den Gouverneur des bosnischen Eyalets, über einen Sieg zu informieren (möglicherweise im Transsilvanienfeldzug). Melek, der mit der Tochter von Sultan Murad IV. verheiratet und kurzzeitig Großwesir des Reiches gewesen war, sollte Evliyas wichtigster Förderer werden und einen Großteil seiner Reisen ermöglichen. Er stellte eine von mehreren hochrangigen Verbindungen Evliyas zum Hof dar. Sein Vater, Derwisch Mehmed Aga Zilli, war der Hauptgoldschmied mehrerer Sultane gewesen; ihm war die überaus ehrenvolle Aufgabe zugekommen, den goldenen Wasserablauf der heiligen Kaaba anzufertigen, die sogenannte »Rinne der Barmherzigkeit«, die bis heute oben aus dem hochverehrten Bauwerk in Makkah herausragt.

Evliya kam in Konstantinopel, dem heutigen Istanbul, der Hauptstadt des Reiches, zur Welt. Die kosmopolitische und moderne Stadt war damals womöglich die prachtvollste Metropole ihrer Zeit, und Evliya widmete seiner geliebten

Heimatstadt einen ganzen Band seines umfangreichen, zehn Teile umfassenden Werkes. Daher war es ein durchaus großes Lob, als er Sarajevo bei seinem ersten Besuch dort als »fortschrittliche, wunderschöne und lebhafte« Stadt bezeichnete. Der osmanische Reisende schrieb die Schönheit dem großzügigen Vorhandensein von Wasser zu, das klar aus den umliegenden Bergen herabströmte und den Bewohnern ermöglichte, beeindruckende Gärten anzulegen und reichlich Obst und Gemüse anzubauen. Dass ihm Sarajevo so lebhaft und fortschrittlich erschien, lag wiederum an der religiösen und ethnischen Durchmischung der Stadtbevölkerung und dem offenbar friedlichen Miteinander – ein historischer Vorläufer des traditionellen bosnischen *komšiluk*, wenn man so will. Evliya traf in Sarajevo nicht nur Muslime aus der gesamten Region, sondern auch auf verschiedene europäische Christen und eine große Zahl sephardischer Juden; Letztere waren nach ihrer Vertreibung aus Spanien von den Osmanen aufgenommen worden. Er schrieb, dass es allen Bewohnern der Stadt freistand, ihre jeweiligen Kirchen und Synagogen zu bauen und darin zu beten, solange zwei Bedingungen erfüllt waren: Keines der Gotteshäuser durfte höher aufragen als die größte Moschee der Stadt, und die Kirchen mussten auf Glocken verzichten.

Trotz dieser Einschränkungen war das eine bemerkenswert tolerante Regelung für die Zeit und der Grund, warum Sarajevo später als »Jerusalem von Europa« bezeichnet werden sollte. Überall sonst auf dem Kontinent – mit wenigen Ausnahmen, etwa der seit Kurzem unabhängigen Republik der Vereinigten Niederlande – wurden Juden vertrieben, ihre Schriften verboten oder sie selbst der Hexerei bezichtigt, während in England katholische Priester hingerichtet und in Frankreich die Hugenotten massakriert wurden.

In Sarajevo hingegen gingen Evliya zufolge Juden und Christen einfach ihren Geschäften nach, so wie alle anderen osmanischen Bürger auch – und interessanterweise beschreibt Evliya es auf ganz unaufgeregte Art und Weise, als sei das nicht weiter ungewöhnlich.

Man kann den Osmanen in Sarajevo einfach nicht entkommen. Abgesehen davon, dass die Stadt durch das große muslimische Reich erbaut und geprägt wurde und deshalb mehrere Jahrhunderte osmanischer Geschichte enthält, wird dieses Kulturerbe hier, im Gegensatz zu anderen Großstädten auf dem Balkan, auch zelebriert.

Auf dem Schild über dem Eingang zum Restaurant, vor dem ich saß, stand »Osmanlı Pide Döner«. Es handelte sich also um keinen gewöhnlichen Döner-Kebab-Laden, sondern um einen osmanischen – ungeachtet dessen, dass der Döner Kebab erst mehrere Jahrzehnte nach dem Niedergang des Osmanischen Reiches erfunden wurde.

Die Bezeichnung »osmanisch« (oder wie hier: »osmanlı«) geht auf den Namen des Reichsgründers zurück: Osman, der Anführer eines kleinen turkmenischen Stammes – eines von vielen, die um die Macht in Anatolien kämpften –, hatte im Jahr 1300 der Legende nach einen Traum von einem Weltreich, der den Grundstein für die größte und beständigste muslimische Dynastie der Geschichte legte. Das erträumte Reich überdauerte mehr als 600 Jahre, und jeder Sultan, der auf dem Thron saß, stammte von Osman, dem allerersten Osmanen, ab.

Im Schaufenster des Restaurants hing eine große türkische Flagge und verdeckte die Sicht auf die arabischen Familien, die drinnen saßen. Auch der Anblick draußen war nahöstlich geprägt: Arabische Väter verfolgten ihre Kleinkinder mit ihren Handykameras, während diese die Tauben am Sebilj jagten. An den Rändern des Platzes warteten währenddessen die Frauen, von Kopf bis Fuß in schwarze Burkas und Niqabs gekleidet, neben den leeren Kinderwagen. Hin und wieder fiel mein Blick auch auf ein unverschleiertes Gesicht, das dann aber keine arabischen, sondern südostasiatische Züge trug – philippinische und malaiische Kindermädchen, die ihre reichen Arbeitgeber im Sommerurlaub begleiteten. Wenn die Väter das Filmen satthatten, waren es für gewöhnlich diese Frauen, die den kleinen Abdullah einfingen und ihn wieder in seinen Wagen setzten.

Die Bereitschaft, mit der Sarajevo und Bosnien ihre muslimischen Wurzeln bewahren und das islamische Erbe hervorheben, hat die Stadt und das Land in den letzten Jahren zu einem überaus beliebten europäischen Reiseziel für die Bewohner der Golfstaaten gemacht. Viele Bosnier sprechen fließend Arabisch, weil sie es im Rahmen des Islamunterrichts gelernt haben, das Essen ist halal, und die Preise sind deutlich niedriger als in Westeuropa, wo deutlich als Muslime erkennbare Menschen immer häufiger das Gefühl vermittelt bekommen, nicht willkommen zu sein. Bosnien ist so erfolgreich darin, Touristen vom Persischen Golf anzulocken, dass es von Dubai aus Direktflüge nach Sarajevo gibt, von London aus hingegen nicht.

Den Kontrast zwischen diesen neuen Touristen und den Einheimischen betonen die Unterschiede zwischen den Golfstaatmuslimen und ihren europäischen Gegenstücken: Auf jede Burkaträgerin kamen zehn ortsansässige Frauen, die in Jeans, Miniröcken oder Kleidern herumliefen, manche von ihnen mit Kopftuch, obwohl das bei jungen Frauen eher ungewöhnlich war.

Auch das Essen, das ich bestellte, stammte ursprünglich aus der Türkei und könnte sogar osmanischer Herkunft sein: eine türkische Spielart der Pizza namens Pide. Ein gutes Pide, wie etwa das, das in den Holzöfen von Samsun an der türkischen Schwarzmeerküste – der geistigen Heimat des Pide – gebacken wird, enthält eine großzügige Portion dezent gewürztes Hackfleisch vom Lamm auf einem bootsförmigen Stück Brotteig. Das Brot ist knusprig und fluffig, und manchmal wird auf das Fleisch noch der würzige Schafskäse gestreut, der in Anatolien so beliebt ist.

Mein Pide war auf den Punkt gebacken, allerdings ohne Fleisch, was ich ziemlich enttäuschend fand. Doch der Teig war hervorragend, und der Kellner, ein stämmiger Bosnier mit schmutziger Schürze, wirkte so abgehetzt, dass ich es nicht übers Herz brachte, mich zu beschweren. Stattdessen riss ich ein großes Stück von dem käsegefüllten fleischlosen Pide ab und schob es mir in den Mund. Zu meiner Freude schmeckte es ziemlich gut. Ich spülte das Essen mit dem bitteren Zitrusgetränk herunter, das ich aus Versehen bestellt hatte – mein Bosnisch ließ etwas zu wünschen übrig (ich sprach keine Silbe), ebenso wie mein Arabisch, und der Kellner konnte kaum Englisch.

Mittlerweile waren die meisten Touristen gegangen, und die übermüdeten Kleinkinder auf dem Platz wurden langsam bockig. Ich sinnierte ein wenig über meinen kurzen und schönen ersten Abend in Sarajevo, auch wenn ich ihn allein verbrachte – Tamara und unsere Töchter, Amani und Anaiya, waren in der Ferienwohnung geblieben, um sich von der 18-stündigen Reise auszuruhen.

Ich war froh, dass ich mich aufgerafft hatte. Morgen würden wir unsere Rundreise beginnen und Richtung Südwesten fahren, nach Mostar, zur berühmten Brücke in der Nähe der kroatischen Grenze, was bedeutete, dass dies zunächst einmal der einzige Abend in Sarajevo war – zum Schluss der Reise hatten wir weitere fünf Tage in der Stadt geplant. So könnten wir uns von unserer voraussichtlich ziemlich wilden Tour erholen, hatten wir uns überlegt. Fünf ganze Tage im »osmanischen Jerusalem« würden uns zudem ermöglichen, diese faszinierend stolze muslimische Stadt wirklich kennenzulernen. Ich hatte uns eine Stadtführung gebucht und Interviews mit einer ganzen Reihe interessanter Menschen arrangiert, unter anderem einem Mitarbeiter der Gazi-Husrev-Beg-Moschee, um zu verstehen, warum Sarajevo sein muslimisches und osmanisches Erbe so offen vor sich hertrug. Eine Rückkehr nach Sarajevo fühlte sich richtig an. So würden wir unsere Reise durch eine ehemals osmanische Region in einer Stadt beginnen und beenden, die stolz auf ihre osmanischen Wurzeln war.

Dann würde ich meine Beobachtungen mit dem abgleichen können, was ich an den vielen anderen bemerkenswerten Orten sah, die wir besuchen wollten. Welche Unterschiede würde es geben? Verbargen sich dort draußen irgendwo weitere, kleinere Sarajevos? Und noch wichtiger: Würde ich irgendwo ein anständiges Pide mit Fleisch bekommen?

EINE BRÜCKE, ERBAUT VON BARBAREN

MOSTAR

Ich hatte die Zerstörung der Stari Most in Mostar zum ersten Mal in einer alten, grobkörnigen Aufnahme im Internet gesehen. In dem Video war eine leicht ramponierte alte Steinbrücke zu erkennen, deren perfekte Bogenform mit Granaten bombardiert wird. Das Behelfsdach aus Blech, das über der Brücke angebracht worden war, um die Einheimischen beim Überqueren vor Scharfschützen abzuschirmen, ist schon halb zerfetzt, vor allem in der Mitte, auf die der HVO (Hrvatsko vijeće obrane), der Kroatische Verteidigungsrat, bisher die meisten seiner Geschosse richtet. Die Uhr auf dem Bildschirm zeigt 15:52 Uhr an, eine Stunde bevor am östlichen Ufer der Ruf zum Nachmittagsgebet erklungen wäre, wenn die historischen Moscheen und ihre Minarette nicht schon längst dem Erdboden gleichgemacht worden wären; das Datum: 8. November 1993. Unterlegt ist die Aufnahme mit der melancholischen Melodie von Händels Sarabande, die schon in Stanley Kubricks oscarprämierten Werk *Barry Lyndon* von 1975 zu hören war.

Eine herrische Stimme ruft einen Befehl, und dann schlägt rechts von der Brückenmitte ein Geschoss ein. Trümmer fallen in den Fluss darunter, und eine enorme Staubwolke steigt auf. Das improvisierte Schutzdach über der Brücke bricht komplett zusammen, und die Kamera gerät ins Wanken, filmt aber weiter das, was jetzt aussieht wie ein Haufen zertrampelter Streichhölzer.

Die langsame, beklemmende Musik, die die Bilder begleitet, verstärkt das Gefühl, dass wir Zeuge einer Sterbeszene werden.

Die nächste Szene in dem Video, nun in Farbe, zeigt den folgenden Morgen. Wieder schlägt ein Geschoss rechts von der Brückenmitte ein, trifft genau dieselbe Stelle wie am Vortag. Das taumelnde Gerippe des 427 Jahre alten architektonischen Wunderwerks wird vorübergehend von der Vegetation im Vordergrund und den wenigen verbliebenen roten Ziegeln auf den Dächern zerbombter Häuser im Hintergrund eingerahmt, bevor das Geschehen auf das Unvermeidliche zusteuert. Die Brücke kassiert einen letzten Treffer, und plötzlich bricht das gesamte Bauwerk zusammen und stürzt in das Wasser darunter, was eine Serie gewaltiger Spritzfontänen und eine enorme, einem Tsunami ähnliche Welle auslöst, die auf die Kamera zurast. Und damit ist die Brücke, von der es hieß, sie habe sich mehr als vier Jahrhunderte lang den Gesetzen der Physik widersetzt, für immer zerstört.

Die gezielte Zerstörung der Stari Most – der »alten Brücke« – von Mostar ist wahrscheinlich eines der erfolgreichsten Beispiele des nicht nur kulturellen Völkermordes, der in diesem Krieg am muslimischen Erbe Bosniens verübt wurde. Es waren ein drei Tage währender gezielter Beschuss und mehr als 60 Treffer nötig, um dieses Monument, von dem es einst hieß, es sei so prachtvoll, dass es selbst den Himmel überträfe, zu Fall zu bringen.

Augenzeugen behaupten, dass die kroatischen Soldaten den Zusammenbruch in das Wasser der Neretva mit Luftschüssen gefeiert hätten. Ab Dienstag, dem 9. November 1993, war die Brücke, die der osmanische Sultan Süleyman der Prächtige in Auftrag gegeben, deren Konstruktion der Architekt Mimar Sinan überwacht und die dessen Schüler Mimar Hayreddin erbaut hatte, Geschichte.

Die Fahrt von Sarajevo in Richtung Südwesten nach Mostar führte uns durch eine gebirgige Landschaft. Die Straße wand sich zwischen einer Reihe Seen und Flüsse hindurch, deren tiefblaues Wasser in der herrlichen Sommersonne funkelte. Über ihnen ragten Berge auf, deren Hänge grün bewachsen oder mit dichten Wäldern bedeckt waren. Dazwischen ließen sich Grüppchen von weißen Häusern mit roten Ziegeldächern ausmachen, ein oder zwei von ihnen sogar mit einem Steinbrunnen davor – wie in Dörfern aus dem Märchen.

Als Evliya die berühmte Alte Brücke von Mostar besuchte, hieß sie noch Sultan-Süleyman-Brücke und war von so herausragender Schönheit, dass der weit gereiste Osmane ganz verzückt war. Er verglich ihre Bogenform mit dem sogenannten Iwan des Sassanidenherrschers Chosrau in der Nähe von Bagdad, dem weltgrößten gemauerten Torbogen, der ohne Verstärkungen auskam und als architektonisches Meisterwerk galt. Evliya war zu diesem Zeitpunkt seit 27 Jahren unentwegt auf Reisen und zählte alle Brücken auf, die er in den 16 Königreichen, durch die er gekommen war, gesehen hatte, darunter die Mehmed-Pascha-Sokolović-Brücke in Višegrad, unsere nächste Station. Doch keine von ihnen sei so sehenswert gewesen wie die Brücke von Mostar. Sie sei »unvergleichlich«, schrieb er und bezeichnete ihre Eleganz und Raffinesse als einzigartig.

Evliya war nicht der Einzige, den die Brücke in ihren Bann schlug. Der in Mostar geborene türkische Dichter und

Derwisch-Pascha Bajezidagić behauptete, der Bogen der Brücke sei so prachtvoll, dass sie den Himmel darüber in den Schatten stelle. Er könnte natürlich voreingenommen gewesen sein, doch das gilt nicht für Robert Michel, den österreichischen Schriftsteller, der Ende des 19. und Anfang des 20. Jahrhunderts zweimal einige Jahre in Mostar lebte und angab, dass ihn »noch nie ein Bauwerk so ergriffen hat«.

In der fünftgrößten Stadt Bosniens dreht sich alles um die berühmte Brücke. Selbst ihr Name leitet sich von *most* ab, dem slawischen Wort für Brücke. Die Brücke ist also ein essenzieller Bestandteil der Stadtidentität, weshalb man fünf Jahre nach der Zerstörung durch die kroatische Armee damit begann, sie mit Unterstützung der UNESCO und der internationalen Gemeinschaft originalgetreu wiederaufzubauen.

Wir hatten nur eine Nacht in Mostar eingeplant, in einem modernen Ferienwohnungskomplex im nordwestlich gelegenen Vorort Zgoni, inmitten von heruntergekommenen Wohntürmen aus der Zeit des Kommunismus. Der Neubau enthielt mehrere Apartments und hatte die Form eines breiten Hufeisens, in dessen ansprechend gestaltetem Innenhof die modernen Tische und Stühle der angesagt wirkenden Cafés im Erdgeschoss standen. Zwischen den gepflegten Rasenflächen saßen Einheimische im Schatten frisch gepflanzter Palmen. Hier wurde der neue Wohlstand zur Schau gestellt, und das Ganze stand im starken Kontrast zur Umgebung. Unser Apartment gehörte einer Kroatin namens Slavica, die auf der anderen Seite der Grenze in Kroatien lebte.

Ich parkte den weißen Renault Mégane, den wir für unsere Reise gemietet hatten, vor einem Wohnblock aus beige angestrichenem Beton und stellte sicher, dass von außen nichts von Wert zu sehen war, bevor wir uns die kleinen Taschen schnappten, die wir für die eine Nacht hier gepackt hatten. In der Nähe des Wagens hatte jemand in großen schwarzen Buchstaben die Worte »Zapamtite Vukovar« auf ein Bushäuschen aus Beton gesprayt, mit etwas darüber, was aussah wie die Umrisse eines Flughafenkontrollturms, aus dem die niederländische Flagge hing. Ich konnte mir keinen Reim darauf machen. »Unterschrieben« war das Graffito von den Ultras Mostar – den Hardcore-Fans des örtlichen Fußballvereins HŠK Zrinjski Mostar, der katholisch-kroatische Wurzeln hatte und einer der ältesten und erfolgreichsten Klubs des Landes war. Nach dem Verbot des Vereins, der während des Zweiten Weltkriegs in der Liga des Unabhängigen Staates Kroatien – einem Marionettenstaat der Nazis – gespielt hatte, kam es 1992 zu einer Neugründung, wieder als katholisch-kroatisches Team. Es ist vermutlich keine große Überraschung, dass die Anhängerschaft des größten Rivalen in der Stadt, der FK Velež Mostar, vor allem aus muslimischen Bosniaken besteht. Im Westbalkan hängt selbst die Vorliebe für einen Fußballverein von Ethnie und Religion ab.

Das spielte auch beim Graffito der Ultras eine Rolle: Übersetzt stand dort »Erinnert euch an Vukovar«, eine Stadt im Osten Kroatiens, wo die entscheidende, 87 Tage andauernde Auseinandersetzung mit der serbischen Armee einen wichtigen – aber teuer erkauften – Wendepunkt im kroatischen Unabhängigkeitskrieg herbeiführte. Vukovar wurde dabei fast vollständig zerstört. Der »Kontrollturm« war in Wahrheit der schwer beschädigte Wasserturm der Stadt, der bis heute mit einer stolz gehissten kroatischen Flagge auf der Spitze als Mahnmal aufragt. Der Graffitikünstler hatte vergessen – oder keine Zeit mehr gehabt –, das Wappen mit dem rot-weißen Schachbrettmuster auf die Fahne zu malen, weshalb ich sie für eine niederländische Flagge gehalten hatte.

Wir hatten nur so wenig Zeit in Mostar eingeplant, weil unsere Reise eigentlich in die entgegengesetzte Richtung führen sollte. Die Rundtour, die wir geplant hatten, begann im Osten von Sarajevo und führte dann nach Südserbien, bevor wir im Uhrzeigersinn den Kosovo, Nordmazedonien, Albanien, Montenegro und den Süden von Bosnien und Herzegowina durchqueren wollten. Von der Lage her hätte sich Mostar eigentlich perfekt als eines der letzten Ziele auf der Route geeignet, aber wir hatten beschlossen, als Erstes herzufahren, damit Tamara sich einen ihrer großen Wünsche auf unserer Reise erfüllen und ein Dorf namens Blagaj wenige Kilometer südlich von Mostar besuchen konnte, wo sie eine wunderschöne alte Tekke ausfindig gemacht hatte. Es war noch nicht sicher, ob sie für die gesamte Zeit unserer Reise Urlaub bekäme oder vielleicht doch eine Woche vor uns anderen wieder nach London zurückkehren müsste. Hätten wir Blagaj an das Ende unserer Tour geschoben, hätte die Gefahr bestanden, dass Tamara nicht dabei sein könnte.

Doch selbst unsere sorgfältigen Planungen konnten nichts daran ändern, dass Tamara gerade von starken Halsschmerzen und einem quälenden Husten geplagt wurde. Da ihr vor allem Blagaj wichtig war, hatten wir beschlossen, dass sie sich an diesem Abend ausruhen sollte, in der Hoffnung, dass sie am nächsten Tag wieder fit genug für den Ausflug dorthin wäre. Ich hingegen wollte mir unbedingt die berühmte Brücke von Mostar ansehen. Und so überließ ich meine drei Damen, nachdem ich sie mit Husten- und Grippemedikamenten aus der Apotheke unterhalb unserer Wohnung versorgt hatte, den *Gilmore Girls* und machte mich auf die Suche nach Evliyas »unvergleichlicher« Brücke.

Die lange, dunkle Wendeltreppe löste Platzangst und ein leichtes Schwindelgefühl in mir aus, als ich mich keuchend und schnaufend das enge Minarett der Koski-Mehmed-Pascha-Moschee aus dem frühen 17. Jahrhundert hinaufschleppte. Historische Minarette waren darauf ausgelegt, dass ein einzelner Muezzin hinauf- und hinabstieg, ohne Gegenverkehr. Anders ausgedrückt: Sie waren so eng, dass nur eine Person Platz hatte. Der Architekt der Koski-Moschee hatte das sehr wörtlich genommen, denn das Minarett war das bei Weitem schmalste, das ich je erklommen hatte. Beim Aufstieg betete ich die ganze Zeit über, dass mir niemand entgegenkommen möge, vor allem, weil ich Stimmen hinter mir vernahm – schon der Gedanke an einen Stau auf engstem Raum trieb mir den Schweiß auf die Stirn. Der Architekt der Moschee hatte ganz offensichtlich nicht vorhergesehen, dass sein Minarett eines Tages zum beliebtesten Aussichtspunkt von ganz Mostar werden würde, um sich von dort aus die berühmte Brücke anzuschauen.

Oben angekommen, stellte ich fest, dass ich nicht der einzige Besucher aus England war, der den Ausblick von der Koski-Moschee aus genießen wollte. Saleh stammte aus Manchester und war zu einem Tagesausflug aus dem kroatischen Dubrovnik hergekommen, das etwa 100 Kilometer südöstlich von Mostar liegt.

»Ich habe auf der Karte gesehen, wie nah es ist, und mir gedacht, dass ich einfach herkommen muss. Wer weiß, wann ich das nächste Mal in diesem Teil der Welt bin? Also bin ich für einen Tag mit meiner Frau und meinen beiden Kindern hier«, erzählte er in breitem Manchester-Dialekt.

»Was man nicht alles tut für eine Brücke, oder?«

Darüber mussten wir beide lachen. Dann erklärte Saleh, ein kräftiger Kerl mit dicker schwarzer Brille und warmherzigem

Lächeln, der ebenfalls südasiatische Wurzeln hatte, warum er die Brücke unbedingt sehen wollte.

»Ich erinnere mich noch daran, wie ich als Kind den Zusammenbruch in den Nachrichten gesehen und mich gefragt habe, warum so ein Wirbel darum gemacht wird. Erst als ich älter wurde und anfing, mich für die Geschichte des Islam auf dem Balkan zu interessieren, erkannte ich, welche Bedeutung die Brücke hatte und von wem sie gebaut worden war. Sehr bedauerlich, dass wir heute nur noch eine Rekonstruktion sehen.«

Ich nickte bedächtig, sagte aber nichts.

Auf der Plattform war kaum genug Platz für uns zwei. Die Mauer rundherum bestand aus einzelnen Steinelementen, verbunden durch dicke Eisennieten, die auf der Oberseite zu sehen waren. Doch die Aussicht von diesem engen Flecken aus war wirklich hervorragend. Von hier oben ließ sich all das, was die Reisenden der Vergangenheit zu Lobeshymnen bewegt hatte, in voller Schönheit betrachten. Die Türme auf beiden Uferseiten – der traditionell muslimischen Seite im Osten, wo wir standen, und der katholischen Seite im Westen – ragten über die Steingebäude in ihrer Umgebung hinaus. Einst war dort eine 160 Mann starke Garnison stationiert gewesen, zum Schutz der Brücke. Später, im 19. Jahrhundert, hatte einer der Türme als Pulverlager und der andere als Kerker der Stadt gedient. Die Türme machen einen Teil der magischen Symmetrie der Brücke aus, deren perfekter Bogen in der Mitte in einem hohen Scheitelpunkt zusammenläuft. Beinahe organisch scheint die Brücke aus den Felsen an beiden Uferseiten herauszuwachsen. Das ist ihr größter ästhetischer Erfolg: Sie verbindet die beiden Ufer so makellos miteinander, als wäre sie schon immer da gewesen.

Die Brücke von Mostar, die 1566, im letzten Regierungsjahr von Sultan Süleyman dem Prächtigen, fertiggestellt wurde, stammt, ähnlich wie die Gazi-Husrev-Beg-Moschee in Sarajevo, aus der Blütezeit des Osmanischen Reiches und galt schon damals als architektonisches Meisterwerk. Deshalb wurde natürlich auch sie mit Sinan, dem großen Architekten jener Zeit, in Verbindung gebracht. Evliya glaubte sogar, dass Sinan die Brücke erbaut hatte, aber heute geht man allgemein davon aus, dass Sinan als oberster Architekt des Reiches wohl die Baupläne abgesegnet hat, die tatsächliche Ausführung aber in den Händen von Mimar Hayreddin lag.

Dass jedes Dorf und jede Stadt ihre osmanischen Bauwerke Sinan zuschreiben möchte, liegt daran, dass er neben Sultan Süleyman einer der großen Stars des Osmanischen Reiches ist, dessen Ruhm sich trotz aller Abneigung gegen den Islam bis in den Westen herumsprach. Dort bezeichnete man ihn als »türkischen Michelangelo«. Sein Spitzname zu Lebzeiten lautete *Koca Mi'mâr*, »großer alter Architekt«, und seine Biografen verglichen ihn mit Chidr, einem islamischen Heiligen, der seit Tausenden Jahren lebt und bisweilen Menschen als Führer hilfreich zur Seite steht. Sinan war der größte Architekt des Osmanischen Reiches, und sein Werk gilt als Höhepunkt von dessen Baukunst. Er stieg in der zweiten Hälfte des 16. Jahrhunderts zum führenden Architekten des Reiches auf, diente drei Sultanen und erreichte ein Alter von sage und schreibe hundert Jahren, was erklären könnte, warum es bis heute so viele angebliche »Sinans« – Sinan zugeschriebene Bauwerke – gibt.

»Wusstest du, dass westliche Bosnienexperten sich jahrelang nicht eingestehen wollten, dass die Brücke von Osmanen gebaut wurde?« Beim Wort »Experten« setzte ich mit den Fingern Anführungszeichen in die Luft.

Saleh lachte, wobei sein ganzer Körper bebte. »Das ist ein Scherz, oder?«

»Nein, kein Witz. Sie meinten, eine so perfekt konstruierte Brücke – so hoch, so solide, in einem einzigen, prachtvollen Bogen aus derart großen Steinblöcken – müsse ein Werk der Römer gewesen sein.«

»Der Römer?« Saleh drehte sich zu mir um und sah mich ungläubig an.

Jetzt drängten auch die Besitzer der Stimmen, die ich auf der Treppe gehört hatte, auf den nach Süden ausgerichteten Teil des winzigen Balkons. Die beiden neuen Besucher sahen arabisch aus.

»Sie glaubten, es sei entweder Kaiser Trajan oder Hadrian gewesen.«

»Der vom Hadrianswall?«

»Ja, ich glaube schon.«

»Wow …« Saleh verschlug es die Sprache. »Und wie lange genau haben sie diese lustige Verleugnungsscharade aufrechterhalten?«, fragte er schließlich.

»Ich bin mir nicht sicher, aber selbst als sie Hinweise dafür fanden, dass die Brücke mit Sultan Süleyman in Verbindung stand, ignorierten sie sie. Stattdessen redeten sie sich ein, die Brücke sei zu seinen Zeiten repariert oder umgearbeitet worden. Irgendwo habe ich gelesen, dass man den Türken vorwarf, die römischen Inschriften entfernt und die Originalbrücke der Römer überbaut zu haben.« Auch hier setzte ich Anführungsstriche in die Luft, dieses Mal beim Wort »Original«. Einer der neuen Besucher schaute zu uns herüber – ein magerer Junge mit dicken schwarzen Locken und einer schwarz gerahmten Brille.

»Verdammt, die Abneigung gegen den Islam saß echt tief«, sagte Saleh und klang jetzt gar nicht mehr überrascht.

Er hatte recht.

In den Augen vieler arroganter europäischer Autoren nach der Aufklärung hätten die Osmanen, die häufig als »asiatische Barbaren in Europa« abgetan wurden, einfach nicht über die nötigen Fähigkeiten oder Techniken verfügt, um eine derart herausragende Brücke wie die Stari Most zustande zu bringen. Der berühmte englische Archäologe Sir Arthur Evans schrieb die Brücke noch 1876 in seinem Buch *Through Bosnia and Herzegovina* (»Durch Bosnien und Herzegowina«) Kaiser Trajan zu. Seiner Ansicht nach waren die »Grandiosität« des Bauwerks und die Form des Bogens so überragend, dass sie einfach römischen Ursprungs sein musste. Am besten zusammengefasst werden diese Einstellung hinsichtlich der Erbauer der Brücke und die weitverbreitete antitürkische Islamophobie, der sie entsprang, in den Worten von Charlotte de Lazen, einer Künstlerin und Zeitgenossin von Evans, die sich in die Brücke von Mostar verliebte, sich aber außerstande sah, deren türkisch-muslimischen Ursprung zu akzeptieren. De Lazen schrieb unumwunden, die Stari Most »erhebt sich inmitten türkischer Barbarei und ist ein wundervoller Rest der römischen Zivilisation«.

Was die Anmaßung dieser Westeuropäer noch faszinierender macht, ist die Tatsache, dass sie alle von den Inschriften wussten, die den Zeitpunkt des ursprünglichen Baus in der Regierungszeit von Sultan Süleyman verortete – aber die Vorurteile waren, wie ein Beobachter es formulierte, einfach »zu stark«.

»Nicht schlecht für einen Nachbau, oder?«, meinte Saleh und machte mit seinem Handy ein weiteres Foto der Brücke.

»Sie haben gute Arbeit geleistet, das ist unbestritten. Wenn ich die Brücke mit den alten Bildern vom Original vergleiche, kann ich keinen Unterschied erkennen.«

»Das war die UNESCO, stimmt's?«

»Ja. Aber die Überzeugungsarbeit hat ein einheimischer Architekt namens Amir Pašić geleistet. Er hat sich, als er vom Einsturz hörte, sofort dafür eingesetzt, die Brücke genau so wiederaufzubauen, wie sie vor dem Beschuss aussah.«

Pašić war gerade als Gastdozent an der Harvard University in den USA, als er von der Zerstörung der Brücke erfuhr. Er war so fest vom Wiederaufbau überzeugt, dass er auf seiner Rundreise durch Amerika und Europa, auf der er um Aufmerksamkeit für sein Vorhaben warb, Flyer verteilte, auf denen zur »Eröffnungsfeier des wiedererrichteten Mostars« am 5. September 2004 um 17 Uhr eingeladen wurde. Auf dem Flyer war Pašić' geliebte Stadt unter anderem von oben zu sehen, samt intakter Stari Most. Zu der Zeit lag das Datum, das er festgesetzt hatte, noch elf Jahre in der Zukunft, aber die Broschüre zeigte Wirkung. Im weiteren Verlauf seiner Kampagne gelang es Pašić, die Aufmerksamkeit der UNESCO zu gewinnen, die ihm gemeinsam mit der Weltbank ihre Unterstützung zusagte. Schon bald waren auch die Entwicklungsbank des Europarates, die Aga-Khan-Stiftung und der World Monuments Fund an Bord, ebenso wie mehrere Staaten, unter ihnen die Türkei, Bosnien und Kroatien. Die Brücke, auf die wir nun schauten, wurde am 23. Juli 2004 eingeweiht, knapp anderthalb Monate früher, als Pašić vorhergesagt hatte.

Es hatte vier Jahre gedauert, bis sie genau so rekonstruiert werden konnte, wie sie gewesen war – denn darauf bestand Pašić. Wissenschaftler, Spezialisten für Kulturgeschichte und Experten für das Osmanische Reich wühlten sich durch alte Dokumente, bargen viele der Originalsteine aus dem Fluss und wandten Baumethoden an, die seit der Zeit der Osmanen in Vergessenheit geraten waren. Im Zuge dieser Arbeiten wurde auch die Altstadt von Mostar restauriert.

Als ich später an jenem Tag auf der rekonstruierten Brücke stand, dachte ich an Pašić' Beharrlichkeit – ich verspürte eine ungeheure Bewunderung dafür, wie er sich schlicht und einfach geweigert hatte, sich von der kroatischen Armee sein Kulturerbe nehmen zu lassen. Als sie es in die Luft sprengte, sagte er eben: »Wir bauen es genau so wieder auf.« Das, worauf ich gerade stand, war zwar vielleicht nicht von Hayreddin errichtet worden, und es war auch kein Sinan zur Stelle gewesen, um die Pläne zu inspizieren, aber die unbeirrbare Entschlossenheit von Amir Pašić, eines der beeindruckendsten muslimischen Bauwerke Europas originalgetreu nachzubilden, weckte Hoffnung in mir.

Mit nur vier Metern Breite und 30 Metern Länge ist die Stari Most im Grunde eine Fußgängerbrücke. Kein Auto, ja nicht einmal ein Karren kann sie befahren. Das können auch die alten Frauen bezeugen, die sich am dicken Eisengeländer festhalten, während sie nervös versuchen, nicht über die hervortretenden Steinreihen auf der leicht rutschigen Steigung zu stolpern. Diese Steinreihen sollten ursprünglich dazu dienen, dass Pferde besser Halt fanden, aber sie bedeuten auch, dass alles, was Räder hat, über die Brücke getragen werden muss. Ich sah, wie eine junge Frau mit Kopftuch auf ihr Kleinkind einredete, damit es aus seinem Buggy stieg und sie genau das tun konnte. Doch das müde kleine Kerlchen in seiner kurzen marineblauen Latzhose starrte sie nur mit leerem Blick an. Letztlich hoben sie und ihr Mann das Gefährt mit dem Sohn darin hoch und trugen ihn wie einen Minimaharadscha in einer Sänfte über die Brücke.

Ich stand eine ganze Weile auf der Stari Most und beobachtete Touristen mit ganz unterschiedlichen religiösen und ethnischen Wurzeln dabei, wie sie sich vorsichtig über die neue Alte Brücke bewegten. Unter ihnen waren viele

Einwohner der Golfstaaten, die aus Sarajevo hergekommen waren – eine zunehmend beliebte Reiseroute, die beide vom Krieg gezeichneten Städte verband. Während sie sich das tückische Pflaster hinaufmühten, hörte ich, wie sie einander das allgegenwärtige arabische *»Yallah, Yallah!«* entgegenriefen. Das erinnerte mich an Evliyas Eintrag zu Mostar, der unter anderem eine Beschreibung der waghalsigen örtlichen Tradition der Brückenspringer enthielt, die sich von der Stari Most aus 25 Metern tief ins Wasser der Neretva stürzten. Evliya erwähnte, dass auch diese jungen Kerle *»Ya Allah!«* brüllten, wenn sie sich – manchmal zu zweit oder zu dritt, Salti schlagend oder sogar »einander umarmend« – von der Brücke fallen ließen.

Das Ziel der Jungen war, die Besucher der Stadt zu unterhalten, und diese belohnten sie mit Geld dafür, so wie es die Touristen heute tun, sobald ein Einheimischer vom höchsten Punkt der Brücke aus in die Tiefe springt – nur dass heute kein *»Ya Allah!«* mehr erschallt.

Vor dem Krieg hatte Mostar etwa 130.000 Einwohner gezählt, mehrheitlich Kroaten und Muslime, gefolgt von den Serben. Bis zum Zweiten Weltkrieg hatten hier sogar Juden gewohnt, und alle hatten mehr oder weniger harmonisch zusammengelebt, wieder in einer Art *komšiluk*. Das war auch Evliya aufgefallen. Doch nach dem Bosnienkrieg war die Bevölkerungszahl der jetzt stark geteilten Stadt auf etwa 30.000 zusammengeschrumpft.

Mostaris wie Pašić haben die Brücke stets als verbindendes Element ihrer Stadt betrachtet. In ihren Augen stand sie für das multiethnische, multireligiöse und multikonfessionelle Zusammenleben, das Mostar und Bosnien anstrebten. Diese Hoffnung war mit ihr in sich zusammengebrochen. Nach dem Krieg gab es auf beiden Seiten der Neretva je eine eigene Währung, eine eigene Polizei, eigene Nummernschilder und ein eigenes Schulsystem. Am 10. Februar 1997 eröffneten bosnische Kroaten und die Polizei das Feuer auf einen Trauerzug unbewaffneter Muslime; es gab einen Toten und mehrere Verletzte. Ihr Vergehen: Sie hatten den Fluss überquert, um am Westufer Gräber auf dem Friedhof einer zerstörten Moschee zu besuchen.

Als ich mich auf den Weg zu meinem letzten Ziel des heutigen Tages machte, der Karađoz-Beg-Moschee mit der imposantesten Kuppel von Mostar, war es schon spät. Wie die berühmte Brücke wurde auch die Moschee lange fälschlicherweise Sinan zugeschrieben.

Der Weg zur Moschee führte mich durch die neu gepflasterte Fußgängerzone. Mit der Sonne sanken auch die Temperaturen, und in den Touristengeschäften entlang der Straße gingen kleine Lampen an. Vor einem der Läden hingen bunte Mosaiklaternen, und unter ihnen stand die ältliche Ladenbesitzerin, die ich mit einem *salām* grüßte. Sie lächelte und erwiderte »*Walaikum assalām*«. Das wiederholte sich bei anderen Geschäftsleuten, die ebenfalls vor die Tür getreten waren, um die abendliche Abkühlung zu genießen. Es war in gewisser Weise erhebend, eine europäische Straße hinabzulaufen und völlig fremde Menschen auf diese Weise grüßen zu können. Das war etwas ganz Neues für mich, selbst in Sarajevo hatte mir der Mut dazu gefehlt. Hier, im historisch muslimischen Teil von Mostar, fühlte es sich ganz natürlich und ziemlich befreiend an.

Die Karađoz-Moschee ist leicht zu übersehen – zum einen, weil offenbar niemand nach ihr sucht, aber vor allem, weil sie nicht sonderlich beeindruckend ist. Beim Blick auf die eher mittelgroße Hauptkuppel, die über einer Vorhalle mit drei kleineren Kuppeln und einem kleinen Innenhof aufragt, ist es leicht nachzuvollziehen, dass die Fachleute eine direkte Verbindung zu Sinan abstreiten. Doch ich war nicht wegen Sinan hier. Der Grund für meinen Besuch war, dass die Karađoz-Moschee von denselben Männern erbaut worden war wie die ursprüngliche Stari Most: aller Wahrscheinlichkeit nach katholischen Steinmetzen aus Ragusa, dem heutigen Dubrovnik. Während eine Besichtigung der Originalbrücke nicht mehr möglich war, konnte ich mit der Karađoz-Moschee so zumindest ein anderes Werk aus ihren Händen in Augenschein nehmen. Das Besondere ist, dass die Kuppeln, genau wie die Brücke, aus zurechtgeschnittenen Steinen bestehen. Deshalb ist es sehr wahrscheinlich, dass auch die Moschee von Hayreddin entworfen und der Bauplan von Sinan inspiziert wurde. Ihr Name geht angeblich auf den Beinamen des Gründers zurück, eines gewissen Al-Hadsch Mehmed Beg al-Za'im. Über diesen Lehnsherren ist wenig bekannt, außer dass ihm die Aufsicht über den Bau der Brücke oblag und er, wie sein Ehrentitel besagt, die als »Hadsch« bezeichnete Pilgerreise nach Makkah unternommen hatte.

Mehmeds Moschee ist von einer niedrigen Steinmauer umgeben. Die Fassade wird vom säulengestützten Bleidach der Vorhalle dominiert, deren Inneres bis auf einige gemalte, aber heute verblasste stilisierte Tannen und die Muqarnas am oberen Abschluss der Säulen eher schlicht gehalten ist.

Im etwas chaotischen Innenhof der Moschee befindet sich ein kleiner Brunnen unter einem Spitzdach, das ebenfalls von schlanken Säulen getragen wird, überragt von einem L-förmigen Gebäude, das einst eine Madrasa war. Ursprünglich gab es auch ein Imāret. Hinten schließt sich ein überwucherter Friedhof an, auf dessen verwitterten Steinsärgen kleine runde Turbane prangen. Viele von ihnen sind während des Krieges umgefallen oder stehen schief. Alte Bilder der Karađoz-Moschee belegen, dass auch sie zu den bevorzugten Zielen der serbischen und kroatischen Streitkräfte zählte. Die Geschosse schlugen klaffende Löcher in die Vorhalle und die Hauptkuppel, das schmale Minarett stürzte um.

Als ich den hell erleuchteten Gebetsraum betrat, war außer mir nur ein alter Mann in einem Sakko anwesend, der die Namen in den Zwickeln unter der Kuppel inspizierte. Den stolzen Platz ganz vorn nahmen »Allah« und »Muhammad« ein, während sich die Namen der vier bekanntesten frühen Kalifen über den Rest des Raumes verteilten. Ich ließ mich nieder und betete zwei *rakāts*, wie ich es beim Betreten einer Moschee immer tue. Vor mir befand sich der Mihrāb, eine schlichte weiße Nische mit Stuck-Muqarnas und einem farbenfrohen Blütenornament darüber. Noch weiter oben prangten weitere arabische Inschriften: das islamische Glaubensbekenntnis – »Es gibt keinen Gott außer Gott, und Muhammad ist sein Prophet« – und zwei stilisierte Tughras – Namenszüge von Herrschern –, von denen eine vermutlich Sultan Süleyman gehörte. Dem Inneren der Karađoz-Moschee mangelte es an Atmosphäre, bis auf ein paar Flaggen am hohen, steinernen Minbar. Sie waren grün mit einem weißen Halbmond und Stern darauf und erinnerten mich an die Flagge von Pakistan, nur ohne den weißen Streifen.

Ich fragte mich, was für eine Flagge das war und wo ich sie schon einmal gesehen hatte, kam aber einfach nicht darauf. Sie war offenbar von großer Bedeutung, da mindestens sechs davon den Minbar schmückten. *Vielleicht ist es die historische Flagge von Bosnien?*, überlegte ich, aber es war niemand da, den ich hätte fragen können. Selbst der Mann im Sakko hatte das Interesse verloren und war verschwunden.

MYSTIKER IM GEBIRGE

BLAGAJ

Wir verließen Mostar kurz nach dem Frühstück Richtung Süden, an der sich windenden Neretva entlang, bis sich das Tal plötzlich öffnete und sich die Straße nahe der kleinen Ansiedlung Gnojnice teilte. Von da an führte uns der Weg nach Blagaj immer näher an die massiven Berge des Bišće-Plateaus heran.

Blagaj ist ein idyllisches grünes Dorf aus lauter ziegelgedeckten Häusern, von denen die meisten weiß oder blassgelb gestrichen sind. Die älteren von ihnen sind aus Stein gebaut, und am Ortsrand begegnet man einer Reihe verlassener und überwucherter Gebäude.

Unmittelbar nach einer kleinen weißen orthodoxen Kirche machte die Straße einen Bogen nach links, und nun erstreckte sich vor uns ein großer muslimischer Friedhof. Hinter einem schmalen grünen Tor befanden sich lauter Grabsteine, die denen glichen, die ich auf dem Karađoz-Friedhof in Mostar gesehen hatte. Manche schlossen mit einem Steinturban oder hin und wieder auch mit einem rot angemalten Fez ab, während andere glatt und rund waren wie das obere Ende eines Lollipops. Die meisten wirkten sehr alt, aber bei einigen nahe der Straße deuteten die frischen Inschriften darauf hin, dass die Begräbnisse erst vor Kurzem stattgefunden hatten.

»Sieht so aus, als gäbe es hier viele Muslime«, schlussfolgerte Amani, als wir auf eine Gabelung zufuhren und nach rechts abbogen. Anaiya war sich da nicht so sicher.

»Ich weiß nicht, die meisten Gräber sehen alt aus«, meinte sie.

»Ich glaube, du hast recht. Vielleicht lebten früher viele Muslime in Blagaj, aber heute macht es nicht den Eindruck, als würden noch viele muslimische Beerdigungen stattfinden«, sagte ich.

»Ja, die Kirche, an der wir eben vorbeigefahren sind, sah ziemlich neu aus. Könnte sein, dass nach den ganzen Kämpfen und dem Krieg vor allem Christen in die Stadt gezogen sind.« Anaiya las gerade *Ich bin ein Mädchen aus Sarajevo*, das Tagebuch von Zlata Filipović, das diese als Elfjährige während des Bosnienkrieges verfasst hatte und das Anaiya die Auswirkungen, die die Auseinandersetzungen in den 1990er-Jahren auf die Einheimischen gehabt hatten, plastisch vor Augen führte.

Die Straße bewegte sich nun langsam auf das Ufer der Buna zu, und kurz darauf tauchte zu unserer Rechten das blaue Wasser des Flusses auf. Wir parkten in der Nähe einer kleinen Steinbrücke und liefen ein Stück weit gegen den Strom. Dabei passierten wir eine Holzhütte, in der selbst gemachte Marmelade und vor Ort produzierter Honig verkauft wurden, und mehrere weiße Schilder, auf denen auf Arabisch in grüner und schwarzer Schrift *Huwa* stand – der erste richtige Hinweis darauf, dass wir uns an einem spirituellen muslimischen Ort befanden. *Huwa* oder *Hu* bezieht sich auf Gott und entspricht dem Laut, der am Ende des arabischen Wortes *allāhu* erklingt, wenn die Sufis es im Rahmen des meditativen »Gedenkens«, das als *dhikr* bekannt ist, ein ums andere Mal wiederholen – manchmal einfach zu *Hu* verkürzt.

Aus diesem Grund wird dem Ausdruck eine mystische Bedeutung zugeschrieben.

Ein Steinpfad führte zum Hauptkomplex, und dann sahen wir endlich, wofür Tamara den weiten Weg auf sich genommen hatte. Der Anblick war so schön, dass wir im Gehen innehielten. Tamara strahlte.

»Kaum zu glauben, dass ich das vor ein paar Monaten auf dem Bildschirm meines Computers gesehen habe und dabei dachte, wie toll es wäre, eines Tages herzukommen. Und jetzt bin ich hier.« Sie lehnte den Kopf liebevoll an meine Schulter. »Danke«, sagte sie.

Ich drückte ihre Hand und war froh, dass sie rechtzeitig wieder gesund geworden war.

»Da würde ich gerne hin, wenn wir in Bosnien sind«, hatte sie gesagt, als wir unsere Reise zu Hause im Nordosten Londons geplant hatten. Lächelnd drehte sie ihren Laptop so, dass ich das Foto auf dem Bildschirm sehen konnte.

Es zeigte ein idyllisches osmanisches Versammlungshaus am Fuß eines spektakulären Felshanges, unter dem kristallklares, blaues Wasser hervorsprudelte. Der märchenhaft wirkende Bau war umgeben von grünen Bäumen und Sträuchern, und weil der Fotograf eine lange Belichtungszeit gewählt hatte, verschwammen die Wasserströme, die im Vordergrund über die glatten Steine rauschten, miteinander. Die Szene hatte etwas Magisches.

»Was ist das?«, hatte ich gefragt.

»Ein Sufi-Zentrum namens Blagaj-Tekke«, hatte Tamara geantwortet und dabei gelächelt.

Was so etwas angeht, war sie genial.

Sobald wir uns für ein Reiseziel entschieden hatten, verbrachte Tamara jeden Tag mehrere Stunden damit, coole

Orte in der Umgebung herauszusuchen, die wir besuchen könnten. Aus ihren Ergebnissen erstellte sie kleine Collagen, Tabellen oder Wandplakate. Dort fanden sich dann Dinge, die den Mädchen Spaß machten, Aktivitäten, die wir als Familie unternehmen könnten, gute Restaurants, von denen sie gelesen hatte, Orte, an denen wir in die lokale Kultur eintauchen könnten, und – speziell für mich – immer auch eine faszinierende muslimische Sehenswürdigkeit.

Ich konnte den Blick kaum von ihrem Laptop abwenden, so sehr schlug mich die Schönheit der Blagaj-Tekke in den Bann. Als ich mich über ihre Geschichte informierte, wuchs mein Interesse zusehends. Dieser Ort kam auf jeden Fall auf unsere Liste, denn er hatte auch auf Evliyas Reiseroute gelegen.

Adnan machte auf mich nicht den Eindruck eines Mystikers – er sah aus wie ein typischer junger Student ohne Rasierapparat, was man natürlich auch als Erscheinungsbild eines modernen Asketen interpretieren konnte. Zusätzlich zu seinem Rauschebart verfügte er über ein jugendliches, gutes Aussehen, und eine Kinnpartie wie seine kennt man sonst von Models in Calvin-Klein-Anzeigen. Seine Kleidung allerdings nicht: Die weite ausgebeulte Hose und das Oberteil, dessen Muster in den Hippieläden im Westen beliebt war, schienen eher zu einer Rucksackreise und unbequemen Schlafplätzen zu passen. Aber Adnan war kein Tourist – zumindest nicht im modernen Sinn. Er war ein mystischer Reisender, ein Sufi vom Orden der Naqschbandi, der aktuellen Hüter der Blagaj-Tekke.

»Ich bin ein Derwisch«, erklärte er, als sich eine kleine Lücke im Strom der Urlauber auftat, die die malerische Tekke besichtigen wollten. Auch unsere Familie zählte dazu. Tamara und die Mädchen waren gerade damit beschäftigt, sich die bunten Schals und losen Röcke überzustreifen, die bereitlagen, damit sich alle Besucherinnen dem Ort angemessen kleiden und bedecken konnten. »Ich wünschte, die Tekke würde noch dem ursprünglichen Zweck dienen, aber das geht leider nicht. Wer als *musāfir* (Reisender) herkommt, dem können wir keine Unterkunft mehr bieten.«

»Die Tekke ist also keine aktive *musāfirhan* (Herberge für Reisende) mehr?«, fragte ich.

»Nein, aber sie ist noch in Gebrauch. Dienstags und sonntags nach der *Maghrib salāt* (Gebet zum Sonnenuntergang) findet hier immer noch ein *dhikr* nach den Gewohnheiten des Naqschbandi-Ordens statt, und jeder ist eingeladen, daran teilzunehmen.«

Dhikr bedeutet wortwörtlich »Gedenken«, wird von den Sufis aber als eine Art meditative Form des Gebets praktiziert, oft in der Gruppe unter der Leitung eines ausgebildeten Lehrers oder spirituellen Meisters, »Scheich« genannt. Sufis sind Muslime, die sich auf die »inneren«, mystischen Dimensionen des Islam konzentrieren und einen eher asketischen Lebensstil predigen. Historisch betrachtet gehörten sie zum Teil den Sunniten, zum Teil den Schiiten an und befolgten die Regeln des orthodoxen Islam, weil sie glauben, dass man nur über die »äußeren« Praktiken wie die täglichen Gebete, das Fasten und das Almosengeben zum »inneren« spirituellen Islam finden könne. Sufis gehören meist einem der Orden an, wie Adnan, die jeweils eigene Rituale befolgen, auch in Bezug auf den *dhikr*, und gesonderte, vom Scheich vorgegebene Lehren und Wertvorstellungen vertreten. Dieser Scheich führt die Sufis seines Ordens, die *murīd* (Schüler/Reisenden), gemäß dem vom Orden definierten *tarīqa* oder

»Weg« durch ihre spirituelle Entwicklung. Das große Ziel aller Sufis besteht darin, sich Gott durch spirituelle und mystische »Vereinigung« anzunähern.

Die erste schriftliche Erwähnung der Tekke findet sich tatsächlich bei Evliya, der auf seiner Reise, die ihn durch Mostar führte, auch hier Station machte. Evliya, dessen Vater ein berühmter Derwisch war, betrachtete sich selbst ebenfalls als Derwisch und Sufi. Sein Name leitet sich vom arabischen Wort *Awliyā* ab, dem sufistischen Begriff für »Freunde Gottes«, der normalerweise überaus frommen Personen vorbehalten war. Evliya selbst bezeichnete sich wie viele Sufis oft als *bu hakir*, was »der Arme« oder »der Bescheidene« bedeutet. Außerdem verweisen eine Reihe der literarischen Bezüge, die Evliya in seinem Buch anführt, auf Persönlichkeiten, die von den Sufis verehrt wurden, etwa den mystischen Chidr oder die frühe Sufistin Rabia. Deshalb ist es keine große Überraschung, dass sich der große Osmane, als er in Mostar weilte, für einen Ausflug nach Blagaj entschied.

Evliya besuchte die Tekke 1664, zwei Jahre nach dem Tod seines großen Förderers und Onkels Melek Pascha. Kurz zuvor war auch sein Vater gestorben. Diese beiden Männer hatten am meisten Einfluss auf das Leben des Reisenden gehabt. Es war Evliyas Vater gewesen, der ihn gedrängt hatte, seine Erlebnisse schriftlich festzuhalten, und dafür den Titel *Seyahâtnâme* vorschlug, während Melek sein wichtigster Unterstützer war und sich von Evliya in alle Ecken des Reiches begleiten ließ.

Ich schaute hinauf zu dem massiven sandfarbenen Felsbrocken, der über der Tekke hing. Um ihn herum tanzten Schwalben, die dort ihre Nester hatten. Ihr Gezwitscher wurde vom türkisfarbenen Wasser der Buna übertönt, das irgendwo aus einer Quelle tief unter uns entsprang. Die Galerie des Hauses ragte über das Wasser hinaus wie ein Balkon in einem Drama von Shakespeare, und ich stellte mir vor, wie Evliya dort gesessen hatte, still und in Gedanken, vielleicht sogar ins Gebet versunken. Es war aufregend, endlich an einem Ort zu sein, von dem ich wusste, dass Evliya ihn ebenfalls betreten hatte – natürlich war er auch über die Brücke in Mostar gelaufen, aber es war eben nicht dieselbe Brücke, die *ich* betreten hatte. Hier verspürte ich nun endlich eine echte Verbindung zu dem großen Osmanen.

Evliya war hier, als die Tekke wahrscheinlich unter Verwaltung der Bektaschis stand, eines mystischen Sufi-Ordens, der das Zentrum gegründet hatte. Der Bektaschi-Orden ist nach einem Heiligen aus dem 13. Jahrhundert benannt, Hadschi Bektasch Wali, der aus Chorasan im heutigen Iran kam. Die Bektaschis vertreten eine unorthodoxe und mystische Interpretation des Qur'ān, was teilweise zu Praktiken führt, für die konservativere sunnitische Muslime bestenfalls ein Stirnrunzeln übrighaben. Darüber hinaus pflegt der Orden viele Traditionen, die gewöhnlich mit den Schiiten in Verbindung gebracht werden: Er verehrt Ali, den Cousin und Schwiegersohn des Propheten und vierten Kalifen, und begeht Aschura, an dem Alis Sohn Husain und den anderen in der Schlacht um Kerbela Gefallenen gedacht wird. An der Spitze des Ordens steht ein erfahrener spiritueller Anführer, der Baba. So richtig Fuß fasste der Bektaschismus ab dem frühen 16. Jahrhundert, etwa zu der Zeit, in der sich das Osmanische Reich ausdehnte und – ganz wichtig – bereit war, heterodoxe Formen des Islam zu tolerieren. Es waren vor allem Mitglieder des Janitscharenkorps, die sich dem Orden anschlossen – einer Elitetruppe, die sich aus den Söhnen christlicher Untertanen zusammensetzte, oft zwangsrekrutiert über ein System, das als Dewschirme (»Knabenlese«) bezeichnet wurde. In der Folge breitete sich der Bektaschismus in ganz Anatolien und den südlichen Balkanländern aus, vor allem in Bulgarien, Albanien und Griechenland.

Nach der Auflösung des Janitscharenkorps 1826 wurde der Bektaschi-Orden verboten, weil die Osmanen immer stärker auf orthodoxe Interpretationen des Islam setzten. Schon bald wurden die Tekken geschlossen oder zerstört und die Babas und Derwische ins Exil verbannt.

»Bei uns liegen zwei Mystiker begraben«, erzählte Adnan und zeigte auf ein kleineres Gebäude, das sich im Nordwesten an die Tekke anschloss. »Einer von ihnen, Sarı Saltık, wird von den Bektaschis, die diese Tekke gebaut haben, sehr verehrt.«

»Verstehe, aber heute gehört die Tekke nicht mehr den Bektaschis?«

»Nein, es gibt kaum noch Bektaschis in Bosnien. In Albanien hingegen schon, und natürlich kommen manche von ihnen immer noch her, um den Babas ihren Respekt zu erweisen.«

Etwas später suchte ich diese Gräber auf. In einem schlichten weißen Gebäude befanden sich zwei Grabstätten nebeneinander, umgeben von einer Menge bunt gemusterter Teppiche. Beide waren wie gigantische Toblerone-Riegel geformt, mit grünem Samt überzogen und von Turbannachbildungen gekrönt. Außerdem hatte jemand riesige Schmuck-Tespih und bunte Tücher mit Anrufungen und Gebeten in arabischer Schrift auf ihnen drapiert. Der Raum war verschlossen, deshalb musste ich einen Blick durch ein Holzfenster erhaschen, über dem erneut in grüner Farbe das Wort *Huwa* geschrieben stand.

Eine Steintafel vor dem Mausoleum informierte darüber, dass die Tekke im 15. Jahrhundert erbaut worden war, von

Derwischen, die »die Geschöpfe um des Schöpfers willen liebten«. Des Weiteren war dort zu lesen, dass in der Vergangenheit auch andere Sufi-Orden – darunter die Qadira, die Rifai und die Halveti – die Tekke genutzt hatten. Und zu guter Letzt bestätigte die Tafel noch, dass es sich bei einer der Grabstätten tatsächlich um die von Sarı Saltık handelte, während die andere die von Aşik-Pascha Scheich war. Außer mir las niemand die Tafel mit dem Text in vier Sprachen. Überhaupt schien sich niemand für die Gräber zu interessieren.

Über Aşik-Pascha (vermutlich ein früher Lehrer der Tekke) ist kaum etwas bekannt, und dass *der* Sarı Saltık tatsächlich hier begraben liegt, ist eher unwahrscheinlich. Sarı war ein Schüler von Hadschi Bektasch Wali, und von ihm heißt es, er habe den Bektaschismus auf den Balkan gebracht, weshalb ihn die Anhänger des Ordens als Heiligen verehren. Der große marokkanische Reisende Ibn Battuta behauptet, Sarı während seiner Zeit im Nordbalkan getroffen zu haben, und beschreibt ihn als »ekstatischen Frommen«, über den er Dinge gehört habe, die »dem göttlichen Gesetz entgegenstanden«. Es klingt so, als sei Sarı ein ziemlicher Rebell gewesen, und wie bei so vielen heiligen Rebellen sind auch über ihn im Lauf der Zeit eine Reihe von Legenden entstanden. Es heißt, er habe mehrere Wunder gewirkt, wobei seine größte Gabe darin bestand, sich an verschiedenen Orten gleichzeitig aufzuhalten, was ganz passend erscheint, da es auch in Albanien, Rumänien und der Türkei Sarı-Saltık-Gräber gibt.

Der Sufismus ist immer ein wichtiger Bestandteil meiner Identität gewesen. Im Nordosten von Bangladesch, wo ich zur Welt kam, befindet sich ebenfalls das Grab eines Mystikers, den Ibn Battuta getroffen hatte, nämlich das von Hazrat (dem Heiligen) Shah Jalal, der allerdings einen deutlich besseren Eindruck bei dem durch die Lande ziehenden Marokkaner hinterließ: Ibn Battuta hielt ihn für einen bemerkenswerten Mann und einen großen Heiligen. Wie Sarı auf dem Balkan gilt auch Shah Jalal in seiner Region als derjenige, der den Islam dorthin gebracht hat. Aus diesem Grund sind in Bangladesch Straßen, Schulen, Flughäfen, Hotels und Hunderte Moscheen nach ihm benannt; und durch die stetig wachsende Diaspora von Bangladeschern im Westen begegnet man seinem Namen mittlerweile auch in den USA und in Großbritannien.

Wenn wir als Kinder in der »Heimat« waren – so nannten unsere Eltern Bangladesch –, zählte ein Ausflug zu seinem Grab im Stadtzentrum von Sylhet zum Pflichtprogramm. Dort führte man uns langsam an den verschiedenen Sehenswürdigkeiten und Reliquien vorbei, unter ihnen riesige »Wundertöpfe« und magische Welse, die dort gehalten wurden, während uns erzählt wurde, wie der Heilige und seine treuen Gefolgsleute erstaunliche und fantastische Siege über den örtlichen Hindukönig gefeiert hatten. In den Geschichten kamen fliegende Teppiche, märchenhafte Kreaturen und eine Vielzahl von Wundern vor. Ich liebte diese Erzählungen – es war, als hätten wir unsere eigene, zu Bangladesch gehörende *Tausendundeine Nacht*.

Der Rundgang endete stets am Grab des Heiligen, wo wir dazu aufgefordert wurden, um Shah Jalals Segen und seine Fürsprache zu bitten – eine Gewohnheit, die irgendwann abgelegt wurde, als unsere Familie zum, wie sie glaubte, »korrekten« Islam überging. Ich erinnere mich noch daran, wie ich das letzte Mal mit meinen Eltern am Grab war: An dem Tag wies mein Vater mich explizit darauf hin, dass ich Shah Jalal nur meinen Respekt bezeugen, aber keine Gebete oder Bitten an ihn richten solle. Diese, erklärte er und positionierte uns dabei so, dass wir mit dem Gesicht Richtung Makkah standen, seien ausschließlich Gott vorbehalten. Damals wurde mir zum ersten Mal bewusst, wie sich die religiösen Ansichten meiner Familie wandelten, aber ich war noch zu jung, um zu verstehen, warum oder in welche Richtung diese Verschiebung stattfand.

»Ich könnte hier einziehen«, flüsterte Tamara, als wir einen der großen Räume der Tekke betraten. An den Wänden zogen sich diwanartige Sitzgelegenheiten entlang, deren Polster dunkelrote Muster zierten, und auf der Fensterbank standen zwei Bücher in Holzständern: der Qur'ān, im Original und in bosnischer Übersetzung, mit einem Tespih darauf, wie er beim *dhikr* verwendet wird. Wir lehnten uns vor und schauten auf das blaue Wasser der Buna hinab, das aus einer tiefen Höhle quoll.

»Es ist einfach magisch, oder?« Tamara schaute zu dem Felsen hinauf, der über uns aufragte, und beobachtete die Vögel, die in seinem Schatten tanzten. Ich schwieg, eine Antwort war nicht nötig. Es war im Grunde keine Frage gewesen.

Ich setzte mich neben Tamara und spürte ein wunderbares Gefühl der Zufriedenheit in mir. Dank Tamara befanden wir uns jetzt in einem Raum, in dem einige Jahrhunderte zuvor auch Evliya gewesen war. Vielleicht hatte er in ebendiesen vier Wänden gebetet oder war beim *dhikr* in Ekstase verfallen. Es war überwältigend, an einem so besonderen Ort wie diesem eine Verbindung zu Evliya zu spüren. Jetzt war ich an der Reihe, mich bei Tamara zu bedanken.

Draußen konnten wir Leute sehen, die sich Kanus ausgeliehen hatten und langsam die Buna hinabtrieben, weg von der Tekke in Richtung Steinbrücke. Andere schlürften dickflüssigen bosnischen Kaffee im Schatten vor dem zur Tekke gehörigen Café. Am gegenüberliegenden Flussufer bereiteten sich große Restaurants mit Blick auf das Wasser aufs Mittagsgeschäft vor. Das alles wirkte wie der Inbegriff einer Touristenfalle, und dennoch strahlte hier jeder eine respektvolle Zurückhaltung aus. Selbst die arabischen Kleinkinder, die mit ihren Eltern aus Mostar hergekommen waren, saßen wie in Trance da und leckten an ihrem Eis.

Die Menschen, die in der Tekke umherliefen, waren alle sittsam gekleidet. Niemand trug Schuhe. Kaum jemand sprach, und wenn doch, dann fasste man sich kurz und flüsterte. Obwohl die Umgebung ganz offensichtlich zum Fotografieren einlud, gab es kaum jemanden, der frenetisch nach dem richtigen Motiv suchte. Wer fotografierte, tat es voller Respekt vor der Tatsache, dass dies eine Stätte des Glaubens war, wo auf Makkah ausgerichtete Gebetsteppiche bereitlagen, falls jemandem der Sinn danach stand, innezuhalten, zu reflektieren und zu gedenken.

Es war ein ganz besonderer Ort.

Das spektakuläre Aufeinandertreffen derart vieler herrlicher Naturelemente hatte etwas Magisches, vielleicht sogar Mystisches erschaffen. Genau diese Energie hatten die Derwische in alten Zeiten gespürt, als sie diesen Ort für den *dhikr* auswählten. Und sie hatte zweifellos auch Evliya hergeführt.

»Ich glaube, das hier ist einer der spirituellsten Orte, an denen ich je war. Es ist noch magischer, als ich mir erträumt hatte«, sagte Tamara und ließ sich in einen der Diwane sinken, den Blick auf das blaue Idyll vor dem Fenster gerichtet.

Ich lächelte und schlenderte in einen kleineren Raum hinüber, in dem ein Mann in Jeans und einem blau gestreiften Polohemd kniete, die gewölbten Hände vor die geschlossenen Augen gelegt. Bis auf ihn war niemand in dem Zimmer, das auf die Buna hinausging und Richtung Makkah lag. Auf der

Fensterbank stand ein hölzerner Weihrauchkessel, und der dünne Vorhang wölbte sich in einer leichten Brise. Der ganze Raum war vom beruhigenden Klang des rauschenden Wassers erfüllt. Ich legte meine Kamera und meinen Rucksack ab und nahm die Gebetsposition ein. Als ich mich umdrehte, sah ich Amani und Anaiya vorbeikommen. Sie deuteten mir an, dass sie nach unten gehen würden, und ich streckte den Daumen nach oben, bevor ich beide Hände auf Kopfhöhe hob und innerlich verkündete, dass Gott tatsächlich groß war.

DIE BLUTIGE BRÜCKE ÜBER DIE DRINA

VIŠEGRAD

Nach Mostar und Blagaj fuhren wir in Richtung der bosnisch-serbischen Grenze, um die Rundreise zu beginnen, die uns im Uhrzeigersinn durch den Westbalkan führen sollte. Wir hatten uns für ein paar Tage eine ländliche Unterkunft im winzigen serbischen Dorf Rudine gebucht und würden von dort aus den Südwesten des Landes erkunden.

Ich hatte für den Weg nach Serbien eine Strecke durch Višegrad ausgewählt, wo ich vor dem Grenzübertritt kurz haltmachen wollte, hauptsächlich wegen der Mehmed-Pascha-Sokolović-Brücke nahe der Einfahrt zur Stadt, die zum UNESCO-Weltkulturerbe zählt. Sie war vom größten aller Großwesire, Sokollu Mehmed Pascha, in Auftrag gegeben und vom »türkischen Michelangelo« erbaut worden. Ein Zwischenstopp in Višegrad bedeutete, endlich einen echten bosnischen Sinan zu sehen.

Den ersten Blick auf die Brücke konnten wir erhaschen, als unser weißer Mégane den letzten Berg hinter sich ließ und die Straße vor uns ins Drinatal hinabführte. Es war ein herrlicher, sonniger Nachmittag, und wir hatten eine perfekte Aussicht auf die elf solide gemauerten Brückenbögen, die sich über den prachtvollen Fluss spannten. Jeder einzelne spiegelte sich im jadefarbenen Wasser wider: elf Kreise, die wie magische Portale in eine andere Welt wirkten.

Für Tamara und die Mädchen bot unser Halt die Gelegenheit, sich die Beine zu vertreten, etwas zu essen und vielleicht ein Eis zu ergattern. Tamara hatte ich die Bedeutung der Brücke mit etwas Mühe vermitteln können, aber die Mädchen – zwölf und 14 Jahre alt – konnten sich nur mäßig für etwas begeistern, was sich zwischen zwei Flussufern erstreckte und ziemlich alt aussah.

Während die drei nun also das Ufer erkundeten und zur Abkühlung die Füße ins Wasser tauchten, lief ich zum Zentrum der Brücke, ihrem höchsten Punkt, um mir die dort errichtete Stele anzuschauen, die eine Tafel mit einem Lobpreis des faszinierenden Großwesirs trug.

Die Geschichte von Sokollu Mehmed Pascha liest sich wie das Drehbuch eines Disneyfilms: Der Sohn einer armen christlichen Familie wird dieser vom Osmanischen Reich entrissen und in die Welt allmächtiger Sultane, grübelnder Prinzessinnen, hinterhältiger Gemahlinnen und intrigierender Wesire hineingeworfen, in der er selbst zum Herrscher aufsteigt. Sokollus Leben war wirklich märchenhaft, und die Brücke ist eine passende Metapher dafür.

Sokollu ließ sie ab 1571 erbauen, auf dem Höhepunkt seiner Macht, als ihm als Großwesir von Sultan Selim II., bekannt unter dem Namen »der Betrunkene«, de facto die Herrschaft über das Reich zukam, da der Sultan so wenig Interesse für die Regierungsgeschäfte aufbrachte, dass Sokollu freie Hand hatte. Die Brücke repräsentiert den Gipfel seiner Laufbahn, worauf auch die Tatsache hinwies, dass sie von Sinan erbaut wurde, was ihr den Status eines herausragenden osmanischen Bauwerks garantierte.

Dieses Zusammentreffen zweier großer Osmanen verlieh der Geschichte eine weitere faszinierende Dimension, da sowohl Sokollu als auch Sinan Opfer der Dewschirme waren: Wie Sokollu war Sinan seinen christlichen Eltern im Rahmen der »Knabenlese« weggenommen und in den Dienst des Reiches gestellt worden. Damit stand die Brücke auch für die Verbindung zweier christlicher Opfer dieser grausamen und üblen osmanischen Praxis – einer von ihnen wurde zum Herrscher der muslimischen Welt, der andere der größte Architekt in der Geschichte des Islam. Die Brücke war eine Hommage an die Knaben der Dewschirme.

Die Dewschirme war spätestens im 15. Jahrhundert unter Murad II. ein voll ausgebildetes System; der Sultan wollte auf diese Weise eine Armee erschaffen, die nur ihm gegenüber loyal war. Ihre Mitglieder durften nichtmuslimischer Abstammung sein – so konnten sie keinerlei Anspruch auf den Thron erheben. Diese neue Truppe wurde als Janitscharenkorps bezeichnet und bestand aus den entführten und zwangskonvertierten Söhnen christlicher Familien; sie wurden von den Osmanen herangezogen und ausgebildet. Alle folgenden Sultane übernahmen diese Praxis, bis ins frühe 19. Jahrhundert hinein, als Sultan Mahmud II. das Janitscharenkorps auflöste. Das bedeutete, dass die Osmanen vier Jahrhunderte lang die unislamische Praxis pflegten, als eine Art »Steuer« regelmäßig die fähigsten und talentiertesten Söhne ihrer christlichen Untertanen »einzuziehen«. Zwei dieser Söhne hießen Bajica (Sokollu) und Joseph (Sinan), und beide kamen zwischen ihrem 16. und 20. Lebensjahr zu den Osmanen.

Über ihre Kindheit ist nicht viel bekannt, weil von den Dewschirme-Knaben erwartet wurde, dass sie ihre christliche Identität zurückließen – auch dafür steht Sokollus Brücke heute. Diese Lesart geht zurück auf Ivo Andrić, den bosnisch-kroatischen Schriftsteller, der die Trennung der christlichen Knaben von ihren Müttern sprachgewaltig in seinem historischen Roman *Die Brücke über die Drina* von 1945 thematisiert. Andrić beschreibt, wie die Mütter laut klagend hinter ihren Söhnen herliefen und diese dazu aufriefen, nicht zu vergessen, woher sie stammten, bevor er einen der Jungen als aus der Familie der Sokolović stammenden dunkelhäutigen Zehnjährigen beschreibt. In Andrić' Schilderung beobachtet dieser Junge seine Mutter dabei, wie sie ihm bis ans Ufer der Drina folgt, wo er auf einer Fähre verschleppt wird, während sie hilflos zurückbleibt. Dieses Trauma motiviert Sokollu laut Andrić dazu, die berühmte Brücke zu bauen: Seine Absicht war, »sich von diesem Unbehagen [zu] befreien«[1].

Andrić wurde für sein Werk mit dem Nobelpreis ausgezeichnet, aber er schrieb Mitte des 20. Jahrhunderts, als sich die antiosmanische Stimmung auf dem Balkan auf dem Höhepunkt befand. In seiner Doktorarbeit schlug er in die gleiche Kerbe wie die bulgarischen Historiker der »Wiedergeburt«-Ära und beschreibt die türkisch-muslimische Herrschaft als rundum negativ; so gut wie jede Darstellung eines Muslims in seinem Roman ist herabsetzend und einseitig. Aus diesem Grund betrachten die meisten Bosniaken das Werk als islamophob. In Serbien, wo Andrić viele Jahre lebte, gilt er als Volksheld.

Trotz allem ist Andrić ein überzeugender Erzähler, und seine fiktionalisierte Darstellung der Qualen und Nöte der Dewschirme-Knaben bewegte mich auf ähnliche Weise wie die britisch-türkische Schriftstellerin Elif Shafak, die sagte,

---

1 Ivo Andrić, *Die Brücke über die Drina*, üb. v. Ernst E. Jonas, München: Carl Hanser 1960, S. 25.

das Werk habe »eine dauerhafte Verschiebung« in ihr bewirkt. Es habe ihr Augenmerk zum ersten Mal auf die »anderen« in der Dewschirme-Erzählung gelenkt.

So erging es auch mir, als ich in der Mitte der prachtvollen Steinbrücke stand und auf die Stele mit Sokollus Namen darauf blickte. Sie ähnelt einem riesigen sandfarbenen Eingangstor mit einem spitz zulaufenden Ausschnitt im unteren Bereich, der arabisch anmutet und an eine zu flach geratene Gebetsnische erinnert. Mein Blick glitt von der Stele in Richtung der Berge, die rund um die Stadt Višegrad aufragen, und ich fragte mich, wie weit der Geburtsort des Großwesirs von hier entfernt war und wie weit seine Mutter ihrem verschleppten Sohn nachgelaufen war. Hatte sie es überhaupt getan? Immerhin war Sokollu zu diesem Zeitpunkt vermutlich 17 Jahre alt, eher ein Mann als ein Kind. Sokollus Geschichte ist auch deshalb so faszinierend, weil es viele Hinweise darauf gibt, dass er engen Kontakt zu seiner Familie hielt, später vielen seiner Verwandten hohe Posten innerhalb des Reiches verschaffte und auf diese Weise eine Art osmanische Sokolović-Dynastie errichtete.

Ein kleines Schiff mit Touristen auf einer Flusskreuzfahrt fuhr auf die Brücke zu und passierte einen der beeindruckenden Steinbögen. Am Westufer standen zwei Männer knietief im Fluss und hielten geduldig ihre Angeln ins Wasser. Einer von ihnen trug eine weiße Baseballcap, der andere eine blaue Weste. Auf der Višegrad-Seite der Brücke sah ich, dass Tamara und die Mädchen ein kleines Café mit Blick auf den Fluss gefunden hatten. Auf dieser Seite zog sich das Ufer noch ein Stück weiter, bis zu der Stelle, wo der Nebenfluss Rzav in die Drina mündete. Dort ragte die kleine schwarze Kuppel der orthodoxen Kirche von Andrićgrad auf. Diese merkwürdige »Stadt« war ursprünglich eine Kulisse, die die

Republik Srpska für die Verfilmung von Andrić' Roman gesponsert hatte, dient heute aber als Touristenattraktion.

Ich ließ den Blick über die terrakottafarbenen Dächer der Häuser von Višegrad schweifen, von denen die meisten zwei oder drei Stockwerke hoch waren und vom Stil her an Skihütten erinnerten. Am Flussufer ragten ein paar Wohnblöcke mit Blick über die Drina auf. Die Stadt ist in einem Tal errichtet worden, und so sind die meisten Häuser terrassenförmig angelegt und schmiegen sich in den Hang. Višegrad wirkt sehr grün, weil das Stadtbild von großen Bäumen dominiert wird, außer in einer Ecke, wo sich die wunderschöne Kirche Crkva Rođjenja Presvete Bogorodice mit ihrem schwarzen Zwiebeldach erhebt und ihren strahlend weißen Glockenturm Richtung Himmel streckt – wie einst die Minarette von Višegrad.

Unsere Fahrt nach Višegrad hatte uns lange durch das Drinatal geführt, und die zunächst allgegenwärtigen Minarette waren immer seltener geworden, je näher wir der serbischen Grenze kamen. Die letzte größere Moschee hatten wir in der Stadt Goražde gesehen, kurz vor der Republik Srpska. Die von mehreren Kuppeln gekrönte Džamija Kaserija leuchtete am Ufer der schimmernden Drina. Als wir dort anhielten, um ein paar Fotos zu machen, fiel uns auf, dass in den örtlichen Geschäften Schaufensterpuppen mit Kopftuch zu sehen waren. Nach Goražde traten orthodoxe Kirchen an die Stelle der Moscheen.

Heute könnte man beim Blick auf Višegrad den Eindruck gewinnen, es gäbe hier keine Muslime, doch vor dem Krieg war die Stadt ein multiethnisches, multireligiöses Zentrum, in dem die Muslime mehr als die Hälfte der Bevölkerung ausmachten.

Das alles veränderte sich im Mai 1992, als die Muslime Opfer eines der brutalsten Massaker des gesamten Bürgerkrieges wurden, verübt durch serbische Truppen und die örtliche serbisch dominierte Polizei, die darüber hinaus auch Folterlager und Bordelle errichtete, in denen muslimische Frauen festgehalten und sexuell missbraucht wurden. Eine von ihnen, Jasmina Ahmetspahić, stürzte sich vor Augenzeugen aus dem Fenster eines dieser Bordelle in den Tod, nachdem man sie vier Tage lang durchgängig vergewaltigt hatte.

Insgesamt wurden in Višegrad 3000 Muslime ermordet, darunter mehr als 700 Frauen und Kinder. Sie starben eingesperrt in Gebäuden, die man dann anzündete, oder aufgereiht auf der Brücke, wo man sie erst hinrichtete und die Leichen anschließend in die Drina warf. Es heißt, dass das Blut der Opfer den Fluss in dieser Zeit tiefrot gefärbt habe und so viele aufgeblähte und verstümmelte Leichen darin trieben, dass sich der Betreiber des Wasserkraftwerks in Bajina Bašta – ein Stück flussabwärts jenseits der Grenze zu Serbien – darüber beschwerte, dass sie die Abflüsse des Staudamms verstopften.

2010, als das angestaute Wasser abgelassen wurde, um den Damm zu säubern, wurden auf dem Grund des Sees die Überreste von 390 Personen gefunden, die für die »Verstopfung« gesorgt hatten. Durch DNA-Proben ließ sich ein Teil von ihnen identifizieren. Das älteste Opfer war 92 Jahre alt gewesen, das jüngste drei. Unter den Identifizierten war auch Jasmina Ahmetspahić.

Der Völkermord von Višegrad sorgte dafür, dass das Stadtbild von allen sichtbaren Zeichen des Islam gesäubert wurde, bis auf die Brücke, wo sich jedes Jahr im Mai die Familien der Opfer versammeln, um 3000 rote Rosen in die Drina zu werfen und das Wasser erneut blutrot zu färben. Dann begeben sie sich zum Straziste-Friedhof am Nordufer des Rzav, wo viele der Opfer beerdigt wurden. Der Friedhof ist nur einen zehnminütigen Fußmarsch von der einzigen Moschee Višegrads entfernt, der wiedererrichteten Careva Džamija, die von Grund auf neu gebaut wurde, nachdem ihre aus dem 16. Jahrhundert stammende Vorgängerin von den bosnischen Serben niedergebrannt und dem Erdboden gleichgemacht worden war.

Die Kosten dafür übernahm die muslimische Diaspora von Višegrad, die heute auf der ganzen Erde verteilt lebt, aus einem ähnlich trotzigen Reflex heraus, wie ihn Amir Pašić in Mostar verspürt hatte. Die Muslime von Višegrad ließen nicht zu, dass ihr kulturelles Erbe komplett ausgelöscht wurde, doch den Imam der Moschee konnten auch sie nicht zurückholen: Safet Effendi Karaman weigerte sich, die Stadt ohne seine »Schäfchen« zu verlassen, als das Morden begann, und bezahlte dafür mit seinem eigenen Leben. Zum Zeitpunkt unseres Besuchs waren seine Überreste noch nicht gefunden worden. Man geht davon aus, dass er auf die Brücke über die Drina gebracht wurde, wo man ihm die Kehle aufschlitzte und ihn dann ins Wasser warf.

TEIL ZWEI

SERBIEN UND KOSOVO

SERBIENS SCHMUTZIGES KLEINES GEHEIMNIS

RUDINE UND SJENICA

Die Fahrt von Višegrad nach Rudine dauerte eine Stunde. Die malerische kleine Stadt schmiegt sich mitten in die Landschaft Serbiens, und unsere Unterkunft befand sich zusammen mit einer Handvoll anderer Häuser auf einem kleinen Hügel zwischen bewirtschafteten Feldern. Niemand dort sprach Englisch, doch eine freundliche Nachbarin mittleren Alters brachte uns jeden Morgen frischen Joghurt, Milch und Käse, auch wenn wir darauf beharrten, bereits versorgt zu sein.

In unserem Haus gab es kein WLAN und auch sonst keine moderne Technik, nur ein riesiges Radio aus der Zeit von Titos Herrschaft, sodass wir die nächsten Tage ohne Verbindung zur Außenwelt verbrachten und umso mehr Zeit zum Kochen, Lesen, für Gesellschaftsspiele und die wunderschöne serbische Landschaft hatten, die einige imposante Wasserfälle aufbot. Tamaras Gesundheitszustand verbesserte sich zusehends, und Anaiya nahm sich einer einheimischen Katze an, die sie jeden Morgen fütterte. Es war der perfekte Ausgleich nach einer vollgepackten ersten Woche, in der wir kreuz und quer durch Bosnien und Herzegowina gefahren waren.

Das Serbien, das wir rund um Rudine erlebten, war das Serbien, das wir erwartet hatten: Nirgendwo gab es Hinweise auf die muslimische Kultur – kein Essen, das ausdrücklich halal war, keine Frauen mit Kopftuch und ganz sicher keine »muslimischen Bauwerke«. Die einzigen religiösen Gebäude, die wir in Dörfern und Städten antrafen, waren orthodoxe Kirchen. Dies war das christlich-orthodoxe Serbien, von dem ich gelesen hatte. Das bedeutete aber nicht, dass die Serben weniger entgegenkommend oder gastfreundlich gewesen wären als die Bosnier; wie das Verhalten unserer Nachbarin zeigte, wurden wir überall herzlich empfangen, und wir genossen unseren Aufenthalt sehr.

Doch nun waren wir auf dem Weg in den Südwesten des Landes, der laut unserem Reiseführer so muslimisch geprägt war, dass er einem kleinen »Stück Türkei« glich. Die Beschreibungen, die ich las, klangen nach dem Serbien aus Evliyas Zeiten vier Jahrhunderte zuvor, und ich fragte mich, warum ich noch nie davon gehört hatte.

Vor der Ankunft der Osmanen hatten die Serben zur Mitte des 14. Jahrhunderts unter Zar Dušan das letzte große Reich des Balkans errichtet. Doch nach der wegweisenden Schlacht auf dem Amselfeld 1389, bei der die Serben den osmanischen Truppen unter der Führung von Murad I. unterlagen, geriet Serbien unter die Oberhoheit des Osmanischen Reiches. Die serbischen Adligen durften ihre Ländereien und Privilegien behalten, wenn sie dem Sultan die Treue schworen. Um das Abkommen zu besiegeln, heiratete Bayezid I., Sohn und Nachfolger Murads, die Tochter des Fürsten Lazar, Olivera Despina.

100 Jahre später war von der serbischen Autonomie nicht mehr viel übrig. Der serbische Adel, der zwischen den auf-

strebenden Osmanen und dem mächtigen Königreich Ungarn in der Zwickmühle steckte, stellte sich häufig auf die Seite der Türken, verbündete sich hin und wieder aber auch mit den Ungarn und den Kriegsfürsten Skanderbeg – zu ihm später mehr – und Johann Hunyadi. Als das Königreich Ungarn am Ende des 15. Jahrhunderts zerfiel, wurden die meisten Serben osmanische Untertanen, obwohl einige Adlige ihre Treue weiterhin dem habsburgischen Kaiser des Heiligen Römischen Reiches antrugen.

Die Serben zahlten ihre Steuern und erfüllten ihre staatlichen Verpflichtungen mittels eines Dorfvorstehers. Es war ihnen untersagt, Waffen zu tragen, und sie mussten eine Zusatzsteuer entrichten, wenn sie nicht für den Sultan in den Krieg ziehen wollten. In manchen Regionen wurden die Serben Opfer der Dewschirme, wodurch viele von ihnen zum Islam konvertierten und in der Hierarchie des Reiches aufstiegen, wie etwa der schon erwähnte Sokollu Mehmed Pascha. Abgesehen von der grausamen Praxis der Dewschirme legen die historischen Quellen nahe, dass es den serbischen Bauern unter osmanischer Herrschaft tatsächlich besser erging als den meisten anderen Bauern in Europa, zumindest bis zum 17. Jahrhundert. Einer der Hauptgründe dafür war das osmanische Millet-System, das bereits bestehenden gesellschaftlichen, religiösen und politischen Institutionen den Fortbestand erlaubte. Manche Gemeinschaften bekamen wegen ihrer Lebensgrundlage, ihres Wohnorts oder ihrer militärischen Dienste zusätzliche Autonomie zugesprochen. So kämpften aufseiten der Osmanen, die gern christliche Adlige in ihrer Kavallerie sahen, auch eine Reihe nichtmuslimischer Serben. Sie taten es, weil sie sich auf diese Weise von gewissen Steuern befreien und zudem ihren Landbesitz behalten konnten. An den Schlachten bei Rovine, Ankara und Varna sowie bei der Eroberung von Konstantinopel waren auf osmanischer Seite viele Serben beteiligt, die zudem für die »Sicherheit« ihrer Territorien einstanden.

Währenddessen erlaubte das Millet-System den Serben, sich durch den Fortbestand der Rechte und Regeln ihrer orthodoxen Kirche ihre religiöse und kulturelle Identität zu bewahren. Sie behielten die Tradition der epischen Dichtung und ihre Volksbräuche bei und konnten die großen serbischen Herrscher und Heiligen des Mittelalters auf ihre eigene Art und Weise verehren. Heilige wie Sava, Stefan Nemanja, Dušan der Mächtige und Lazar der Märtyrer erfreuten sich weiterhin großer Beliebtheit, und Volksepen wie der Kosovo-Zyklus spielten eine wichtige Rolle bei der Pflege der serbischen Identität. Außerdem etablierte die serbische Kirche in dieser Zeit das ziemlich einzigartige Konzept des Familienheiligen, der an einem Festtag, dem Krsna Slava, gefeiert wird.

Die Toleranz der Osmanen gegenüber anderen Glaubensrichtungen war im voraufklärerischen Europa höchst ungewöhnlich, im muslimischen Europa aber relativ normal, wie Evliya uns bereits durch seine nüchternen Betrachtungen der osmanischen Städte gezeigt hat. Manche Historiker halten es sogar für möglich, dass die serbische Nationalidentität überhaupt nur dank der Autonomie der serbischen Kirche im Millet-System fortbestehen konnte.

Nach dem Ersten Serbischen Aufstand 1804 begann die Macht der Osmanen langsam zu schwinden. Nun breitete sich ein ethno religiöser Nationalismus auf dem Balkan aus, während das Osmanische Reich zunehmend an Einfluss verlor. Mitte des Jahrhunderts stand Serbien kurz vor der Selbstverwaltung.

Ich hatte noch nie einen muslimischen Serben getroffen – gab es sie überhaupt? Das fragte ich mich, als wir durch die spektakuläre Berglandschaft nahe dem Naturreservat Uvac fuhren. Der Gedanke daran, mit einem solchen in Kontakt zu kommen, erfüllte mich mit Vorfreude.

»Kennt jemand von euch einen muslimischen Serben?«, fragte ich meine Familie. Alle überlegten.

»Ähm …«, begann Tamara. »Nein, ich glaube nicht.«

»Ich wusste vor dieser Reise nicht einmal, dass es sie gibt«, meinte ich.

»Ich auch nicht. Gibt es sie denn?«, fragte Amani.

»Also laut dem Reiseführer ist der Teil von Serbien, den wir gerade ansteuern, so muslimisch wie die Türkei.«

»Ich überlege gerade, ob ich überhaupt irgendeinen berühmten Serben kenne«, meinte Tamara.

»Mir fällt nur der eine oder andere Fußballer ein, und der berühmte Tennisspieler, wie heißt er noch mal? Đok… Đokov…«

»Meinst du Đoković?«, unterbrach Anaiya.

»Ja, genau. Woher kennst du ihn denn?«, fragte ich, als wir sie alle verwundert ansahen. Anaiya beschränkte sich auf ihr übliches unbekümmertes Grinsen.

»Oh, da vorne ist ein Minarett!«, rief Tamara und zeigte auf die schlanke weiße Gestalt eines klassischen osmanischen Minaretts, als wir die Vororte von Sjenica erreicht hatten, wo wir eine Essenspause einlegen wollten.

»Da hinten ist noch eins!« Anani wies auf ein etwas breiteres am Horizont vor uns.

Die Minarette waren zurück. Ich steuerte das nächstgelegene an, indem ich vor einem kleinen weißen Hotelgebäude auf eine holprige Straße abbog. Die Mädchen entdeckten an einem Lebensmittelgeschäft ein Eisschild, und Tamara bemerkte, dass das Hotel über ein Café mit WLAN verfügte. Damit stand es fest. Ich hatte eine Stunde, um die Umgebung zu erkunden.

Die zum Minarett gehörige Moschee war viel größer, als ich erwartet hätte. Ihr Aufbau war klassisch, mit einer hölzernen Mahfil im hinteren Teil und einer großen Kuppel in der Mitte. Die Wände waren schlicht weiß, ohne Zierelemente, und auf dem Boden lag ein roter Teppich.

Als ich den großen Gebetsraum betrat, kam ich an einer Baseballcap vorbei, die zusammen mit einer US-amerikanischen Flagge an einem Nagel hing. Auf den Fensterbänken der Moschee lagen Kinderzeichnungen aus. Sie wirkten wie Beiträge zu einem Malwettbewerb, und ich fragte mich, wer den ersten Preis gewonnen hatte. Einige von ihnen zeigten arabische Kalligrafien, andere verschiedene Moscheen. Es war offensichtlich, dass der Raum auch als Madrasa diente – auf einem Whiteboard an der hinteren Wand waren noch die Überreste der arabischen Schriftzeichen aus der letzten Unterrichtsstunde zu erkennen.

Nachdem ich vor dem altrosafarbenen Mihrāb das Gebet des Reisenden verrichtet hatte, ging ich im Sitzen die grünen Perlen eines Tespih durch. Die ganze Zeit über kam niemand herein, aber schon bald vernahm ich die gedämpften Geräusche einer Menschenansammlung vor der Moschee.

Als ich hinaustrat, stieß ich auf eine große Gruppe Einheimischer, die sich um eine alte Frau mit einem schwarzen Kopftuch scharten. Sie trauerte. Als die Leute die Tür aufgehen hörten, schauten einige zu mir hoch. Ich war in ein Begräbnis hineingeraten.

Die Frau wurde von ihrer Tochter getröstet, und hinter ihr stand ein Holzsarg, darin der Leichnam. Das Ganze spielte sich vor einem kleinen weißen Gebäude ab, das sich an die Moschee anschloss. Wie die meisten Freitagsmoscheen verfügte auch diese über einen abgetrennten Ort, an dem die Muslime ihre Toten vor der Beerdigung waschen und herrichten können. Die Menge bestand größtenteils aus mittelalten Männern, die warteten, bis sie an der Reihe waren, ihr Beileid auszusprechen, und die Schlange zog sich bis zum Eingangstor. Mein einziger Ausweg war versperrt.

Ich setzte mich unter den Portikus und wartete darauf, dass sich die Menge zerstreute, um niemanden zu stören, aber schon bald wurde klar, dass die verstorbene Person offenbar äußerst beliebt gewesen war, weil mehr und mehr Einheimische auftauchten, um ihr die letzte Ehre zu erweisen. Ich erkannte, dass ich mitten durch die Menge laufen musste, wenn ich nicht riskieren wollte, meine gesamte Stunde hier zu verbringen. Also nahm ich meinen Rucksack, senkte den Blick und bahnte mir vorsichtig einen Weg zwischen den versammelten Männern hindurch, wobei ich darauf achtete, jeden, der Blickkontakt zu mir aufnahm, mit einem *salām* zu grüßen. Das hatte den erwünschten Effekt – die grimmigen Gesichter entspannten sich, als die Angesprochenen den Gruß erwiderten. Das verlieh mir Selbstvertrauen, und so beschloss ich, als ich am Ende der Menge angelangt war, noch kurz zu verharren und das Geschehen zu beobachten. So traf ich Suaid.

»Ist *dschanasa* von einer Frau«, flüsterte er.

Ich nickte als Zeichen, dass ich verstand.

Suaid und ich blieben noch eine Weile, um dem Treiben zuzuschauen, bevor wir uns zum Gehen wandten. Nun stellte ich mich ihm richtig vor und erklärte, warum ich die Moschee besucht hatte. Suaid fragte, ob ich irgendetwas über sie wüsste, und ich schüttelte den Kopf. Daraufhin führte er mich zu einem Schild am Rand des angrenzenden Friedhofs.

Das Gotteshaus war die Sultana-Valide-Moschee und im 19. Jahrhundert von der Mutter des drittletzten osmanischen Sultans, Kalif Abdülhamid II., in Auftrag gegeben worden. Ich erzählte Suaid, dass ich in Saudi-Arabien gelebt hatte, wo ein Teil von Abdülhamids unglückseliger Hedschasbahn gebaut worden war – die letzte große Ingenieursleistung des Osmanischen Reiches. Sie hatte dafür sorgen sollen, dass Pilger schnell und sicher in die heiligen Städte Makkah und Madinah gelangen konnten. Doch wenige Jahre nach ihrer Fertigstellung wurde die Bahn während des Ersten Weltkriegs in den Kämpfen zwischen den Osmanen und den von den Briten unterstützten Saudis zerstört. Suaids Englischkenntnisse waren bescheiden, daher machte ich beim Erzählen das »tsch-tsch«-Geräusch eines Zuges nach, worüber wir beide lachen mussten, als er verstand, wovon ich sprach.

Die Moschee war gebaut worden, als Sjenica die Hauptstadt eines osmanischen Verwaltungsbezirkes war, und ihre Kuppel war damals die größte des gesamten Balkans gewesen. Die Sultana-Moschee zählte zu den bedeutendsten osmanischen Moscheen in Serbien, und ich hatte noch nie zuvor ein Gotteshaus besichtigt, das von der Mutter eines Sultans in Auftrag gegeben worden war. Das gab es nur sehr selten, doch in meinem Reiseführer fand ich nichts darüber. Als ich Suaid das sagte, zuckte er mit den Schultern und schlug vor, dass ich die Touristeninformation von Sjenica aufsuchen könne, um mehr über die Stadt zu erfahren.

Auf dem Weg dorthin erklärte er mir, dass es in Sjenica sechs Moscheen und eine große muslimische Gemeinde gebe. Um das zu unterstreichen, wies er auf das Schild über einer Bücherei – der »Gradska Biblioteka«.

»Guck, Name«, sagte er.

Darunter stand »Muhamed Abdagić«. Wir kamen an mehreren Geschäften mit ähnlichen muslimischen Namen vorbei.

»Heute ist guter Ort für Muslime, aber nicht im Krieg«, meinte Suaid, bevor er plötzlich stehen blieb, um sein Hosenbein hochzukrempeln. Eine lange Narbe verlief über die Seite seines Unterschenkels. »Vom Krieg.«

Suaid war deutlich größer als ich und von dünner, drahtiger Statur. Seine dunklen Knopfaugen waren hellwach, und er neigte dazu, ständig auf sein kleines schwarzes Handy zu schauen. Dadurch wirkte er nervös, und ich war mir nicht sicher, ob ich mich nach dem Ursprung der Narbe erkundigen sollte.

Wir blieben vor einer heruntergekommenen Treppe an der Seite eines hässlichen Wohnblocks aus kommunistischen Zeiten stehen.

»Touristeninformation«, sagte Suaid und deutete die Treppe hinauf.

Oben sah ich ein Eisengitter, das mir fest verschlossen vorkam. Suaid hastete hinauf und versetzte ihm einen harten Stoß, bevor er wieder auf sein Handy guckte.

»Zu!«, rief er zu mir hinunter.

Neben dem Fuß der Treppe war eine Pfütze, die eindeutig nach Urin stank. Suaids Blick fiel kurz darauf, und er schnalzte angewidert mit der Zunge.

»Komm, ich zeige Karte«, sagte er und marschierte zielstrebig Richtung Stadtzentrum. Ich wollte ihm sagen, dass das nicht nötig sei, dass ich schon allein zurechtkäme, aber er war mir bereits einige Schritte voraus.

Wir passierten einige unfertige Rohbauten aus roten Steinen, bevor wir zu einer schmalen Holzbrücke kamen, die über den Bach der Stadt führte. Das Ufer war auf beiden Seiten mit Beton befestigt, sodass das Ganze eher wie ein Kanal wirkte. Rechts von uns ragten hohe Birken über einer Grünfläche mit einem Kinderspielplatz auf.

Schließlich erreichten wir eine Infotafel, auf der die gesamte Region abgebildet war, mit Fokus auf dem nahe gelegenen Gostilje-Nationalpark – offenbar ein beliebtes Ausflugsziel von Sjenica aus. Suaid fing an, einige der Sehenswürdigkeiten herunterzurattern.

»Gut für Tiere, Berge, Wasser …«

»Gibt es noch weitere *masdschids*?«, fragte ich.

»Hier … und hier, auch hier.« Suaid zeigte auf Stellen auf der Karte, die nicht markiert waren. Zur selben Zeit vernahm ich das leise Klingeln meines Handy-Timers. Meine Zeit war um, aber Suaid bestand darauf, mir noch eine Sache zu zeigen.

»Gleicher Weg wie Sultana-Valide-Moschee«, versicherte er mir auf dem Weg Richtung Stadtzentrum.

Unterwegs grüßte er mehrere Leute mit *salām*. Manche von ihnen blieben dabei auf ihren Stühlen in Cafés sitzen, andere traten auf ihn zu und schüttelten ihm die Hand. Er stellte mich ihnen vor und beschrieb mich mit dem Wort *musāfir*, »Reisender«, woraufhin sie auch mir die Hand entgegenstreckten.

Die letzte Sache, die Suaid mir zeigen wollte, befand sich noch im Bau. Wir hörten die Elektrowerkzeuge und die Bohrgeräusche schon lange bevor wir etwas sahen. Zwei Männer in Arbeitsoveralls sägten Holz zurecht und bohrten Löcher in das, was einmal Sjenicas eigener Sebilj werden sollte – eine Kopie von dem in Sarajevo. Ich fragte Suaid, warum er gebaut wurde.

»Geschenk«, antwortete er. Der Sebilj war ein Geschenk der Stadt Sarajevo an die Bewohner von Sjenica, als Erinnerung an die historische Verbindung.

Die Einwohnerzahl von Sjenica beläuft sich auf etwa

14.000, mehrheitlich Muslime, die sich als ethnische Bosniaken identifizieren. Der Hauptgrund dafür ist, dass dieser Teil Serbiens unter den Osmanen in Verwaltungsbezirken lag, die entweder zum muslimischen Bosnien oder zum muslimischen Kosovo gehörten. Im Ersten Balkankrieg, den die Osmanen schließlich verloren, wurde die Region von Serbien besetzt, im Ersten Weltkrieg stand sie unter österreichisch-ungarischer Kontrolle, dann fiel sie an das neue Königreich Jugoslawien. Mit dem Zerfall der Sozialistischen Republik Jugoslawien wurde sie erneut zu einem Teil Serbiens.

Nachdem Suaid mir den Sebilj gezeigt hatte, teilte er mir mit, er müsse zur Beerdigung zurückkehren. Ich dankte ihm für seine Zeit und machte mich ebenfalls auf den Rückweg.

Auf der Fahrt aus der Stadt hinaus entdeckten Amani und Anaiya mehrere Frauen mit Kopftuch, und Tamara fielen Schilder an Geschäften ins Auge, auf denen »*helel*« stand. Wir kamen an einer Handvoll weiterer Minarette vorbei und passierten am Stadtrand von Sjenica die Skola Kur'ana Casnog, ein kleines Gebäude, vor dem ein Schild mit der Aufschrift »Islamische Gemeinschaft Serbiens« stand.

Offiziell machen die Muslime drei Prozent der serbischen Bevölkerung aus. Doch als wir nun auf dem Weg in die – laut Reiseführer – »türkischste« Stadt von allen waren, drängte sich mir die Frage auf, wie zutreffend diese Angabe wirklich war und ob wir nicht unverhofft über das »schmutzige kleine Geheimnis« des Landes gestolpert waren: ein muslimisches Serbien.

»EINE MUSLIMISCHE STADT«

NOVI PAZAR

Wie eine Reihe von Janitscharen beim Ehrenspalier säumten die großen Kuppeln von Bauwerken im neoosmanischen Stil – lauter spiegelnde Glasfassaden und hohe Metallminarette – die Zufahrtsstraße ins Zentrum.

»Wow«, rief Anaiya, »hier gibt es echt viele Moscheen!«

Bei unserer Ankunft in Novi Pazar musste ich mich erst einmal vergewissern, dass wir nicht in der Türkei gelandet waren. Dass der Reiseführer die Stadt als die »türkischste« von allen bezeichnete, war durchaus ernst gemeint. War das hier wirklich Serbien?

»Krass, Dad, guck mal. Da ist eins … Da ist noch eins … und noch eins…« Amani zählte die Minarette.

Tamara deutete auf einen riesigen Friedhof voller schlanker,weißer Grabsteine, der sich, umgeben von einem weißen Metallzaun, fast einen Kilometer lang auf etwas erhöhtem Gebiet links und rechts der Straße erstreckte. Die Grabsteine sahen genauso aus wie die auf den Friedhöfen der bosnischen Märtyrer des Krieges, die sich über die Berghänge rund um Sarajevo zogen.

Das hier war mit Abstand die am meisten muslimisch wirkende Stadt, die uns seit unserer Abfahrt aus der bosnischen Hauptstadt untergekommen war.

»Schwein? Hmpf. Nein, kein Schwein. Novi Pazar muslimische Stadt!« Der Pizzabäcker schnaubte und lachte gleichzeitig, begleitet von einem mir durchaus vertrauten angewiderten Blick. Es war Samstagabend, und wir hatten uns nach dem Einchecken im Hotel dafür entschieden, uns direkt in die Stadt zu begeben, wo eine von unseren Töchtern einen kleinen Imbiss mit dem Wort »Pizza« daran entdeckt hatte. Der bullernde Lehmofen und unsere knurrenden Mägen sagten uns, dass dies der richtige Ort war, um Energie zu tanken. Die vorausgehende Moscheenparade ließ uns vermuten, dass Essen, das halal war, in Novi Pazar nicht schwer zu finden sein dürfte, aber wir stellten die Fleischfrage trotzdem, weil wir Muslime aus Westeuropa waren: Wenn wir auf einer Speisekarte »Pizza mit Salami und Pilzen« lasen, gingen wir von »Pizza mit Schweinefleischsalami und Pilzen« aus. Noch dazu befanden wir uns in Serbien – einem Land, das sehr stolz auf seine christlich-orthodoxe Tradition war.

In der Innenstadt von Novi Pazar pulsierte das Leben. Die Sitzmöbel der Cafés und Restaurants drängten auf die gepflasterten Plätze hinaus, über denen ein Kuddelmuddel aus osmanischen, habsburgischen und aus kommunistischen Zeiten stammenden Gebäuden aufragte. Wie in Sarajevo und Sjenica stand auch hier ein Sebilj in der Mitte, um den herum Freunde und Familien zusammensaßen und unter freiem Himmel aßen oder »serbischen Kaffee« tranken, der bosnischem und türkischem Kaffee verdächtig ähnlich sah und zudem genauso schmeckte.

Auch wir wollten die kühlere Luft des späten Sommerabends genießen und hielten Ausschau nach einem Platz, an dem wir uns hinsetzen und unser Essen verspeisen konnten. Unser Blick fiel auf eine große weiße Bühne, vor der sich einige Einheimische versammelt hatten, und so stellten wir ein paar Stühle an einen leeren Tisch und setzten uns, gleichermaßen hoffnungs- wie erwartungsvoll. Es wirkte auf jeden Fall so, als gäbe es hier gleich eine Vorführung: Die Bühne war beleuchtet, in der Ecke stand ein Audiosystem, und im Hintergrund hasteten eine Menge Leute hin und her. Vielleicht, so dachten wir, würden wir in den Genuss authentischer novi-pazarischer Unterhaltung kommen.

Wie Sarajevo liegt auch Novi Pazar in einem Tal inmitten des Dinarischen Gebirges, das sich über Hunderte Kilometer erstreckt und einen enormen Artenreichtum aufweist. Ausgehend von der Altstadt breiten sich die roten Dächer, nadelspitzen Minarette und hässlichen Wohntürme über die grünen Hänge aus.

Und noch etwas haben Novi Pazar und Sarajevo gemeinsam: Beides sind osmanische Städte, die im 15. Jahrhundert gegründet wurden – im selben Jahr, von ein und derselben Person: dem Statthalter von Bosnien, Isa-Beg (oder Isa-Bey) Ishaković.

Da sich die Ansiedlung in der Nähe eines wichtigen Handelsplatzes befand, an dem traditionelle Routen aus Dubrovnik, Sofia, Belgrad und Konstantinopel zusammenliefen, nannte Isa-Beg sie »Neuer Markt« – »Novi« leitet sich vom serbischen Wort für »neu« (*novo*) ab, »Pazar« vom türkischen für »Markt« (*basar*). Wie in Sarajevo schuf er die grundlegende Infrastruktur der Stadt: eine Moschee, eine Festung, ein Hamam, ein Han und ein Imäret. Mit der Zeit ließ sich auch dort eine multiethnische und multireligiöse Schar von Bewohnern nieder, unter denen unter anderem Juden und orthodoxe Christen waren. Als Evliya 1660 zusammen mit Melek Pascha auf dem Weg zu Meleks neuem Posten im Eyalet von Rumelien durch Novi Pazar kam, hatte es sich zur

Hauptstadt der Region und einer der bevölkerungsreichsten Städte des Balkans entwickelt.

Nach dem 18. Jahrhundert verlor Novi Pazar an Bedeutung, und nachdem die Osmanen im Ersten Balkankrieg aus der Region vertrieben worden waren, ging die Stadt, wie Sjenica, schließlich an das Königreich Jugoslawien. Obwohl die Bevölkerung zu weiten Teilen aus Bosniaken bestand und Novi Pazar historisch gesehen im Eyalet Bosnien lag, wurde die Stadt nach dem Zerfall Jugoslawiens in den 1990er-Jahren erneut Serbien zugeteilt. Dennoch ist sie wie die bosnische Hauptstadt überaus muslimisch geprägt – da über 80 Prozent der Bevölkerung diesem Glauben anhängen, ist die serbische Stadt muslimischer als so manches »muslimische« Land. Wir waren noch keine zwei Wochen unterwegs, doch die Zeit hatte gereicht, um mit Novi Pazar nicht nur ein »verstecktes« Sarajevo zu finden, sondern sogar eine Stadt, die sich völlig legitim als deren Zwillingsschwester bezeichnen konnte.

Eine Zeit lang passierte nichts, und wir gaben uns hungrig unserer köstlich krossen Halal-Salami-Pizza hin. Dann bemerkten Amani und Anaiya, dass eine aufgeregte Gruppe Teenagerinnen, alle im gleichen eleganten Gewand, auf dem Weg hinter die Bühne war.

»Sind das Brautjungfern?«

»Aber wo ist die Braut?«

Die Mädchen versammelten sich im hinteren Teil der Bühne und schienen Anweisungen von jemandem zu erhalten. Ihre wallenden Kleider bedeckten sie von Kopf bis Fuß und waren komplett identisch – blütenweiß, mit einem goldenen Band in der Mitte und einem passenden weißen Kopftuch dazu. Mit ihren hellen Gesichtern wirkten sie wie eine Schar mittelalterlicher Prinzessinnen. Als sie aus unserem

Blickfeld verschwanden, war klar, dass sie auf der Bühne auftreten würden. Aber zunächst einmal passierte weiter nichts.

Plötzlich hallte der *Maghrib adhān* durch die Luft. Nach mehreren Tagen in Serbien fuhr ich überrascht zusammen. Nicht so jedoch die Einheimischen. Viele von ihnen, darunter auch Kinder, unterbrachen respektvoll ihre Unterhaltungen, und ein oder zwei Männer standen auf und begaben sich festen Schrittes zu einer verborgenen Moschee in der Nähe.

Obwohl wir zuvor an so vielen Moscheen vorbeigefahren waren, ließ sich unmöglich bestimmen, woher der *adhān* genau kam. Hinter uns standen Geschäfte und Restaurants im Weg, und vor uns versperrte uns die ausladende auffällige Fassade des Hotel Vrbak – eine Front aus sechseckigen Fenstern – die Sicht.

Der *adhān* schien auch das Signal zu sein, dass die Aufführung gleich beginnen würde, da sich viele der freien Stühle um uns herum jetzt rasch füllten. Die Neuankömmlinge waren offensichtlich Verwandte der mittelalterlichen Prinzessinnen, die nun an der Seite der Bühne auftauchten, um diese zu begrüßen, und dabei liebevolle Wangenküsse an Eltern, Großeltern, Tanten, Onkel und kleine Cousins und Cousinen verteilten.

Wir hatten immer noch keine Ahnung, was uns bevorstand, aber es war offensichtlich, dass die Veranstalter gewartet hatten, bis der *adhān* vorbei war. Das kannten wir auch schon aus anderen Teilen der muslimischen Welt, wo alles – von Fußballspielen bis hin zu Liveauftritten – respektvoll nach den Gebetszeiten ausgerichtet wurde, sodass niemand gerade mit einer niederen weltlichen Tätigkeit beschäftigt war, wenn der Muezzin die Gläubigen zum Gebet rief. Ich habe es noch gut aus unserer Zeit in Saudi-Arabien in Erinnerung, wo meine Fußballspiele am Abend immer kurz nach dem Gebet zum

Sonnenuntergang stattgefunden hatten – was auch mit der willkommenen Abkühlung zu tun hatte –, und wenn sie zu lange dauerten, unterbrach der Schiedsrichter kurz vor dem *Ischā adhān* die Partie. Nicht nur aus Respekt, sondern auch um den religiösen Spielern Gelegenheit zum Beten zu geben.

Einige Minuten nach dem Gebetsruf betraten die mittelalterlichen Prinzessinnen die Bühne. Sie stellten sich in zwei Reihen auf – die hintere leicht erhöht, sodass alle Gesichter zu sehen waren – und glichen nun einem muslimischen Chor. Dann erklangen ein rhythmischer Trommelschlag und ein Tamburin, und der Chor sang in vollkommener Harmonie und auf Arabisch die Verse eines beliebten Lobliedes auf den Propheten Muhammad. Als wir die Worte erkannten, wechselten wir ungläubige Blicke. Die nächste Darbietung begann mit einem türkischen Instrumentalteil, bevor drei Mädchen vortraten und einen wunderschönen arabischen Naschid (muslimisches Lied) über Frieden und Glauben sangen.

Schon bald wippten die Kleinkinder im Takt der Musik auf ihren wackeligen Beinen auf und ab, was uns alle zum Lachen brachte, und das Publikum stimmte bei vertrauten Liedzeilen mit ein.

Während ich mein Handy hochhielt, um einen Teil der Aufführung zu filmen, warfen Tamara und ich einander immer wieder Blicke zu. Wir konnten kaum fassen, was hier geschah. Irgendwie waren wir im christlich-orthodoxen Serbien in ein muslimisches Konzert hineingestolpert.

Als der unerwartete Auftritt zu Ende ging und unsere Mägen mit Salami-Pilz-Pizza gefüllt waren, schlenderten wir zum Platz vor dem Hotel Vrbak hinüber.

Dort, wo der gepflasterte Platz, auf dem sich die Einheimischen abends zum entspannten Beisammensein trafen, an die

Ljudska grenzte, spannten sich mehrere malerische Steinbrücken über den Fluss. Alte Männer saßen auf Bänken neben hübschen Blumenbeeten und hielten ein Schwätzchen, kreischende Kleinkinder rasten auf »Allrad«-Spielzeugautos, die man dort leihen konnte, herum, und ihre Eltern hielten beim Plaudern stets ein Auge auf die Minirennfahrer gerichtet. Hin und wieder ging jemand zu einem der Straßenverkäufer am Rand des Platzes und holte sich eine Kleinigkeit zu essen.

»Dad, können wir Zuckerwatte kaufen? Bitte!«, fragte Anaiya und wies auf einen Mann, der pinke Spinnenfäden aus einer sich schnell drehenden Metalltrommel fischte.

»Ja, bitte!«, stimmte auch Amani mit ein.

Der Verkäufer sprach kein Englisch, und so bedeutete ich ihm mithilfe meiner Finger, dass wir gern zwei Portionen hätten. Er zeigte auf eine Reihe verschiedenfarbiger Töpfe, die die Auswahl an Geschmacksrichtungen darstellten. Beide Mädchen entschieden sich für rot, und wir sahen zu, wie er loslegte. Tamara fragte, ob sie den Vorgang filmen dürfe, indem sie auf ihre Kamera zeigte, und er nickte.

Als Erstes setzte der stämmige Mann, dessen Tätigkeit offensichtlich anstrengend war, worauf die Schweißperlen auf seiner Stirn schließen ließen, die Trommel in Bewegung. Dann nahm er ein dünnes Holzstäbchen und kippte etwas rotes, zuckriges Pulver in eine Vertiefung in der Mitte, unter der unregelmäßig eine kleine Flamme aufflackerte. Nach ein paar Sekunden führte er das Stäbchen ganz nah an die Vertiefung heran. Wir schauten gebannt zu. Anfangs war nichts zu sehen, doch dann wickelten sich ganz langsam und kaum sichtbar die ersten dünnen, spinnennetzartigen roten Fäden um das Stäbchen. Uns allen entfuhr ein »Aaah«.

Als der verschwitzte Verkäufer den zweiten roten Wattebausch gesponnen und ihn Amani gereicht hatte, versuchte ich ihm einen 1000-Dinar-Schein in die Hand zu drücken, was etwa acht Pfund oder neun Euro entsprach. Aber er zog die Hand weg und schüttelte den Kopf, bevor er die Trommel für den nächsten Kunden einschaltete, einen kleinen Jungen und seine Mutter. Ich war verwirrt. War das zu viel oder zu wenig Geld? Er erwartete doch wohl nicht viel mehr als vier Pfund pro Portion?

Widerwillig zückte ich einen zweiten 1000-Dinar-Schein, in der Hoffnung, dass dem Verkäufer ein Fehler unterlaufen war und er mich nicht über den Tisch ziehen wollte. Erneut weigerte er sich, das Geld anzunehmen – dieses Mal schaute er gar nicht erst auf die Scheine. Hatte er überhaupt wahrgenommen, was ich ihm anbot? Meine Verwirrung nahm zu. Das war doch nun wirklich genug für zwei Portionen Zuckerwatte. Unser Abendessen für vier hatte weniger gekostet.

Ich beschloss, es noch ein letztes Mal zu versuchen, und faltete die nagelneuen Scheine auseinander, um deutlich zu zeigen, um wie viel es sich handelte. Doch auch jetzt wies der Verkäufer das Geld zurück, ohne es – oder mich – eines Blickes zu würdigen. Er schüttelte einfach nur den Kopf und drehte sich weg. Da erkannte ich, dass es ihm gar nicht um mehr Geld ging, sondern dass er die Bezahlung grundsätzlich verweigerte, und plötzlich wurde mir klar, warum.

Schuldbewusst versuchte ich das Geld direkt in seine Brusttasche zu stecken. Aber er ahnte meine Bewegung voraus und trat einen Schritt beiseite, ein freundliches Lächeln auf dem Gesicht.

»Tourist«, sagte er und schüttelte erneut den Kopf.

»Tamara«, sagte ich und drehte mich zu meiner Familie um, die den Kindern beim Spielen zugesehen und die Szene gar nicht mitbekommen hatte. »Er nimmt mein Geld nicht an.«

»Warum, Dad, was ist das Problem?«, fragte Anaiya leicht alarmiert.

»Er nimmt dein Geld nicht an?«, echote Amani.

»Hast du nicht genug dabei?«

»Nein, das ist es nicht, ich habe mehr als genug. Er will es nur nicht annehmen.«

»Tourist …«, sagte der Verkäufer erneut und bedachte dieses Mal meine ganze Familie mit seinem Lächeln.

Tamara und ich schauten einander an. Wir wusste beide, was er meinte. Sein Verhalten rührte uns – Tamara war den Tränen nahe.

Ich hatte vergessen, was sie mir am Abend zuvor vorgelesen hatte, und war deshalb anfangs so verwirrt gewesen. Als wir in unserem kleinen Ferienhaus auf dem serbischen Land gesessen und uns darauf gefreut hatten, eine »muslimische Stadt« in Serbien zu besichtigen, hatte Tamara einen Abschnitt aus dem Reiseführer vorgelesen, in dem es um die merkwürdige Gepflogenheit der Verkäufer von Novi Pazar ging, Touristen Waren von geringem Wert als Geschenk zu überreichen, statt sie dafür zahlen zu lassen. Das war ihre Art und Weise, Reisende zu ehren, eine alte Tradition in dieser historischen Handelsstadt, die in früheren Zeiten regelmäßig von Menschen aus den Metropolen der Vergangenheit besucht wurde. Heute liegt sie vergessen in der südserbischen Provinz, und so bietet die Geste den Verkäufern von Novi Pazar auch eine Gelegenheit, ihre Wertschätzung dafür zum Ausdruck zu bringen, dass jemand herzukommen bereit war. Beim Lesen hatten wir der Sache keine große Beachtung geschenkt, weil wir nicht davon ausgegangen waren, es tatsächlich zu erleben.

Ich fragte den Mann nach seinem Namen und bedankte mich auf Englisch und Arabisch.

»Mehrat«, antwortete er mit einem Lächeln, deutete eine Verbeugung an und legte eine Hand aufs Herz. Wir waren aufrichtig gerührt, und als wir fortgingen, machte ich mir innerlich heftige Vorwürfe, dass ich so misstrauisch gewesen war. Dann wendeten wir uns den beiden Mädchen zu, die immer noch verwirrt waren, und erklärten ihnen die wunderbare Tradition der Gastfreundschaft.

Anaiya zupfte ein Stück pinker Zuckerwatte aus ihrem Bausch und reichte es mir. Ich konnte sehen, wie sie das, was wir gerade gesagt hatten, beim Kauen verarbeitete.

»Er hat sie uns also umsonst gegeben, nur weil wir Touristen sind?«, fragte sie schließlich.

»Genau.«

Sie überlegte kurz. »Können wir noch mehr umsonst kriegen?«

»Darum geht es doch gar nicht, Anaiya!«, rügte Amani, ganz die tugendhafte große Schwester.

Ich nahm Anaiya bei der Hand und drehte sie so, dass sie den Verkäufer sehen konnte, wie er sich zum zigsten Mal den Schweiß von der Stirn wischte. Selbst von unserem Sitzplatz aus konnte man die laienhafte Konstruktion seines selbst gebauten Zuckerwattestands erkennen. An der halben Trommel, die einmal eine ganze gewesen, aber auseinandergesägt worden war, hingen Kabel, die zu einer Autobatterie zu Füßen des Mannes führten. Die Trommel wich bei jeder Umdrehung ein wenig von ihrer Kreislinie ab, sodass er sie regelmäßig neu ausrichten musste, damit sie nicht umfiel.

»Schau ihn dir an, Po.« Immer wenn ich mit Anaiya sprach, als wäre sie noch meine Kleine, verwendete ich die Kurzform ihres Spitznamens »Posie«. Mittlerweile war sie zwölf und ihrer Meinung nach schon halb erwachsen. »Schau dir seine Maschine an. Er hat sie selbst gebaut. Siehst du, dass er sie über eine Autobatterie betreibt? Macht er auf dich den Eindruck, als könnte er es sich leisten, etwas zu verschenken?«

Anaiya schüttelte den Kopf.

»Warum tut er es dann?«, fragte sie.

»Weil er weiß, dass das, was er heute Abend an Geld verliert, in keinem Verhältnis zu dem steht, was er durch seine freundliche Geste gewinnt.«

Wir hatten unseren Töchtern beigebracht, dass Wohltätigkeit eine wichtige Pflicht für uns war, als Menschen und als Muslime – sie war eine der fünf Säulen unseres Glaubens. Die beiden hatten mit uns zusammen in Suppenküchen ausgeholfen, während des Ramadan abgepacktes Essen ausgegeben und es sich zur Gewohnheit gemacht, jeden Winter Lebensmittel, Hygieneprodukte und warme Decken an die Obdachlosen in London zu verteilen. Anaiya wusste also, was Wohltätigkeit war. Aber hier ging es nicht um Wohltätigkeit. Der Impuls war ganz ähnlich, aber es war nicht das Gleiche, und deshalb fiel es ihr vermutlich etwas schwerer, die Sache zu begreifen. In gewisser Weise galt das für uns alle – niemand von uns hatte auf Reisen bisher so etwas erlebt. Natürlich waren wir schon gütigen Fremden begegnet, aber nicht hart arbeitenden Verkäufern, die eine Bezahlung verweigerten, weil wir Reisende waren. Unsere bisherigen Erfahrungen waren eher gegenteilig gewesen: Die Verkäufer hatten unser Geld gewollt, gerade weil wir Reisende waren.

Die Tradition, Reisenden mit Gastfreundschaft zu begegnen, hat in den islamischen Ländern historisch gesehen immer schon einen hohen Stellenwert besessen und wird von vielen Muslimen bis heute befolgt. Die Regel lautet, dass ein Reisender, der zu Besuch kommt, drei Tage lang in jeder Hinsicht als Gast behandelt werden sollte. Man hat ihn, soweit möglich, mit einer Unterkunft und Essen zu versorgen, damit er nicht darauf angewiesen ist, sein eigenes Geld auszugeben. Das ist eine meiner liebsten muslimischen Traditionen, und ich bin bei Freunden und Verwandten schon häufig in den Genuss ihrer Vorteile gekommen. Genauso habe ich mich auch bemüht, sie zu befolgen, wenn ich Besuch erhielt, auch wenn es sich bei den Gästen nicht um Muslime handelte.

Eines der ersten Gebäude, das Isa-Beg in Novi Pazar errichtete, war ein Han – eine Karawanserei. Diese großen Herbergen für Reisende ließ der Sultan an wichtigen Handelsrouten erbauen, grob alle 30 bis 40 Kilometer eine (das war die Distanz, die man am Tag zu Fuß bewältigen konnte). Alle Reisenden, Pilger oder Händler, die dort auftauchten, erhielten eine kostenlose Schlafstätte und etwas zu essen für sich und ihr »Vieh«, drei Tage lang, auf Kosten des Sultans.

Auch wenn ein Bausch Zuckerwatte oder zwei nicht ganz das Gleiche war, schimmerte hier diese wunderbare alte Tradition durch, und es wärmte mir das Herz, das hier in dieser vergessenen kleinen Stadt in Serbien zu erleben.

An jenem Abend, als wir nach dem Abendessen im Hotelzimmer saßen und die jüngsten Nachrichten aus England auf dem Handy durchgingen, hielt Tamara plötzlich inne.

»Ich bin extrem froh, dass wir das hier machen. So vieles von dem, was wir jeden Tag in den Nachrichten lesen, scheint vor allem darauf abzuzielen, uns Angst vor dem ›anderen‹ zu machen.«

Wir hatten uns bemüht zu ignorieren, was seit dem Beginn unserer Reise in Großbritannien los war – 2016 war dort ein schwieriges Jahr für Menschen gewesen, die »anders« waren.

Die giftigen Ergüsse von Fremdenhass und Islamophobie, losgetreten durch die Brexitkampagne, waren verstörend gewesen; Gruppierungen wie die English Defence League (eine Vereinigung organisierter Rechtsextremer) verzeichneten seit der Kampagne großen Zulauf, und manchmal fühlte es sich an wie eine Rückkehr ins rassistische England meiner Kindheit. Dass sich auf der anderen Seite des großen Teichs mit Donald Trump ein offen muslimfeindlicher Kandidat um das Amt des US-Präsidenten bemühte, machte es auch nicht besser. England einen Sommer lang den Rücken zu kehren, war eine willkommene Verschnaufpause für uns alle.

»Ich hoffe, die Mädchen lernen aus diesen Erfahrungen, dass die Welt kein Furcht einflößender Ort ist und es wirklich nichts gibt, wovor man Angst haben müsste, außer unseren eigenen Vorurteilen«, fuhr Tamara fort.

Ich sagte nichts, ich wollte ihr zuhören.

Als Eltern taten wir unser Bestes, die beiden Mädchen vor dem Hass zu schützen, der erneut gesellschaftlich akzeptiert war. Uns war bewusst, dass die Immunität, die die Unschuld der Kindheit mit sich brachte, langsam schwand. Tamara und ich hatten uns schon oft darüber unterhalten, wie wir sie im Umgang mit der Situation unterstützen konnten, und waren zu dem Schluss gelangt, dass es sicherlich hilfreich wäre, wenn die beiden die Welt mit möglichst kundigem Blick betrachteten.

»Ich empfinde es als großes Glück, dass wir ihnen diese Orte zeigen können, damit sie sehen, wie beeindruckend die Muslime Europas und die Kultur in diesen Gegenden sind …«

»Orte, von denen wir nicht einmal gedacht hätten, dass es sie gibt«, warf ich ein.

Tamara nickte.

Wir wussten beide, dass das ein wichtiger Aspekt war. Eine der unterschwelligen Strategien der Brexitkampagne bestand darin, den Briten den Eindruck zu vermitteln, dass Europa von muslimischen Flüchtlingen überrannt würde – als wären Muslime in Europa etwas Neues – und dass Großbritannien das Gleiche bevorstände, wenn man sich nicht von der Europäischen Union lossagte. Leider gingen viele Briten diesen Behauptungen auf den Leim.

»Ich bin so froh, dass wir ihren Horizont erweitern können, indem wir ihnen den Reichtum und die Vielfalt ihres muslimischen Kulturerbes zeigen.«

»Ja, vor allem jetzt«, fügte ich hinzu.

Novi Pazar hatte etwas in Tamara ausgelöst. Die muslimischen Chormädchen, die nicht viel älter gewesen waren als unsere Töchter und voller Selbstvertrauen Lieder über ihren Glauben und ihre Geschichte sangen, während ihre Familien stolz im Publikum saßen; der Mann mit der Zuckerwatte, der unser Geld abgelehnt hatte, weil wir als *musāfir* in seiner Stadt waren – diese normalen Menschen hatten uns einen tollen Einblick in die Schönheit des muslimischen Erbes Europas gewährt.

Die historischen Moscheen, Bauwerke und Mausoleen mochten die Flamme der Begeisterung für dieses Erbe in mir entfacht haben, aber es waren die Menschen, die Tamara rührten, und sie wusste, dass es unseren Töchtern ähnlich ergehen würde.

Doch dann sagte sie etwas, was mich mit Traurigkeit erfüllte.

»Aber wir sind privilegiert. Nicht jeder hat diese Möglichkeit.«

POKÉMONS IN HAMAMS

NOVI PAZAR

Am nächsten Morgen stand ich schon im Morgengrauen auf und ließ Tamara und die Mädchen im Hotel zurück, um auf den Spuren des Osmanischen Reiches durch das Kaffeehändlerquartier von Novi Pazar zu spazieren.

Auf den Scheiben der Geschäfte prangten die Namen ihrer Besitzer. Drinnen hinter dem Tresen war der gemahlene Kaffee aufgeschüttet, neben großen altmodischen Waagen aus Metall. Die Läden schienen aus einer vergangenen Zeit zu stammen. Ich blieb vor einem stehen, in dessen Fenster ein altes Schwarz-Weiß-Foto von Novi Pazar hing. Es zeigte eine breite Straße mit wenig Autos, aber vielen Menschen. Manche trugen schwere Waren und liefen gebeugt zwischen den niedrigen Häusern und Geschäften mit den uneben gedeckten Dächern hindurch. Im Hintergrund war der Umriss eines mächtigen breiten Minaretts zu erkennen.

Die Luft im Laden war ganz vom Aroma frisch gemahlenen Kaffees erfüllt, von dem sich noch ein Rest in zwei schweren eisernen Mühlen befand, in der feinen pulvrigen Körnung, die zur Herstellung von serbischem, bosnischem oder türkischem Kaffee benötigt wird. Auf dem Boden daneben standen Jutesäcke voll mit den dunklen Bohnen, die ursprünglich von den Osmanen in die Region gebracht worden waren. Heute stammten sie aus Brasilien, wie die Aufschrift auf den Säcken verriet. Das Geschäft verkaufte den frisch gemahlenen Kaffee in schlichtes braunes Papier eingeschlagen, auf dem die Worte »Brasil Caffe« standen. Ich nahm zwei dieser Päckchen.

Wie schon der Zuckerwatteverkäufer am Abend zuvor lehnte auch der junge Ladenangestellte mein Geld ab. Ich verspürte erneut Schuldgefühle, tat, als würde ich nicht verstehen, und zog weitere Scheine hervor. Der bärtige Mann wies sie zurück, lächelte und zeigte auf mich, als er das arabische Wort für Reisender aussprach – *musāfir*.

Hier, in diesem bescheidenen Kaffeegeschäft aus einer vergangenen Ära – einer Ära, in der solche freundlichen Gesten vielleicht die Norm gewesen waren –, rührte mich die Geste noch mehr. Ich dankte dem Mann auf Arabisch und bedeutete ihm, dass ich für ihn beten würde. Er machte deutlich, dass es genau das war, was er im Gegenzug von mir wollte, kein Geld, und auf seinem Gesicht breitete sich ein strahlendes Lächeln aus. Ich hatte ihm instinktiv etwas Materielles geben wollen, weil ich daran gewöhnt war – ich war in einer Konsumgesellschaft aufgewachsen, in der »nichts umsonst« ist, wie es heißt. Doch als Muslim war mir klar, dass er es ernst gemeint hatte, als er sagte, mein Gebet sei genug. Er betrachtete es als wertvoller, weil es das Gebet eines Reisenden war – alle Muslime kennen die berühmte prophetische Tradition, die besagt: »Drei Bittgebete werden ohne Zweifel erhört: das des Unterdrückten, das des Reisenden und das der Eltern für ihr Kind.«

Hamza und Amre hatten gerade Sommerferien und taten das, was Kinder in aller Welt in jenem Sommer taten – sie jagten in ihrer Heimatstadt mithilfe ihrer Handys verborgenen Pokémons hinterher. Ihre Suche hatte sie in den Gradski-Park geführt, der zufälligerweise auch eine alte osmanische Festung beherbergte – und so trafen sie auf mich, als ich mir gerade die große, mehreckige Bastion in der Nordspitze des Parkes anschaute. Ich war seit einer Weile hier und hatte mir bereits zwei weitere Bastionen und die Überreste des aus dem 15. Jahrhundert stammenden Verteidigungswalles angesehen.

Die beiden Jungen fielen mir auf, weil sie mit vor sich ausgestreckten Handys auf mich zuliefen und auf dem Bildschirm die Umgebung nach dem nächsten Pokémon durchkämmten. Zuvor waren sie in der Nähe eines der achteckigen Türme des Parks aktiv gewesen, die deutlich später, nämlich erst im 19. Jahrhundert, erbaut worden waren. Als die Jungen bemerkten, dass auch ich nach etwas zu suchen schien, fragten sie mich, wer ich sei und was ich hier täte. Ich erzählte es ihnen.

»Ich liebe London«, strahlte der kleine Hamza.

Er war zierlich, hatte braune Augen und Haare und sprühte vor Energie. Amre war größer und ein eher ruhiger Typ. Für 15-Jährige sprachen sie recht gut Englisch. Das freundliche Duo erinnerte mich an die Schüler, die ich zu Hause in London unterrichtete, und ich schloss sie sofort ins Herz. Hamza berichtete mir von ihrer Jagd auf Pokémons. Es wurde klar, dass die beiden jede Ecke ihrer Heimatstadt kannten, und so beschloss ich, sie ein wenig auszufragen.

»Wisst ihr, wo der alte Hamam ist?«

»Wir können Sie dort hinbringen, wenn Sie wollen«, sagte Hamza.

Da ich nur wenig Zeit hatte, nahm ich das Angebot an.

Auf dem Weg durch die Altstadt kamen wir an baufälligen Häusern vorbei, die genauso aussahen wie die auf dem Foto im Kaffeegeschäft, und wenn die zwei Jungen nicht gerade auf ihre Handybildschirme guckten, um versteckte Pokémons aufzuspüren, löcherten sie mich mit Fragen. Was arbeitete ich in London? Machte es mir Spaß? War ich gern Schriftsteller und Lehrer? Warum war ich hier? Würde ich über sie schreiben, und wie hatte ich Novi Pazar überhaupt gefunden?

»Niemand hat je von dieser Stadt gehört«, rief Amre.

Beide schienen keine hohe Meinung von ihrer Heimatstadt zu haben, sie hielten sie für unbekannt und unbedeutend. Ihr Traum war es, woanders zu leben: Hamza zog es nach London, Amre nach Amerika.

Kurz darauf kamen wir in einen Teil der Stadt, in dem mehrere Gebäude einander zugewandt standen, wie bei einem Gehöft auf dem Land. Die Häuser sahen osmanisch aus, mit roten Ziegeldächern und frei liegenden Holzbalken. Dort wohnte Hamza, und um die Ecke befand sich ein marodes Bauwerk, das von Gras und Unkraut überwuchert war.

»Das ist der alte Hamam!«, verkündete Amre.

Vor der Ruine des Gebäudes, das einst zwei Stockwerke hoch gewesen war, parkten Autos. Eine verschlossene hölzerne Flügeltür ließ erkennen, wo der Haupteingang gewesen war. Dahinter erstreckte sich jetzt eine Reihe deckenloser Räume voller Erdhaufen. Wo früher Fenster gewesen waren, fanden sich nur noch Löcher, und die Außenwand des Obergeschosses war größtenteils eingestürzt. Zwei kleine erhöhte Tamboure gingen in ebenso kleine, arg mitgenommene Kuppeln über – die Bestätigung, dass es sich wirklich um Isa-Begs Badehaus handelte. Ich schaute mir die traurigen Überreste an und seufzte, bevor ich meine Kamera hervorzog.

»Kommen Sie mit, hier herum, dann können Sie reingucken«, erklärte Hamza.

Wie sich herausstellte, setzte sich der Hamam aus zwei Teilen zusammen: dem verfallenen und einem weiteren, recht gut erhaltenen, der in ein Café für die Einheimischen umfunktioniert worden war. Wir traten durch eine niedrige uralte Tür, kletterten eine aus Gerüstteilen und roter Farbe improvisierte Treppe hinab und kamen in einen tiefer gelegenen Innenhof, der einst ein großer Raum gewesen war. Mehrere Männer saßen auf Plastikstühlen und tranken Kaffee. An den Seitenwänden rankte dichter grüner Efeu, und an den Rändern des Hofes standen dekorative Topfpflanzen. Als unser kleiner Trupp hereinkam, schauten einige der Männer auf, nickten den Jungen zu und schlürften dann weiter ihren Kaffee.

Hamza und Amre führten mich durch die Anlage, als wäre es ihr Zuhause, und zeigten mir die verschiedenen Räume. Mir fielen die Abflussrinnen im Boden auf, über die einst das Badewasser abgelaufen war. An den Wänden hingen notdürftig angeschlossene rostige Lampen. Wir betraten die einzelnen Räume durch niedrige Torbögen, und in einem oder zweien von ihnen waren noch Originalbecken enthalten, samt Steinstufen. Zwei der kleineren Räume verfügten über die gleiche Besonderheit, die wir auch schon im eingestürzten Teil gesehen hatten: Schmale Trompen über großen Steinbögen stützten löchrige Kuppeln, durch die das Licht hereinströmte.

Die Räume waren größtenteils leer, bis auf einen, in dem ein paar zusätzliche Stühle und ein Mountainbike standen und an dessen hinterer Wand die verblassten Überreste eines rot-weißen arabischen Bogens zu sehen waren. In einem größeren Raum, mutmaßlich dem, in dem sich die Cafégäste im Winter versammelten, waren rundherum kleine Fundstücke aufgereiht: gemusterte Keramikschalen, Überbleibsel uralter Ziergefäße und Marmorstücke mit arabischen und persischen Schriftzeichen darauf. Ich war gerade dabei, sie zu fotografieren, als Amre hereingeplatzt kam und Hamza darüber informierte, dass sein Vater nach ihm suche und sie nun gehen müssten.

»Wir können wiederkommen und Ihnen noch mehr zeigen«, boten sie an, als wir uns verabschiedeten.

»Nein, schon in Ordnung, ich komme zurecht. Danke für eure Hilfe, Jungs, das war super«, antwortete ich und entließ sie damit aus der Verpflichtung, weiterhin einen langweiligen Schriftsteller mittleren Alters durch die Gegend führen zu müssen, der sich für alten Plunder und verfallene Gebäude interessierte.

Beide schenkten mir ein strahlendes Lächeln und versprachen, mir in den sozialen Medien zu folgen, bevor sie zu Hamzas Vater liefen – oder, wie ich vermutete, dorthin, wo Amre gerade ein Pokémon entdeckt hatte, von dem ihre Rivalen noch nichts wussten.

Als ich aus dem dunklen Gebäude heraustrat, saßen draußen zwei dicke alte Männer. Sie musterten mich interessiert von oben bis unten. Einer von ihnen trug ein ziemlich elegantes Hemd und einen Hut und sprach ein wenig Englisch. Er erzählte mir, dass der eingestürzte Teil der Bereich gewesen sei, in dem die Männer badeten, während dieser hier, wie er mit einem anzüglichen Grinsen meinte, den »schönen Mädchen« vorbehalten gewesen sei.

Ich lächelte.

»Verstehe. Deshalb habt ihr auch dafür gesorgt, dass dieser Teil erhalten blieb, oder?«

Die beiden Männer brachen in lautes Gelächter aus.

Es war kein Zufall, dass unter den ersten öffentlichen Gebäuden, die Isa-Beg sowohl in Sarajevo als auch in Novi Pazar bauen ließ, Hamams waren. Unter Muslimen war es Tradition, regelmäßig, fast täglich zu baden. Jeder Muslim ist aufgefordert, sich vor den fünf täglichen Gebeten zu waschen. Im 15. Jahrhundert gab es keine Wasserleitungen in den Orten und Städten, sodass große öffentliche Bäder eine Notwendigkeit darstellten. Isa-Beg und die Osmanen bauten diese Badehäuser zu einer Zeit, in der viele Bewohner des christlichen Europa noch davon ausgingen, dass es hygienischer sei, gar nicht zu baden, was bedeutete, dass die europäischen Muslime wahrscheinlich die saubersten Menschen auf dem Kontinent waren.

Der Hamam in Novi Pazar stach dadurch hervor, dass dort Bereiche für Männer und Frauen im selben Gebäude untergebracht waren. Als er noch in Betrieb war, befand sich am Nordende ein Springbrunnen und im südlichen Teil ein Heizofen. Drinnen gab es Räume zum Baden, Abreiben und Dampfsaunieren sowie ein großes Schwimmbecken.

Osmanische Hamams waren mehr als einfach nur Orte der Reinigung. Es handelte sich um traditionsreiche gesellschaftliche Treffpunkte, die Männer als auch Frauen nutzten, um sich zu entspannen, Geschäfte zu machen und zu tratschen, in dem sicheren Wissen, von den Augen der Welt abgeschirmt zu sein. Die besseren Badehäuser waren berühmt für ihre Opulenz, wie die britische Adlige Lady Mary Wortley Montagu 1763 feststellte, als sie einen öffentlichen Frauenhamam in Sofia besuchte. Sie beschreibt einen weitläufigen Raum voller Sofas, Kissen und dicken Teppichen, in dem Frauen der Oberschicht inmitten ihrer Sklavinnen saßen und Kaffee tranken, einander die Haare flochten, Klatsch und Tratsch austauschten, badeten oder sich einfach ausruhten, manchmal vier oder fünf Stunden lang. Die aus dem eher reservierten Westen stammende Lady Montagu war schockiert, mit welcher Gelassenheit diese osmanischen Frauen »splitterfasernackt« zusammensaßen, ohne den Körpern der anderen Beachtung zu schenken.

Von dem Hamam waren es zu Fuß nur wenige Meter bis zur Arap-Moschee, die an einer stark frequentierten Kreuzung lag. Die winzige Moschee hat keine Kuppel, ist aber dank ihres unverwechselbaren gedrungenen weißen Minaretts leicht zu erkennen – das gleiche, das auch auf dem Foto im Kaffeegeschäft zu sehen gewesen war. Die mutmaßlich um 1528 erbaute Moschee ist eine der ältesten in Novi Pazar. Durch ihre geringe Größe und ihren Standort wirkt sie wie ein untergeordnetes Gotteshaus, das hauptsächlich von Angestellten der nahe gelegenen Ladenzeilen benutzt wird.

Als ich eintrat, fand ich mehrere junge Männer vor, die im hinteren Teil des Gebetsraums auf Stühlen saßen und sich unterhielten. Ich ging an ihnen vorbei, legte meine Tasche so ab, dass ich sie im Auge behalten konnte, und verrichtete mein Gebet. Anschließend schoss ich ein paar Bilder vom schlichten und wenig beeindruckenden Inneren und wandte mich zum Gehen.

»Woher kommst du?«, fragte Hamza, ein Namensvetter meines jungen Hamamführers, in perfektem Englisch und sprang von seinem Stuhl auf, als ich an ihm vorbeiging.

Nachdem ich mich vorgestellt hatte, präsentierte mir Hamza seine vier Freunde, deren Namen ich sofort wieder vergaß, bis auf den von Darjan, einem hochgewachsenen Jungen mit breiten Schultern, dessen helle Haut und struppiger hellroter Bart seine Gesichtszüge beinahe skandinavisch erscheinen ließen. Auch die anderen Freunde trugen Bärte, nur

Hamza war glatt rasiert und sah aus, als hätte er türkische Wurzeln.

»Eure Namen klingen türkisch«, sagte ich.

»Nein, sie sind arabisch«, antwortete Darjan.

»Hamza bedeutet ›Löwe‹«, erklärte Hamza.

»Ja, ich weiß, und natürlich hieß so auch der Onkel des Propheten.«

»*Sallallahu alaihi wa sallam*«, sagten alle gleichzeitig, als sie das Wort »Prophet« hörten. Diese arabische Redewendung bedeutet übersetzt »Friede und Gottes Segen sei mit ihm« und muss nach Meinung vieler Muslime ausgesprochen werden, sobald der Prophet erwähnt wird.

In Anschluss an den Small Talk wollten Hamza und seine Freunde wissen, ob ich schon die wichtigsten islamischen Sehenswürdigkeiten der Stadt besichtigt hätte. Ich erklärte ihnen, dass ich mich aufgrund von Zeitmangel auf die ältesten beschränkte.

»Ich habe das Minarett dieser Moschee von einem alten Foto wiedererkannt. Warum heißt sie Arap?«, fragte ich.

Daraufhin erklärten die jungen Männer, dass die Moschee auch unter dem Namen Hasan-Çelebi-Moschee bekannt sei und Historikern zufolge in der osmanischen Volkszählung von 1528 erwähnt wurde. So viel wussten sie sicher. Der Rest dessen, was über die Moschee im Umlauf war, sei eine Mischung aus Legenden und Gerüchten. Einige meinen, sie heiße Arap-Moschee, weil ihr mutmaßlicher Erbauer Hasan ein Araber gewesen sein soll, obwohl es dafür wohl keine Belege gibt. Andere glauben, dass die Moschee nach einem Brand Ende des 17. Jahrhunderts von einem Araber wiederaufgebaut worden sei. Einer der jungen Männer rief den anderen in Erinnerung, dass es auch eine Legende gab, der zufolge der fragliche »Araber« auf dem größten Friedhof der

Stadt begraben liege und ein osmanischer Offizier gewesen sei. In Wahrheit, gaben die Männer zu, wusste niemand so richtig, woher der Name »Arap-Moschee« kam.

Ich dankte ihnen für ihre Zeit. Als ich sagte, dass ich nun gehen müsse, weil ich die älteste Moschee von Novi Pazar besichtigen wolle, die Altun-Alem-Moschee, fragten Hamza und Darjan, ob sie mich begleiten dürften, sie hätten gerade nichts vor. Hocherfreut darüber, mich von zwei kundigen jungen Einheimischen herumführen zu lassen, willigte ich ein.

Die Altun-Alem-Moschee war zu Beginn des 16. Jahrhunderts errichtet worden, angrenzend an eine der ältesten in Betrieb befindlichen Maktabs der Region, einem wunderschönen zweigeschossigen klassischen orientalischen Bau mit großen Holzbalkonen. Die Maktab hatte Bogenfenster, auf die blaue Muster gemalt waren, und wurde weiterhin von vielen Kindern der Stadt besucht.

Sowohl das Mauerwerk der Moschee als auch das der Maktab waren in der Cloisonné-Technik ausgeführt worden, wie man es sonst von alten byzantinischen Kirchen kennt. Diese Technik, bei der kleine quadratische Steine und schmale rote Ziegel verwendet werden, sorgte für ein charakteristisches Aussehen und war bei den frühen osmanischen Architekten sehr beliebt. Weitere Merkmale der Moschee waren ein hohes zwölfseitiges Minarett, mehrere elegante, schlanke Sandsteinsäulen sowie drei große Bleikuppeln. Zwei von ihnen ragten über der luftigen Vorhalle auf.

»Das ist die bekannteste Moschee der Stadt«, strahlte Hamza, als ich anfing, munter draufloszuknipsen. Er bemerkte, dass ich die Kamera auf einige Grabsteine neben der Moschee richtete. »Oh, das Problem tritt bei allen türkischen

Moscheen auf. Unsere Vorväter kannten sich nicht sehr gut mit der *Sunna* aus«, erklärte er.

Sunna ist der Oberbegriff für alles, was der Prophet Muhammad und seine Gefährten angeblich getan und gesagt haben. Diese Vorgaben korrekt zu befolgen, macht uns, wie viele Muslime überall auf der Erde glauben, zu guten Muslimen. Davon leitet sich das Wort »Sunnit« ab – so bezeichnet sich ein Großteil der Muslime. Natürlich kann man sich nur nach der *Sunna* richten, wenn man sie gut kennt, und Hamzas Worte bezogen sich auf die Ansicht konservativer Muslime, dass es nicht der *Sunna* entspräche, die Toten in der Nähe eines Gotteshauses zu begraben. Doch zu Zeiten der Osmanen war das die gängige Praxis – manchmal sind die Gründer einer Moschee in prächtigen Mausoleen direkt neben dem Gotteshaus selbst bestattet, was bei strenggläubigen Muslimen ziemliches Stirnrunzeln auslöst.

Die extremsten Beispiele dafür finden sich in den heiligen Städten Makkah und Madinah und der saudischen Hafenstadt Dschidda, einem historischen Anlaufpunkt der Pilger, wo wir für kurze Zeit gelebt hatten. Frühe Schwarz-Weiß-Fotos zeigen, dass auf vielen der berühmten Friedhöfe dieser Städte kunstvoll gestaltete Gräber verschiedener bedeutender Gefährten des Propheten zu finden waren. Eine der prachtvollsten Grabstätten in Dschidda wurde Eva zugeschrieben, der Mutter aller Menschen – daher stammt angeblich auch der Name der Stadt, denn »Dschidda« ist arabisch für »Großmutter«. Als die Osmanen über den Hedschas herrschten (die Region in Saudi-Arabien, in der die drei Städte liegen), waren viele dieser Gräber wichtige Pilgerstätten. Reiseschriftsteller wie Evliya, Ibn Battuta und Ibn Dschubair berichteten von feierlichen Zeremonien an den Gräbern und Grabstätten, was in den Augen orthodoxer Muslime als höchst verwerflich gilt. Zu diesen konservativen Kräften gehört auch das saudische Herrscherhaus, weshalb es nach der Gründung des Staates Saudi-Arabien alle Grabsteine von den Friedhöfen des Landes entfernen und die Gräber anonymisieren ließ. So konnte niemand mehr ausfindig machen, wo die Berühmtheiten des Islam begraben lagen.

»Glaubt ihr, wir können einen Blick hineinwerfen?«, fragte ich.

»Ja, natürlich«, sagte Darjan und ging voran.

Kurz bevor wir durch die massive braune Holztür eintraten, fielen mir zwei Personen unter dem Portikus auf. Ein Mann lehnte entspannt an der Wand. Er trug einen langen arabischen Thawb, hatte einen dunklen, zerzausten Bart und ein freundlich aussehendes Gesicht. Er wirkte nicht viel älter als Hamza und Darjan. Neben ihm, mit dem Rücken zu uns, kniete ein Junge.

»Das war der jüngste *ḥāfiz* der Stadt«, erklärte Hamza, als wir den kühlen Gebetsraum der Moschee betraten. Ein *ḥāfiz* ist jemand, der den gesamten Qur'ān auswendig gelernt hat.

»Wirklich? Wie alt ist er?«, fragte ich.

»Elf oder … warte kurz …«

Hamza verschwand, sodass ich mit Darjan allein blieb. Ich fotografierte das Innere der Moschee, die vor nicht allzu langer Zeit renoviert worden war. Die Altun-Alem-Moschee soll zwischen 1516 und 1528 erbaut worden sein, vom osmanischen Architekten Muslihudin Abdulgani. Wie über die meisten frühen osmanischen Baumeister ist auch über Abdulgani so gut wie nichts bekannt, bis auf seine anderen Werke: eine Moschee und ein Han im nordmazedonischen Skopje und mehrere weitere Bauten in Novi Pazar, darunter die Maktabs der Moschee und eine Reihe von Geschäftsgebäuden.

Altun-Alem bedeutet »Goldener Gelehrter«, und die Moschee gilt als Muslihudins berühmtestes Werk, vor allem weil sie eine der letzten osmanischen Moscheen mit Cloisonné-Mauerwerk ist, die auf dem Balkan verblieben sind. Ansonsten findet sich diese Bauweise nur noch bei Moscheen in den frühosmanischen Städten Bursa, Edirne und Istanbul. Auch Evliya erwähnt die Altun-Alem-Moschee bei seinem Besuch in Novi Pazar und bezeichnet sie als einen alten Ort der Anbetung und die interessanteste Moschee der Stadt. Ich hatte einen weiteren Ort gefunden, an dem sich der große Osmane mit Sicherheit aufgehalten und höchstwahrscheinlich auch gebetet hatte.

Das Innere der Moschee wird erhellt durch vier Fenster an den Wänden und drei im Tambour, auf dem die Kuppel aufsitzt. Es gibt einen schlichten weißen Mihrāb mit einem Muqarnas-Abschluss für den Imam und eine hölzerne Mahfil im hinteren Teil für die Frauen.

»Das ist Abdullah«, sagte Hamza und führte einen schüchtern wirkenden Jungen herein, der mich mit seiner Brille an Harry Potter denken ließ. »Er konnte schon mit zehn den gesamten Qur'ān auswendig. Jetzt ist er elf.«

Das war eine bemerkenswerte Leistung, aber nicht unüblich in traditionellen muslimischen Gemeinschaften, in denen Jungen schon früh zum *hāfiz* herangezogen wurden. Man brauchte sie, um die Gebete in den Moscheen zu leiten, und betrachtete sie als Hüter des Glaubens, weil sie den Qur'ān – buchstäblich das Wort Gottes – für den Rest der Gemeinschaft im Gedächtnis bewahrten.

Auch Evliya war ein solcher Hüter gewesen; er war vom Imam des Sultans, Evliya Mehmed Effendi – von dem er vielleicht sogar seinen Namen hatte – zum *hāfiz* ausgebildet worden. Evliya machte seine Sache so gut, dass er gebeten wurde, in der wichtigsten Moschee des Reiches zu rezitieren, der Hagia Sophia in Istanbul, wo er die Aufmerksamkeit von Sultan Murad IV. auf sich zog. Nachdem dieser den herrlichen Vortrag des jungen Evliya gehört hatte, machte er ihn zu seinem königlichen Unterhalter und Gefährten. In dieser Funktion konnte Evliya zahlreiche der Reisen unternehmen, für die er später so berühmt wurde. Er behauptet, den heiligen Text so sehr verinnerlicht zu haben, dass er den gesamten Qur'ān in acht Stunden herunterbeten konnte, was er anscheinend auch sein Leben lang einmal wöchentlich tat.

Ein *ḥāfiz* zu sein war eine große Ehre und brachte häufig eine herausragende Stellung in der Gemeinde mit sich. Ich fragte mich, ob das auch Abdullahs Ziel war.

»Hat er vor, sein Leben der religiösen Unterweisung zu widmen?«, erkundigte ich mich bei Hamza.

Der junge Abdullah sah aus wie ein ganz gewöhnlicher Teenager. In seinem gestreiften T-Shirt und den Kakishorts hätte er genauso gut mit Amre und dem anderen Hamza Pokémons jagen können.

»Er sagt, er strebe keinen religiösen Beruf an, sondern möchte Arzt werden«, übersetzte Hamza, bevor er mich darüber aufklärte, warum er das für eine gute Berufswahl hielt. Er studierte selbst Medizin und fand es wichtig, dass es gottesfürchtige Ärzte gab, die ihre Patienten aufrichtig und nach bestem Wissen und Gewissen behandelten.

»Viele hier betrügen die Leute. Sie verlangen enorme ›Trinkgelder‹ für Operationen«, erklärte er. »Ein Bekannter von mir war einmal bei einem Arzt, der zusätzlich zum Versicherungsbeitrag mehrere Hundert Euro für eine Behandlung forderte, was ziemlich traurig war, weil sich die Familie das nicht leisten konnte.«

Ich fragte Hamza, was Ärzte in Serbien verdienten. Etwa 1000 Euro im Monat, sagte er und gab zu, dass dies vermutlich einer der Hauptgründe dafür war, warum viele die Hand aufhielten; trotzdem sei das Verhalten absolut falsch.

Wir verließen die Altun-Alem-Moschee, nachdem ich ein Foto von Abdullah vor dem Mihrāb gemacht hatte. Ich bedankte mich bei dem Jungen und wünschte ihm alles Gute für sein Leben als Arzt.

Ich hatte mit Tamara abgemacht, zu einer bestimmten Uhrzeit zurück zu sein, und bis dahin war nicht mehr viel Zeit. Auch wenn ich gern noch länger mit den jungen Männern umhergestreift wäre, hatten meine Familie und ich doch geplant, über die Grenze in den Kosovo zu fahren, zum Grab des Sultans, der für die Islamisierung des Balkans verantwortlich war. Und so machten wir uns auf den Rückweg ins Quartier der Kaffeehändler.

Die Strecke führte uns die Straße des 1. Mai hinab, wieder in Richtung Arap-Moschee und vorbei an niedrigen, etwas schiefen mittelalterlichen Läden. Einige von ihnen verfügten über vorstehende Balkone, wie etwa das Büro der »Islamska zajednica Srbije« – der islamischen Gemeinschaft Serbiens, deren Gegenstück wir schon in Sjenica gesehen hatten. In den Schaufenstern hingen blaue Werbeplakate für die »Hadž« (die Hadsch) und eine große grüne Flagge mit einem weißen Halbmond und Stern darauf – die gleiche, die ich schon am Minbar in der Karađoz-Beg-Moschee in Mostar und später auch am Minarett der Altun-Alem-Moschee gesehen hatte. Ich fragte meine Begleiter, wofür sie stehe, und sie sagten, das sei die Flagge der muslimischen Gemeinschaft auf dem Balkan. Doch als ich nach der Organisation fragte, wurden sie einsilbig und wechselten das Thema.

»Viele dieser Läden sehen von außen noch genauso aus wie zu osmanischen Zeiten«, sagte Darjan.

Damals, erklärten mir die beiden, war dieser Teil der Stadt der »alte Basar« gewesen. In den Ladenzeilen waren vor allem Handwerksbetriebe angesiedelt gewesen, die heute lange verschwunden waren, etwa Hufschmiede, Kunstschmiede und Gerber.

Evliya dürfte jedes einzelne dieser Handwerke registriert haben, als er viele Jahre zuvor genau diese Straße hinablief. Er führte detailliert Buch über alle Gewerbe, Bauten, Monumente und Schreine jedes Ortes, den er besuchte – bis zum Überdruss. Damals nannte man die Straße »Stamboli-Straße«, weil sie auf der Hauptverbindungsstrecke zwischen Novi Pazar und der großen Reichshauptstadt Istanbul – zugleich Evliyas Heimatstadt – lag. Ob er wohl je einen Blick in die Ferne gerichtet und sich gefragt hatte, wann er dorthin zurückkehren würde?

Es fühlte sich erhebend an, buchstäblich in den Fußstapfen des großen Osmanen unterwegs zu sein, auf einer Straße, die sich seit seiner Zeit vermutlich kaum verändert hatte. Ich stellte mir vor, wie er die verschiedenen Geschäfte und Werkstätten in Augenschein nahm und sich alles notierte, so wie ich es jetzt zusammen mit Hamza und Darjan tat.

Unterwegs stießen wir immer wieder auf Freunde der beiden, die uns per Handschlag begrüßten und die beiden herzlich umarmten. Mir fiel auf, wie viele von ihnen wie Darjan einen Bart trugen.

»Ihr habt alle so schöne lange Bärte«, sagte ich, nachdem ein Freund auf einem Fahrrad an uns vorbeigefahren war. Ihn verband noch etwas anderes mit Darjan: Beide trugen Hosen, die über den Knöcheln endeten – auch das war unter konservativen Muslimen sehr populär.

»Ja, es ist *sunna*, einen langen Bart zu haben«, sagte Darjan mit einem spöttischen Grinsen in Richtung Hamza.

Mir war klar, was er damit beabsichtigte, und ich verzichtete darauf, Hamza durch die Frage, warum er keinen Bart trug, in Verlegenheit zu bringen. Ich wusste, wie er sich fühlte – ich hatte es selbst erlebt, als der konservative Islam im Londoner East End zu einem Trend geworden war. Plötzlich ließen sich viele bisher glatt rasierte junge Männer, mit denen ich zusammen aufgewachsen war, Rauschebärte wachsen, auf die sogar Hagrid neidisch gewesen wäre. Sie erklärten, dem Vorbild des Propheten und seiner Gefährten zu folgen, genau wie Darjan es gerade getan hatte – das sei *sunna*. Doch es gefiel mir nicht, wie sie denjenigen von uns, die anderer Ansicht waren, das Gefühl vermittelten, wegen ihres fehlenden Bartes minderwertig und »weniger muslimisch« zu sein. Diese Herablassung war nicht nur auf den Mangel an Gesichtsbehaarung beschränkt, sondern färbte auch auf andere Bereiche ab – die Kleidung, die wir trugen, unsere Art zu beten, mit wem wir unsere Zeit verbrachten und die Gelehrten, auf die wir hörten (oder eben nicht). Mit der Zeit erstreckte sie sich auch auf unsere Einstellung gegenüber Nichtmuslimen – und säte so den Samen der Intoleranz.

Obwohl ich Hamza und Darjan gerade erst kennengelernt hatte, mochte ich sie. Sie wirkten wie zwei anständige, aufrichtige Jungs, die beide an der Universität studierten und sich bemühten, das Richtige zu tun. Ich hoffte, dass ihre Besessenheit, sich an die *Sunna* zu halten, sie nicht blind für die eigentliche Absicht der *Sunna* machte. Ich hoffte, dass es ihren Blick auf die Welt nicht verengen und sie empfänglicher für intolerante Ansichten machen würde. Sie lebten in einer Stadt mit einer sehr hohen Arbeitslosenquote und sehr vielen jungen Leuten, von denen sich staatlichen Angaben zufolge bereits mehrere Männer nach Syrien aufgemacht hatten, um einer »höheren Bestimmung« zu folgen und sich dem anzuschließen, was sie für einen *dschihād* hielten. Es hieß, dass diese Jungen vor ihrem Aufbruch von konservativen Gruppen rekrutiert worden waren, die in der Region Fuß gefasst hatten, Gruppen, die sich zunehmend von der traditionellen muslimischen Gemeinschaft abkapselten.

Als wir beim Hotel Vrbak ankamen, zeigte Hamza stolz darauf und erklärte mir, dass sein Vater dort arbeite. Ich erzählte den beiden von unserem Erlebnis mit dem Zuckerwatteverkäufer dort auf dem Platz am Abend zuvor und davon, wie beeindruckt wir gewesen waren. Das gefiel den jungen Männern.

»Sehr schade, dass du nicht mehr Zeit hast, ansonsten hätten wir dir den Amir-Agin-Han zeigen können, wo die Osmanen über Jahrhunderte Reisende beherbergt haben«, meinte Hamza, als wir uns verabschiedeten.

»*Inschallah* komme ich eines Tages noch einmal hierher«, sagte ich zu den beiden, doch viel lieber hätte ich gesagt: Bitte bewahrt euch diese wunderbare Tradition, Reisende und Fremde von nah und fern bei euch in Novi Pazar willkommen zu heißen, egal ob es sich um Muslime, Christen, Juden oder sonst wen handelt. Ich wollte sagen: Lasst nicht zu, dass diese offene, tolerante Kultur der Vergangenheit von einer neuen, verschlossenen ersetzt wird, die sich den Anstrich, die *Sunna* zu repräsentieren, gibt. Aber ich wusste, dass derart unverblümte Worte nicht angebracht waren, und so umarmten wir uns, machten ein paar letzte Fotos und verabschiedeten uns mit einem *salām*.

DER GROSSVATER DES MUSLIMISCHEN EUROPAS

PRISTINA

Als Evliya das Grab von Murad I. besuchte, war er gelinde gesagt wenig begeistert. Der osmanische Reisende beschreibt, wie er und sein ehrwürdiger Förderer buchstäblich durch Exkremente waten mussten, und als der Kot das elegante Gewand von Melek Pascha beschmutzte, reichte es diesem. Angewidert verließ der Pascha überstürzt die Ruhestätte eines der größten Sultane aller Zeiten. Das Grab von Murads Mörder hingegen, merkt sein Neffe Evliya an, war »von juwelenbesetzten Laternen beleuchtet und vom Duft nach Ambra und Moschus erfüllt«. Außerdem gab es dort Priester, die die Besucher willkommen hießen. Der Grund dafür, dass »Ungläubige« zur Grabstätte des Sultans kämen und ihren Darm entleerten, erklärt Evliya, sei, dass sie eben niemand davon abhalte.

Als er das hörte, verlangte der Pascha, die Anlage zu reinigen, und heuerte Einheimische an, die sich dieser Aufgabe umgehend annahmen. Sie schafften den Kot hinaus, gruben einen Brunnen, pflanzten 500 Obstbäume und errichteten »eine hohe Mauer mit einem edlen Tor« rund um das Mausoleum, sodass selbst »Reiter auf Pferden nicht hineingelangen« konnten. Das Innere der Türbe wurde mit Seidenteppichen und kunstvoll verzierten Lampen ausgestattet, und man entzündete Kerzen und versprühte Rosenwasser. Anschließend bestimmte Melek Pascha eine Familie, die sich um die Stätte kümmern sollte, und versah sie mit einem Haus und einer jährlichen Vergütung. Endlich war das Grab eines Königs würdig.

Evliya und sein Pascha hätten genauso gut erst gestern abgereist sein können, so makellos präsentierte sich uns das Grab von Murad, als wir aus Novi Pazar dort eintrafen. Ein schwarzes Eisengatter wies den Weg in einen von der Steinmauer des Paschas umfassten Innenhof. Obwohl ganz in der Nähe zwei viel befahrene Einfallstraßen zur kosovarischen Hauptstadt Pristina verliefen, war die Atmosphäre rund um das Mausoleum von Ruhe und Gelassenheit geprägt. Ein schwarz-weißer Hund saß mit heraushängender Zunge auf dem makellosen Rasen im Schatten einiger junger Obstbäume. Graue Pflastersteine führten zu einer weißen Villa, die auch unter der toskanischen Sonne hätte stehen können. Eine goldene Plakette verriet, dass dies das »Selamlik-Gebäude« war, ein »Haus der Kultur und der Förderung«, das 1896 erbaut und kürzlich von TİKA – dem Türkischen Präsidium für Kooperation und Koordination – restauriert worden war. Das Haus war als Besucherzentrum errichtet worden, kurz nachdem Sultan Abdülmecid I. die Grabstätte hatte renovieren lassen. Später erfolgte offenbar eine weitere Generalsanierung durch die Osmanen, bevor die Anlage in die Verantwortung der jugoslawischen Behörden überging, die ebenfalls Instandhaltungsarbeiten durchführen ließen.

Das TİKA-Emblem hatte ich auf dieser Reise bereits an den Wänden mehrerer osmanischer Monumente gesehen. TİKA wurde 1992 als Abteilung der türkischen Regierung gegründet, mit dem Ziel, »türkisch geprägte« Länder auf der ganzen Welt, mit denen die Türkei eine gemeinsame »Sprache, Geschichte, Kultur und Ethnizität« teilte, zu unterstützen und zu deren Entwicklung beizutragen. Anfangs handelte es sich dabei hauptsächlich um ehemalige Sowjetrepubliken, doch nach der Jahrtausendwende weitete TİKA seine Aktivitäten auf Teile des Nahen Ostens, Afrika und den Balkan aus. Mit eigenen Augen hatte ich bisher nur TİKAs Bemühungen zur Restaurierung des osmanischen Kulturerbes gesehen, doch darüber hinaus baut die Organisation Schulen, bildet Ärzte aus und versorgt Dörfer mit Trinkwasser.

Ein zweites Tor führte uns in den historischen Teil von Murads Mausoleum. Alles wirkte überaus sauber und frisch gereinigt. Offenbar hatte sich TİKA ein Beispiel an Evliya und Melek Pascha genommen, denn Murads Grab befand sich erneut in einem Zustand, der eines Königs würdig war – eines Königs, den man durchaus als Großvater des muslimischen Europas bezeichnen könnte.

Als Murad I., der dritte Sultan des jungen Osmanischen Reiches, 1389 an dieser Stelle sein Leben ließ, hatte er die noch unerfahrene Regionalmacht auf einen neuen Kontinent geführt, byzantinische Gebiete erobert und eine schlagkräftige Armee geformt. Murads Expansionsdrang schuf die Grundlage dafür, dass die Osmanen in den folgenden zwei Jahrhunderten zur bedeutendsten muslimischen Dynastie der Geschichte aufsteigen konnten.

Der Sultan fiel in der entscheidenden Schlacht auf dem Amselfeld, in der die Osmanen ihren ersten großen Sieg über ein vereintes europäisches Heer errangen. Die gegnerischen Truppen an jenem Tag wurden vom serbischen Fürsten Lazar, König Tvrtko von Bosnien, Vuk Branković (Lazars Schwiegersohn) und eine Reihe albanischer Regionalfürsten angeführt. Die Osmanen erhielten Unterstützung von mehreren serbischen Fürsten, die Lazar als Rivalen betrachteten, und einigen anatolischen Fürsten.

Evliya behauptet befremdlicherweise, Murad habe 700.000 Ungläubige mit dem Schwert hinrichten lassen, aber Historiker schätzen, dass seitens des Koalitionsheers überhaupt nur ein Fünftel so viele Soldaten an der Schlacht beteiligt waren. In der Auseinandersetzung hatten zunächst die europäischen Verbündeten die Oberhand, und erst als Branković überlief, wendete sich das Blatt zugunsten der osmanischen Truppen. Es ist unklar, ob Murad starb, bevor oder nachdem der Sieg erklärt wurde, doch mit seinem Tod übernahm sein Sohn Bayezid den Sultanstitel. Es heißt, er habe hier auf dem Schlachtfeld das ursprüngliche Mausoleum für seinen Märtyrervater errichtet.

Wie Murad starb, ist umstritten; schon kurz nach seinem Tod war eine große Zahl von Mythen und Legenden im Umlauf. Evliya schilderte eine der blumigeren Varianten: Der Sieg habe bereits festgestanden, doch als Murad auf dem Schlachtfeld umherwanderte, habe sich »ein unglückseliger Ungläubiger namens Koblaki« aus der Masse der toten gegnerischen Soldaten erhoben und Murad umgebracht, bevor er versuchte, auf einem Pferd zu fliehen. Osmanische Krieger hätten ihn verfolgt, ihn aber nicht überwältigen können, bis eine alte Frau sagte, sie sollten auf die Hufe des Pferdes zielen. Nachdem ein Bogenschütze ihren Rat beherzigt hatte, umringten die Osmanen Koblaki und schnitten ihm die Kehle durch.

Evliya zufolge wurden dem toten Sultan die Nieren, die Leber und das Herz entnommen, um den Leichnam zum Transport nach Bursa vorzubereiten. Die Organe habe man dort bestattet, wo heute die Türbe steht. Sie war das erste osmanische Bauwerk im Kosovo und entwickelte sich zu einer Pilgerstätte.

Murad war also der Grund dafür, dass der Islam ein zweites Mal nach Europa gelangte. Ironischerweise geschah das genau in dem Augenblick, in dem der Kontinent die Nachkommen der ersten Welle davonjagte. Seit der Ankunft der ersten Muslime in Spanien im Jahr 711 hatten diese dort eine florierende Gesellschaft geschaffen, in der unterschiedliche Glaubensrichtungen – Muslime, Christen und Juden – friedlich zusammenlebten. Diesem Vorbild sollten die Osmanen später nacheifern. Doch im Lauf des 15. Jahrhunderts neigte sich die Zeit der Muslime in Spanien dem Ende zu, und 1492 nahmen die Katholischen Könige Isabella I. von Kastilien und Ferdinand II. von Aragón mit dem Emirat Granada das letzte muslimische Reich in Andalusien ein. Viele der vertriebenen spanischen (sephardischen) Juden verschlug es in das Gebiet des Osmanischen Reiches. Das hieß, dass Murads Sieg die weitere Existenz von Muslimen und sephardischen Juden in Europa sicherte, was bis heute nachhallt.

Die historische Bedeutung der Schlacht auf dem Amselfeld (serbisch: Kosovo) und die Grabstätte von Sultan Murad waren mein Antrieb gewesen, in den Kosovo zu fahren, doch es wäre fast nicht dazu gekommen. Das schwierige Verhältnis zwischen Serbien und dem Kosovo hatte uns Unbehagen eingeflößt.

Begonnen hatte das Ganze mit dem Kosovokrieg 1998, als die muslimisch-albanische Bevölkerungsmehrheit des Landes die Aufnahme in »Restjugoslawien« – bestehend aus Serbien und Montenegro – verweigerte. Die Kosovaren verlangten politische Autonomie, und als ihnen diese verwehrt blieb, verübten die Guerillakämpfer der UČK (Befreiungsarmee des Kosovo) eine Reihe von Anschlägen auf serbische Polizisten und Politiker. Serbien reagierte mit ethnischen »Säuberungen« und Massakern, die von der internationalen Gemeinschaft verurteilt wurden. Auf diese Weise wurden alle Albaner im Kosovo (fast eine Million Menschen) entwurzelt und suchten Zuflucht in den Nachbarstaaten Albanien und Nordmazedonien. Schließlich zwang die NATO das serbische Militär durch Luftangriffe zum Rückzug. Es kam zu einem Friedensvertrag, der den Kosovo-Albanern die Rückkehr in ihre – nun unter UN-Verwaltung stehende – Heimat gestattete. Die Spannungen dauerten an, bis der Kosovo im Februar 2008 seine Unabhängigkeit von Serbien erklärte.

Dennoch weigert sich Serbien bis heute, die Souveränität des Kosovo anzuerkennen, und versucht andere Staaten auf seine Seite zu ziehen. In der Folge betrachtet eine Reihe von Ländern den Kosovo immer noch nicht als eigenständigen Staat, und aufgrund dieses Schwebezustands hat die junge muslimische Nation mit einer Vielzahl wirtschaftlicher Hürden und diplomatischer Schwierigkeiten zu kämpfen.

Als wir uns beispielsweise von London aus um einen Mietwagen bemühten, wurde mir klipp und klar gesagt, dass kein Autoverleih eine Fahrzeugversicherung für den Kosovo im Angebot hätte – wir müssten eine zusätzliche Police vor Ort abschließen, was wir dann auch taten, in einem bizarren Austausch, bei dem ich einem desinteressierten Verkäufer an der Grenze etwas Bargeld für ein blaues Zertifikat in die Hand drückte, das uns gestattete, im Kosovo Auto zu fahren. Der Konflikt bedeutete auch, dass wir uns, sollten wir vom Kosovo aus direkt in ein drittes Land fahren, der illegalen Ausreise aus Serbien schuldig machen würden. So kam es, dass wir am Ende des Tages nach Serbien zurückfuhren.

Als wir durch das zweite Tor traten, fanden wir Evliyas »strahlenden Schrein des Märtyrersultans, Ghazi Hüdavendigar« (Gottverehrer) fast genauso vor, wie er ihn beschrieben hatte:

umgeben von mehreren bedeutsamen Gräbern in einem gepflegten Garten, dessen Rosen in voller Blüte standen. Die beeindruckendsten der Gräber zierten hohe, schmale Grabsteine mit zarten persischen Kalligrafien auf Sockeln, deren Gestaltung von der griechisch-römischen Antike beeinflusst war. Vor uns gingen zwei Frauen in langen Röcken und ärmellosen Oberteilen und wurden von einer älteren Dame mit gemustertem Kopftuch begrüßt. Sie hatte auf einem Stuhl vor einem kleinen Haus auf der rechten Seite des Innenhofs gesessen, dem Erbe der Verwalterfamilie, die Melek Pascha damit beauftragt hatte, sich um das Grab zu kümmern. Die alte Frau war eine Nachfahrin eines Mannes namens Haci Ali aus Buchara, der die Aufgabe Mitte des 19. Jahrhunderts übernommen hatte. Ich sah, wie die beiden jüngeren Frauen ihr ein paar Scheine in die Hand drückten. Sie nahm das Geld und bedeutete den beiden, sich nach links zum Eingang der Türbe zu begeben, wobei sie ihnen Anweisungen in einer Sprache erteilte, die wir nicht verstanden. Ich holte ebenfalls ein paar Scheine aus meinem Portemonnaie und tat es den beiden Frauen nach. Als die alte Dame erkannte, dass wir kein Albanisch sprachen, führte sie uns zum Grabeingang, neben dem ein alter, im Laufe der Jahre krumm gewachsener Baum stand. Der Baum war offensichtlich wichtig, da er von zwei dicken Metallstangen gestützt wurde. Ich fragte mich, ob er zu denen gehörte, die Evliya und Melek gepflanzt hatten – alt genug sah er auf jeden Fall aus.

Amani beäugte ihn mit Interesse und sah, dass ich den Kopf schüttelte. Sie kletterte liebend gern auf Bäume. Wir hatten das große Glück, ganz in der Nähe des Epping Forest am Stadtrand von London zu wohnen, und als die Mädchen noch klein waren, hatte jedes von ihnen dort einen Lieblingsbaum. Oft verschwanden sie dort in den Kronen, mit einem

Buch unter dem Arm, sodass in der nächsten halben Stunde nur ihre kleinen Gesichter zwischen den Blättern und Zweigen zu sehen waren, die halb verdeckt hinter dem Cover hervorlugten.

Auch Anaiya hatte etwas gefunden, das ihr Interesse weckte – den zur Grabstätte gehörigen Kater. Sie hockte sich hin und strich mit einem zu Boden gefallenen Blatt über das Fell des mageren schwarzen Tieres, genau wie wir es abgesprochen hatten – Anfassen verboten. Keines der beiden Mädchen war scharf darauf, mit uns zusammen die Grabstätte zu besichtigen, also sorgten Tamara und ich dafür, dass wir sie im Blick behalten konnten, und betraten die Türbe.

Murad war ebenfalls mit einer Tamara verheiratet gewesen, Kera Tamara, der Tochter des mittelalterlichen bulgarischen Zaren Iwan Alexander. Murad hatte um ihre Hand angehalten, um den Frieden zwischen den beiden Reichen zu sichern, ein zu der Zeit durchaus üblicher Vorgang. Die Geschichte von Tamara ist jedoch aus zweierlei Gründen interessant: Zum einen konvertierte Tamara nicht zum Islam und durfte weiterhin ihren christlichen Glauben praktizieren, und zum anderen gilt ihre Ehe in der bulgarischen Überlieferung als ein Opfer, das sie ihrem Volk zuliebe brachte. Tamaras Grab befindet sich ebenfalls in Bursa, neben der zweiten Grabstätte ihres Mannes.

Meine Tamara und ich traten durch eine Glastür in einen kleinen Vorraum. Drinnen fühlte es sich an wie in einem Gewächshaus; etliche große, schöne Pflanzen schwitzten in der Hitze, die der strahlende Sonnenschein in Kombination mit dem Glas erzeugte. Darunter war ein ausgewachsener Efeu, der sich rund um den reich verzierten Eingang zur Hauptkammer rankte. In einer Ecke des Vorraums hing die rote Flagge der Türkei, unter ihr lagen Tücher bereit, mit denen

Frauen ihr Haupthaar bedecken konnten. Als Tamara sich eines umschlang, bemerkte ich eine Frau, die im Kreis um Murads lilafarbenen Sarkophag herumschritt, wie es Muslime bei der Kaaba tun. Ich stupste Tamara an, die aufschaute und geradezu erschrak. Mir ging es ähnlich – so etwas hatten wir bisher bei keiner der muslimischen Sehenswürdigkeiten erlebt, die wir besichtigt hatten. Tamara irritierte dieses Verhalten eindeutig noch mehr als mich, weil sie kurz darauf beschloss, das Mausoleum zu verlassen.

»Es kommt mir irgendwie komisch vor«, flüsterte sie mir auf dem Weg nach draußen zu.

Amani erzählte mir hinterher, sie sei vor allem wegen des Gesichtsausdrucks ihrer Mutter hereingekommen. Sie trat zu mir, als die Frau ihren Rundlauf um Murads hölzernen Sarkophag gerade beendet hatte. Nun setzte sie sich an dessen Vorderseite, unter den großen weißen Turban, der auf ihm angebracht war. Um den Kopf hatte sie sich eines der zur Verfügung gestellten Tücher gehüllt, aber ihre Arme waren jenseits einer ärmellosen Weste nackt. Während sie noch leise vor sich hin murmelte, brachte ihr die ältliche Verwalterin eine Jacke zum Überziehen und einige Bücher mit Gebeten zum Rezitieren.

Amani und ich spazierten durch den Raum. Über uns, in die Kuppel der Türbe, war eine wunderschöne Rose gemalt, in deren Mitte ein Kronleuchter hing. Um sie herum erstreckten sich arabische Schriftzüge und ein rot-goldenes Blumenmuster. Das Licht strömte durch die Fenster an allen vier Seiten herein, und an einer Wand fiel mir das spätere Wappen des Osmanischen Reiches auf. Es bestand aus einer roten und einer grünen Flagge mit einem Halbmond darauf, umgeben von modernen und antiken Waffen. Über den Flaggen prangten ein Sultansturban und eine Tughra, unter ihnen eine Reihe von Orden. Das Ganze wirkte lächerlich überladen. An der gegenüberliegenden Wand hing hingegen nur ein einziger goldener Rahmen mit der schlichten Tughra von Murad darin, in goldener Schrift auf schwarzem Untergrund.

»Das war es also, was Mama so nervös gemacht hat«, flüsterte Amani, als wir wieder ins helle Sonnenlicht hinaustraten.

»Ja, so ein Ritual hätte ich am Grab eines Sultans sicher nicht erwartet.«

»Schreine machen mich grundsätzlich nervös«, sagte Tamara auf dem Weg zurück zum Auto.

Tamaras Übertritt zum Islam hatte bewirkt, dass auch ich meine Religion noch einmal auf ganz neue Weise kennenlernte. Und zwar mittels der konservativen Ausprägung, die als Salafismus bekannt ist und sich in Saudi-Arabien seit dem 19. Jahrhundert einiger Beliebtheit erfreut. Der Salafismus predigt eine wortgetreue, unnachgiebige »Rückkehr« zu einem strengen und »reinen« Islam. Seine Anhänger glauben, diese Art des Islam hätten auch der Prophet und die erste Generation von Muslimen im 7. Jahrhundert praktiziert, weshalb sie die einzige korrekte Form sei. Der Salafismus betrachtet Heilige, Gräberverehrung und Schreine als Irrglauben, was vermutlich der Grund dafür ist, warum Tamara sich an solchen Orten nicht wohlfühlt.

Ich hingegen hatte in meiner Kindheit alle möglichen Formen der Ehrbekundungen am Schrein von Shah Jalal in Bangladesch erlebt. Wenn man so will, gab es sogar gewisse Parallelen in den Geschichten von Murad und Shah Jalal. Beide stammten aus dem Gebiet der heutigen Türkei und durften sich auf die Fahnen schreiben, den Islam in eine Region gebracht zu haben, in der viele dort lebende Muslime ihnen bis heute dafür dankbar sind. Beide hatten das erreicht, indem sie in einer epischen Schlacht kämpften – Shah Jalal gegen den lokalen Hindukönig Gour Gobind. Obwohl der eine als Missionar kam und der andere als Sultan, waren beide in den Augen vieler mit der Zeit zu einer Art Heiligen aufgestiegen. Aus diesem Grund hatten manche Menschen, die Murads Grab besuchten, auch eher ungewöhnliche Vorstellungen davon, wie sie dem hochverehrten Sultan ihren Respekt erweisen wollten, ähnlich wie bei Shah Jalals Grab in Sylhet. Wir waren als Touristen da.

Als der Journalist Fortier Jones im Ersten Weltkrieg die Stadt Pristina erblickte, hatte er einen strapaziösen und grauenhaften Marsch hinter sich, der ihn zwischen Mitrovica und der kosovarischen Hauptstadt durch Massen sterbender Menschen und Tiere geführt hatte – das Ergebnis des Großen Rückzugs der serbischen Armee Ende 1915/Anfang 1916. Deshalb überrascht es nicht, dass seine Beschreibung der Stadt begeistert ausfällt. Die »alte türkische Stadt« mit ihren »Hunderten Minaretten« habe »in der Dämmerung wunderschön« ausgesehen, schrieb er, »kein Ort wird jemals wieder so einladend wirken«. Bizarrerweise behauptet Jones, bei seiner Ankunft in der Stadt (zu jener Zeit brechend voll mit Flüchtlingen, die dem Massaker nur knapp entronnen waren) Glockengeläut von den Moscheen vernommen zu haben.

Jones kam mitten im Winter nach einer traumatischen Erfahrung in die Stadt, und in diesem Punkt lag er zweifellos falsch. Vielleicht hatte er Kirchen gehört?

Kirchen konnte ich allerdings keine entdecken, als wir uns der Stadt näherten, die auch auf uns ziemlich türkisch wirkte. Die viel befahrene Autostraße, die in die kosovarische Hauptstadt hineinführte, erinnerte uns stark an unseren ersten Eindruck von Novi Pazar am Morgen zuvor, war sie doch ebenfalls auf beiden Seiten von Moscheen gesäumt. Die meisten von ihnen waren brandneu und hatten noch nicht existiert, als Jones in die Stadt kam. Trotz der säkulären Verfassung des Kosovo besteht die Bevölkerung hier zu 95 Prozent aus Muslimen. Das macht das Land zum muslimischsten Land Europas.

Wir parkten in der Nähe der Mutter-Teresa-Kathedrale, benannt nach der verstorbenen Nonne und katholischen Heiligen, die in Kalkutta tätig gewesen war, aber albanische Wurzeln gehabt hatte. Das Stadtviertel liegt sehr zentral und besteht aus einer Mischung aus heruntergekommenen und modernen Bauten. Als wir losliefen, kamen wir schon bald an einer kleinen Moschee mit blauer Spiegelglasfassade, einer großen und drei kleineren Kuppeln vorbei. Das Restaurant, in dem wir einkehrten, hatte einen Außenbereich mit bequemen sofaähnlichen Sitzmöbeln und WLAN. Wir waren müde von der langen Fahrt und hatten noch die anstrengende Rückfahrt nach Serbien vor uns – jetzt brauchten wir dringend etwas zu essen. Ich ging zur Theke, über der ein großes Schild mit der Aufschrift »Halal« hing. Dahinter stand ein bärtiger Hipster in Flanellhemd und engen Jeans. Die Mädchen wollten Burger, Tamara hatte ein Risotto ausgewählt, und ich beschloss, endlich das Pide-Gespenst zu vertreiben, das mich seit Beginn der Reise heimsuchte.

Als Evliya und Melek Pascha nach Pristina kamen, fanden sie eine florierende Stadt vor, in der einige wichtige osmanische Beamte residierten, unter anderem ein Kadi, ein Stadtverwalter und ein Janitscharenkommandant. Auch Evliya fand die Stadt reizvoll und hob die ein- und zweistöckigen Steinhäuser mit ihren Ziegeldächern und Weingärten hervor. Die auffälligsten Bauwerke waren damals das Anwesen des örtlichen osmanischen Beg und das Gerichtsgebäude.

Darüber hinaus verzeichnete Evliya wie in anderen größeren muslimischen Städten eine Reihe von Moscheen, Madrasas, Hadīth-Schulen, Tekken, Springbrunnen und Hans. In seinem kleinen historischen Abriss, den er zu jedem besuchten Ort beifügte, erklärte er, dass Pristina von den serbischen Königen gegründet worden sei. Das könnte durchaus stimmen, da der Name zum ersten Mal Mitte des 14. Jahrhunderts vom byzantinischen Kaiser Johannes VI. Kantakuzenos erwähnt wird, der in diesem Zusammenhang von einem Dorf in einer Region sprach, die damals den serbischen Königen gehörte.

Unser Abendessen wurde – wie zu erwarten gewesen war – auf dicken Holzbrettern serviert, die Pommes der Mädchen in kleinen Frittierkörbchen. Tamaras Risotto war wunderbar farbenfroh, und nun stand nur noch mein Pide aus. Das wertete ich als Anzeichen dafür, dass sie direkt aus dem Ofen kam. Endlich stellte der lächelnde bärtige Kellner etwas vor mich, das man tatsächlich als frisch gebackenes Pizza-»Boot« bezeichnen konnte. Ich untersuchte die Kruste. Sie war golden mit dunkelbraunen Flecken, und hier und da waren ein paar Sesamsamen eingebacken. Doch was mich wirklich erstrahlen ließ, war die dampfende Füllung in der Mitte. Ich hatte seit jenem ersten Abend in Sarajevo vor mehr als einer Woche kein Pide mehr bestellt, und das Warten hatte sich gelohnt. Hier mischte sich dezent gewürztes zartes Hackfleisch vom Lamm mit einem kleinen Meer aus geschmolzenem Schafskäse auf würziger Tomatensauce, und in der Mitte thronte eine einzelne schwarze Olive. Das Ganze war in fünf gleiche Teile geschnitten. Ich schob die Olive beiseite, nahm mir das größte Stück direkt aus der Mitte des Bootes und klappte es zusammen wie ein Sandwich, bevor ich es mir im Ganzen in den Mund schob und mich in die Kissen sinken ließ. In meinem Mund breitete sich eine wohlige Wärme aus, als der perfekt gebackene Teig sich mit der köstlichen Sauce, dem Fleisch und dem geschmolzenen Käse vermengte. Mein Gesicht verzog sich zu einem breiten Grinsen, was Tamara natürlich bemerkte.

»Lecker, oder?«, fragte sie.

Ich nickte und konnte gar nicht mehr aufhören zu grinsen. Ich erlebte eine Art kulinarischen Exorzismus. Das Pide-Gespenst war endlich vertrieben.

EINE ORTHODOXE STADT

NIŠ

Wenn Novi Pazar alles vereint hatte, was wir in einer serbischen Stadt nicht erwartet hätten, entsprach Niš exakt unseren Vorstellungen: Es war eine geschäftige moderne Großstadt, die alle Spuren ihres langjährigen muslimischen Erbes gut verbarg.

Niš ist nach dem Fluss Nišava benannt, der mitten durch die Stadt verläuft, und der Geburtsort des ersten christlichen römischen Kaisers Flavius Valerius Constantinus, der hier im späten 3. Jahrhundert zur Welt kam. Dieser Kaiser, bekannt als Konstantin der Große, wurde später von der orthodoxen Kirche zum Heiligen erhoben und ist Gründer der nach ihm benannten byzantinischen Hauptstadt Konstantinopel, dem heutigen Istanbul.

Im Jahr 441 wurde Niš von den Hunnen angegriffen und nach längerer Belagerung zerstört; nach weiteren Verwüstungen wurde die Stadt ein gutes Jahrhundert später vom byzantinischen Kaiser Justinian I. wieder aufgebaut. Unter der Führung von Sultan Murad I., dessen Grab wir früher am Tag besichtigt hatten, fiel Niš 1385 für kurze Zeit in die Hände der Osmanen, und Serbien wurde zum osmanischen Vasallenstaat. Ein Dreivierteljahrhundert später war das Ende des Serbischen Reiches besiegelt – von da an stand die Stadt bis 1878 unter direkter muslimischer Herrschaft.

Da in Niš mehrere wichtige Verbindungsstraßen zwischen Konstantinopel und bedeutenden mittelalterlichen Orten wie Wien, Dubrovnik und Skopje zusammenliefen, besuchten viele Pilger und Händler die Stadt. Als der reisende Apotheker Reinhold Lubenau – der mit einer Gesandtschaft des habsburgischen Kaisers unterwegs war – hier im 16. Jahrhundert in einem Han nächtigte, war er überrascht und erfreut von der Gastfreundschaft der Muslime. Er und seine Pferde wurden – wie alle Reisenden – kostenlos verpflegt, und Lubenau schwelgte in Erinnerungen an das Stück Hammelfleisch, das Brot und die köstliche Schale *chorba* (eine Hammelbrühe mit Reis), die er bei seiner Ankunft serviert bekam.

Ein weiterer christlicher Besucher, etwas früher in jenem Jahrhundert, war Antun Vrančić, der als Angehöriger einer Delegation von Kaiser Ferdinand I. zu Sultan Süleyman geschickt worden war. Für ihn war Niš eine »gefallene Stadt«, weil sie nicht länger in den Händen der Christen war. Vrančić' Eindrücke überliefern die Tagebücher des Deutschen Hans Dernschwam, der ebenfalls mit der Delegation reiste. Dernschwam war überrascht, dass Niš nicht befestigt war, bezeichnete die Stadt aber als hervorragenden Handelsstandort. Ansonsten zeichneten die meisten christlichen Beobachter im Mittelalter ein eher negatives Bild von Niš und sahen häufig kaum mehr als eine »heruntergekommene« Ansiedlung in ihr.

Das hatte sich offenbar geändert, als Evliya auf seiner Reise mit Melek nach Sofia, wo dieser den Posten als Gouverneur des Eyalets Rumelien antreten sollte, in Niš eintraf. Er beschrieb eine blühende muslimische Stadt samt Schulen, Tekken, Springbrunnen, Gärten und Weinstöcken sowie einer beträchtlichen christlichen Gemeinde. Angesichts der Lage von Niš überrascht es nicht, dass die meisten Bewohner laut Evliya auf irgendeine Weise im Handel tätig waren. Das unterstreicht auch eine zeitgenössische Zeichnung aus dem geheimnisumwobenen Skizzenbuch der Leidener Universitätsbibliothek, das Ansichten von Orten auf der Reise von Wien nach Istanbul versammelt, vermutlich angefertigt von einem Pilger. Sie zeigt das von mehreren Minaretten geprägte Stadtbild, im Hintergrund ragen die Berge empor. Der Hauptzugangsweg nach Niš führt an einer Reihe von Türben vorbei, nahe der größten der fünf Moscheen, die im 15. Jahrhundert von Sultan Murad II. in Auftrag gegeben worden war.

Heute sind in der Skyline von Niš keine Minarette mehr erkennbar, und die Muslime machen weniger als ein Prozent der Stadtbevölkerung aus – das absolute Gegenteil der serbischen Stadt, durch die ich morgens noch spaziert war. Hier gab fast jeder (98 Prozent der Bewohner) an, der serbisch-orthodoxen Kirche anzugehören. Ich fragte mich, was – wenn überhaupt – von den fünf muslimischen Jahrhunderten geblieben war.

Unsere Unterkunft befand sich direkt in der Innenstadt, in der Obrenovićeva, der zentralen Fußgängerzone im Shoppingbezirk, die auf beiden Seiten von wunderschönen klassizistischen Häusern aus dem 18. Jahrhundert gesäumt war. Als wir dort ankamen, war bereits später Abend, und die lange Fahrt von Pristina bis hierher hatte uns erschöpft. Das »City Center Guest House« war schwer mit dem Auto zu erreichen, und so fuhren wir zweimal im Kreis, bevor wir den Vermieter Goran anriefen. Ich erklärte ihm, dass es spät sei und ich wirklich keine Lust hätte, zu dieser Stunde durch eine völlig fremde Stadt zu laufen, aber Goran bedauerte, uns bliebe keine andere Wahl, als das Auto in einer der Seitenstraßen abzustellen und ein Stück zu Fuß zu gehen. Er würde uns unter der »Uhr« treffen. Widerwillig schnappten wir uns unser Gepäck für die Nacht und begaben uns in die Fußgängerzone von Niš.

Der kleine, grüne Uhrturm, von dem Goran gesprochen hatte, befand sich am Ende der gut besuchten Obrenovićeva, wo noch viele Einheimische im Freien unterwegs waren und den lauen Sommerabend genossen. Manche saßen auf Bänken und unterhielten sich mit Freunden, andere speisten in den Außenbereichen der Cafés und Restaurants, die einen Teil der Straße einnahmen. Während wir auf Goran warteten, wurde Anaiya plötzlich wieder munter.

»Morgen gehen wir dort shoppen, ja, Mum?«, fragte sie aufgeregt und zeigte auf die Glasfront eines großen, dunklen Einkaufszentrums, auf dem die Schriftzüge von Marken wie Pull and Bear, Zara und New Yorker prangten. »Und dann können wir dort auch Mittag und ein Eis essen.« Es war über eine Woche her, dass wir Mostar verlassen hatten, die letzte größere Stadt, in deren Zentrum diese vertrauten Annehmlichkeiten zu finden gewesen waren.

»Abgemacht«, willigte Tamara mit Blick auf den mehrstöckigen Komplex ein.

Goran erschien, um uns die 50 Meter vom Uhrturm bis zum Eingang eines prächtigen, vier Stockwerke hohen Gebäudes aus dem 18. Jahrhundert zu begleiten. Dort angekommen, eröffnete er uns, dass sich unsere Wohnung ganz oben befinde und es keinen Aufzug gebe. Als wir aufstöhnten, bot er an, einen Teil unseres Gepäcks die breite Marmortreppe mit dem schmiedeeisernen Geländer hinaufzutragen. Auf dem Weg nach oben kamen wir an einer kleinen Bar und einem Restaurant vorbei, bevor Goran uns die Tür zu zwei makellos sauberen weitläufigen und modernen Zimmern mit

Klimaanlage aufschloss, die geschickt ins oberste Stockwerk integriert waren. Er nahm unsere Daten auf, überreichte uns den Schlüssel und verabschiedete sich.

Sobald Tamara und die Mädchen es sich mit einer weiteren Folge *Gilmore Girls* bequem gemacht hatten, ging ich noch einmal raus, um mir die Beine zu vertreten. Ich hatte fast sechs Stunden hinter dem Steuer gesessen, einschließlich der Stunde, die wir an der Grenze gewartet hatten, bis der Beamte dort einen Blick auf unsere britischen Pässe warf und uns mit einem Lächeln erneut in Serbien willkommen hieß – der erste und letzte freundliche Grenzbeamte, dem wir auf dieser Reise begegneten.

Ich lief nicht weit, sondern blieb an einer Bank mit Blick auf eine Bronzeplastik von zwei Männern im Gespräch stehen. Die Männer saßen an einem Tisch, an dem ein weiterer, leerer Stuhl stand, für die Touristen zum Posieren – Kunst zum Mitmachen. Gegenüber saßen zwei alte Männer, tief in eine Unterhaltung versunken. Es war fast Mitternacht, aber sie hatten offensichtlich nicht die Absicht, bald nach Hause zu gehen. Kurz darauf schloss sich ihnen ein dritter Mann an, der deutlich jünger war und seinen Hund Gassi führte, ein großes, flauschiges Etwas, das sich brav neben ihm niederließ, als er ins Plaudern kam. Dem Hund schien dieser Ablauf der Ereignisse nur allzu vertraut zu sein.

Ich nahm einen Schluck aus der Flasche mit kaltem Wasser, die ich mir an einem der Kioske geholt hatte, wo alles verkauft wurde, was man an einem Sonntagabend brauchen könnte – Wasser, Zigaretten, Bier –, und ließ den Tag Revue passieren.

Er hatte begonnen in einer serbischen Stadt, die fast vollständig muslimisch war und mit Stolz auf ihre osmanischen

Wurzeln schaute. Dann hatten wir einen Ausflug über eine umstrittene Grenze hinweg zum Grab des Mannes gemacht, der den Islam in diesen Teil Europas gebracht hatte. An beiden Orten war das dortige muslimische Erbe als etwas Positives aufgefasst und zur Schau gestellt worden. Doch nun befanden wir uns in einem völlig anderen Serbien. Auch Niš konnte auf eine lange und ereignisreiche muslimische Geschichte zurückblicken, aber ich vermutete, dass die christlich-orthodoxe Mehrheit der Stadtbevölkerung darüber nicht unbedingt froh war und die Geschichte ganz anders bewertete.

Ich war sehr gespannt, ob und wie man dieses Kulturerbe hier präsentierte. Wurde die Geschichte einfach ignoriert oder umgeschrieben? Gab es Aspekte, die positiv gesehen wurden? Und wie viel war bereits ausradiert worden?

Am nächsten Morgen, während Anaiya einen Zeitplan für sich, ihre Schwester und ihre Mutter ausarbeitete, sprachen Tamara und ich ab, wann und wo wir uns alle wiedertreffen würden. Dann machte ich mich auf, um den ganzen Tag lang Niš zu erkunden, mithilfe einer faszinierenden App für Touristen namens »Niš Talking« (Niš spricht), die ich am Abend zuvor entdeckt hatte. Sie wies nicht nur Orte aus, an denen es noch sichtbare Überreste der muslimischen Stadtgeschichte gab, sondern verband diese zu einem Rundweg mit dem Titel »Osmanisch-türkische Besatzung und Freiheitskampf«. Auf diesem Weg würden alle Fragen, die ich mir am Abend zuvor gestellt hatte, beantwortet werden.

Der Rundweg zur osmanischen Besatzung begann an der alten Festung, die ursprünglich aus dem 1. Jahrhundert nach Christus stammte und die größte historische Attraktion der Stadt war. Sie erstreckte sich über neun Hektar und war heute eine grüne und reizvolle Parklandschaft. Als ich am imposanten Haupttor am Ufer der Nišava ankam, fand ich zwei eindeutig osmanische Mihrābs vor, die in die Steinmauer links und rechts des Torbogens geschlagen waren. Sie sahen genauso aus wie die Mihrāb für Reisende, die ich in den Vorhallen von Moscheen überall auf dem Balkan gesehen hatte, aber hier dienten sie offensichtlich nur der Zierde. Darüber bestätigten zwei große Tafeln, dass das Tor im 18. Jahrhundert von den Osmanen errichtet worden war. Das beeindruckende Bauwerk, das die Türken *Stambul Kapije* (»Istanbuler Tor«) genannt hatten, war ein beliebtes Fotomotiv, und ich konnte beobachten, wie ein Tourist nach dem anderen unter dem Torbogen Position bezog, um sich von einem Freund oder dem Partner ablichten zu lassen.

Das erste Gebäude innerhalb der Festung war der alte Hamam. Wie in Novi Pazar war er zum Café umfunktioniert worden. Das hier wurde allerdings deutlich professioneller betrieben, und sein Eigentümer hatte eine beträchtliche Menge Geld investiert, um es herzurichten. Heute war es geschlossen, ebenso wie das kleine Museum im alten Pulvermagazin gegenüber. Die App auf meinem Handy lieferte keine Informationen zu diesen drei Gebäuden, leitete mich aber zu einem Bauwerk, das Fürst Miloš Obrenović gewidmet war. Es handelte sich um eine riesige, aufrecht stehende Patrone aus Stein, die 1902 aufgestellt worden war, um an die Verdienste des Fürsten im »Befreiungskampf gegen die Osmanen« zu erinnern. Solche Monumente zu Ehren des Nationalhelden finden sich in ganz Serbien, und viele Plätze und Straßen sind nach ihm benannt, darunter der breite autofreie Boulevard, an dem unsere Wohnung lag.

Obrenović kämpfte im Ersten Serbischen Aufstand 1804 und war elf Jahre später der Initiator und Anführer des zweiten, der ihn zum Herrscher über das halb autonome Fürstentum Serbien machte. Der erste Aufstand erfolgte, nachdem eine Gruppe skrupelloser Janitscharen, die Dahije, das Belgrader Paschalik an sich gerissen hatten. Die Rebellen setzten viele der Gesetze des Sultans außer Kraft und machten den ortsansässigen Serben das Leben extrem schwer. Die Dahije sorgten dafür, dass ein serbisches Gesuch um Hilfe durch den Sultan nicht in Istanbul ankam, und als sie anfingen, serbische Adlige hinzurichten und die abgeschlagenen Köpfe auf dem Marktplatz auszustellen, war das Maß voll.

Die unzufriedenen Serben versammelten sich im kleinen Dorf Orašac und eroberten mit Unterstützung durch die Truppen des Sultans Belgrad von den Dahije zurück. Doch nun war ihr Wunsch nach Freiheit geweckt, sodass sie, statt der Anordnung des Sultans zu folgen und die Truppen aufzulösen, mehr und mehr Gebiete einnahmen und dabei das Russische Zarenreich um Hilfe baten; Sankt Petersburg versprach diplomatische Unterstützung. Das war der Zeitpunkt, an dem der Aufstand sich in eine Auseinandersetzung zwischen Serben und Osmanen verwandelte, denn die Serben verlangten nun, dass das Belgrader Paschalik von einem ihrer Adligen regiert werden solle. Das lehnten die Osmanen ab, und so zogen die beiden Parteien in den Krieg. Anfangs entschieden die Serben eine Reihe wichtiger Schlachten für sich – es war das erste Mal, dass serbische Rebellen die osmanischen Truppen besiegten. Angespornt durch den Erfolg eroberten sie Belgrad, und als Vergeltung für vorherige Gräueltaten der Osmanen töteten sie viele seiner muslimischen Einwohner und zerstörten deren Moscheen und Bauwerke. Im Januar 1807 erklärten sie Belgrad zur Hauptstadt des halb autonomen Serbiens.

Die Osmanen zogen sich zurück, da ihre Aufmerksamkeit in Istanbul gefordert war: Sultan Selim III. war von

Mustafa IV. ermordet worden, der dann wiederum schnell von seinem Bruder Mahmud II. aus dem Weg geräumt wurde.

Noch unter Selim hatte der Russisch-Türkische Krieg begonnen, in dem sich die Serben auf die Seite der Russen schlugen. Doch im Mai 1809 erlebten sie einen herben Rückschlag, als einer ihrer Trupps auf dem Čegar-Hügel bei Niš von einer großen Abteilung des osmanischen Heeres angegriffen wurde. Wenige Monate später marschierten die Osmanen Richtung Belgrad, um sich die Kontrolle über das Paschalik zurückzuholen.

Der zweite Aufstand begann im April 1815; unter der Führung von Obrenović gelang es, die Osmanen aus dem Paschalik Belgrad zu vertreiben und schließlich ein Abkommen zu erwirken, das 1816 zur Gründung des Fürstentums Serbien führte, eines autonomen, teilunabhängigen Staates, der über ein eigenes Parlament, eine eigene Verfassung und sogar eine eigene Herrscherfamilie verfügte: die Obrenović-Dynastie.

Ich ging nicht weit in die Festung hinein, nur bis zur Bali-Bey-Moschee, einer der zwei noch bestehenden Moscheen in Niš. Die andere war die Islam-Aga-Moschee, die 1720 gebaut und offenbar bis heute benutzt wurde. Sie lag nur fünf Minuten von unserer Wohnung entfernt, doch als ich auf dem Weg zur Festung an ihr vorbeigekommen war, hatte ich sie verschlossen und völlig verlassen vorgefunden. Das weiße, quadratische Gebäude mit dem Ziegeldach und dem schlanken Minarett sah genauso aus wie Hunderte andere Moscheen auf dem Balkan.

Es gab noch ein weiteres Bauwerk in der Stadt, das von einer Moschee zeugte: das verfallene Minarett der Hasan-Begova-Moschee, das wie ein verwitterter alter Schornstein, verdeckt von wuchernden Bäumen und Sträuchern, auf einem kleinen Rasenstück an der Šumatovačka stand, der Straße westlich des *Stambul Kapije*. Das Minarett war schwer beschädigt, es gab kein Kegeldach auf der Spitze, nur ein Stück Metall, das aus einem großen Loch oberhalb des Muqarnas-Kranzes ragte.

Der Bali-Bey-Moschee hingegen fehlte schon seit Längerem das Minarett, doch sie war das älteste Moscheegebäude, das in Niš verblieben war. Sie stammte mindestens aus dem Jahr 1521, was bedeutete, dass sie bereits existiert hatte, als Evliya in die Stadt kam – er hatte also womöglich in ihr gebetet.

Wie die Altun-Alem-Moschee in Novi Pazar zählte auch sie zu den wenigen Moscheen mit Cloisonné-Mauerwerk, die auf dem Balkan verblieben waren. Das Muster aus roten Ziegeln war deutlich sichtbar. Die Moschee bestand aus einem quadratischen Grundbau, über dem eine große Kuppel auf einem steinernen Tambour und zwei kleinere Kuppeln über einer Vorhalle auf korinthischen Säulen aufragten. Ich passierte die Bögen aus roten Ziegeln und sah mir den Mihrāb für Reisende an, dessen Muqarnas-Abschluss auch nach fast 500 Jahren noch intakt war. Wenn Evliya die Moschee auf seiner Reise aufgesucht hatte, hatte er womöglich genau dort sein Gebet verrichtet, wo ich mich gerade befand.

Die braune Holztür der Moschee war abgeschlossen, und so lief ich um den Bau herum, vorbei am steinernen Fundament des zerstörten Minaretts. Mauerreste daneben deuteten darauf hin, dass einst weitere Gebäude an die Moschee angeschlossen gewesen waren – vielleicht eine Madrasa, eine Türbe oder ein Imāret (eine Suppenküche). Interessant waren die oberen Fenster auf der Rückseite der Moschee: durchsetzt von Kreisen, Sternen und Halbmonden – das war mir auf dem Balkan noch nirgendwo untergekommen. Ich spähte durch die Fenster im Erdgeschoss, die durch massive Eisengitter geschützt waren. Die Wände im Innenraum der Moschee waren verputzt und weiß gestrichen, der Boden gefliest. Es gab kein einziges Möbelstück. An einer Wand hingen eine Reihe von Gemälden: große Aktporträts von Frauen mittleren Alters. Die Bali-Bey-Moschee war mittlerweile eine Kunstgalerie, und ich fragte mich unwillkürlich, ob es wohl eine bewusste Entscheidung gewesen war, in einer ehemaligen Moschee Akte auszustellen. Die App informierte mich darüber, dass es archäologische Hinweise auf eine einstige Nutzung des Ortes zu »christlich-religiösen Zwecken« gebe; offenbar war die Moschee am ehemaligen Standort einer Kirche gebaut worden. Jetzt fühlten sich die Gemälde noch unpassender an.

Es war ein wahnsinnig heißer Tag, und als die Sonne Richtung Zenit stieg, wurden die Temperaturen unerträglich. Ich setzte mich auf eine Bank im Schatten eines großen Baumes und zog eine Flasche mit kaltem Wasser aus der Tasche. Dann nahm ich meinen braunen Papiersonnenhut ab, legte ihn neben mich auf die Bank und wischte mir den Schweiß von der Stirn. Der Hut sah genauso mitgenommen aus, wie ich mich fühlte – es war bereits mehrmals vorgekommen, dass sich jemand versehentlich draufgesetzt hatte. Er begleitete mich jetzt schon im zweiten Sommerurlaub und hielt sich besser, als ich erwartet hatte, als ich ihn in letzter Minute in einem Billigladen in London erstanden hatte. Später hatte ich freudig überrascht festgestellt, dass er aus recyceltem Papier bestand.

Es war absolut windstill und die Luft drückend. Das einzige Geräusch war das Gekreisch kleiner Kinder, die ein Stück weiter im Park spielten. Als ich gerade einen Schluck Wasser aus der Flasche nahm, entdeckte ich in der Nähe der

Moscheegalerie einen Mann mit einem Handy am Ohr. Kurz darauf stieß ein zweiter, etwas jüngerer Kerl zu ihm, und die beiden spazierten um die Moschee herum, machten Fotos und posierten für Selfies. Als sie eigentlich schon gehen wollten, schlang sich der jüngere sein Shirt um den Kopf, um einen Turban zu imitieren, und ließ sich ein letztes Mal mit breitem Grinsen fotografieren. Ich griff nach meinem traurig aussehenden Hut und setzte ihn mir wieder auf. Es war Zeit zu gehen.

Die nächste Station des Osmanenrundwegs führte mich zurück über den Fluss zu einer Synagoge. Die Beschreibung in der App lautete: »Die sephardische Gemeinde in Niš wurde erstmals in den 1680er-Jahren erwähnt, da sich die Juden nach ihrer Vertreibung aus Spanien auch in Serbien niederließen.« Ich fragte mich, ob sie wohl darauf eingehen würde, dass es die Osmanen gewesen waren, die den Juden in Niš Zuflucht boten. Das war für mich der einzig logische Grund dafür, warum eine Synagoge Teil des Osmanenrundwegs war. Doch als ich weiterlas, stellte ich fest, dass die App keine derartige Erklärung bot. Dort war nur zu lesen, dass die erste Synagoge 1695 an dieser Stelle erbaut worden war und die heutige aus dem Jahr 1925 stammte.

Ich hob den Blick und sah mir das sandfarbene Gebäude an. Es war im modernistischen Stil gehalten, mit lauter geraden Linien und rechten Winkeln. Über dem Eingang ragte eine serbische Flagge aus der Wand, was dem Ganzen das Aussehen eines Verwaltungsgebäudes aus dem frühen 20. Jahrhundert gab. Der einzige Hinweis darauf, dass es sich um eine Synagoge handelte, waren der große Davidstern und die hebräische Inschrift über dem Eingang. Als das Gebäude entstanden war, hatte die jüdische Gemeinde von Niš etwa

1000 Mitglieder gezählt, doch die meisten von ihnen waren im Zweiten Weltkrieg von den Nazis ermordet worden, gar nicht weit von der Synagoge entfernt – 20 Minuten Fußweg, um genau zu sein. Das Konzentrationslager Crveni Krst hinter der Festung ist bis heute erhalten, als Mahnmal, das an die Gräueltaten erinnert.

Heute leben nur noch eine Handvoll Juden in Niš, weshalb die Synagoge, genau wie die Bali-Bey-Moschee, mittlerweile als Ausstellungsraum dient. Und wie die Moschee war auch sie geschlossen. Als ich mich zum Gehen wandte, entdeckte ich an einer der Säulen im Eingangsbereich eine kleine Acrylplakette. Darauf standen auf Englisch und in kyrillischen Schriftzeichen »Synagoge« sowie das Baujahr. Daneben befand sich ein QR-Code. Ich scannte ihn mit dem Handy und hoffte, mehr darüber zu erfahren, wie die Gemeinde der Synagoge nach Serbien gekommen war. Aber Fehlanzeige. Auf der Seite, die mein Handy anzeigte, ging es nur um die Architekturgeschichte des modernen Bauwerks. Wie »Niš Talking« lieferte auch sie mir keine Erkenntnisse darüber, warum es die Juden aus Spanien auf den Balkan verschlagen hatte. Wer die Synagoge in Niš besuchte, musste das selbst herausfinden. Ich war schwer enttäuscht.

Die sephardischen Juden hatten während der sieben Jahrhunderte währenden muslimischen Herrschaft in Spanien eine Blütezeit erlebt. Während des *La Convivencia* genannten relativ harmonischen Zusammenlebens mit den christlichen und muslimischen Mitmenschen war es ihnen gestattet, ihre Religion auszuüben und sogar gesellschaftlich aufzusteigen, vor allem in der frühen Umayyaden-Zeit und in bestimmten Städten wie Granada. Auch wenn es stimmt, dass einige muslimische Herrscher äußerst intolerant waren und die Juden aus ihren Gebieten vertrieben, sind sich die Historiker insgesamt ziemlich einig, dass die sephardischen Juden unter den Muslimen in Spanien eine Hochphase erlebten.

Selbst als die Katholischen Könige ab Anfang 1492 nach der Niederlage Granadas ganz Spanien beherrschten, versprachen sie zunächst, die Rechte der spanischen Muslime und Juden zu respektieren und ihnen die freie Religionsausübung zu gewähren. Doch das hatte nicht lange Bestand. Keine drei Monate später wurde das Alhambra-Edikt erlassen, das die Ausweisung aller Juden aus Spanien vorschrieb. In dem Wissen, dass sie als ein »Volk des Buches« in muslimischen Ländern auf Schutz hoffen durften, flohen die meisten Sephardim entweder nach Nordafrika oder zu den Osmanen. Sultan Bayezid II. schickte, wie erwähnt, sogar eine Flotte, als er von der Vertreibung hörte, und geleitete die spanischen Juden sicher in sein Reich. Dort stand es ihnen im Rahmen des Millet-Systems frei, ihre Religion auszuüben, solange sie bestimmte Steuern zahlten. Ohne den Holocaust würden sich die sephardischen Juden von Niš noch heute in der Synagoge versammeln.

Ich war enttäuscht, als ich mich von der Synagoge entfernte, weil das jüdische Erbe des Balkans dort nicht in vollem Ausmaß vorgestellt wurde und ich eine Ahnung hatte, warum. Das hätte nämlich das Eingeständnis bedeutet, dass die europäischen Muslime die am stärksten verfolgte Religionsgemeinschaft des Kontinents – die Juden – fast zwölf Jahrhunderte lang in verschiedenen Herrschaftsgebieten in Spanien und auf dem Balkan beschützt hatten. Darauf war ich als europäischer Muslim überaus stolz.

Die letzte Station auf dem Osmanenrundweg der »Niš Talking«-App war der Schädelturm, der ohnehin auf unserem Weg lag, als wir Niš verließen und Skopje ansteuerten, die Hauptstadt Nordmazedoniens und unser nächstes Ziel.

»Der Turm ist offenbar wirklich aus den Schädeln toter Krieger gebaut worden«, erzählte ich meinen drei Mitfahrerinnen, als wir an einem Hinweisschild vorbeikamen, laut dem sich der Turm auf der rechten Seite befand. Ich bog ab und fuhr auf einen kleinen Busparkplatz.

»Echte Schädel?«, fragte Amani und blickte kurz von ihrem Buch auf.

»Ja, echte Schädel der Serben, die im 19. Jahrhundert gegen die Osmanen kämpften.«

»Und die sind da drin?« Amani riss die Augen auf.

Anaiya war neben ihrer Mutter eingeschlafen. Die drei hatten den ganzen Tag damit verbracht, in der sengenden Hitze herumzulaufen und Geschäfte abzuklappern, und das forderte seinen Tribut. Anaiya und Tamara waren bei dieser Sehenswürdigkeit also raus. Meine Hoffnungen lagen auf Amani.

»Wie sieht es aus, willst du mitkommen?«, fragte ich und versuchte, nicht zu verzweifelt zu klingen.

»Ähm … eher nicht. Ich bleibe hier bei Mum und Anaiya, okay?«, sagte sie und wandte sich wieder ihrem Buch zu.

Meine Bemühungen, sie mit der grausigen, blutrünstigen Geschichte des Turms zu locken, waren fehlgeschlagen, und ich versuchte meine Enttäuschung zu verbergen. Als ich mich vom Wagen entfernte, hörte ich, wie sich die Tür öffnete.

»Dad?«, rief Amani.

»Ja?«, antwortete ich etwas zu erwartungsvoll.

»Kannst du gucken, ob du irgendwo einen Kiosk findest, und mir etwas zu trinken mitbringen, bitte?«

»Okay«, sagte ich, und bevor ich noch etwas hinzufügen konnte, schlug die Tür wieder zu.

Bei dem Namen »Schädelturm« hatte ich mit einem Bauwerk wie der Burg Grayskull aus dem *He-Man*-Universum gerechnet, doch als ich mich dem Tickethäuschen näherte, wurden mir zwei Dinge klar: Zum einen war die kleine Kapelle, die den Schädelturm beherbergte, durchaus hübsch anzusehen, und zum anderen war sie heute geschlossen.

Montag war offensichtlich ein schlechter Tag für Touristen in Serbien. Es ist der einzige Tag der Woche, an dem die meisten Sehenswürdigkeiten geschlossen sind – darüber hatte ich mich vor unserer Reise nicht informiert. Das erklärte auch, warum das Museum in der Festung zu gewesen war. Ernüchtert kehrte ich zum Auto zurück. Die einzigen Schädel, die ich zu sehen bekam, waren die Dekorationen in der Nähe des Kapelleneingangs und die Mitbringsel im Fenster des Souvenirshops – der ebenfalls geschlossen war. Ich war ziemlich enttäuscht, weil ich mich sehr darauf gefreut hatte, dieses wichtige Monument der Lokalgeschichte zu besichtigen. Es präsentierte eine recht brutale Seite der Osmanen.

Der Schädelturm stammt aus dem ersten serbischen Aufstand und der Schlacht von Čegar, in der serbische Truppen eine vernichtende Niederlage gegen ein großes osmanisches Heer erlitten. Laut »Niš Talking« sammelten die Türken in den Monaten nach dem Kampf 952 serbische Schädel vom Schlachtfeld ein und zogen ihnen die Haut ab, um daraus einen grauenerregenden, fünf Meter hohen Turm am Eingang der Stadt zu errichten. Jede der vier Seiten bestand aus 14 Reihen Schädeln – so wollten die Osmanen zukünftige Rebellen abschrecken. Außerdem war der Turm ein grauenhafter Willkommensgruß für Besucher der Stadt. Der französische Orientalist und Dichter Alphonse de Lamartine berichtete, wie er 1830 Strähnen menschlichen Haares »wie

Flechten oder Moos« von den bleichen Schädeln hängen sah und der Wind in den Aushöhlungen heulte.

Heute sind nur noch 58 Schädel übrig. Der Rest ist angeblich von Verwandten entwendet und auf nahe gelegenen Friedhöfen begraben worden. Der wichtigste Kopf war der des serbischen Anführers, Stevan Sinđelić, der heute in einem Glaskasten ausgestellt ist. Mitte des 19. Jahrhunderts ließ der osmanische Regionalgouverneur Midhat Pascha den Turm – oder zumindest die Schädel – entfernen, mutmaßlich weil er erkannt hatte, wie furchtbar grausam das Ganze war. Viele der Schädel, die heute in den Überresten des Turms zu sehen sind, wurden nach der Unabhängigkeit Serbiens von der königlichen Armee des Landes wieder eingefügt, um das Volk an die Unterdrückung durch die Osmanen zu erinnern. In dieser Zeit entstand auch die kleine Holzkapelle über dem Turm, und 1948 wurde die Anlage zum »Kulturdenkmal von besonderer Bedeutung« erklärt. Heute ist es eine der meistbesuchten Sehenswürdigkeiten des Landes, aber eindeutig nicht an Montagen.

Die Fahrt nach Skopje dauerte gut zwei Stunden und führte uns durch das Tal der Südlichen Morava, die von der Quelle in Nordmazedonien nahe der kosovarischen Grenze bis nach Niš fließt. Die Strecke war nicht allzu lang, aber irgendwann waren meine drei Mitfahrerinnen alle eingeschlafen, sodass ich mit den englischen Songs, die hin und wieder im Radio zu hören waren, und meinen Gedanken allein war.

Wir waren jetzt in drei der sechs Länder gewesen, die auf unserer Liste standen, und obwohl ein großer Teil der Reise noch vor uns lag, einschließlich der Rückkehr nach Bosnien, konnte ich bereits erkennen, welche Auswirkungen das Erlebte auf meine Familie hatte – und auf unser Verständnis dessen, was es hieß, Muslim in Europa zu sein.

Tamaras Reaktion, als sie über die Schwelle der Sufi-Tekke in Blagaj trat, war unbezahlbar gewesen, aber der Besuch hatte uns auch einen Einblick in die mystischen Traditionen hier beheimateter europäischer Muslime gewährt. Der Auftritt des muslimischen Chors im Herzen von Novi Pazar hatte Amani und Anaiya – und uns – sprachlos, fast ungläubig zurückgelassen; so etwas hatte niemand von uns je zuvor erlebt. Dann hatte uns Mehrat, der Zuckerwatteverkäufer, eine kollektive Lektion in Demut erteilt, indem er die schöne Tradition, die europäische Muslime Reisenden gegenüber pflegten, auf seine eigene bescheidene Weise fortgeführt hatte. Und selbst die Frau, die am Tag zuvor an Murads Grab gebetet hatte, hatte uns eine wertvolle Erkenntnis gebracht. Angesichts ihres Verhaltens hatten wir zum Teil großes Unbehagen empfunden, was uns zeigte, dass viele der in Europa heimischen Muslime nicht unbedingt so waren wie wir und ihren Glauben auf andere, uns unbekannte Weise auslebten. Und das war in Ordnung.

Meine Familie würde sich weder jede Grabstätte und jede Moschee auf dieser Reise mit mir zusammen anschauen, noch war sie daran interessiert, jeden Hamza und Adnan in ein Gespräch zu verwickeln. Für sie war die Reise einfach ein aufregendes Familienabenteuer, und es war wichtig, dass wir das aufrechterhielten, damit unsere Tour durch europäische Städte, in denen das Essen halal war und der Klang des *adhān* so normal wie anderswo das Läuten der Kirchenglocken, ein natürliches und unverkrampftes Erlebnis blieb – so natürlich und unverkrampft wie die Vorstellung eines muslimischen Europas.

TEIL DREI

NORDMAZEDONIEN

WESSEN ERBE IST ES ÜBERHAUPT?
SKOPJE

Ich muss zugeben: Bevor wir nach Nordmazedonien kamen, wusste ich nur sehr wenig über das Land, außer dass es ein außergewöhnliches Talent dafür hatte, Griechen in Rage zu versetzen.

»Sie haben, verdammt noch mal, kein Recht, sich Mazedonien zu nennen, was für eine Scheiße ist das denn bitte, Alter? Sie klauen uns unser verdammtes Erbe, und das ist beschissen, richtig beschissen!«

Ich weiß noch, wie ich meinen griechischen Freund Ariston Diakos diese Tirade ausstoßen hörte und dachte: *So schlimm kann es doch gar nicht sein.* Das war meine Standardhaltung, wenn sich jemand darüber aufregte, dass ihm ein großes historisches Erbe versagt würde (ganz ähnlich ergeht es vermutlich jedem, der sich anhören muss, wie ich mich über das muslimische Erbe Europas ereifere).

Doch sobald ich die Altstadt von Skopje hinter mir ließ und am Ufer des Vardar zum Platz Philipps II. spazierte, musste ich meine Haltung überdenken. Ariston hatte offensichtlich nicht ganz unrecht gehabt.

Das, was sich jetzt vor mir erstreckte, war von einem Journalisten als »Pompeji, fit gemacht für den Las Vegas Strip« beschrieben worden und glich einem hellenistischen

Spielplatz aus einem Disney-Traum – obwohl selbst Disney niemals *so* danebengelegen hätte. An beiden Enden des Platzes, der offiziell nicht »Platz Philipps II.« heißen durfte – mehr dazu später –, standen zwei riesige Springbrunnen, wie ich sie noch nirgends auf unserer Reise zu Gesicht bekommen hatte. In ihrer Mitte ragte jeweils eine gigantische Bronzestatue auf. Diejenige, zu der ich gerade hochschaute, stellte eindeutig Philipp II. dar, den Vater Alexanders des Großen. Trotzdem lautete der offizielle Name der Statue »Krieger mit Begleitelementen«. Die andere, ganz in der Nähe des Vardar-Ufers, zeigte seine Frau, auf dem Arm den kleinen Alexander, der an ihrer perfekt geformten Brust nuckelte. Dazwischen standen weitere Bronzemonstrositäten, ebenfalls im pseudohellenistisch-klassizistischen Stil. Vor dem Hintergrund der historischen osmanischen Bauwerke wirkte diese bunte, willkürliche Zusammenstellung völlig fehl am Platz – als wartete sie darauf, an ihr eigentliches Ziel transportiert zu werden.

Ich reckte den Hals, um einen Blick auf die andere Seite des Flusses zu werfen, wo die Statuenparade weiterging. Dort hinten, auf einem anderen Platz, saß Aristons Held Alexander in einem dramatisch wirkenden Bronzeabbild auf einem Pferd, das sich auf seinen Hinterbeinen erhob – der offizielle Name des Standbilds: »Ein Krieger zu Pferde«. Fast alle diese Statuen waren innerhalb der vergangenen fünf Jahre aufgestellt worden, im Rahmen eines umfassenden Stadterneuerungsprogramms namens »Antiquisierung«, ins Leben gerufen von der mittlerweile abgewählten Partei VMRO-DPMNE, die sich in den Augen mancher Beobachter an einer Neuerfindung des nationalen Kulturerbes versucht hatte. Konservativen Schätzungen zufolge hat das Projekt, das außenpolitisch als Provokation und innerhalb der Bevölkerung als umstritten gilt, weil es die slawische, albanische und muslimische Geschichte des Landes unter den Tisch fallen lässt, Nordmazedonien mehr als 200 Millionen Euro gekostet.

Das einzige historisch authentische Objekt in Sichtweite war die wunderschöne osmanische Steinbrücke über den Vardar, die die beiden Plätze verband. Diese kleinere Version der Mehmed-Pascha-Sokolović-Brücke in Višegrad bestand wie diese aus einer Reihe solider, perfekt geformter Bögen, die den Eindruck vermittelten, bis in alle Ewigkeit überdauern zu können, was man von den neuen pseudohellenistischen Statuen nicht gerade behaupten konnte – viele von ihnen liefen bereits grün an. All das mutete angesichts der tatsächlichen Kulturgeschichte Skopjes eher befremdlich an.

Obwohl der Name der Stadt auf eine nahe gelegene Ansiedlung zurückgeht, die von den Päoniern und Dardanern, zwei eher wenig bekannten Volksstämmen, gegründet wurde, war Skopje bis zum 14. Jahrhundert immer Teil des Römischen (Byzantinischen), Bulgarischen oder Serbischen Reiches. Selbst als die Region für kurze Zeit »griechisch« war, handelte es sich dabei um das Kaiserreich Nikaia, eines der byzantinischen Exilreiche der ersten Hälfte des 13. Jahrhunderts.

Anschließend war Skopje über fünf Jahrhunderte als osmanische Stadt stark muslimisch geprägt und erlebte unter dem Namen Üsküp aufgrund ihrer strategisch zentralen Lage ein goldenes Zeitalter, das bis ins späte 17. Jahrhundert andauerte. Das spiegelte sich auch in der hochgebildeten und vielfältigen Bevölkerung der Stadt wider, die sich aus Türken, Armeniern, Slawen, Griechen, Ragusäern (Kroaten) und Albanern unterschiedlicher Glaubensrichtungen – Christen, Juden und Muslime – und Konfessionen zusammensetzte.

Als der englische Arzt Dr. Edward Browne Skopje/Üsküp

1673 besuchte, beschrieb er eine florierende muslimische Stadt, die für ihr gegerbtes Leder bekannt war. Im Zentrum fand er einen durch einen Bleidach geschützten Markt inmitten von Bäumen und »gefälligen Hügeln und Tälern« vor und stellte fest, dass Üsküp mit ansehnlichen Häusern und Bauwerken sowie einer großen Anzahl prachtvoller »türkischer Kirchen« gesegnet sei – Moscheen also.

Wir hatten viele von Brownes »türkischen Kirchen« gesehen, als wir an jenem Morgen durch die Altstadt gelaufen waren. Am besten gefiel uns die herrliche Mustafa-Pascha-Moschee hoch oben auf einem Hügel nahe der berühmten Festung aus dem 6. Jahrhundert. Tamara und die Mädchen hatten viele Fotos von dem strahlend weißen Inneren mit den blauen und roten Rankenornamenten und dem prachtvollen Holzdach über dem *wudū*-Brunnen vor dem Eingang gemacht.

Später, als wir durch die engen Kopfsteinpflastergassen spazierten und zwischen den osmanisch wirkenden Wohnhäusern immer wieder einen Blick auf bleistiftdünne Minarette erhaschen konnten, bestand kein Zweifel daran, dass Skopje immer noch sehr das Gefühl einer muslimischen Stadt vermittelte.

Im Grunde gab es keinen echten Bezug zwischen der Stadt Skopje und Alexander oder seinem Vater, was die Statuen, die ich nun anstarrte, noch lächerlicher wirken ließ. Genau genommen beruht die Verbindung des heutigen Staates zum antiken Makedonien ausschließlich darauf, dass ein kleines Areal des südlichen Landesteils früher innerhalb der Grenzen von Alexanders Reich lag.

Das ist der Grund, warum die Griechen, die die makedonischen Könige als Teil ihres antiken Kulturerbes verstehen, so erzürnt waren. Doch der VMRO-DPMNE war das egal. Als die britische Zeitung *The Guardian* den damaligen Außenminister Antonio Milošoski 2010, ein Jahr vor der Enthüllung des »Kriegers zu Pferde«, zu den Einwänden der Griechen befragte, antwortete er: »Das ist unsere Art, ihnen den [Mittel-]Finger zu zeigen.«

Bis vor sehr kurzer Zeit hat Nordmazedonien den Landesnamen noch ohne den Zusatz »Nord-« verwendet, unter Berufung auf die Tatsache, dass das Staatsgebiet historisch gesehen in vorosmanischen Zeiten zu einer Region namens Makedonien gehört habe. Zu Zeiten Jugoslawiens war das Land als Sozialistische Republik Mazedonien bekannt, und als die Regierung 1991 den friedlichen Übergang zur parlamentarischen Demokratie einleitete, entstand die Republik Mazedonien und mit ihr der Namenskonflikt, in dessen Rahmen Griechenland aus Protest die Aufnahme des Landes in die NATO und die EU blockierte.

Diese Pattsituation bestand bis 2018, als die sozialdemokratische SDSM an die Regierung kam und in einem Abkommen zusagte, den Namen des Landes offiziell um die Einschränkung »Nord-« zu ergänzen und keine kulturellen oder territorialen Ansprüche mehr auf das antike Makedonien zu äußern – daher die absurden Namen der Statuen. Es dürfte niemanden überraschen, dass die Oppositionspartei VMRO-DPMNE keineswegs zufrieden war mit diesen Zugeständnissen, sodass es, sollte sie je wieder an die Macht gewählt werden, erneut ziemlich interessant werden könnte.

Ich schlenderte zu einer Holzbank hinüber und setzte mich. Sie war mit kleinen Bronzeschilden verziert, die aussahen wie Miniaturausgaben von Requisiten, wie sie in Filmen wie *300* verwendet werden. Die Touristen, die an mir vorbeiliefen, zeigten den gleichen belustigten Gesichtsausdruck wie ich wenige Minuten zuvor. Einige blieben stehen und bemühten sich nach Kräften, die gigantischen Statuen mit der Handykamera einzufangen, wobei sie Schritt um Schritt immer weiter zurücktraten.

Während ich so dasaß, überlegte ich, wie Evliya das Ganze beurteilt hätte. Er und Melek waren auf ihrer Reise nach Sofia, wo Melek seinen neuen Posten antreten sollte, auch durch Üsküp gekommen. Seine Reaktion wäre gewiss interessant ausgefallen, weil Evliya zu denjenigen gehörte, die glaubten, dass Alexander der Große im Qur'ān erwähnt wird, unter der Bezeichnung Dhū l-Qarnain – »der mit den zwei Hörnern« (Sure 18:83). Diese Stelle handelt von einem Mann, der durch Gottes Gunst und Führung in den Osten und den Westen der Erde vordrang und dort eine Mauer baute, um die aus der abrahamitischen Tradition bekannten mythischen Völker Gog und Magog fernzuhalten.

Wäre Evliya damit einverstanden gewesen, dass Alexander heute so mit dem muslimischen Üsküp verknüpft wurde? Vielleicht ja, wenn man in Betracht zieht, dass er Alexander für einen Monotheisten hielt, dennoch konnte ich mir nicht vorstellen, dass ihm die albernen Statuen gefallen hätten, von denen ich den Blick kaum abwenden konnte.

Der Himmel verdunkelte sich, der Abend zog herauf. Die Ufer des Vardar verwandelten sich zunehmend in ein glitzerndes Märchenland, als die bunten Flecken einer choreografierten Lightshow über die Säulengänge aus falschem Marmor und die pseudohellenistischen Bronzestatuen tanzten.

Kurz darauf entdeckte ich drei Touristinnen, die mir nur zu bekannt waren. Tamara und die Mädchen hatten sich eine Kunstausstellung im alten osmanischen Hamam angeschaut und standen nun mit suchendem Blick am Rand des Platzes.

Ich winkte, um auf mich aufmerksam zu machen, und Tamara winkte zurück. Amani zückte ihre weiße Kamera. Ich konnte sehen, wie die drei etwas ratlos umherwanderten, aber die unerlässlichen Fotos für die sozialen Medien knipsten. In der Mitte des Platzes, wo die meisten Menschen vorbeiliefen, war jemand dabei, Schallplatten aus einem kleinen Holzkarren in einen altmodischen Verkaufsstand zu räumen. Ganz bedächtig wanderten Klassiker von Michael Jackson, Led Zeppelin und Queen aus Kisten in den Stand, wo sie in akkuraten Reihen angeordnet wurden. Der Besitzer war ein jugendlich wirkender Mann mit langem grauem Haar und einer schwarzen Lederweste. Nachdem er einen Kunden bedient hatte, legte er eine LP von Queen auf, und schon erfüllte die unverwechselbare Stimme von Freddy Mercury die Luft.

Als Tamara und die Mädchen zu mir kamen, waren sie mit Platten von den Bangles und Cat Stevens beladen. Meine Frau war ein Kind der 1980er, und wir beide liebten »The Cat« – wer nicht? Amani hielt mir ihre kleine Kamera unter die Nase, um mir die Fotos zu zeigen. Es war ihr gut gelungen, die Statue von Philipp II. vor dem blassblauen Himmel einzufangen.

»Wie findest du das, Dad?«, fragte sie.

»Das sieht gut aus, so als Silhouette. Dadurch tritt er hervor.«

»Schon, aber man kann sein Gesicht nicht so richtig erkennen … Wer ist das eigentlich?«

»Der Vater von Alexander dem Großen, Philipp II.«

»Ach so … War Alexander nicht Grieche?«

»Griechisch-makedonisch, könnte man sagen.«

»Also kam er von hier?«

»Na ja, nicht direkt – in Skopje ist er nie gewesen, nein.«

Amani schaute mich an, das Gesicht ein einziges Fragezeichen.

»Das ist eine lange Geschichte«, sagte ich und lächelte sie an. »Ich erzähle sie dir auf dem Weg zur Wohnung.«

Wir liefen zum Auto, das ganz in der Nähe der mittelalterlichen Festung Kale stand. Aus den engen Gassen, die zur Festung hinaufführten, hatte man einen tollen Blick über die Altstadt und zugleich auf den Platz mit den Statuen. Der Gegensatz war enorm, und die beiden Teile passten einfach nicht zusammen. Auf der einen Seite war eine alte muslimische Stadt mit Minaretten, Moscheen und Hamams zu sehen, während sich am Flussufer eine willkürliche, deplatzierte Mischung pseudohellenistischer Statuen drängte. Mir war jetzt klar, warum Ariston und seine Landsleute so sauer waren – es war, als würde England eine riesige Bronzestatue des schottischen Nationalhelden William Wallace auf dem Trafalgar Square aufstellen und laut brüllen: »Schottland, du kannst uns mal – er gehört uns!«

Am Abend, nachdem wir uns eine Portion Spaghetti bolognese gekocht und sie begleitet von einem knackigen Salat verspeist hatten, ließ ich meine Familie allein, damit sie ihren *Gilmore Girls*-Marathon fortsetzen konnte, und kehrte zum Platz zurück. Ich kannte die Geschichte hinter dem Streit zwischen Nordmazedonien und Griechenland, wusste aber nicht, was die Einheimischen darüber dachten. Als wir am Plattenstand vorbeigelaufen waren, hatte ich mich kurz mit einer der Aushilfen dort unterhalten. Doch weil Tamara und die Mädchen so müde aussahen, hatte der Mann mich eingeladen, später am Abend zurückzukommen.

Die Cafés und Bars mit Blick auf die Altstadt wimmelten jetzt vor Touristen, die billiges Bier tranken und Zigaretten rauchten. Es war ein angenehmer, warmer Sommerabend. Meine Nase registrierte einen Hauch von Fruchttabak und meine Ohren das leise Blubbern einer Wasserpfeife. Die Gassen waren so eng und wirkten so mittelalterlich, dass ich mir leicht ausmalen konnte, wie sich dort mit Waren beladene Karren hindurchschoben, die vom Ufer des Vardar kamen, so wie Edward Browne sie möglicherweise gesehen hatte. Weiter unten ließ die aufziehende Dunkelheit die Lightshow, die jetzt in vollem Gange war, richtig zur Geltung kommen. Der Platz schien sich in einem vertrauten Takt zu bewegen. War das Wagner?

»Sie spielen den Scheiß jeden Abend, Mann. Gehirnwäsche in Zeitlupe. Total bescheuert. Wir sind hier nicht in Wien, das ist nicht die Musik unseres Landes!«, rief Ertan, während er vorsichtig eine Rolling-Stones-Platte zurück in den Karren legte. Er half seinem Freund Nesko, dem alten Rocker, einen Abend lang aus. Ertan war stämmig und hatte seine langen schwarzen Locken zu einem festen Pferdeschwanz gebunden. Er war hier aufgewachsen, hatte aber türkische Wurzeln – eine perfekte Verkörperung des osmanischen Erbes von Skopje.

»Schau dich um – sie versuchen, so zu tun, als wären wir hier in einer klassischen griechischen oder westeuropäischen Stadt. Nicht Mazedonien, sondern Wien, Florenz oder vielleicht Athen. Die Brücke!« Ertan wies so ruckartig darauf, dass die Asche von seiner Zigarette zu Boden fiel. »Die Berge. Die Kale-Festung. Das sind die Wahrzeichen von Skopje.«

Es war eindeutig: Auch für Ertan war die Stadt im Kern türkisch-osmanisch geprägt.

Ich warf noch einen letzten Blick auf die Statuen und unfertigen Gebäude, die wirkten, als habe sich jemand ein

Lehrbuch über klassische Kunst und Architektur geschnappt und die Modelle eins zu eins nachgebaut. Dann verließen wir den Platz, um an den Stadtrand zu fahren.

Das Streben Nordmazedoniens, eine Identität und ein kulturelles Erbe für sich zu beanspruchen, das in Westeuropa anerkannt wurde, war äußerst interessant. Schließlich galt die griechisch-römische Antike dort mehr als alle anderen historischen Epochen. Uns waren im Verlauf unserer Reise schon eine Reihe von Versuchen begegnet, die muslimische Geschichte zu ersetzen, aber bisher hatte dabei immer die Religion im Mittelpunkt gestanden, vor allem das orthodoxe Christentum. Nun ging es zum ersten Mal nicht um eine religiöse, sondern um eine ethnische Identität, auch wenn der Anspruch darauf ziemlich fragwürdig war. Und dennoch war klar zu erkennen, warum Nordmazedonien sich dieses Erbe zu eigen machen wollte und warum die Griechen ein Exklusivrecht darauf forderten. Das makedonische Reich hatte sich auf seinem Höhepunkt vom Süden des heutigen Nordmazedoniens bis nach Ägypten und an die Grenze zum heutigen Indien erstreckt. Alexander III., »der Große«, war nicht nur König von Makedonien gewesen, sondern auch Pharao von Ägypten und Herrscher über das Perserreich, das große Gebiete von der kleinasiatischen Mittelmeerküste bis nach Zentralasien umfasste. Herrscher von Skopje allerdings nie, weshalb ich die Gründe, warum Nordmazedonien sich unbedingt sein Vermächtnis sichern wollte, ähnlich zynisch sah wie Ertan.

Interessant war auch, dass Alexander all das nur hatte erreichen können, weil er ebenso ein Massenmörder, Unterdrücker und kultureller Kolonialist gewesen war wie die schlimmsten osmanischen Herrscher, aber während Leute wie Süleyman und Murad auf dem Balkan heute allgemein als grausame, barbarische Besatzer gelten, wird Alexander für seine expansionistischen Eroberungszüge als großer Heerführer oder sogar als Halbgott verehrt.

»Mazedonien hat zwei Millionen Einwohner, und dieses ›Projekt‹« – Ertan spuckte das Wort aus, als hätte er gerade in etwas Widerwärtiges gebissen – »dieses Projekt kostet Hunderte Millionen Euro. Wer zum Teufel bezahlt das? Woher kommt das Geld? Es ist schmutziges Geld. Jetzt, nach mehreren Jahren, heißt es plötzlich, dass es Millionen Euro teurer wird.«

Ertan trug rote Shorts, ausgetretene Sneakers und ein T-Shirt, dem die Begegnung mit einem Bügeleisen nicht geschadet hätte – er meinte selbst, dass er ein fauler Kiffer sei.

»Es gibt einfach keine Jobs hier. Manche Menschen müssen von fünf Euro in der Woche leben, wusstest du das?«

Wir stiegen aus meinem Auto. Der Mond schien auf das breite grasbewachsene Ufer des sich vorbeischlängelnden Vardar. Ertan hatte hierherkommen wollen, damit wir uns frei unterhalten konnten, aber auch um in Ruhe seinen Joint zu genießen.

Unser Trip nach Nordmazedonien war mit einer der schlimmsten politischen Krisen des Landes zusammengefallen, ausgelöst durch die Enthüllung, dass Nikola Gruevski, der bis 2016 zehn Jahre lang als Ministerpräsident fungiert hatte, an einer illegalen Abhöraktion beteiligt gewesen war, und zwar in einer Größenordnung, wie man sie seit der DDR-Stasi nicht mehr erlebt hatte. Geleakte Audiomitschnitte hatten ein Ausmaß an Korruption, Einschüchterung, Morddrohungen und Überwachung offenbart, das selbst die Cosa Nostra und Pablo Escobar vor Neid hätte erblassen lassen. Das ganze Land war nervös und gereizt. Leute wie Ertan achteten genau darauf, was sie in der Öffentlichkeit sagten und taten.

Wir standen direkt am Wasser; Ertan wollte sich nicht setzen. Bei jedem Zug am Joint schaute er nach links und rechts. Das war unnötig, er hatte eine gute Stelle ausgewählt – wahrscheinlich kam er öfter her. Die wenigen Jogger, Hundespaziergänger und Radfahrer auf dem Weg würden wohl kaum etwas riechen; sie waren zu weit weg. Der sommerliche Nachthimmel war klar und von Sternen übersät, die Luft hier draußen deutlich kühler als in der Stadt. Ertan erzählte mir, was passiert war, als er einmal nicht so vorsichtig gewesen war. Die Polizei hatte ihn aufgegriffen und ihm Prügel angedroht, wenn er nicht verriet, von wem er das Gras hatte. Seit dieser Erfahrung war er wachsam. Auch als er seinen Joint längst ausgedrückt hatte, schaute er sich immer wieder nervös um. Er konnte keinen Ärger gebrauchen, und außerdem war Gras teuer, vor allem für jemanden, der im Grunde kein Einkommen hatte.

Ertan war 33 Jahre alt und wohnte noch zu Hause bei seinem Vater und seiner Stiefschwester. Obwohl er nur vier Jahre jünger war als ich, erinnerte er mich eher an die Schüler, die ich unterrichtete, als an die Erwachsenen, die ich kannte. Nach der Scheidung seiner Eltern waren Ertans Mutter und seine Schwester nach Deutschland übergesiedelt. Er besuchte sie oft und bereute es, nicht mit ihnen gegangen zu sein, als er jünger war.

»Ich war noch auf der Schule, als meine Mutter mit meiner Schwester nach Deutschland zog. Meine Eltern wollten, dass ich meinen Abschluss hier machte, und als es so weit war, war ich 18 und offiziell kein Kind mehr, sodass ich keine deutsche Staatsbürgerschaft bekam …« Ertan versagte die Stimme. Seine Augen schimmerten feucht, und wir starrten beide schweigend ins dunkle Wasser des Vardar. Irgendetwas drang an die Oberfläche und erzeugte Blasen, und in der Ferne bellte ein Hund. Ich wartete, bis Ertan weitersprach.

»Das wäre so toll gewesen. Ich habe Freunde in Deutschland und hätte mir dort ein Leben aufbauen können. In Deutschland gibt es Jobs und gute Aussichten, aber ich habe meine Chance verpasst … Aber das ist schon okay, mein Vater hat mir eine Arbeit in Prag besorgt. Ich freue mich riesig darauf.«

»Super, was ist das für ein Job?« Ich war froh, dass er eine positive Perspektive hatte.

»In der Pizzeria meines Onkels. Ich ziehe dort hin und arbeite für ihn. Er hat mir auch einen Platz zum Wohnen organisiert, und dann hoffe ich, irgendwann die tschechische Staatsbürgerschaft zu bekommen. Damit hätte ich einen EU-Pass.«

»Prag ist eine tolle Stadt. Wunderschön«, sagte ich und erinnerte mich an die Wochenendreise, die Tamara und ich dorthin unternommen hatten.

»Ja, Mann, super Nachtleben, schöne Frauen, und man kann dort ohne Probleme Gras rauchen.« Ertan lachte.

»Wann geht es los?«

»In zwei Tagen.«

»Wow, so bald schon?«

»Ja. Ich freue mich total darauf.«

Dass es Ertan nach Prag zog, lag ebenso sehr an der ungewissen Zukunft Nordmazedoniens wie an allem anderen. Doch wenn er darüber sprach, musste ich erneut an meine Schüler denken – an die, die von Amsterdam träumten, als handelte es sich um das Gelobte Land, nur weil man dort Cannabis rauchen darf. Ich fragte mich, ob Ertan seine Pläne richtig durchdacht hatte und ob ihm bewusst war, was ihm bevorstand. Freute er sich *wirklich* darauf?

Diese Überlegungen behielt ich allerdings für mich. Ich wollte ihm die Vorfreude nicht verderben. Außerdem würde das Ganze zumindest ein Abenteuer für ihn sein.

Als wir auf den Platz Philipps II. zurückkehrten, spielte Nesko gerade mit gesenktem Kopf Luftgitarre für ein junges Backpacker-Pärchen namens Cristiano und Allegra. Alle drei tranken immer wieder aus einer Flasche Wodka, die offenbar wie von Zauberhand im hinteren Bereich des Standes aufgetaucht war. Cristiano und Allegra waren typische Rucksacktouristen, die es kaum erwarten konnten, uns alles über ihre Reise zu erzählen. Viele der Orte hatte ich ebenfalls besucht, sodass das Gespräch leicht dahinfloss. Wir verglichen unsere Eindrücke von der malerischen Altstadt Sarajevos, der Brücke von Mostar und der traumhaften bosnischen Landschaft. Cristiano berichtete von einer osmanischen Ausstellung in einem alten bosnischen Haus, das sie in Mostar besichtigt hatten, und ich brachte sie mit meinen Handybildern von Tamaras idyllischer Tekke in Blagaj zum Staunen. Zwischendurch hörten wir Nesko zu, wenn er sein enzyklopädisches Wissen über Balkanrock zur Schau stellte.

Ertan verschwand kurz, um Snacks zu besorgen: Erdnüsse mit Rosinen und den osmanischen Klassiker: geröstete Sonnenblumenkerne. Außerdem hatte er daran gedacht, mir eine Flasche Sprite mitzubringen, die er mir nun reichte, bevor er sich träge und bekifft zu Boden sinken ließ. Dort knackte er in beeindruckender Geschwindigkeit Sonnenblumenkerne auf, während er unseren Geschichten lauschte.

Das Gespräch verlagerte sich von unseren Reisen durch den Balkan auf eine mögliche EU-Mitgliedschaft des Landes.

»Meiner Meinung nach hat Westeuropa Osteuropa nie richtig akzeptiert«, sagte ich.

»Das kann man wohl sagen!«, schnaubte Nesko.

»Ich glaube, euer Verschwinden hinter dem Eisernen Vorhang damals hat das Gefühl, dass ihr anders wärt als die westliche Hälfte Europas, nur verstärkt«, fuhr ich fort.

»Ja … das stimmt wohl«, meinte Cristiano.

Es folgte ein kollektives Kopfschütteln, und Nesko drückte einer jungen Frau in Doc-Martens-Stiefeln etwas Wechselgeld und eine Bon-Jovi-Platte in die Hand.

Ich war kurz versucht, meine Theorie darzulegen, dass ein nicht geringer Teil der westeuropäischen Abneigung speziell gegen Südosteuropa in der historischen Islamophobie gründete, ließ es aber bleiben. Es war ein schöner Abend gewesen, und ich wollte nicht zu lange auf einem negativen Thema herumreiten.

Nach einer Reihe zustimmender Kopfbewegungen, gefolgt von einigen nachdenklichen Schlucken von unseren jeweiligen Getränken, kehrten wir zum Thema Reisen zurück. Cristiano wollte wissen, ob ich schon einmal in Portugal gewesen sei. Ich nickte und erzählte ihm von den Artikeln, die ich über das muslimische Erbe des Landes verfasst hatte. Zu meiner großen Überraschung reagierte er begeistert und berichtete mir, dass er kürzlich erfahren habe, dass der Name eines Dorfes in der Nähe der Heimatstadt seiner Eltern, Marvão, auf den muslimischen Namen »Marwan« zurückging. Das Dorf war nach dem Mann benannt worden, der es im 9. Jahrhundert gegründet hatte. Dadurch ermutigt, begann ich von den Elementen muslimischer Geschichte in Europa zu erzählen, mit denen ich mich befasst hatte, und fragte Allegra, ob sie wüsste, dass es einst eine italienisch-arabische Sprache gab.

Sie drehte sich gerade eine Zigarette, doch die Frage ließ sie innehalten.

»Neeeein«, antwortete sie und machte große Augen. »Erzähl!«

Als ich ihr erklärte, was es mit der muslimischen Vergangenheit Siziliens auf sich hatte, bemerkte ich, dass Ertan näher an mich heranrückte. Nesko hatte die Musik ausgestellt, und auch Cristiano beugte sich vor. Für den Bruchteil einer Sekunde hatte ich sogar das Gefühl, die klassische Musik auf dem Platz sei verstummt.

»Maltesisch ist eine arabische Sprache?«, wiederholte Allegra ungläubig.

»Du meinst, die Leute auf Malta sprechen Arabisch, aber die meisten von ihnen wissen es gar nicht?«, fragte Cristiano, leicht undeutlich wegen der nicht angezündeten Selbstgedrehten in seinem Mundwinkel.

Ich nickte.

»Wow, Mann, einfach nur wow!«

»Ja, Maltesisch besteht zu fast einem Drittel aus Siculo-Arabisch, einer alten Form des Arabischen, die sich auf Sizilien entwickelte, wo sie irgendwann durch das Lateinische ersetzt wurde. Doch sie gelangte im frühen Mittelalter nach Malta und wurde zur Grundlage des modernen Maltesisch.«

»Quatsch, Mann, red keinen Scheiß!«, rief Ertan, bei dem die Wirkung des Joints langsam nachließ.

Ich lachte. »Doch, es ist die einzige arabische Sprache, die als offizielle EU-Sprache anerkannt ist, und die einzige, die mit lateinischen Buchstaben geschrieben wird … Wenn Tunesier, die ebenfalls eine Form des Arabischen sprechen, die aus dem Siculo-Arabischen hervorgegangen ist, Italienisch können, verstehen sie vieles von dem, was Malteser sagen, weil der Rest der maltesischen Sprache aus italienischen, französischen und englischen Wörtern besteht.«

»Wow, wirklich einfach wow«, wiederholte Cristiano.

Ich erklärte den vieren, wie sich im 9. Jahrhundert eine hochzivilisierte muslimische Kultur in Sizilien entwickelt hatte, als die Mauren diese Insel und Malta eroberten. Wie ihre Nachbarn in Spanien bauten auch sie prachtvolle Paläste und förderten die Kunst und das Bildungswesen, vor allem in der Hauptstadt Palermo, die bis zum 11. Jahrhundert zu einer der größten Städte Europas anwuchs und so viele Moscheen beherbergte, dass der muslimisch-andalusische Reisende Ibn Dschubair bei seinem Besuch verkündete, sie ließen sich nicht zählen.

Selbst als die Mauren weg waren, empfanden die Normannen, die ihren Platz einnahmen, so viel Respekt vor der muslimischen Kultur, dass sie einen Großteil des Verwaltungssystems beibehielten und anfingen, Arabisch zu sprechen, sodass es rund ein Jahrhundert lang arabische Normannen in Südeuropa gab. Ihre Sprache ist es, die bis heute als Teil des Maltesischen überdauert hat.

Meine Zuhörer waren völlig hin und weg, als sie sich Turban tragende gebildete Männer vorstellten, die im Süden Italiens Arabisch sprachen, musizierten, Gedichte schrieben, Wissenschaft betrieben und große literarische Werke schufen. Ich war froh, ein derart gebanntes, wenn auch leicht berauschtes, nichtmuslimisches Publikum zu haben.

Die klassische Musik war verstummt, und die Springbrunnen und Lichter hatten ihren Tanz eingestellt. Statt der großen Menschenmengen waren nun nur noch einzelne Spaziergänger zu sehen, die schweigend die »Krieger«-Statue und dessen stillende Gemahlin in Augenschein nahmen. Ich schaute zum Kreuz auf dem Hügel südlich der Stadt hinüber, das hell vor dem samtblauen Himmel leuchtete. Es war ein schöner Abend mit meinen neuen Freunden hier in Skopje gewesen, aber jetzt war es Zeit, dass ich zu meiner Familie zurückkehrte. Ich stand auf, umarmte jeden Einzelnen von ihnen und tauschte Kontaktdaten mit ihnen aus, bevor ich mich mit einem Winken verabschiedete.

EIN MAZEDONISCHER IMAM

SKOPJE

Die Sultan-Murad-Moschee steht auf einem Hügel östlich des alten Basars von Skopje, jenseits der Schnellstraße, die quer durch die zwei ältesten Teile der Stadt verläuft. In diesem Viertel sind die Straßen von Schlaglöchern übersät und die Häuser heruntergekommen. Viele wurden nie fertiggestellt und gleichen halb verputzten Rohbauten. Zwischen ihnen kann man den einen oder anderen Steinbau entdecken, heute kaum mehr als ein trauriges verfallenes Relikt. Hier geht es ruhiger zu, ohne Touristen. Frauen mit Hidschab laufen vorbei, mit Kindern an der einen Hand und Einkäufen in der anderen, während junge Mazedonier in den örtlichen Cafés ein und aus gehen. Wo immer Platz ist, parken Autos, und von den großen offenen Mülltonnen geht ein übler Gestank aus, weil ihr Inhalt in der glühend heißen Augustsonne vor sich hin rottet. Es ist der letzte Ort, an dem man eine königliche Moschee erwarten würde.

Es gibt in Skopje nur eine einzige Moschee, die von einem Herrscher in Auftrag gegeben wurde, dem zutiefst religiösen Sultan Murad II. Obwohl sie im Verlauf der Jahrhunderte Erdbeben und Brände erlebte, wurde sie immer wieder ausgebessert, wiederaufgebaut und instand gesetzt, wie es einem herrschaftlichen Bauwerk und Gotteshaus zukam. Doch heute wirkt der auch als Hjunkar-Moschee (Moschee des Herrschers) bekannte Bau ziemlich armselig und verwahrlost, wie das Viertel um ihn herum.

Die himmelblaue Farbe rund um die Eingangstür ist größtenteils abgeblättert, und durch die steinerne Inschrift darüber verläuft ein blitzförmiger Riss, der bis hinauf zur Decke reicht, auf deren ursprünglich gelb und grün gefasstem Holz die behelfsmäßigen Ausbesserungsversuche deutlich zutage treten. In der Mitte der Decke prangt ein sechseckiger Stern mit einer leeren sechsseitigen Rosette im Zentrum, die darauf wartet, dass der einst dort hängende opulente Kronleuchter ersetzt wird. Die beiden Mihrābs für Reisende in der sehenswerten Vorhalle, deren Bögen von eleganten Steinsäulen getragen werden, sind kaum zu erkennen; das einst leuchtend rote und gelbe Blumenmuster ist verblasst und löchrig. Auf dem flachen Walmdach der Moschee fehlen mehrere der terrakottafarbenen Ziegel, und an der Westseite ragt das typische schlanke Minarett aus fein bearbeitetem Stein auf, mit Muqarnas-Elementen unterhalb des Balkons.

Die Sultan-Murad-Moschee entstand zu Beginn der osmanischen Herrschaft in Nordmazedonien, kurz nachdem ein Bürgerkrieg die neue Macht zu spalten gedroht hatte. Zu dem Krieg war es gekommen, weil Murads Furcht erregender Großvater Bayezid in die Fänge von Timur, dem turkomongolischen Herrscher über große Teile Zentralasiens, geraten war und in Gefangenschaft starb, ohne einen Nachfolger zu ernennen. Bayezids Söhne kämpften mehr als ein Jahrzehnt lang um den Thron, bis Murads Vater Mehmed I. schließlich den Sieg davontrug und seine drei Brüder, die ihm den Titel streitig gemacht hatten, einen nach dem anderen hinrichten ließ. Die Bedeutung dieses Sieges, der das Osmanische Reich erneut einte, ist den Historikern durchaus bewusst – unter ihnen gilt Murads Vater als zweiter Gründer des Reiches. Wäre er nicht so skrupellos gewesen, wäre es mit der Macht der Osmanen bald vorbei gewesen.

Als Mehmed starb, musste auch Murad seinen Anspruch auf den Thron gegen Rivalen durchsetzen und sich erst seines Onkels und dann seines jüngeren Bruders entledigen, deren Vorstöße beide vom Byzantinischen Reich unterstützt wurden. Aus diesem Grund schwor Murad, das christliche Reich zu bestrafen, indem er die Hauptstadt Konstantinopel einnahm – ein Versprechen, das sein Sohn später einlösen sollte.

Murad übernahm im 15. Jahrhundert gleich zweimal die Macht, weil er den Thron 1444 vorübergehend seinem zwölfjährigen Sohn Mehmed überließ, bevor er ihn zwei Jahre später nach einem Aufstand des Janitscharenkorps wieder übernahm. Seine zweite Regierungszeit dauerte bis 1451, doch bereits in seiner ersten erteilte er dem Architekten Husein aus Debar den Auftrag zum Bau der Moschee im heutigen Skopje.

Wie die meisten frühen osmanischen Herrscher orientierte sich Murad am Bild des *gazi* – des frommen muslimischen Kriegers, der nur die »Feinde« des Islam bekämpft – und erhielt nach mehreren erfolgreichen Feldzügen den Beinamen »der Große«. Das könnte erklären, warum das Osmanische Reich die Moschee trotz aller Schäden immer wieder aufbauen ließ und sich bis zu seinem Niedergang um sie kümmerte.

Die Steintafel über dem Eingang informierte mich darüber, dass das zum ersten Mal 1537 nötig gewesen war, als ein Feuer die Moschee zerstört hatte. Dieser Wiederaufbau erfolgte auf Geheiß von Murads Ururenkel Sultan Süleyman – Sinan wird erstaunlicherweise nicht erwähnt. Ein weiteres Mal war die Moschee wiederaufgebaut worden, nachdem habsburgische Truppen Skopje 1689 niedergebrannt hatten. Doch der heutige Aufbau und die verblassten Malereien, die eindeutig vom westeuropäischen Barock und Rokoko beeinflusst sind, gehen auf die jüngste Instandsetzung im Jahr 1911 zurück, die in Vorbereitung auf den Besuch Sultan Mehmeds V. in der Stadt erfolgte. Das alles zeigt deutlich, dass die Moschee den Osmanen sehr am Herzen gelegen hatte. Doch mit dem Ende des Reiches schien sich auch der Wunsch, sie zu erhalten, aufgelöst zu haben.

Ich zog meine Schuhe aus und betrat den dunklen, muffigen Innenraum. Er sah aus, als wäre dort seit dem Besuch von Mehmed V. vor mehr als einem Jahrhundert nichts mehr angerührt worden. Die Blumenmuster an den Wänden waren kaum zu erkennen, und das Holz der Fensterrahmen und an der Decke wirkte trocken und brüchig und war an mehreren Stellen gesplittert. Die einstmals hübschen, in den Raum hineinragenden Vorbauten der Mahfil hätten in die klassischen Theater Europas gepasst, und in der Mitte hing ein kleiner Kronleuchter, der in dem großen Raum winzig wirkte. Jedes Mal, wenn ein Lichtstrahl auf einen der billigen Kristalle traf, hatte ich das Gefühl, irgendwo im Norden Englands in einem alten, verlassenen Tanzsaal unter einer Diskokugel zu stehen.

Ich ging hinüber zum imposanten grün-orangen Mihrāb. Er war gekrönt von einer Stuckplastik, die Straußenfedern über einer Sonnenblume zeigte. Links und rechts davon stand je ein kleines urnenförmiges Gefäß. Das Arrangement stammte eindeutig aus der Zeit des Neoklassizismus, bis auf die jüngste Ergänzung: ein Hufeisen aus bizarren fluoreszierenden Lichtröhren rund um die Nische, in der bei Gebeten der Imam stand.

Die Moschee mochte einmal herrschaftlich gewesen sein, doch mittlerweile war sie nichts als armselig. Es machte mich traurig, sie in diesem Zustand zu sehen. Wie konnte es sein, dass man eine Moschee, die von einem Sultan erbaut worden war, der »der Große« genannt wurde, so vernachlässigte?

Ich stellte mich rechts neben dem Mihrāb auf, vor einer dunkelbraunen Großvateruhr, um meine üblichen zwei *rakāts* zu beten, wie immer, wenn ich eine Moschee betrat. Dann setzte ich mich und lauschte. Der Raum war fast vollständig still, bis auf das Ticken der Uhr und das dezente Schnarchen eines dicken Mannes, der sich unter der Mahfil ausgestreckt hatte. Er hatte schon dort gelegen, als ich kam, voller Gewissheit, dass ihn niemand stören würde, bis der Muezzin zum Gebet rief. Links von mir konnte ich durch die kaputten Verschläge eines Fensters hindurch die Familientürbe von Ali Pascha aus Dagestan ausmachen, die auch die Sarkophage seiner Frau und seiner Tochter barg. Die Ruhestätte war neben einer ganzen Reihe von Gräbern an der Ostwand der Moschee errichtet worden. Es gab noch ein weiteres Mausoleum auf dem Grundstück, einen quadratischen Bau aus Steinen und Ziegeln, der 1556/57 vor der Südwand entstanden war. Das war die Türbe von Bikiy Han, bei dem es sich der Legende zufolge um die letzte Ruhestätte von Beyhan Sultan handeln könnte, der Schwester von Sultan Süleyman, da diese Skopje zum Ort ihres selbst gewählten Exils gemacht hatte. Beyhan hatte mit ihrer Familie gebrochen, nachdem Süleyman die Hinrichtung ihres Mannes, des Wesirs Damat Ferid Pascha, angeordnet hatte. Es heißt, dass sie weder ihrem Bruder noch ihrer Familie je vergeben hätte. Dieser Auffassung nach sei die Türbe deshalb auch die größte geschlossene osmanische Grabstätte in Nordmazedonien. Die Theorie weist allerdings einige Lücken auf: Nicht nur dass das Grab bereits zwei Jahre vor dem Tod der Sultana errichtet wurde – sie soll zudem in der Türbe ihres Vaters in der Yavuz-Selim-Moschee in Istanbul begraben liegen.

Ich verließ den düsteren Innenraum und trat hinaus in die helle Nachmittagssonne. Vor mir ragte ein weiteres Bauwerk auf, das an den Stellenwert Skopjes während der frühen Jahre des Osmanischen Reiches erinnerte: der aus roten Ziegelsteinen gemauerte, ursprünglich jedoch aus Holz errichtete Uhrturm der Stadt. Die hohe achteckige Sehenswürdigkeit wies einen wunderschönen Doppeltambour mit Bogenfenstern auf, über dem ein Zwiebeldach aus Blei aufragte. Das Bauwerk entstand in der zweiten Hälfte des 16. Jahrhunderts, als Üsküp bedeutend genug war, um als erste osmanische Stadt mit einem Uhrturm ausgestattet zu werden. Wie die Moschee war der Turm mehrfach wiederaufgebaut worden, und obwohl die Uhr die richtige Zeit anzeigte, war der Aufstieg doch zu gefährlich für Besucher, sodass die kleine Holztür am Fuß des Turms zu meiner großen Enttäuschung fest verschlossen war.

Ich setzte mich auf eine Bank in der Nähe des zur Moschee gehörigen Springbrunnens, aus dem kein Wasser mehr sprudelte. Für die rituelle Waschung wurden mittlerweile die silbernen Wasserhähne benutzt, die außen am Becken angebracht waren. Es war später Nachmittag, und obwohl ich bald zu Tamara und den Mädchen zurückkehren musste, beschloss ich, noch eine Weile zu bleiben. Das *Asr*-Gebet stand kurz bevor, und vielleicht, so redete ich mir ein, würde ich dabei jemanden antreffen, der mir mehr über die Moschee erzählen könnte und eine Erklärung dafür hätte, warum ein so wichtiges und historisches Monument heute in einem so vernachlässigten und verwahrlosten Zustand war.

Zwei Tage zuvor hatten wir die Mustafa-Pascha-Moschee auf dem Kale-Hügel besichtigt. Vorgefunden hatten wir ein Bauwerk, das erst so kurz vorher durch TİKA renoviert worden war, dass es beinahe zu strahlen schien. Die Mustafa-

Pascha-Moschee lag zwar näher am touristischen Zentrum Skopjes, dennoch handelte es sich nur um das Werk eines Paschas. Hier aber stand eine Sultansmoschee direkt neben einem der ersten Uhrtürme des Reiches. Unser Ausflug zum Platz Philipps II. hatte mir deutlich gezeigt, wie es um die kulturgeschichtlichen Prioritäten Nordmazedoniens bestellt war, aber das erklärte nicht, warum selbst TİKA die Sultan-Murad-Moschee ignorierte. Lag es wirklich nur daran, dass sie sich auf der »falschen Seite« der Stadt befand?

Hinter mir, auf einer Bank mit Blick über den gepflegten Rasen, saßen zwei Männer mittleren Alters in ein Gespräch vertieft. Einer von ihnen hielt einen grünen Gartenschlauch in der Hand, den er abwechselnd auf verschiedene Bereiche der Grasfläche richtete, die sich durch die Sommersonne zum Teil gelb verfärbt hatte. Er hatte einen dichten schwarzen Bart, während sein etwas älterer Begleiter glatt rasiert war. Beide hatten die Hemdsärmel bis zu den Ellbogen aufgekrempelt, wie zur Vorbereitung auf den *wudū*.

Die Männer lächelten mich freundlich an, als sie mich bemerkten, hoben gleichzeitig die Hände und begrüßten mich mit einem lauten *salām*. Ich winkte zurück und erwiderte den Gruß. Dann führten sie ihr Gespräch fort.

»TİKA hat versprochen, die Moschee und den Uhrturm zu renovieren. Sie sind kürzlich hier gewesen, um sich ein Bild zu machen, und die Arbeiten hätten eigentlich schon losgehen sollen, aber wir haben seitdem nichts mehr gehört«, erklärte Imam Rajaab, der bärtige Mann, der mich kurz zuvor gegrüßt hatte. Ich war an ihn herangetreten, nachdem er unsere kleine Versammlung von rund 20 Gläubigen durch das Nachmittagsgebet geführt hatte. Meine Hoffnung war gewesen, dass er ein wenig Englisch sprach und mir mehr über die

Moschee erzählen könnte. Zu meiner großen Freude war das Englisch des jungen Imams perfekt.

Auf dem Weg aus dem dunklen Gebetsraum hinaus Richtung Sonnenschein blieb er an der Eingangstür der Moschee stehen und schaute hinauf zu den verblassten Malereien über dem Türrahmen. Die eine stelle die elegante Süleymaniye-Moschee in Istanbul dar, deren Bau Sultan Süleyman 20 Jahre nach dem Wiederaufbau des hiesigen Gotteshauses in Auftrag gegeben habe, erklärte er und zeigte dabei auf das linke Bild. Diese Moschee, die als eines der Wahrzeichen der osmanischen Architektur galt, war von Mimar Sinan ersonnen worden – wieder eine Verbindung zu Sinan – und war leicht an ihren vier schlanken, anmutigen Minaretten zu erkennen. Ihr Abbild sei hier zu finden, erklärte der Imam, weil die Süleymaniye-Moschee historisch gesehen einen fast schon mythischen Status in der osmanischen Kultur einnehme.

Als Evliya Çelebi die imposante Moschee in seiner Heimatstadt beschrieb, ging er detailliert auf die mystische Bedeutung jedes einzelnen architektonischen Merkmals ein, und der Dichter Sai Mustafa Çelebi verglich im 16. Jahrhundert die Moschee häufig mit der heiligen Kaaba in Makkah.

Das andere Bild, so Imam Rajaab, zeige ein Istanbuler Stadtviertel, aber er musste eingestehen, dass er nicht wisse, um welches es sich handelte oder warum gerade dieses hier zu sehen war. Er wies jedoch darauf hin, dass die im Bild erkennbare Moschee wahrscheinlich von einem Mitglied der osmanischen Herrscherfamilie erbaut worden sei. Ich fragte ihn, woher er das wisse, und er antwortete, das verrieten die beiden Minarette. Die vier Türme der Süleymaniye-Moschee bedeuteten, dass es sich um die Moschee eines Sultans handelte, während zwei auf den Bau durch ein nachrangiges Familienmitglied hindeuteten, etwa einen Prinzen oder eine

Prinzessin. Alle anderen Moscheen mussten sich mit einem Minarett begnügen.

Ich fragte ihn, ob das bedeute, dass die Sultan-Murad-Moschee anfangs möglicherweise vier Minarette gehabt habe, aber das konnte der Imam nicht beantworten. Offenbar wusste niemand so genau, wie der Originalbau ausgesehen hatte, und die Regeln zur Anzahl der Minarette seien vor allem in der Zeit Sultan Süleymans zur Anwendung gekommen. Die Bilder seien im Zuge einer der Renovierungen entstanden, erklärte er und rief mir in Erinnerung, dass Istanbul zur Zeit der Moscheegründung noch gar keine osmanische Stadt gewesen war. Sie waren in erhabenes rotes und gelbes Mauerwerk eingefasst und brauchten dringend eine Restaurierung. Von den Kuppeln der Süleymaniye-Moschee war fast die gesamte Farbe abgeblättert, sodass der weiße Gips darunter zu sehen war, und beim anderen Bild zog sich ein langer Riss durch die rechte untere Ecke.

»Sie klingen nicht gerade zuversichtlich, was die Renovierung durch TİKA angeht«, sagte ich, als der Imam seine Erläuterungen zu den Malereien beendet hatte. »Warum sollte man dort kein Interesse daran haben, eine so bedeutende Moschee instand zu setzen?«

Der Imam war nicht viel größer als ich und hatte ein rundes, freundliches Gesicht. Auf meine Frage hin schwieg er und strich sich über den dichten Bart.

Ich wartete ab.

Einige Gemeindemitglieder waren noch geblieben, um weitere Gebete zu verrichten, doch nun verließen sie die Moschee. Als sie an uns vorbeikamen, schüttelten sie uns die Hand und legten dann kurz die Hand auf die Brust.

Der Imam wartete, bis der letzte von ihnen gegangen war.

»Einer der Gründe dafür, dass die Moschee in der Vergangenheit vernachlässigt wurde …« Er zögerte und schien nach den richtigen Worten zu suchen. »Einer der Gründe ist, dass sich einige Gemeindemitglieder in der Vergangenheit etwas undiplomatisch geäußert haben.«

Mit dieser Antwort hatte ich nicht gerechnet.

Ich fragte, ob diese Personen bei dem Gebet anwesend waren, das er gerade geleitet hatte – vielleicht hatte er deshalb abgewartet, bis alle weg waren.

Er schüttelte den Kopf.

»Zu welchem Thema denn?«

»Es ging um den nationalen Islamverband des Landes. Die betreffenden Personen glauben, dass der Verband mit der Regierung zusammenarbeite und sich nicht genügend für die Muslime Mazedoniens einsetze.«

Ich war versucht zu fragen, wie er zu der Sache stand. Teilte er diese Einschätzung? Tat der Verband genug für die muslimischen Mazedonier?

Doch ich entschied mich dagegen. Ich wollte, dass er mir mehr erzählte.

»Der Islam ist noch ziemlich schwach in Mazedonien«, meinte er und wies zum Beweis auf die Anzahl der Gläubigen hin, die zum *Asr* erschienen waren.

Es war Freitag, für Muslime der wichtigste Tag der Woche, und in früheren Zeiten wäre in Skopje an diesem Tag nicht gearbeitet worden. Diese Zeiten waren vorbei, aber dennoch erschien dem Imam zufolge weiterhin die Mehrheit der großen muslimischen Bevölkerung der Stadt zum Freitagsgebet. An den übrigen Tagen kam aber kaum jemand.

»In London, wo es ebenfalls viele Muslime gibt, ist es das Gleiche. Den meisten von uns fällt es schwer, unter der Woche an der *salāt* teilzunehmen, wegen der Arbeit und den alltäglichen familiären Verpflichtungen, aber freitags sind die

Moscheen voll. Vielleicht liegt es daran, dass die Gesellschaft in beiden Ländern nicht muslimisch geprägt ist?«

Der Imam stimmte mir zu, bevor er mir erzählte, dass er gar nicht aus Skopje kam, sondern aus einem kleinen Dorf 20 Kilometer entfernt. Das nächste Gebet zu Sonnenuntergang würde das letzte sein, dass er an diesem Tag leitete, bevor er nach Hause fuhr. Er gestand, dass er versuchte, seinen Posten in der Moschee loszuwerden, und nach einem festen Nachfolger suchte. Doch bis dahin musste er jeden Tag zum Mittagsgebet herkommen und nach Sonnenuntergang zurückfahren.

»Es lohnt sich nicht, wegen des *Ischā*-Gebets zu bleiben oder schon zum *Fadschr* da zu sein. Zu diesen *dschamā'at*-Gebeten erscheint manchmal nur eine Person. Es lohnt sich einfach nicht.«

So ist es auch in England. Das erste und das letzte Gebet ziehen jeweils die geringste Zahl an Gläubigen an, weil die Leute lieber noch schlafen oder nach einem langen Arbeitstag zu Hause beten wollen. Wer trotzdem kommt, sind oft die Alten, deren Rentnerleben die fünf täglichen Gebete Struktur geben. Für sie stellt die Moschee außerdem einen wichtigen sozialen Treffpunkt dar.

Imam Rajaab hielt es für zu mühsam, jeden Tag eine so lange Strecke zurückzulegen, um eine Handvoll Gläubige durch das Gebet zu leiten, aber ich fragte mich, ob sein Wunsch, die Aufgabe abzugeben, auch mit den »undiplomatischen« Personen zusammenhing, die er zuvor erwähnt hatte.

Wer waren sie, und was genau hatten sie gesagt?

Der Imam war sehr zurückhaltend, was dieses Thema anging, und ich wollte ihn nicht bedrängen. Stattdessen fragte ich ihn, welchen anderen Herausforderungen sich die mazedonischen Muslime gegenübersahen.

»Jedes Jahr konvertieren rund 1500 Mazedonier zum Islam«, setzte er an. Seine dunkle Haut und seine markante Adlernase verliehen ihm ein Aussehen, das ich bisher vor allem von Menschen zentralasiatischer Abstammung kannte, obwohl er, wie die meisten Muslime in Skopje, albanischer Abstammung war. »Vor allem Frauen, oft weil sie muslimische Männer heiraten wollen.«

»Bekommen sie durch das Konvertieren Probleme?«, fragte ich.

»Ja, viele. Neue Konvertiten, insbesondere die Männer, müssen immer wieder Befragungen über sich ergehen lassen – erst durch die örtliche Polizei, dann durch die Nationalpolizei und die Spezialpolizei. Das machen sie viele, viele Male durch, wenn sie zum Islam übertreten.«

»Das klingt furchtbar. Bekommen sie Unterstützung von ihren Familien?«

»Nein. Meistens wenden sich ihre Familien von ihnen ab, was bedeuten kann, dass sie plötzlich sehr isoliert und einsam sind. Mazedonier, die sich für den Islam entscheiden, haben es nicht leicht.«

Ich erzählte ihm, dass meine Frau konvertiert war und dass wir viel Zeit mit Mitgliedern der britischen Konvertitengemeinschaft verbrachten, wo wir häufig ähnliche Geschichten hörten.

Imam Rajaab lächelte.

Dann senkte er die Stimme und berichtete mir vom Schicksal eines Mädchens vom Land, das konvertiert war, um einen muslimischen Mazedonier zu heiraten.

»Als ihr Vater das herausfand, war er so außer sich, dass er auf sie schoss.«

Das verschlug mir die Sprache. Der Imam ließ die Worte auf mich wirken.

»Nicht um sie zu töten. Er wollte sie entstellen und ihr so viel Angst machen, dass sie nicht zum Islam übertrat. Dann enterbte er sie.«

»Hat sie nachgegeben?«

»Nein, sie ist Muslima geblieben, war aber von da an sehr einsam.«

Wir saßen jetzt auf einer der Bänke in der Nähe des Brunnens. Einer der Wasserhähne war kaputt und tropfte. Rund um das Becken lagen in bunten Plastikschalen Seifenstücke bereit. Ich starrte sie einige Zeit lang gedankenverloren an, bevor ich den Imam fragte, mit welchen Herausforderungen er hier in der Moschee sonst noch zu kämpfen hatte.

Dieses Mal erzählte er mir eine persönliche Geschichte über einen ortsansässigen Mann, den er viele Jahre lang als warmherzigen, gütigen Menschen gekannt hatte – jemanden, mit dem er gern Zeit verbrachte und dem er genügend vertraute, um ihn auf Reisen quer durch Europa zu verschiedenen muslimischen Gemeinden mitzunehmen.

»Dann fing er an, Videos im Internet zu schauen und *Takfiri*-Material zu lesen.«

Das waren Interpretationen islamischer Texte, in denen es vor allem darum geht, wer als ungläubig gelten sollte und wer nicht.

»Er hat sich langsam radikalisiert. Jetzt kommt er nicht einmal mehr zu uns in die Moschee.«

»Warum nicht?«

»Hier seien alle *kuffār* [Ungläubige], sagt er. Er ist zu einem sehr harten und wütenden Menschen geworden, der sich ausschließlich negativ über Nichtmuslime äußert.«

Das war eine Geschichte, wie sie viele Muslime kennen, einschließlich mir selbst, und ich fragte mich, wie der Imam mit der Situation umgegangen war. Hatte er sich bemüht, die

Verbindung nicht abreißen zu lassen, oder den Kontakt eingestellt?

»Ich rede weiter mit ihm, aber er zieht sich immer mehr aus der Gemeinschaft zurück.« Der Imam schüttelte den Kopf und wandte den Blick gen Himmel.

Es war beinahe Zeit für das letzte Gebet, das er an diesem Tag leiten würde, aber er hatte noch ein paar Minuten für ein weiteres Beispiel einer Radikalisierung.

»Als vor Kurzem malaiische Missionare in der Moschee einen Vortrag darüber hielten, wie man sich im Umgang mit Nichtmuslimen verhalten solle, stand am Ende ein Mann auf und sagte, dass sich die Muslime zusammentun und alle Nichtmuslime umbringen sollten.«

Auf dem Gesicht von Imam Rajaab breitete sich ein spöttisches Grinsen aus, als er mir seine Antwort wiedergab.

»Ich sagte vor allen Leuten zu ihm: ›Und was dann? Dann kommst du selbst in die Hölle?‹« Er lachte. »Der Mann wirkte schockiert. Er wusste nicht, was er sagen sollte. Manche von diesen Leuten sagen Dinge ohne die geringste Ahnung, wovon sie da eigentlich reden.«

Ich fragte den Imam, was dagegen helfen könnte.

»Bildung!«, rief er, bevor er aufstand und auf ein Gebäude neben dem Eingang zum Moscheekomplex zeigte. »Dort drinnen leben mehrere Jungen«, erzählte er mir. Alle stammten aus weit entfernten Orten, einer war sogar aus dem Kosovo angereist. Sie waren hierhergekommen, um den Sommer damit zu verbringen, sich von Imam Rajaab die *wahren* Lehren des Islam vermitteln zu lassen, statt sich ihr Wissen aus dem Internet und von willkürlich ausgesuchten Individuen zu holen. Der Imam hatte sich jeden Tag ein paar Stunden lang mit ihnen hingesetzt und sie gelehrt, welche Bedeutung der Qur'ān und die Hadīth-Überlieferungen im Islam haben und wie man als Muslim die richtige Lebensweise aus diesen Texten ableitet.

»Ich hoffe, wenn sie verstehen, wie der Islam anhand dieser Quellen *wirklich* interpretiert werden sollte, geben sie dieses Wissen an ihre Freunde und Verwandten weiter, damit diese Leute dann nicht immer in die gleichen Fallen tappen.«

Der Weg von der Sultan-Murad-Moschee zurück zur Hauptstraße führte mich durch eine enge Kopfsteinpflastergasse. Auf der einen Seite standen Häuser, während auf der anderen Seite eine Steinmauer aufragte – der Sockel der vor Kurzem restaurierten Türbe von Ishak Bey, Sohn von Pascha Yiğit Bey, dem osmanischen Eroberer von Skopje, und im 16. Jahrhundert der Statthalter der Stadt.

Weiter unten kam ich am ältesten Baum von Skopje vorbei, einer gewaltigen knorrigen Orientalischen Platane im Innenhof der Gazi-Isa-Bey-Moschee – benannt nach Ishak Beys Sohn, dem dritten osmanischen Statthalter Skopjes, der darüber hinaus die Städte Novi Pazar und Sarajevo gründete. Der Baum ist angeblich gepflanzt worden, als die Moschee erbaut wurde: 1475, nach dem Tod des großen Bey. Sie ist kleiner als die Sultan-Murad-Moschee, aber in deutlich besserem Zustand. Gemessen an der Anzahl der alten Männer, die in der grünen Gartenanlage saßen und auf den *Maghrib adhān* warteten, erfreute sich das ansprechende Bauwerk mit seinen zwei gleich großen ausladenden Hauptkuppeln (einzigartig für die Zeit) und mehreren kleinen Kuppeln über der Vorhalle offenbar auch größerer Beliebtheit.

An jenem Abend aßen wir – nach einer Seilbahntour zur spektakulären Aussichtsplattform am riesigen Kreuz über Skopje – auf der Außenterrasse eines Restaurants, wo ich einen griechischen Salat bestellte, nur um vom Kellner mit einem Augenzwinkern darauf hingewiesen zu werden, dass der hier »mazedonischer Salat« heiße. Anschließend machten wir einen Spaziergang durch den alten Basar, der uns zum Kapan Han führte. In dieser Karawanserei, die im späten 15. Jahrhundert von Isa Bey in Auftrag gegeben worden war, kamen auch Evliya und Melek Pascha mit ihrem großen Gefolge und ihren Tieren unter. Damals war sie als Isa-Bey-Han bekannt; den Namen Kapan Han erhielt sie erst später aufgrund der großen Waage (*kapan*), die dort für fremdländische Handelsgüter verwendet wurde. Der Han befand sich am Südrand des alten Basars, und die Händler dürften froh gewesen sein, ihre Ware dort wiegen zu können, bevor sie sie auf dem belebten Markt feilboten.

Der Kapan Han war eine der besser erhaltenen Karawansereien, die wir auf unserer Reise sahen. Trotz umfassender Renovierungsarbeiten war die ursprüngliche Gebäudestruktur bis heute erhalten geblieben, darunter die 44 Gästezimmer, verbunden durch eine Treppe, die breit genug war, dass die Händler und Reisenden ihre Pferde hinaufführen konnten. Wie die Moscheen in Novi Pazar und Niš war das Mauerwerk in der Cloisonné-Technik ausgeführt. Die Anlage war von quadratischem Grundriss und um einen Innenhof errichtet, in dem eine große Weißbirke wuchs. Durch seine Form und die dicke Außenmauer hatte sich der Han leicht absichern lassen, kein Möchtegerndieb hatte nachts hier eindringen können. Heute befanden sich in den meisten der ehemaligen Gästezimmer kleine Geschäfte, deren Hauptkundschaft Touristen wie wir waren.

Ein Teil der Stallanlage war zu einer Shishabar umfunktioniert worden. Beim Betreten stellten wir fest, dass sie mit alten Bildern dekoriert war, die die schrittweise Wiederauferstehung des Han zeigten – von einer heruntergekommenen Ruine zum hippen, modernen Anziehungspunkt der Zukunft. Der Kapan Han war nur eine von drei Karawansereien im Bereich des alten Basars von Skopje; sie alle waren, wie ich erfreut feststellte, renoviert und zu neuem Leben erweckt worden. Der aus dem 16. Jahrhundert stammende Kuršumli An am anderen Ende des Basars war ursprünglich von einem wohlhabenden ortsansässigen Muezzin namens Muslihudin Abdul Gani erbaut worden und ist heute Teil des Nationalen Museums für Archäologie, während der Suli An aus dem 15. Jahrhundert im Osten heute die Akademie der Künste und das Museum des Alten Basars beherbergt. Ich hätte sie gern alle besichtigt, aber dafür fehlte uns die Zeit.

Es war unser letzter Abend in Skopje, und wir verbrachten ihn damit, Karten zu spielen und Kaffee zu trinken. Nach ein paar Runden lehnte ich mich in die Kissen zurück, um in Ruhe an der Shisha mit Apfelgeschmack zu ziehen. Die Mädchen loggten sich mit ihren Handys in das WLAN des Cafés ein, Tamara las ein Buch.

Skopje hatte zu den bedeutendsten osmanischen Städten Europas gezählt, und allein die Menge der historischen islamischen Bauwerke, die bis heute über die Stadt verstreut sind, vermittelten den Eindruck eines »muslimischen Roms«. Trotz aller Bemühungen, der Hauptstadt Nordmazedoniens eine neue kulturelle Identität überzustülpen, ist sie tief in ihrem Herzen in weiten Teilen das osmanische Üsküp geblieben.

DIE TEKKE DES NARREN

TETOVO

Wir hätten die Ali-Pascha-Moschee niemals entdeckt, wären wir nicht völlig ausgehungert gewesen, als wir in Tetovo eintrafen. Unser eigentliches Ziel, die Tekke, befand sich am Stadtrand am Fuß des Šar-Gebirges, und wir hatten wenig Hoffnung, dort etwas zu essen zu finden. Also beschlossen wir, uns vor der Suche nach den mazedonischen Mystikern erst auf die Suche nach einem Mittagessen zu machen.

Tetovo, das grob 50 Kilometer westlich der Hauptstadt Skopje liegt, nahe der gebirgigen Grenzregion zum Kosovo und Albanien, ist eine typische Provinzstadt. Wir kamen an einem Wochenmarkt vorbei, wo das Gemüse auf klapprigen alten Holzkarren auslag. Große rote und grüne Tomaten, bündelweise Lauchzwiebeln und Säcke mit erdverkrusteten Kartoffeln frisch vom Feld türmten sich neben uralten Waagen mit eisernen Gewichten. Während die Einheimischen das Angebot sondierten, knabberten hinter ihnen braune und weiße Ziegen an verfaulenden Gemüseresten. Sobald sie der frischen Ware zu nahe kamen, scheuchten die Verkäufer sie weg. Der Markt fand auf einer Straße statt, die von grauen niedrigen Wohnblocks umgeben war. Dahinter erhoben sich die grün gefleckten Hänge der Šar-Berge. Der Rest von Tetovo schien größtenteils aus zwei- und dreistöckigen Gebäuden zu bestehen, deren rotes Mauerwerk frei lag, wie ich es in dem ärmlichen Stadtviertel rund um die Sultan-Murad-Moschee in Skopje gesehen hatte. Ihre schiere Anzahl brachte mich auf den Gedanken, ob die albanischen Bewohner der Stadt – Tetovo befindet sich im »muslimischen« Westen von Nordmazedonien, wo hauptsächlich ethnische Albaner leben – vielleicht einfach eine Vorliebe für diesen Stil hatten, bei dem zwischen den roten Ziegeln und den Schalungssteinen aus Beton immer wieder grauer Zement zu sehen war, als wären die Bauarbeiter gerade in der Kaffeepause. Es schien, als wäre ganz Tetovo kurz vor dem Verputzen das Geld ausgegangen.

Da wir seit dem Verlassen unserer Wohnung in Skopje nichts als Croissants zu uns genommen hatten, hielten wir am ersten Laden an, der aussah, als würden wir dort etwas zu essen bekommen: dem großspurig betitelten Burger Palace, einem unprätentiösen Fast-Food-Imbiss, vor dem sich ein ganzes kopfloses Lamm langsam über einem Grill drehte. Als wir auf den Parkplatz fuhren, entdeckte Tamara die Ali-Pascha-Moschee.

Trotz ihrer geringen Größe war die Moschee spektakulär. Die Wände waren mit lauter farbenfrohen Vierecken mit sternförmigen Mustern darauf bemalt – sie sahen aus wie die Rückseite von Spielkarten, nur bunter: in leuchtendem Rot, Orange und Grün. Die dunklen Holzrahmen der Fenster umgaben florale Ornamente, die antiken Urnen entsprangen – auch hier war der Einfluss des europäischen Barocks und Rokokos deutlich zu erkennen. Ohne das graue Steinminarett wäre es schwer zu erkennen gewesen, dass es sich überhaupt um eine Moschee handelte; es gab keine Kuppel oder sonst irgendeinen eindeutigen Hinweis, bis auf die hellen Kreise, von denen je einer auf jede der vier Seiten unter den Dachvorsprung gemalt war. In diese Kreise hatte jemand den arabischen Ausdruck *maschallah* geschrieben, allerdings so amateurhaft, dass das Schriftzeichen Hamza fehlte. Ich vermutete, dass es sich wohl eher um das Werk eines Malers als um das eines des Arabischen kundigen Kalligrafen handelte. *Maschallah* bedeutete wortwörtlich »Gott hat es so gewollt« und wird von Muslimen auf der ganzen Welt als Lobpreisung verwendet. Viele abergläubische muslimische Kulturen gehen zudem davon aus, dass die Redewendung den so gepriesenen Gegenstand oder Menschen gegen den sprichwörtlichen »bösen Blick« schützt. In diesem Fall bezog sie sich auf die prachtvollen Malereien der Ali-Pascha-Moschee – einem Gotteshaus, wie wir es noch nie gesehen hatten.

Es stand am Rand einer kleinen Grünanlage am Fluss Pena, gegenüber vom alten Hamam der Stadt. Im sorgfältig gepflegten Garten wuchsen rund um einen steinernen Springbrunnen kleine Nadelbäume, Rosen und andere duftende Blumen, und an der westlichen Wand der Moschee befand sich eine große Türbe mit den Grabstätten der beiden Gründer – genauer gesagt und ungewöhnlich für eine muslimische Gemeinde: Gründerinnen. Die ortsansässigen Schwestern Hurside und Mensure hatten hier 1475 eine Moschee errichten lassen. Dass die Anlage heute als Ali-Pascha-Moschee bekannt war, lag daran, dass der Bau der Schwestern im 17. Jahrhundert bei einem Brand zerstört worden war, woraufhin zwei einheimische Paschas, Receb Pascha und sein Sohn Abdurrahman Pascha, in den 1830er-Jahren das heutige Gebäude in Auftrag gaben, in einer Zeit, in der die osmanische Kunst stark von europäischen Stilen beeinflusst war und immer verspielter und verschnörkelter wurde. Die farbenfrohen Muster und Formen an den Wänden der Moschee sind der Grund dafür, warum die Moschee von den Einheimischen auch als »Šarena Džamija« bezeichnet wird – die Bunte Moschee.

Laut einer Legende beauftragten die Paschas begabte Maler aus der südwestlich gelegenen Stadt Debar – bekannt für ihre Kunsthandwerker –, die bei ihren Arbeiten an der beeindruckenden kleinen Moschee 30.000 Eier für ihre Temperafarben benötigten.

Wir waren hin und weg von der Moschee, aber leider war ihre Tür verschlossen, sodass Tamara und die Mädchen sich nach den obligatorischen Fotos auf die Suche nach einem Schreibwarenladen machten, weil Anaiya Materialien für das Album brauchte, das sie über unsere Reise anfertigte. Wir verabredeten, uns wieder an der Moschee zu treffen, wenn sie fündig geworden waren.

Ich begab mich in den Garten, zur Mauer rund um das Gotteshaus. Nun, da die frühnachmittägliche Sonne die weißen Flächen zum Strahlen brachte, zeigte sich der Bau noch beeindruckender. Er war vor dem Hintergrund der hübschen Parkanlage wunderbar anzusehen und wirkte mit seinen schlanken Säulen und den Zierelementen einen Augenblick lang wie eine kleine toskanische Villa, die irgendjemand in das Zentrum von Tetovo versetzt hatte.

Ich schlenderte zurück zu der Vorhalle, wo sich nun ein Mann befand, der schweigend betete. Ich bemühte mich, ihn nicht zu stören, als ich durch eines der vergitterten Fenster neben dem Eingang ins Innere spähte. Drinnen brannte kein Licht, und obwohl ich im Dunkeln die Umrisse des Mihrāb ausmachen konnte, war es unmöglich, Genaueres zu erkennen.

»Sie müssen hineingehen und sich umsehen«, sagte der Mann, der sein Gebet unterbrochen hatte. »Es ist wunderschön drinnen.«

»Das kann ich mir vorstellen, so wie das Gebäude von außen aussieht. Aber die Tür ist abgeschlossen.«

»Ja, sie wird nur zu den Gebetszeiten geöffnet, aber wenn Sie die alten Männer da vorne fragen, lässt einer von denen sie bestimmt rein.«

Ich sah zum Tor hinüber und entdeckte zwei kahle Köpfe, die zu den beiden Alten gehörten. Auf einem von ihnen wuchs ein weißer Haarkranz wie bei einem Franziskanermönch, der andere war so glatt wie ein Babypopo. Die Männer waren in ein Gespräch vertieft.

»Schauen Sie …«, setzte ich an und wandte mich dem Fremden zu. »Wären Sie vielleicht so nett und sprechen sie für mich an?«

Der Mann wollte offensichtlich gerade zur nächsten *salāt* ansetzen, und ich hatte ein schlechtes Gewissen, also erklärte ich ihm den Grund.

»Ich spreche kein Albanisch, und ich glaube nicht, dass sie mich verstehen würden.«

»Kein Problem«, meinte er lächelnd und verschwand hinter dem Tor.

Ich überprüfte mit einem raschen Blick, wie es um die Akkus meiner Kamera und meines Handys stand.

»Er kommt«, sagte der Fremde, der fast genauso schnell wiederaufgetaucht wie er verschwunden war. »Aber seien Sie umsichtig, es sind sehr mürrische alte Männer.« Er lächelte und hob die Hände zum *Takbīr*, bevor ich mich auch nur bedanken konnte.

In dem Augenblick kam ein alter Mann mit missmutigem Gesichtsausdruck um die Ecke. Ich grüßte ihn mit einem *salām*, erhielt aber keine Antwort. Der Mann ging direkt auf die Tür zu, zog einen dicken Bund uralt aussehender Schlüssel hervor, schloss auf und ging hinein. Ich hastete ihm hinterher.

»Zwei Minuten!«, knurrte er und betätigte den Lichtschalter.

Hingerissen schaute ich mich um. Das Umlegen des Schalters hatte mich in eine merkwürdige Kapelle irgendwo in Florenz versetzt; jeder Zentimeter Wand war von üppigen gelben und roten Blumenornamenten im Stil der späten Renaissance überzogen – nirgendwo war auch nur eine einzige freie Fläche zu sehen. Ornamente und Muster, wie man sie sonst in Kathedralen sieht, wo sie einen klagenden Engel oder einen stirnrunzelnden Heiligen umgeben, rahmten hier fein gezeichnete Bilder von islamischen Sehenswürdigkeiten. Ich entdeckte die Kaaba in Makkah und das Grab des Propheten in Madinah. Anfangs war der Anblick ziemlich überwältigend, und das surreale und hypnotisierende Panorama, das sich vor mir erstreckte, verwirrte mich.

Der Gebetsraum verfügte über eine Kuppel, die mit atemberaubenden und gleichzeitig vertrauten Mustern ausgemalt war. Ich überlegte fieberhaft, wo ich etwas Ähnliches schon einmal gesehen hatte. Richtig! In der Kathedrale von Córdoba in Spanien. Doch anders als in der Kathedrale waren hier weder Stuck noch Gips im Spiel – bei den römischen Säulen, den roten Blumenkränzen und den Urnen auf der hervorstehenden Mahfil handelte es sich ausschließlich um Malereien. Selbst das verschlungene Muster der Rosette, in deren Mitte der Kronleuchter hing, war nur gemalt. Es wirkte, als hätte ein Muslim eine Reise in die Renaissance unternommen und dann beschlossen, seine eigene Version dessen zu malen, was er gesehen hatte.

Ich hätte Stunden in dieser kleinen Moschee zubringen können, um jeden Zentimeter in Augenschein zu nehmen und mich in die Malereien zu vertiefen, aber ich hatte nur zwei Minuten. Als die Zeit abgelaufen war, marschierte mein grantiger Begleiter, ohne mir auch nur ein Zeichen zu geben, direkt zum Lichtschalter. Und schon versank das magische Innere der Ali-Pascha-Moschee erneut im Dunkeln.

Die Malereien in der Moschee waren ein gelungenes Beispiel einer Kunstrichtung, die im osmanischen Reich während der Tulpenzeit – der relativ friedlichen Jahre zwischen 1718 und 1730 – aufkam. Ihr Name geht auf die große Begeisterung des Hofes für Tulpen zurück. Die Tulpenzeit markiert den Beginn einer Periode, in der das muslimische Reich mit bewunderndem Blick nach Europa schaute. Der damalige Sultan Ahmed III. war ein Dichter, der die Kalligrafie liebte und den Künsten und der Literatur einen hohen Stellenwert einräumte. Er war es auch, der die erste Druckerpresse nach Istanbul holen ließ. In dieser Zeit kam in der Kunst und der Architektur des Reiches ein bestimmter Stil auf, der europäische Stilrichtungen aufgriff und klassische islamische Motive mit barocken Elementen verband – eine in dieser Hinsicht einzigartige europäisch-muslimische Kunsttradition. Richtig beliebt wurde der Stil erst lange nach der eigentlichen Tulpenzeit, weshalb sein Nachwirken in vielen bis heute bestehenden osmanischen Bauwerken zu bewundern ist. Mir war er zum ersten Mal in der Tombul-Moschee in Bulgarien begegnet, aber auf dieser Reise hatten wir Überbleibsel davon bereits an den Wänden der Koski-Mehmed-Pascha-Moschee in Mostar, der Sultana-Valida-Moschee in Sjenica, der Sultan-Murad-Moschee in Skopje und in der wunderbaren Tekke in Blagaj gesehen. Keiner dieser Ort war jedoch mit dem zu vergleichen, was sich mir hier in der Ali-Pascha-Moschee dargeboten hatte. Sie war in der Tat ein seltenes osmanisches Juwel – die 30.000 Eier hatten ein grandioses Omelett ergeben!

Tetovo ist die inoffizielle Hauptstadt der mazedonischen Albaner; hier waren die Rufe nach einer kulturellen Autonomie innerhalb von Nordmazedonien immer am lautesten gewesen. Selbst zu kommunistischen Zeiten forderten die dortigen Albaner, dass Tetovo und andere hauptsächlich von ihnen bewohnte Gebiete dem Kosovo angeschlossen werden sollten. Kurz vor dem Zerfall Jugoslawiens gingen die albanischen Bewohner Tetovos auf die Straße und verlangten die Abspaltung von der Sozialistischen Republik Mazedonien, wie das Land damals hieß, und die Vereinigung mit dem benachbarten Albanien. Später boykottierten sie die Volksabstimmung, die dem Land die Unabhängigkeit einbrachte, was zur Folge hatte, dass die mazedonischen Albaner größtenteils von einer Regierungsbeteiligung ausgeschlossen blieben. Die Stadt Tetovo, die leidenschaftlich stolz auf ihre ethnischen und religiösen Wurzeln ist, nahm während des Bosnien- und des Kosovokrieges Tausende Muslime auf, die vor den Konflikten in ihrer Heimat flohen, und diente Gerüchten zufolge als Versorgungsbasis der UÇK.

Der Name Tetovo bedeutet »Tetos Ort«. Die dazugehörige Legende lautet, dass eine mythische Gestalt namens Teto alle Schlangen aus einem Dorf am Fuß des Šar-Gebirges vertrieb, woraufhin der Ort nach diesem Mann benannt wurde. Die Osmanen hingegen bezeichneten die Stadt als »Kalkandelen«, türkisch für »Schilddurchdringer«, denn die hiesigen Waffenschmiede galten als die besten der ganzen Region. Vor dem 14. Jahrhundert war Tetovo kaum mehr als eine bäuerliche Ansiedlung gewesen, und erst die Osmanen, die die strategisch günstige Lage im Schutz des hoch aufragenden Šar-Gebirges erkannten, bauten diese zu einer wichtigen Handelsstadt aus. Das wirtschaftliche Wachstum lockte mehr und mehr Menschen aus dem Umland nach Kalkandelen, mit der Folge, dass die Bevölkerungszahl während der osmanischen Zeit stark anstieg. In dieser Phase entstanden auch mehrere der schönsten Bauwerke der Stadt, darunter drei große und sieben kleinere Moscheen sowie eine Reihe Hamams. Einer davon ist bis heute gegenüber der Ali-Pascha-Moschee zu sehen. Außerdem beherbergt Tetovo eine der beeindruckendsten Sufi-Tekken von Nordmazedonien.

In der Arabati-Baba-Tekke herrschte eine seltsame Stimmung. Als wir auf den Parkplatz des festungsähnlichen Komplexes fuhren, der auf allen vier Seiten von Mauern begrenzt wird, fiel mir direkt am Eingang die saudi-arabische Flagge im Empfangsgebäude auf. Soweit ich wusste, gab es in Tetovo keine saudische Gemeinde. Die meisten Saudis sind sehr konservative Sunniten, die jeden islamischen Brauch, der nicht auf einer buchstäblichen Auslegung der theologischen Schriften basiert, für fehlgeleitet halten. Der Sufismus – mit seinem Fokus auf eine nach innen gerichtete, eher spirituelle Interpretation – ist in ihren Augen schlicht Irrglaube. Die Arabati-Baba-Tekke gehörte, wie der Name schon verrät, zum Bektaschi-Orden. Dessen liberale Interpretation des Islam zusammen mit seinen schiitischen Wurzeln machte ihn in den Augen der meisten saudischen Muslime zu einem roten Tuch – viele von ihnen würden ihn vermutlich nicht einmal als zum Islam gehörig betrachten. All das machte die Gegenwart der grün-weißen Flagge so merkwürdig. Irgendetwas war hier im Busch.

Anders als beim freundlichen Empfang, den man uns in der Tekke in Blagaj bereitet hatte, standen hier einige Männer am Eingang, hielten alle einfahrenden Wagen an und befragten die Fahrer. Als wir an der Reihe waren, machten unser englischer Akzent und die Tatsache, dass wir offensichtlich eine Touristenfamilie waren, eine genaue Befragung unnötig, und wir wurden einfach durchgewinkt.

Wir parkten am historischen *musāfirhan*, einer prachtvollen Gästeunterkunft aus dem 18. Jahrhundert. Der klassische osmanische Bau erstreckte sich über zwei Stockwerke und verfügte über einen wunderbar unebenen Holzbalkon, der mit geschnitzten Blumenmotiven verziert war. Uns blieb fast die Luft weg, als wir aus dem Auto stiegen, und wir hätten das Gebäude liebend gern erkundet, doch das schwere Schloss an der Tür ließ keinen Zweifel daran, dass das nicht infrage kam.

Die Arabati-Baba-Tekke war irgendwann im 16. Jahrhundert erbaut worden und auch unter dem Namen Sersem-Tekke bekannt, was »Tekke des Narren« bedeutet. Das kam daher, dass sie angeblich von einem Sersem Ali Baba gegründet wurde, der kein gewöhnlicher Baba war. Ursprünglich war er einer der Wesire, dem Sultan Süleyman der Prächtige (der auch sein Schwager war) am meisten vertraute. Doch eines Tages hatte Ali einen lebhaften Traum, der ihn so nachhaltig beeindruckte – über den Inhalt schweigt sich die Legende aus –, dass er beschloss, dem Reichtum und den Annehmlichkeiten des Hofes den Rücken zu kehren. Stattdessen wollte er sich als Bektaschi-Derwisch nun ganz der religiösen Sinnsuche und Meditation hingeben. Für sein neues, zurückgezogenes Leben verließ der Wesir Istanbul und reiste bis an den Fuß des Šar-Gebirges in die Nähe von Tetovo, wo er den Rest seines Lebens verbrachte. Dort entstand rund um die Zeit seines Todes, 1538, dann auch die Tekke, gegründet entweder noch von Ali Baba selbst oder seinem Schüler Harabati Baba (daher der Name Arabati). Der große Sultan, der Wut und Ohnmacht darüber empfand, dass sich einer seiner wichtigsten Berater von ihm abwandte, um ein einsames und asketisches Leben zu führen, soll damals zu Ali gesagt haben:

»Wenn du unbedingt ein *sersem* [Narr] sein willst, dann geh!« Aus diesem Grund kannte man die Tekke als »Tekke des Narren«.

Heute stellt der einzigartige Komplex mit seinen reich verzierten Gebäuden das am besten erhaltene Derwischzentrum in Nordmazedonien dar. Auf dem Gelände gibt es einen Brunnen, Gästezimmer, einen Speisesaal, Unterkünfte für die Derwische und eine Moschee – all das entstand im Verlauf der Jahrhunderte rund um die Türbe von Sersem Ali Dede, dem ersten Baba. Einige der beeindruckendsten Bestandteile der Anlage wurden im 18. und 19. Jahrhundert vom örtlichen Statthalter Receb Pascha und seinem Sohn Abdurrahman Pascha – den Erbauern der Ali-Pascha-Moschee – in Auftrag gegeben. Auch Receb Pascha war ein Derwisch gewesen und wurde ebenfalls in der Tekke bestattet.

Zielstrebig begaben wir uns zum Herzstück des Komplexes, dem *šadrvan*, einer ornamentreichen überdachten Plattform aus kunstvoll geschnitztem dunklem Holz, die auf Makkah ausgerichtet war. Das Bauwerk stammte vermutlich aus der Zeit des Pascha und wurde von einem Paar filigraner Holztüren unterteilt. Es hätte auch irgendwo in den Hügeln im Norden Thailands stehen können, und halb rechnete ich damit, plötzlich kahl rasierten Mönchen in safrangelben Kutten gegenüberzustehen.

In der Mitte des *šadrvan*, in einem Erholungsbereich, der als *diwanhane* bezeichnet wurde, befand sich ein siebenseitiger Marmorspringbrunnen, auf den der Name der Plattform zurückging (*şadırvan* ist die türkische Bezeichnung für den Brunnen, an dem sich die Gläubigen vor dem Moscheebesuch waschen können). Der Hauptraum, der *semahane*, hingegen war etwas erhöht und dafür gedacht, dort Gebete und das *dhikr* zu verrichten. Er war bewusst nach außen offen,

Tharik, Amani, Tamara und Anaiya im Jahr 2010: Urlaub auf der griechischen Insel Rhodos

Tamara in der Blagaj-Tekke in Bosnien und Herzegowina

Amani und Anaiya beim Baden in der kroatischen Adria

Gläubige vor dem Mihrāb für Reisende in der Vorhalle der Gazi-Husrev-Beg-Moschee in Sarajevo

Blick auf die Stari Most von der Koski-Mehmed-Pascha-Moschee in Mostar aus

Die Blagaj-Tekke an der Quelle der Buna

Die geschenkte Sebilj in Sjenica

Hamza und Darjan, zwei hilfreiche Bewohner von Novi Pazar

Der Muslima-Chor bei seinem Auftritt in Novi Pazar

Das Grab von Sultan Murad I. bei Pristina, Kosovo

Mazedonische Muslime vor dem »Krieger mit Begleitelementen«-Standbild in Skopje

Teil des osmanischen Uhrturms in Skopje

Die beeindruckende Ausmalung der Kuppel der Ali-Pascha-Moschee in Tetovo

Das Grab von Sersem Ali Baba in der Arabati-Baba-Tekke in Tetovo

Idar und Tharik beim Blick in die Speisekarte des Restaurants im Llogara-Nationalpark bei Vlorë

Das von Ali Pascha erbaute Haus (Zekate-Haus) in Gjirokastër

Der Mihrāb der Junggesellen-Moschee in Berat mit einer Darstellung der Süleymaniye-Moschee links daneben

Die Dollma-Tekke in der Festung von Krujë vor dem albanischen Gebirge

Mirza in der Osmanagić-Moschee in Podgorica

Ibrahim Babić Effendi in seiner Bibliothek in Zenica, in der Hand das 600 Jahre alte Buch über islamische Rechtswissenschaft

Mevludin genießt den Ausblick aus der Festung von Travnik

Eine Moschee mit Minarett in den bosnischen Bergen

damit die Derwische beim Beten unter dem mit herrlichen Mustern verzierten Holzdach sitzen und der Welt um sie herum lauschen konnten. Die Tekke war von außergewöhnlicher Schönheit, und obwohl wir es als Privileg empfanden, sie besichtigen zu dürfen, wunderte ich mich doch, dass sie vollständig verlassen war. Wurde der *šadrvan* überhaupt noch benutzt?

»Eine sehr schöne Tekke, aber sie hat nicht die gleiche Atmosphäre wie in Blagaj«, befand Tamara, als wir uns auf einem Holzsims niederließen.

»Das könnte am seltsamen Empfang liegen. Außerdem scheint es hier niemanden zu geben, der die Anlage nutzt – in Blagaj sind wir von den Derwischen begrüßt worden«, meinte ich.

»Ja, ich weiß nicht … Irgendetwas wirkt seltsam hier, oder?« Tamara schaute zu den Gipfeln des Šar-Gebirges hinauf, wo ein Vogel, vielleicht ein Adler oder ein Falke, über seiner Beute kreiste.

»Ich weiß, was du meinst; es fühlt sich nicht ganz richtig an, so als würde etwas fehlen.«

In dieser Tekke war eine gewisse Leere spürbar. Wo waren die Gläubigen? Wo waren die Derwische, die diese herrliche Anlage gebaut und ihr ihre Bedeutung verliehen hatten? Der Tekke fehlte die Seele.

In der Nordwestecke der vollständig ummauerten Tekke befand sich ein Gebäude mit Ziegeldach und dreckverkrusteten Glaswänden. Durch eine Lücke zwischen den schmutzigen Vorhängen konnte ich einen Blick ins Innere werfen: In einer Ecke des großen, dunklen Raumes waren verstaubte Möbelstücke aufgestapelt, und das Teppichmuster ähnelte dem, das oft in Moscheen zu sehen ist: gerade Reihen arabischer

Bögen, ausgerichtet in Richtung Makkah. Allerdings hatte in diesem Gebäude schon seit einiger Zeit niemand mehr gebetet. Mehrere Glasscheiben waren zerbrochen. Hatte es hier eine gewalttätige Auseinandersetzung gegeben?

Als ich an den Scherben vorbeilief, kam ich zu einem Sarkophag, der von einem grünen Tuch mit gelben arabischen Inschriften bedeckt und durch ein Metallgitter geschützt war. Rundherum hatten Besucher Geldspenden hinterlassen, und an der Wand hingen zwei kunstvolle Bilder, die Moscheen zeigten. Ich vermutete, dass es sich um das Grab von Receb Pascha handelte und dass die Kunstwerke womöglich von den Malern aus Debar angefertigt worden waren, die auch die imposante Moschee in der Stadt gestaltet hatten.

Daneben führte ein kleines Holzgatter zu einem ganz anderen Bereich der Tekke, der sich hinter einem Rundbau verbarg. Dessen Mauerwerk bestand aus flachen roten Ziegeln und Holz, verbaut in der sogenannten *bondruk*-Technik. Im Inneren befand sich das wichtigste Grab von allen: das von Sersem Ali Dede, dem Schwager von Sultan Süleyman, der die Tekke der Legende nach gegründet hatte. Dies war eindeutig das historische Herzstück der Anlage.

Eine Zeit lang stand ich da und betrachtete das verstaubte Grab. Vor mir lag die nächste Verbindung zum großen Sultan. Süleyman war lange Zeit über nur ein mythischer muslimischer Held wie viele andere für mich gewesen: eine ferne, irreale Gestalt aus dem Osten, wie die Gefährten des Propheten oder die indischen Moguln. Das erste Mal auf ihn aufmerksam geworden war ich, als mein Bruder, ebenfalls ein »Soleman«, mir stolz erklärte, dass er nach einem bedeutenden muslimischen Herrscher benannt sei. Ich weiß nicht mehr, ob er mir noch mehr erzählte, erinnere mich aber daran, wie in meinem von westlicher Bildung geprägten Kopf sofort ein

Bild erschien, das auch der Fantasie eines weltfremden Orientalisten hätte entsprungen sein können. Der Sultan war so weit von meiner Alltagsrealität entfernt, dass es sich auch um Tamerlan oder Dschingis Khan hätte handeln können. Doch seit Beginn unserer Reise hatte ich bereits eine ganz Menge Verbindungen zu dem großen Kaiser des frühneuzeitlichen Islam ausfindig gemacht – denn genau so war Süleyman genannt worden: *Kayser-i-Rum*, der »Kaiser der Römer«.

Während seiner Herrschaftszeit im 16. Jahrhundert erreichte das Osmanische Reich seinen absoluten Höhepunkt und stieg zur stärksten und einflussreichsten Macht der Welt auf. Technik, Kunst und Architektur blühten auf, und das Reich erfuhr ein Ausmaß an wirtschaftlicher und politischer Stabilität, an Frieden und religiöser Toleranz wie zu kaum einem späteren Zeitpunkt. Es entwickelte sich zu einem wichtigen Akteur in ganz Europa und wurde als Kalifat der sunnitisch-islamischen Welt anerkannt. Ab diesem Zeitpunkt trugen die osmanischen Sultane die Titel, die historisch gesehen den Herrschern der muslimischen *umma* (Gemeinschaft aller Muslime) vorbehalten waren. Aus diesem Grund war Süleyman Kalif, *Amir al-Mu'minin* (»Befehlshaber der Gläubigen«) und Hüter der beiden heiligen Stätten (in Makkah und Madinah) gewesen. Im 16. Jahrhundert war der Sultan, im Westen unter dem Beinamen »der Prächtige« bekannt, der meistverehrte Mann der Welt.

Unsere Reise hatte mich »Gottes Schatten auf Erden« – so ein weiterer seiner vielen Titel – ganz nahe gebracht. Es war Süleyman gewesen, auf dessen Geheiß die eindrucksvolle Brücke von Mostar gebaut worden war; die Brücke in Višegrad hatte sein Großwesir in Auftrag gegeben und sein oberster Architekt gebaut. Außerdem war es Süleymans Moschee in Istanbul, deren Bild überall im muslimischen Europa zu sehen war, als mythischer Ort, der auf einer Stufe mit den anderen heiligen Stätten des Islam stand.

Lange Zeit war Süleyman für mich – ähnlich wie Sinan, Sokollu und Evliya – eine rätselhafte Gestalt gewesen, ein weiterer Vertreter dieser »anderen« Geschichte, die, wie man mich gelehrt hatte, nichts mit der Geschichte Europas zu tun hatte, doch nun reiste ich zusammen mit meiner Familie durch Europa und stieß auf lauter Orte und Menschen, die ihn ganz eindeutig mit der Kulturlandschaft des Kontinents sowie dessen muslimischem Erbe – meinem muslimischen Erbe – verknüpften. Je mehr ich auf dieser Reise über Sultan Süleyman erfuhr, desto deutlicher wurde mir, dass er der Alexander des muslimischen Europas gewesen war.

Kurz nach unserer Reise ging die Meldung durch die Nachrichten, dass im ungarischen Szigetvár das »verschollene« Grab von Sultan Süleyman dem Prächtigen gefunden worden sei. Süleyman war 1566 während der Belagerung der Festung von Szigetvár gestorben, und ähnlich wie bei Murad im Kosovo waren seine Organe direkt vor Ort begraben und eine Türbe darüber errichtet worden. Der genaue Ort dieser Türbe war in Vergessenheit geraten, nachdem Ungarn im 17. Jahrhundert von den Osmanen an die Österreicher gefallen war. Mittlerweile gibt es Pläne, dort ein Open-Air-Museum einzurichten. Der Alexander des muslimischen Europas liegt also auch in Europa begraben.

Sersems Grabmal bestand aus einem Betonsockel mit einer dicken hölzernen Auflage; am vorderen Ende war ein kurzes, lotrecht stehendes Kantholz angebracht, das als Ständer für eine weiche grün-weiße Mütze diente, der Kopfbedeckung der Bektaschi-Babas. Der Boden war an dieser Stelle etwas abgesenkt, und vor dem Sarkophag standen eine Reihe silberner Kerzenständer, die von dem herabgetropften Wachs überzogen waren. Die Wände der Türbe waren löchrig, und direkt daneben stand ein weiterer, aufwendig verzierter Steinsarkophag, wahrscheinlich der von Sersems berühmtem Schüler Harabati Baba. Er war in schlechtem Zustand: von Rissen durchzogen und an mehreren Stellen beschädigt, was auf Vandalismus hindeutete.

Hinter diesen beiden, auf der anderen Seite einer Reihe schwarz verkohlter Holzpflöcke, reihten sich viele weitere Gräber auf, grüne Holzkisten in Toblerone-Form, jede mit einer grün-weißen Baba-Mütze darauf. Die ganze Anlage war dringend renovierungsbedürftig.

Ein Teil der Brandschäden stammte vermutlich aus dem Jahr 1948, als Partisanen der Kommunistischen Partei Jugoslawiens hier Feuer legten, weil sie sämtliche religiösen Aktivitäten im Land unterbinden wollten. Die Kommunisten machten aus der Arabati-Baba-Tekke ein Touristenzentrum samt Diskothek. Die freie Religionsausübung war hier erst wieder nach dem Ende des sozialistischen Jugoslawien möglich, nachdem zwei Babas, Tayyar Gashi und Tahir Emini, 1995 eine Besetzung in Form eines Sitzstreiks organisiert hatten. Doch 2002 stürmten bewaffnete konservative Sunniten die Tekke und forderten, dass sie in eine gewöhnliche sunnitische Moschee umgewandelt werden müsse – obwohl sie in ihrer Geschichte noch nie als solche gedient hatte. Die Eindringlinge sollen örtliche Mitglieder des nationalen Muslimverbandes, der Islamischen Gemeinschaft Mazedoniens (ICM), gewesen sein und behauptet haben, dass ihre Organisation als offizielle Vertretung der muslimischen Gemeinde Nordmazedoniens ein Anrecht auf die Tekke habe – schließlich seien die Bektaschis eine muslimische Glaubensgemeinschaft und fielen damit in ihren Zuständigkeitsbereich. Die

Bektaschis reagierten und verklagten den Staat, weil er versäumt habe, die Tekke nach dem Ende der Sozialistischen Föderativen Republik wieder der Gemeinschaft zu übergeben, als überall im Land Menschen ihr von den Kommunisten verstaatlichtes Eigentum zurückerhielten. Die Tekke war übergangen worden, weil sich das Gesetz von 1990 nur auf Privatpersonen bezog, nicht auf Religionsgemeinschaften.

Bis heute ist die Tekke sehr umkämpft; es heißt, dass ICM-Mitglieder Teile der Anlage besetzt halten und Stück für Stück versuchen, die Kontrolle über weitere Gebäude zu erlangen. Bei unserem Besuch hatten sie bereits die Macht über die kleine Moschee auf dem Gelände übernommen. Sie waren es auch, die die saudische Flagge am Eingang gehisst hatten, und das erklärte die Spannung, die wir dort spürten.

Ali Reza sprach so gut wie kein Englisch, was angesichts seines Keuchens bei jedem Versuch, etwas zu sagen, vielleicht auch besser war. Dennoch reagierte er ziemlich gelassen, als er mich in seinen Bereich der Tekke kommen sah. Unter Aufwendung der wenigen englischen Wörter, die er kannte, erklärte er mir, dass er ein Mitglied des Bektaschi-Ordens sei und dass sich diese Ecke der Tekke immer noch in dessen Besitz befinde, samt der Büroräume neben den Gräbern der Babas, unter denen auch das des Sitzstreikorganisators Tahir Emini war, der den Bektaschis die Tekke zurückerobert hatte. Der 2006 verstorbene Emini war bisher der letzte Baba, der vor Ort bestattet worden war, und sein Grab war das einzige mit einem großen Strauß weißer Lilien am Kopfende.

Ali war etwa 50 Jahre alt, und sein Haaransatz war schon weit zurückgewichen. Das verbliebene, ergrauende Haar war dünn und fusselig und wirkte, als könnte ein starker Windstoß es einfach wegwehen. Er trug ein leuchtend blaues

Poloshirt, und sein dichter Schnurrbart verlieh ihm das Aussehen eines amerikanischen Truckers. Ali lächelte selten – meistens keuchte er nur, da er sehr dick war –, aber er war freundlich und aufgeschlossen, und ich freute mich sehr, hier in der Tekke endlich einen Bektaschi gefunden zu haben.

Als er erkannte, wie groß mein Interesse war, hievte er sich hoch und ging auf die Glastür des Büros zu, wobei er mir bedeutete, ihm zu folgen. Das Zimmer dahinter war angenehm kühl und ruhig, bis auf das leise Summen der Klimaanlage. Es glich dem Vereinsheim eines Amateurfußballklubs – die Wände waren komplett von gerahmten Bildern und Auszeichnungen bedeckt. Doch die Auszeichnungen bezogen sich nicht auf sportliche Leistungen, und auf den Fotos waren keine einheimischen Kicker zu sehen, sondern hauptsächlich drei hochverehrte Gestalten der Schia: der Imam Ali, der Cousin des Propheten Muhammad, und seine Söhne Hasan und Husain.

Neben den Bildern dieser zentralen schiitischen Figuren hingen an den Wänden Fotos mehrerer berühmter Bektaschi-Babas aus der Gegenwart und der Vergangenheit, unter anderem von Tahir Emini, und Darstellungen älterer historischer Babas, deren Profile Zierteller schmückten oder in Holz geschnitzt waren. Außerdem entdeckte ich Fotos berühmter Bektaschi-Mausoleen auf dem Balkan, von denen ich zwei bereits in Bulgarien besichtigt hatte: das von Demir Baba in Sweschtari und das seines Lehrers Ak Yazili Baba in der Nähe von Baltschik am Schwarzen Meer.

Ali Reza zeigte auf das Foto eines untersetzten Mannes mit einer weißen Gebetskappe. Wie er selbst hatte auch dieser Mann einen dicken Schnurrbart und eine große Nase – er sah aus wie Obelix. Dann deutete Ali auf sich selbst.

Ich starrte ihn verständnislos an. War er der Mann auf dem Bild? Eine gewisse Ähnlichkeit war auf jeden Fall vorhanden.

»Brat«, sagte er und zeigte erneut auf sich.

Hieß das vielleicht »ich«?

Ali Reza merkte, dass ich nicht verstand, und dachte eine Weile schwer keuchend nach.

»Bruder«, rief er schließlich leicht triumphierend.

»Ah, Ihr Bruder!«

Alis Bruder war, wie sich herausstellte, ebenfalls ein Derwisch des Bektaschi-Ordens – und offensichtlich jemand, auf den Ali sehr stolz war. Das galt auch für die Wand im Allgemeinen, denn sobald ich ein Bild bewunderte, fing er an zu strahlen. Ich fragte mich, ob je irgendjemand sonst an diesen Ort kam. Mich erfüllte er mit Faszination. Er bot einen echten Einblick in diese oft geschmähte und vergessene Religionsgemeinschaft, über die ich fast nichts gewusst hatte, bevor ich auf den Balkan gekommen war.

Nachdem Ali Reza mir die Wand gezeigt hatte, holte er ein Buch und platzierte es auf einem hölzernen Ständer, wie ihn Muslime zum Lesen des Qur'ān benutzen. Das Buch war grün, und auf dem Einband war ein rätselhaftes Gesicht zu sehen, das sich aus arabischen Kalligrafien zusammensetzte. Ich erkannte die kryptischen Darstellungen sofort – es waren die gleichen, wie ich sie an der Decke der Bektaschi-Gräber in Bulgarien gesehen hatte. Der Kopf war rund und glatzköpfig, mit großen, vollen Lippen und Ohrringen. Er erinnerte mich an den lachenden Buddha in der Kultur der Thai. Der Titel des zweibändigen Werks, das in Istanbul gedruckt worden war, lautete *Bektasiligin Icyüzü*.

»Bektaschi beten«, sagte Ali Reza und zeigte auf die Worte, die ich nicht verstand. »Bektaschi beten«, wiederholte er und legte die gekrümmten Hände zusammen, um mir zu bedeuten, dass es sich bei den Worten um Bektaschi-Gebete handelte. Ich schaute sie mir erneut an. Der Text war in lateinischer Schrift geschrieben, aber in einer Sprache, die ich nicht einordnen konnte.

Draußen erschallte von irgendwo innerhalb der Tekke der *adhān* zum *Asr*. Ich fragte Ali Reza, wo sich die Moschee befand. Er wies in Richtung der kleinen Moschee gegenüber von seinem Bereich der Tekke, malte dann aber mit zornigem Blick ein X in die Luft. Noch dazu schüttelte er den Kopf, als wollte er mir bedeuten, dass ich dort nicht hingehen solle. Der Grund dafür war, dass die Moschee, ebenso wie das Verwaltungsgebäude nahe dem *musāfirhan*, vom ICM betrieben wurde, der sich mit den Bektaschi-Derwischen um die Tekke stritt.

Die Ibadet-Hane-Mesci, die Moschee der Tekke, war ein quadratisches Gebäude mit einer kleinen Veranda, auf der die Derwische zu beten pflegten, wird aber heute von der einheimischen Sunni-Gemeinde genutzt. Niemand, der die Moschee betrat, würdigte den Bektaschi-Bereich der Tekke oder die Grabstätten der Babas auch nur eines Blickes.

Drinnen über dem Gebetsraum spannte sich eine von außen nicht sichtbare Holzkuppel auf. Der Innenraum bestand aus freigelegtem Stein, der in der oberen Hälfte komplett weiß gestrichen war, wodurch die verschlungenen Gipsreliefs kaum auffielen – ein auffälliger Kontrast zur kunstvollen Ornamentik im Rest der Tekke. Im Mittelpunkt der nach Makkah weisenden Wand befand sich der Mihrāb, der laut den Bektaschis erst von den Sunniten eingebaut worden war. Bei den Derwischen war dieses Gebäude als *Kubali Meydan* bekannt gewesen, als Ort für zeremonielle Gebete, an dem es keine solche Nische gebraucht hatte, weil es niemals als klassische Moschee genutzt worden war.

Auf dem Weg hinaus blieb ich kurz stehen, um den »blauen Turm« neben der Moschee zu bewundern. Er war auch unter der Bezeichnung »Fatima-Turm« bekannt und eine weitere Sehenswürdigkeit der Tekke: ein elegantes zweistöckiges Gebäude, gestaltet nach dem Vorbild eines traditionellen Balkanhauses, eines *tschardak*. Der untere Teil war aus solidem Stein, auf dem ein Obergeschoss aus Holz saß, das blau gestrichen und mit kunstvollen Schnitzereien versehen war. Dieses malerische Bauwerk stammte wie der *šadrvan* aus der Zeit der Paschas. Seine Entstehungsgeschichte führt sogar direkt zu Abdurrahman Pascha zurück, der den Turm für seine kränkliche Tochter Fatima errichten ließ. Fatima litt an Tuberkulose, und der Pascha hatte gehofft, dass sich ihr Zustand hier, auf dem heiligen Boden, in Gegenwart der Derwische und umgeben von den Klängen ihrer täglichen Glaubensrituale, verbessern würde. Ich bin mir nicht sicher, ob der erwünschte Effekt eintrat, aber die Legende war, wie so viele Aspekte der Arabati-Baba-Tekke, einfach schön. Doch wie lange noch, fragte ich mich. Die Schäden und der Vandalismus, die mir aufgefallen waren, legten nahe, dass die Auseinandersetzungen um die Vorherrschaft über die Tekke sie zugleich langsam zerstörten. Daher hoffte ich, dass Ali Reza und seine Brüder ihren trotzigen Widerstand nicht so bald aufgaben. Als die offensichtlichen Bewahrer des Erbes der Tekke erschienen sie mir wie ihre natürlichen Erben, die sich am ehesten darum bemühen würden, die herrliche historische Anlage zu bewahren. Als Anhänger des Bektaschi-Ordens waren Ali Rezas Derwische daran gewöhnt, ausgestoßen und an den Rand der Geschichte gedrängt zu werden. Diesen Vorwurf konnte man sowohl den Osmanen gegen Ende ihrer Herrschaft als auch den Kommunisten machen. Zu Evliyas Lebzeiten schien es anders gewesen zu sein: Als der Reisende im Nordosten Afrikas auf zwei Bektaschi-Derwische traf, beschrieb er sie als »Liebhaber Gottes« und als »Brüder«, und er nahm große Mühen auf sich, um ihre Tekken zu besuchen, wie etwa die in Blagaj.

Mittlerweile wurde die intolerante Einstellung, wie sie Imam Rajaab in Skopje beschrieben hatte, offenbar in ganz Nordmazedonien zum Problem.

Das Band zwischen dem Bektaschi-Orden und dem Balkan glich in gewisser Weise dem zwischen dem Islam und Europa: Der eine hatte den anderen bereichert und seinen Kulturraum und sein historisches Erbe geprägt, und darüber kann auch heute nichts hinwegtäuschen.

TEIL VIER

ALBANIEN

IN DER HAND DER ALBANER

VLORË

In meinem Notizbuch finden sich zwei relevante Einträge zum Grenzübertritt von Nordmazedonien nach Albanien. Der erste lautet »wütend«, weil unser Navigationssystem unser Ziel in Albanien nicht finden konnte. Genau genommen konnte es Albanien nicht finden – und das, obwohl ich bei der Autovermietung am Flughafen in Sarajevo mehrmals ausdrücklich betont hatte, dass das Navi unbedingt in *allen* Ländern funktionieren müsse, die wir auf unserer Reise besuchen wollten. Ich hatte dem Mitarbeiter hinter dem Tresen sogar eine Liste der Länder vorgelegt und einzeln abgefragt, ob das System sie abdeckte. Er hatte mir versichert, das sei der Fall. Doch als wir uns nun dem Grenzübergang am Ohrid-See näherten, zeigte der Bildschirm auf der Westseite des Sees einfach nichts an – dort, wo Albanien hätte sein sollen, lag nur eine leere grüne Fläche.

Der zweite Eintrag bezog sich auf ein Plakat, das ich bei der Grenzkontrolle entdeckt hatte: Es zeigte ein Kind hinter einem Stacheldrahtzaun und war als Warnung an Kinderhändler gedacht. Da es an der Wand neben der Grenzbeamtin hing, befürchtete ich kurz, dass die Mädchen es sehen könnten, aber zum Glück hatte Amani ihre Nase tief in einem Buch stecken, und sowohl Anaiya als auch Tamara waren fest am Schlafen.

In Albanien waren allein im vergangenen Jahr 600 Fälle von Menschenhandel aufgedeckt worden. Meistens ging es um Frauen oder junge Mädchen, die als Prostituierte verkauft wurden. Für gewöhnlich wurden die Mädchen von kriminellen Banden mit falschen Ehen und Versprechungen über ein besseres Leben im Ausland angelockt und dann wie eine Ware quer durch Europa verschoben. Die Banden waren auch in andere schwere und brutale Verbrechen verwickelt, etwa Drogenhandel und Waffenschmuggel, weshalb die Aussichten, aus ihren Fängen zu entkommen, quasi gleich null waren.

Die Grenzbeamtin, die unsere Pässe in Augenschein nahm, war eine Frau mittleren Alters mit lockigem Haar und einem Gesichtsausdruck, bei dem die Milch im Tee sauer geworden wäre. Sie war die erste Frau, mit der wir an einem Grenzübergang zu tun hatten, und die erste Person, die uns für höchst verdächtig zu halten schien. Nachdem sie mich eingehend über die Gründe unserer Einreise befragt hatte, wollte sie wissen, ob ich irgendwelche Albaner kannte, und blätterte dabei die ganze Zeit durch unsere Pässe. Ich erklärte ihr fröhlich, dass ich einen Freund in Vlorë hatte. Doch das schien ihr Misstrauen eher noch zu verstärken, und sie streckte den Kopf erneut vor, um zu schauen, wer außer mir noch im Wagen saß.

Nach mehreren ungemütlichen Minuten, in denen sie jeden unserer Pässe Seite für Seite durchgegangen war und dabei immer wieder innegehalten hatte, um den einen oder anderen Stempel zu beäugen, gab sie mir die Dokumente widerstrebend zurück und winkte uns endlich durch, sodass wir in unser fünftes Land auf dem Balkan einfahren konnten.

Das Plakat und die misstrauische Beamtin am Grenzübergang hatten erneut die schleichenden Zweifel in mir geweckt, gegen die ich schon ankämpfte, seit wir uns entschieden hatten, nach Albanien zu fahren. Ich war von Anfang an fest entschlossen gewesen, nicht dem verbreiteten Vorurteil aufzusitzen, Albanien sei ein gefährliches Land voller Krimineller, aber das war nicht leicht. Das erste Hindernis waren die Autovermietungen gewesen, die uns schlicht untersagt hatten, mit ihren Wagen die Grenze nach Albanien zu überqueren – irgendwann hatten wir eine gefunden, die das doch zuließ. Dann waren da meine albanischstämmigen Freunde, von denen viele sagten, Albanien sei ihrer Meinung nach »nicht sicher« für Nichtalbaner. Doch als ich sie nach dem Warum fragte, schien ihnen keine bessere Antwort einzufallen, als dass es dort viele »schlechte Menschen« gebe. Ich wies darauf hin, dass auch in England viele schlechte Menschen lebten, woraufhin sie lachen mussten.

Selbst der Menschenhandel war laut den jüngsten offiziellen Zahlen in Großbritannien ein größeres Problem als hier. Ich fand es merkwürdig, dass Albanien in dieser Hinsicht trotzdem so einen schlechten Ruf genoss, und fragte mich, ob das vielleicht auch am dreiteiligen Hollywood-Blockbuster *96 Hours* (Originaltitel: *Taken*) lag, dessen Hauptschurken muslimisch-albanische Menschenhändler waren. Der Schaden, den diese Filme der öffentlichen Wahrnehmung Albaniens zugefügt hatten, war so groß, dass der Balkanstaat sich genötigt sah, dem durch eine PR-Kampagne entgegenzuwirken; ihr Titel: »Be Taken by Albania« (in etwa: »Lass dich von Albanien in seinen Bann ziehen«). Einer der Hauptspots der Kampagne, »Hey Liam«, richtete sich direkt an den Hauptdarsteller Liam Neeson, der darin aufgefordert wurde, vorbeizukommen und sich davon zu überzeugen, wie schön Albanien in Wahrheit sei.

Das war nichts Neues für das zweitmuslimischste Land Europas – etwa 60 Prozent der Albaner sind Muslime. Auch die frühen fremdenfeindlichen und islamophoben Darstellungen des Landes durch westliche Reisende haben dazu beigetragen, dass Albanien so häufig als Hort des Verbrechens, der Feindseligkeit und der Grausamkeit gilt.

Da ist beispielsweise die Beschreibung, die E. F. Knight in *Albania: A Narrative of Recent Travel* (»Albanien: Bericht über eine jüngst unternommene Reise«) aus dem Jahr 1880 liefert und in der wenig Wohlwollen den örtlichen Bräuchen und Ansichten gegenüber zu spüren ist. Knight zeigt die Art von Attitüde, die viktorianische Briten oft an den Tag legten, wenn es um Einheimische in kolonialisierten Gebieten ging: Er stellt die Albaner als minderwertig, barbarisch und unzivilisiert dar. Als er in den Bergen erlebt, wie die örtlichen Clans Verbrechen auf der Grundlage uralter und höchst komplexer Regeln sühnen, die Knight offensichtlich weder durchschaut noch einzuordnen weiß, erklärt er, dass es sich um kaum mehr als »wildes und primitives« Verhalten handle. Diesen Eindruck verstärkt auch Edith Durham zwei Jahrzehnte später in ihrem Buch *High Albania* (Titel der deutschen Übersetzung: *Brot, Salz und unsere Herzen: Durch Albaniens rauen Norden*) von 1909, in dem sie das Land als gesetzlos charakterisiert.

Selbst die amerikanische Schriftstellerin Rose Wilder Lane, die behauptete, sich in das Land verliebt zu haben, konnte nicht verbergen, dass sie sich als weiße Amerikanerin den Albanern evolutionär überlegen fühlte. Nachdem sie auf ihrer Bildungsmission für das Rote Kreuz 1921 vom lokalen Glauben an die Ora erfahren hatte, einem Schutzgeist, der allen Menschen innewohnte, schreibt sie in ihrem Buch *The Peaks of Shala* (»Die Gipfel des Shala«), dass die Albaner »noch in den Kinderschuhen der arischen Rasse feststecken«, sie hingegen sei eine »Tochter eines Jahrhunderts, das für diese in der fernen und unbekannten Zukunft liegt«.

Robert Carver tauchte 1996 in Albanien auf, als das Land nach dem Zusammenbruch des Kommunismus, dem Kampf um die Demokratie und groß angelegten betrügerischen Bestrebungen, möglichst schnell möglichst reich zu werden (mit desaströsen Folgen), stark angeschlagen war. In seinem Buch *The Accursed Mountains* (»Die verfluchten Berge«) bestätigt er alle westlichen Vorurteile und behauptet, das Land sei wieder zu der »Gesetzlosigkeit« zurückgekehrt, die Durham schon ein Jahrhundert zuvor bemerkt haben wollte.

Liam Neesons Trilogie ist also nur das bekannteste Beispiel einer langen Reihe xenophober und antiislamischer Darstellungen Albaniens, die den schlechten Ruf eines Landes und seiner Bevölkerung in Stein gemeißelt haben.

Was mir auf der Fahrt durch Albanien am stärksten auffiel, war die Abwesenheit von Moscheen, die als solche zu erkennen waren. Selbst in den ländlichen Gegenden Nordmazedoniens waren mehr Minarette zu sehen gewesen als in Albanien, was überaus seltsam war, zog man in Betracht, dass in Albanien anteilig mehr Muslime lebten und, historisch betrachtet, viele Moscheen gestanden hatten, wie der britische Maler Edward Lear Mitte des 19. Jahrhunderts bezeugte.

Der Grund für das rigorose Verschwinden der Moscheen ist die vier Jahrzehnte andauernde Regierungszeit des paranoiden kommunistischen Diktators Enver Hoxha. Hoxha unterband mit harter Hand jegliche religiösen Aktivitäten in Albanien. Zwischen 1944 und 1967 wurden beinahe alle Kirchen, Moscheen, Klöster und Tekken im Land zerstört oder geschlossen, weil Hoxha das Land zum ersten atheistischen

Staat der Welt erklärt hatte. Zuvor hatte Albanien fast sechs Jahrhunderte lang zum muslimischen Osmanischen Reich gehört, dem mehr als 30 Albaner als Großwesire – quasi als Ministerpräsidenten – gedient hatten.

Wir waren auf dem Weg nach Vlorë, wo mein britisch-albanischer Freund Idar jedes Jahr den Sommer verbrachte. Er arbeitete als Hausmeister an meiner Schule, und als ich ihm von unserer Tour durch den westlichen Balkan erzählt hatte, bestand er darauf, dass wir ihn besuchten und ein paar Tage bei seiner Familie blieben. Jetzt waren wir nicht einmal mehr eine Stunde von Vlorë entfernt, beschlossen aber kurz hinter der Stadt Fier noch ein spätes Mittagessen einzuschieben, und steuerten deshalb eine riesige Renoil-Raststätte an. Der Komplex war fast so groß wie einige der Flughafenterminals, die wir auf dem Balkan gesehen hatten. Den Großteil machte der unter einem großen Stahldach befindliche Außenbereich aus. Dort konnte man auf modernen und gemütlichen Stühlen Platz nehmen, und wir fanden uns inmitten von jungen, wohlhabenden Albanern wieder, die Kaffee tranken und frisch gebackene Holzofenpizza aßen. Um die Gäste kümmerte sich eine ganze Armee von Kellnern, und ein Stück weiter hinten hüpften drei begeisterte Kinder auf einem großen Trampolin auf und ab, die Eltern ganz in der Nähe.

Unser sehr junger Kellner trat überaus selbstbewusst auf. Über seiner Oberlippe sprossen die Anfänge eines Schnurrbarts, und er war der Einzige im Serviceteam, der das Hemd bis zum dritten Knopf aufgeknöpft hatte. Er kam mir vor wie jemand, der sich zwischen den einzelnen Bestellungen mit einem Kamm aus seiner Brusttasche durch die Haare fuhr, und erinnerte mich an den jungen Fonzie aus der Serie *Happy Days*, nur nicht so cool und deutlich kleiner.

»Kann ich hier mit Karte zahlen?«, fragte ich ihn.

»Keine Karte, nur bar«, antwortete er wie aus der Pistole geschossen.

»Okay, können Sie mir sagen, wo ich hier Geld abheben kann?«

Der Möchtegern-Fonzie schaute mich verwirrt an und wandte sich dann zu seinem Kollegen am Pizzaofen um. Die beiden sprachen kurz miteinander – Letzterer übersetzte dem Kellner, was ich gefragt hatte –, woraufhin dieser sagte: »Keine Bank.«

»Keine Bank?«, fragte ich ungläubig, weil ich mir kaum vorstellen konnte, dass es auf einer so großen Raststätte nicht zumindest einen Geldautomaten gab. »Sind Sie sicher?«

»Keine Bank, aber Mister, wenn Sie haben Euro, ich gebe Lek«, sagte er lächelnd.

Ich war verunsichert.

Mein Blick wanderte von seinem Kopf zu seinen Füßen und wieder zurück. Ich hatte die letzten zehn Jahre in London damit verbracht, großspurige junge Emporkömmlinge wie ihn zu unterrichten, und vermutete, dass er nicht ganz ehrlich zu uns war. Also gab ich unsere Bestellung auf und lief dann zurück, um zu schauen, ob ich irgendwo ein Hinweisschild auf einen Geldautomaten entdecken konnte. Ich hatte das Restaurantgelände noch nicht einmal verlassen, als mir ein großes, glänzendes Gebäude mit einem überdachten Geldautomaten ins Auge fiel.

»Dreister kleiner Mistkerl«, murmelte ich und ging hinüber, um ein paar albanische Lek für die vor uns liegende Woche abzuheben. Trotzdem war ich bereit, dem Kellner eine zweite Chance zu geben. Vielleicht hatte er angenommen, dass ich auf der Suche nach einer *richtigen* Bank gewesen war.

Die Raststättenpizza war die beste, die wir bisher auf dem Balkan gegessen hatten. Der Boden war optimal dünn und knusprig, und das Verhältnis zwischen Belag und Käse war genau richtig. Der Einfluss der italienischen Nachbarn war so groß, dass man in Albanien selbst auf einer Raststätte noch eine bessere Pizza serviert bekam als in den meisten Restaurants in England.

Als es an der Zeit war zu bezahlen, kam der Kellner zum Tisch und tat etwas Merkwürdiges: Er bat mich, die einzelnen Quittungsbons selbst zu addieren. Ich hielt das zunächst für eine lokale Besonderheit und folgte seiner Aufforderung. Die Summe belief sich auf rund 1500 Lek, etwa zehn Pfund. Ich gab dem jungen Mann einen 5000-Lek-Schein. Er wischte sich über die Augenbraue und ging zum Tresen, um unser Wechselgeld zu holen. Doch als er zurückkehrte, hatte er nur 3000 Lek für mich dabei. Normalerweise zähle ich nicht nach, was ich in die Hand gedrückt bekomme; solange es ungefähr passt, nehme ich das Geld einfach an, vor allem angesichts der vielen verschiedenen Währungen, mit denen ich in letzter Zeit zu tun hatte, und den günstigen Preisen auf dem Balkan. Aber da wir gerade erst in Albanien angekommen waren und ich immer noch versuchte, mir einen Überblick darüber zu verschaffen, was wie viel kostete, zählte ich doch nach und stellte fest, dass 500 Lek fehlten.

»Sicher ein Versehen«, sagte ich zu Tamara, die nickte und weiter etwas auf ihrem Handy las.

Ich wollte mir die Bons noch einmal anschauen, um die Beträge zu kontrollieren, aber sie waren verschwunden. Also rief ich unseren Kellner herbei und erklärte ihm, dass ihm wohl ein Irrtum unterlaufen sei. Der junge Mann schaute mich entnervt an, bevor er sich zum Pizzabäcker umwandte, damit dieser für ihn übersetzte.

»Er sagt, er hätte Sie gebeten, die Bons zusammenzurechnen, damit Sie wüssten, wie viel Sie bezahlen müssten, und versteht nicht, warum Sie jetzt glauben, das Falsche bezahlt zu haben«, erklärte dieser.

Ich musste zugeben, dass der Kellner ziemlich geschickt vorging. Sein selbstbewusstes, leicht gelangweiltes Auftreten hatte mich hinters Licht geführt, und da es sich bei dem fehlenden Betrag um umgerechnet nur 3,50 Pfund handelte, war ich mir nicht sicher, ob es nicht doch mein Fehler gewesen war.

»Alles in Ordnung?«, fragte Tamara, der mein verwirrter Gesichtsausdruck aufgefallen war.

»Ja, lasst uns gehen, es war wohl mein Fehler. Du weißt ja, wie das ist mit diesen vielen verschiedenen Währungen.«

Doch kaum waren wir aufgestanden, da vernahm ich einen Ruf aus dem hinteren Teil der Küche. Es war der Pizzabäcker, und es war eindeutig, dass er nicht gesehen werden wollte. Wie seltsam, dachte ich, während er mir bedeutete, zu ihm zu kommen.

»Alles gut, machen Sie sich keine Gedanken, mein Freund, vielleicht war es mein …«, setzte ich an, aber er fiel mir ins Wort.

»Bitte sagen Sie mir, mein Freund, was Sie gegessen und getrunken haben. Ich bin der Geschäftsführer hier, der Besitzer hat mich geschickt«, sagte er mit gedämpfter Stimme.

Etwas durcheinander zählte ich ihm auf, was wir verzehrt hatten, und sah, wie er die Posten im Kopf zusammenrechnete.

»Das macht 1500 Lek«, bestätigte er. »Jetzt sagen Sie mir bitte, was Sie dem Kellner gegeben haben?«

»Ich habe ihm 5000 Lek gegeben und habe deshalb damit gerechnet, 3500 zurückzubekommen, weil ich vor seinen Augen ebenfalls 1500 Lek ausgerechnet hatte.«

»Ja, Sie haben recht, er hätte Ihnen 3500 rausgeben müssen. Dürfte ich bitte das Wechselgeld sehen, das Sie von ihm bekommen haben?«

Ich reichte ihm die Scheine. Er bedankte sich bei mir und verschwand damit im Inneren des Gebäudes, während ich mich wieder zu Tamara und den Mädchen setzte, die wissen wollten, was los war. Doch bevor ich ihnen die Geschichte zu Ende erzählt hatte, tauchte der Geschäftsführer wieder auf, dicht gefolgt von unserem Kellner, der sich ihm in den Weg stellte und etwas auf Albanisch sagte, in einem Tonfall, der deutlich machte, dass er sehr unzufrieden war. Der Geschäftsführer ignorierte ihn, und ich setzte mich auf, in der Erwartung, dass sich der Kellner jetzt mir zuwenden würde, aber das tat er nicht. Er würdigte uns keines Blickes. Stattdessen marschierte er in den vorderen Teil der Raststätte. Als der Geschäftsführer sicher war, dass der Kellner weg war, reichte er mir meinen ursprünglichen 5000-Lek-Schein und erklärte mir sehr leise und in traurigem Tonfall: »Ich habe mit meinem Chef gesprochen, und er sagt, Sie müssen nichts bezahlen. Wir bedauern die Unannehmlichkeiten.« Dabei hielt er den Kopf die ganze Zeit über leicht gesenkt. Ich empfand plötzlich enorme Schuldgefühle.

»Hören Sie, es tut mir sehr leid, wenn ich Ihnen irgendwelche Probleme bereitet habe …«

Erneut fiel mir der Pizzabäcker/Geschäftsführer ins Wort.

»Nein, Sie müssen sich nicht entschuldigen, Sir, mein Chef ist sehr dankbar, dass Sie uns informiert haben. Wir müssen so etwas wissen, damit es nicht auch anderen Kunden passiert. Wir entschuldigen uns in aller Form.«

»Bitte lassen Sie mich zumindest für das bezahlen, was wir gegessen haben«, beharrte ich, aber der Mann ließ sich nicht beirren.

»Nein, Sir, wir können Ihr Geld nicht annehmen. Bitte, Sie sind unser Gast.«

Ich begriff, dass er diese Situation vielleicht nicht zum ersten Mal erlebte, und dankte ihm.

»Ich werde nicht vergessen, wie aufrichtig Sie waren. Dies ist unser erster Tag in Albanien, und ich hatte schon befürchtet, dass er mit einer schlechten Erfahrung beginnt, aber Sie haben uns die Gastfreundschaft und die Güte Ihres Volkes bewiesen. Danke.«

»Wo bleibt sie nur?« Ich schaute zum zigsten Mal auf mein Handy.

Wir saßen vor dem Cream Caffe am Bulevardi Vlorë, der Hauptstraße, die mitten durch das Zentrum der Küstenstadt verlief. Es war eine moderne Straße mit vielen kleinen Läden, Konditoreien, Supermärkten und Cafés. Das Cream Caffe war der Ort, den Emma uns für die Übergabe der Schlüssel zu ihrer Wohnung vorgeschlagen hatte. Das Problem war, dass ich keine Ahnung hatte, wie Emma aussah. Ihr Profilbild bei Airbnb war eines dieser »künstlerischen« Fotos, auf denen die Person von hinten zu sehen ist. Unsere Kommunikation lief über WhatsApp, und in der letzten Nachricht hatte sie geschrieben, dass sie fast da sei. Ich ließ den Blick über die Passanten gleiten. In Vlorë lebten viele wohlhabende Albaner. Alle, die an uns vorbeiliefen, wirkten schick. Die Atmosphäre in der Stadt glich der in einem Urlaubsort. Vor den Cafés saßen sonnenbebrillte Männer mit eleganten Lederslippern, während hübsche junge Frauen an ihnen vorbeischlenderten.

Keine Spur von Emma. Ich schaute erneut aufs Handy.

»Hi, wo seid ihr?«, lautete die letzte Nachricht.

Ich beschloss sie anzurufen. Die Mädchen waren bei der zweiten Runde ihres Kartenspiels angekommen. Es war früher Nachmittag; wir hatten bisher den Großteil des Tages im Auto verbracht und wollten es uns für den Abend gern in unserer Wohnung gemütlich machen.

»Hi, Emma, wir sind hier im Café, Cream Caffe. Bist du schon da?«, fragte ich und schaute mich um. Doch im Café saßen nur zwei junge Frauen, die einander ihre Handys zeigten.

»Ich bin direkt vor der Tür«, sagte sie.

Ich hob den Blick und sah ein junges Mädchen mit kurzen Locken in Jeans und T-Shirt hereinkommen, ein Handy am Ohr. Ich winkte, um sie auf uns aufmerksam zu machen. Emma sah ganz anders aus, als ich es erwartet hatte. Die Person auf dem Profilbild bei Airbnb hatte deutlich älter gewirkt, auch wenn ihr Gesicht nicht zu sehen war.

»Sorry, dass ich zu spät bin.«

»Schon in Ordnung«, log ich, erleichtert darüber, dass sie endlich da war. Wir hatten fast eine Stunde auf sie gewartet. »Ich bin Tharik, das ist meine Frau Tamara, und das sind unsere Töchter Amani und Anaiya.«

»Hi«, sagten die Mädchen und schauten kurz von ihrem Kartenspiel auf.

Ich bestellte einen Espresso für Emma und wartete darauf, dass sie mir den Schlüssel gab. Doch als ich die Tasse vor ihr abstellte, erklärte sie, dass der Schlüssel nicht bei ihr sei, sondern sie einen Anruf von der Person erwarte, die ihn habe. Dann könnten wir losfahren und ihn abholen. Emma machte einen durchaus ehrlichen Eindruck, aber das verwirrte mich.

Während wir auf den Anruf warteten, erzählte uns Emma ein wenig mehr über sich. Ich hörte ihr zu, in der Hoffnung, dadurch etwas klarerzusehen. Emma wohnte nicht in Vlorë selbst, sondern arbeitete für eine Buchhaltungsfirma in der Hauptstadt Tirana, drei Stunden entfernt. Sie erklärte, dass es in Vlorë keine Jobs gebe und ihr deshalb nach dem Schulabschluss keine andere Wahl geblieben sei, als sich etwas in der Hauptstadt zu suchen, wo sie unter der Woche in einer kleinen Mietwohnung lebe. Das sei nicht ideal, aber es ergehe ihr besser als den meisten Menschen in Albanien, die überhaupt keine Arbeit fänden. Die Wochenenden verbrachte Emma meistens bei ihren Eltern in dem Haus, in dem sie aufgewachsen war.

»Wem gehört dann die Wohnung, die wir gebucht haben?«, fragte ich.

»Jemandem, den ich über einen Freund kenne«, antwortete sie etwas verhalten. Ich wechselte einen Blick mit Tamara.

Wir hatten die Wohnung für drei Nächte gebucht, weil sie ganz in der Nähe von Idars Haus und dem Stadtzentrum von Vlorë lag. Die Person, die sie auf der Plattform anbot, hieß Emma, und als sich unsere Kommunikation von Airbnb zu WhatsApp verlagerte, war ich davon ausgegangen, es weiterhin mit der Vermieterin zu tun zu haben, was aber offensichtlich nicht der Fall war.

»Emma« telefonierte. Nach einem kurzen Wortwechsel auf Albanisch sagte sie: »Okay, wir können den Schlüssel jetzt abholen.«

Wir ließen Tamara und die Mädchen im Café zurück und fuhren los. »Emma« war höflich, intelligent und offensichtlich unschuldig, also beschloss ich, unterwegs herauszufinden, was hier eigentlich ablief.

»Du bist also nicht die Besitzerin der Wohnung, heißt aber auch Emma?«, fragte ich, während sie mich zu einer Straße lotste, die parallel zur Hauptstraße und der Küste verlief.

»Nein, ich heiße Eda. Haben Sie mich ›Emma‹ genannt? Ich dachte, Sie hätten ›Eda‹ gesagt!«

»Ah, verstehe«, sagte ich, und wir fingen beide an zu lachen, weil nun zumindest dieser Teil des Rätsels gelöst war.

»Und von wem holen wir jetzt den Schlüssel?«, fragte ich.

»Ich bin mir nicht sicher, ich glaube, vom Bruder der Besitzerin.« Diese Antwort flößte mir nicht gerade mehr Vertrauen ein. Meine Verwirrung verwandelte sich langsam in ernsthafte Sorge. Im Autoradio lief traditionelle albanische Musik, als Eda mich anwies, neben einer Reihe Wohnblocks zu halten.

»Warten Sie hier«, sagte sie, stieg aus und ging auf zwei Männer zu, die neben einer Bank standen. Einer von ihnen gab ihr ein paar Schlüssel, und nach einem kurzen Wortwechsel kam sie zum Wagen zurück.

»Okay, wenn es irgendwelche Probleme mit der Wohnung gibt, sollen Sie mich anrufen, sagt er, dann kommt er und kümmert sich darum«, meinte sie.

»Super«, sagte ich und fragte mich weiterhin, wer »er« denn eigentlich war.

Auf dem Rückweg stellte ich Eda keine weiteren Fragen. Es war ziemlich offensichtlich, dass sie die Antworten entweder nicht wusste oder mir nichts sagen wollte, und obwohl mir das großes Unbehagen einflößte, wollte ich doch keine voreiligen Schlüsse ziehen. Vielleicht war das einfach die zwanglose Art, mit der Dinge hier gehandhabt wurden.

Nachdem wir Tamara und die Mädchen abgeholt hatten, blieb Eda im Wagen sitzen und leitete uns zur Wohnung. Wir bogen vom Boulevard ab und waren nun auf einer Straße unterwegs, die dringend saniert werden musste. Ich sah, dass wir alle erschöpft waren, und beschloss, zumindest für diese eine Nacht in der Wohnung zu bleiben. Am nächsten Morgen könnten wir uns dann noch einmal Gedanken über die Sache machen. Wir passierten heruntergekommene Mietshäuser mit löchrigen Fassaden, deren Bewohner vor Cafés und Supermärkten saßen. Nachdem wir an einem Waschsalon und einer kleinen Schneiderei vorbeigefahren waren, erreichten wir einen Wohnkomplex, der genauso aussah wie diejenigen, in denen ich im Londoner East End aufgewachsen war. Als unser glänzender weißer Mégane langsam auf den Hof rollte, schauten die Mütter, die vor den Erdgeschosswohnungen saßen, mitten in ihren Unterhaltungen auf, und die kleinen Jungs unterbrachen ihr Fußballspiel, damit wir vorbeifahren konnten. Ich lächelte und nickte ihnen zu, weil ich mich daran erinnerte, dass meine Freunde und ich früher das Gleiche gemacht hatten. Die Jungen lächelten zurück. Langsam wurde es dunkel, und als die Straßenlaternen ansprangen, sahen wir, dass einige von ihnen kaputt waren.

»Fahren Sie langsam, ich muss mich daran erinnern, wo genau es ist«, sagte Eda, während uns zwei Jungen in gefakten Barça-Shorts und einem Ball zu ihren Füßen anstarrten. Ich hatte mittlerweile den Verdacht, dass Eda noch nie in der Wohnung gewesen war.

Schließlich erreichten wir die gefühlt dunkelste und verlassenste Ecke des Komplexes, wo eine Kopftuch tragende Mutter ihre Tochter zurechtwies, weil diese ihr Kleid schmutzig gemacht hatte. Die Scheinwerfer des Wagens glitten über die Fenster im Erdgeschoss, bevor ich den Motor ausstellte. Das Auto vor uns stand schon so lange dort, dass auf den Hinterreifen Moos wuchs.

Unsere Wohnung befand sich im zweiten Stock, und als wir an der Tür angelangt waren, wirkte Eda immer noch unsicher. Ich wechselte ständig Blicke mit Tamara, die ähnlich irritiert war wie ich. Ich spürte Edas Erleichterung, als sie den Schlüssel ins Schloss steckte und er sich drehen ließ. Hinter der Tür erstreckte sich eine große Wohnung mit sauberen Marmorböden und einem weitläufigen Wohnbereich. Es gab ein großes Doppelzimmer mit zwei Betten für die Mädchen und ein weiteres, noch größeres Schlafzimmer mit eigenem Bad und einem durch Gitterstäbe geschützten Balkon.

Ich gab Tamara Bescheid, dass ich Eda nach draußen begleiten und den Rest des Gepäcks holen würde.

Unten schüttelte ich Eda die Hand und verabschiedete mich, bevor ich zum Auto ging und erst einmal nur eine Tasche herausholte. Die Fußball spielenden Kinder klangen nun weit entfernt. Irgendwo in der Anlage weinte ein Baby, und hinter einem der Fenster flackerte das Licht eines Fernsehers. Ich schaute an unserem Haus hinauf, das beängstigend ruhig war.

Auf dem Weg die beiden Treppen hinauf kehrten meine früheren Bedenken mit aller Macht zurück. Wessen Wohnung war das? Wer war der Typ mit dem Schlüssel? Wer hatte sonst noch einen Schlüssel zur Wohnung? Warum hatte Eda mir keine überzeugenden Antworten geben können? Und war ich nur so misstrauisch, weil wir uns in Albanien befanden?

Ich befürchtete, dass die Müdigkeit mein Urteilsvermögen trübte. Deshalb hielt ich kurz inne und dachte nach. Es hatte nichts mit der Lage der Wohnung zu tun; ich war in ganz ähnlichen Mietskasernen aufgewachsen. Was mich störte, war, dass ich keinen blassen Schimmer hatte, wem die Wohnung gehörte oder warum so viele Menschen in den Vermietungsvorgang verwickelt waren. Das waren durchaus legitime Bedenken, sagte ich mir, ganz unabhängig davon, wo wir waren.

Als ich oben angelangt war, stand mein Entschluss fest. Wir würden nicht hierbleiben, auch nicht für eine Nacht. Es gab einfach zu viele Unwägbarkeiten.

Als ich die Wohnung betrat, waren die Mädchen gerade dabei, ihr Zimmer zu beziehen, und handelten aufgeregt aus, wer welches Bett bekommen sollte. Tamara öffnete das Fenster, um durchzulüften. Sie drehte sich zu mir um und sah, dass ich nur eine Tasche dabeihatte.

»Was ist mit den anderen?«, fragte sie.

»Ich finde, wir sollten nicht hierbleiben«, sagte ich.

Sie sah mich erst verwirrt und dann ein wenig beunruhigt an. »Warum, ist etwas passiert?«

»Nein, nichts, aber ich fühle mich einfach nicht wohl mit der Situation, wie auch immer sie sein mag.«

»Wie meinst du das?«, fragte sie.

»Na ja, ich dachte, wir würden uns mit der Eigentümerin treffen und von ihr die Schlüssel erhalten, aber stattdessen kommt da dieses junge Mädchen, das seine Verbindung zur Besitzerin nicht so richtig erklären kann, und erzählt uns, dass sie auch nicht weiß, wo sich der Schlüssel befindet. Dann holen wir ihn von irgendwelchen Leuten ab, die sie auch nicht sonderlich gut zu kennen scheint … Ich meine, hat sonst noch irgendjemand Schlüssel zur Wohnung? Ich weiß nicht einmal, ob die Person, die sie besitzt, wirklich weiß, dass wir hier sind. Was, wenn hier irgendjemand auftaucht und wir eigentlich gar nicht hier sein sollten?«

Ich konnte hören, dass ich leicht manisch klang, als ich all das zum ersten Mal laut aussprach, aber Tamara verstand mich.

»Okay, wenn du dich hier nicht wohlfühlst, bleiben wir nicht. Ehrlich gesagt habe ich auch das Gefühl, dass irgendetwas nicht so richtig zusammenpasst«, sagte sie ganz ruhig.

»Dann geht es also nicht nur mir so? Gut. Ich würde ja gern hierbleiben und daran glauben, dass alles in Ordnung ist, aber es gibt einfach zu viele Fragezeichen, und ich will uns nicht in Gefahr bringen. Komm, wir suchen uns ein Hotel für die Nacht und finden dann morgen heraus, was mit dieser Wohnung los ist.«

»Alles klar, aber was sagen wir den Mädchen?«, fragte Tamara.

»Wir sagen ihnen die Wahrheit.«

Und das taten wir auch. Wir waren uns einig, dass die ganze Angelegenheit auch für sie lehrreich sein könnte, und erklärten ihnen deshalb, warum uns die Situation suspekt war, und dass ich, auch wenn *genau genommen* nichts Schlimmes passiert war, auf mein Bauchgefühl hören wollte. Denn das sei auf Reisen in fremden Ländern ein wichtiger Ratgeber.

»Wenn sich etwas nicht richtig anfühlt, lässt man es lieber«, sagte ich. »Auch wenn das mehr Aufwand und Stress bedeutet, ist das Wichtigste doch immer, dass ihr euch sicher und gut aufgehoben fühlt.«

Das verstanden die Mädchen. Wir sahen, dass sie etwas beunruhigt und sehr müde waren, uns aber vertrauten. Sie gingen mit uns auf Reisen, seit sie sich erinnern konnten, und wussten, dass die Sicherheit unserer Familie immer Vorrang hatte, so abgedreht und wunderbar ein Abenteuer auch wirken mochte.

Langsam wurde es richtig spät, und wir hatten Hunger, also fuhren wir zurück ins Stadtzentrum, wo wir eine Crêperie direkt neben dem Cream Caffe entdeckten. Während wir in die herzhaften Pfannkuchen bissen, die unser Abendessen darstellten, buchte ich uns eine Einzimmerwohnung mit Meerblick im Hotel Nacional Vlorë. Es war genau das Richtige für eine Nacht und würde uns die nötige Zeit verschaffen, um etwas für den Rest unseres Aufenthalts in der Stadt zu organisieren.

Das Nacional lag südlich der Stadt und war mit dem Auto in zehn Minuten erreicht, doch als wir dort eintrafen, empfing uns ein Team verwirrter Rezeptionisten, die unsere Buchung nicht finden konnten. Keiner von ihnen sprach Englisch. Irgendwann kam eine elegante Frau in einem roten Kleid und High Heels aus dem Hinterzimmer und erklärte, sie sei die Besitzerin des Hotels, hätte aber keine Reservierung unter meinem Namen vorliegen. Ich fragte sie, was wir nun tun sollten.

»Es tut mir leid«, sagte sie mit aufrichtigem Bedauern. »Ich bin ausgebucht, aber vielleicht nebenan ...« Sie schickte ihren Pagen los, damit er nachfragte. Er kehrte mit dem gleichen bedauernden Gesichtsausdruck zurück. Es sei Hauptsaison und dazu noch Wochenende, erklärte die Frau, sie könne nichts für uns tun.

Tamara suchte online nach einer Unterkunft und hatte ebenfalls kein Glück. Uns blieb nur eine Möglichkeit: Wir mussten es auf die altmodische Weise versuchen und die Hotels an der Strandpromenade persönlich abklappern. Die Frau aus dem Nacional stimmte uns zu, dass das angesichts der späten Uhrzeit der beste Plan war.

So kam es, dass unser erster Abend in Albanien der ungemütlichste von allen wurde. Wir versuchten es in mehreren Hotels, aber die meisten waren entweder ausgebucht oder »stanken nach Fisch«, wie Anaiya meinte, die mit uns zusammen die Zimmer inspizierte. Letztlich landeten wir in einem großen Familienzimmer mit vier Betten und eigenem Bad in einer Unterkunft, die aussah wie eines der Motels in amerikanischen Filmen, in denen Menschen auf der Flucht untertauchten, nur eben wenige Meter von der traumhaften Adria entfernt. Uns war es egal. Das Zimmer war sauber, die Rezeptionistin war freundlich, und, was am wichtigsten war, wir fühlten uns sicher und gut aufgehoben.

EIN BIER MIT EINEM MUSLIM

LLOGARA-NATIONALPARK

Die Sonne brachte das blaugrüne Wasser der Adria zum Glitzern, es sah aus wie eine Million Edelsteine. Die Köpfe von Amani und Anaiya bewegten sich im Meer auf und ab, in Strandnähe, wo ihre Mutter mit einer großen Sonnenbrille und einem Sonnenhut über dem Gesicht auf einem Handtuch ausgestreckt lag. Wir hatten einen wunderbar erholsamen Tag am kleinen Strand etwas südlich von Vlorë hinter uns, wo Idars Tochter Liri ihren Sommer zusammen mit ihrem Neugeborenen und ihrer Schwiegermutter verbrachte. Als Idar uns am Morgen abgeholt hatte, hatte er in seinem gestreiften Hemd und der weißen Stoffhose wie ein sizilianischer Pate gewirkt. Ich war so sehr daran gewöhnt, ihn in seinem Overall mit einem großen Schlüsselbund am Gürtel umherschlurfen zu sehen, dass ich auf den ersten Blick gar nicht erkannt hatte, wer da im Hostelgarten saß. Sein Aufzug erinnerte mich an die Kleidung, die wir tragen mussten, wenn wir als Kinder »nach Hause« nach Bangladesch flogen. Unsere Eltern zogen uns stets so an, dass wir beim Verlassen des Flugzeugs genau wie die reichen Ausländer aussahen, die unsere Verwandten erwarteten.

»Ich kann immer noch kaum glauben, was für eine Frau du hast – eine Engländerin, die nett und respektvoll ist! Und zum Islam übergetreten.« Idars Gesichtsausdruck war ernst, als er neben mir im Schatten zweier Olivenbäume saß. »Ist dir eigentlich klar, Terick« – es machte ihm etwas Mühe, meinen Namen richtig auszusprechen –, »wie unglaublich das ist?«

Ich lachte, verspürte aber auch eine gewisse Traurigkeit. Idar hatte meine Familie jetzt erst kennengelernt, aber es schien beinahe, als hätte er überhaupt noch nie einen netten »Engländer« getroffen – oder einen, der Muslim war. Wieder musste ich an meine eigene Jugend denken. Damals hatte ich mich auch öfter gefragt, ob es eigentlich auch nette Engländer gab. Der lebende Beweis, dass das durchaus möglich war, waren meine wunderbaren Grundschullehrer, die mich mit Zuwendung überschütteten. Dann war da Eileen gewesen, meine »englische Mama«, wie wir sie irgendwann nannten. Eileen war eine ältere Dame, die schon in unserem Mietshaus im East End gewohnt hatte, lange bevor wir Migranten aus Bangladesch dort einzogen. Anderen gegenüber war sie immer kurz angebunden, aber mich hatte sie ins Herz geschlossen. Immer wenn ich draußen spielte, rief sie mich zu sich und bot mir ein Eis, Schokolade oder etwas anderes Süßes an. Ging sie einkaufen, brachte sie mir Dinge wie einen billigen Fußball zum Spielen mit. Eileen lebte allein – ihr einziger Sohn, Douglas, war weggezogen –, und ich wusste, dass sie einsam war. Wir waren eine arme Immigrantenfamilie, in der es nur selten Eis oder Schokolade gab oder einen neuen Fußball. Vielleicht hatte Eileen Mitleid mit mir, oder ihr gefiel die Gesellschaft, aber bis zum Ende meiner Grundschulzeit war sie bis auf die Lehrer die einzige nette Engländerin, die ich kannte. Es dauerte Jahre, bis mir klar wurde, dass das nicht normal war und dass die feindseligen Weißen, denen ich in den heruntergekommenen Sozialwohnungsblöcken im

East End begegnete, nicht die britische Gesellschaft im Allgemeinen abbildeten.

Idar hatte, seit er aus Albanien nach England gezogen war, immer nur in Dagenham gelebt, wo er als osteuropäischer Einwanderer die gleiche Ablehnung erfuhr, die meine Familie in den 1980er-Jahren im East End erlebt hatte. Deshalb war er überzeugt, dass es keine netten Engländer gab.

Das erklärte ich Idar nun und fügte hinzu, dass sich die Tower Hamlets im Londoner Osten der 1980er vermutlich nicht groß von Dagenham unterschieden hatten: Die rechtsradikale British National Party hatte ihren ersten Sieg bei einer Kommunalwahl 1993 im East End errungen, der zweite folgte 2004 in Dagenham. Ich versicherte Idar, dass er nur an einem klassischen Fall von Mangel an Berührungspunkten mit der britischen Gesellschaft litt. Idar hörte mir genau zu und lachte.

»Willst du was trinken?«, fragte er. Ich streckte den Daumen hoch und lehnte mich auf dem harten Plastikstuhl zurück. Es waren hektische Tage gewesen, und ich war froh, mich bei einem Freund und seiner Familie erholen zu können. Liri kannte ich sogar noch länger als Idar. Sie hatte in einer meiner ersten Abschlussklassen gesessen, und als sie sich nach ihrem erfolgreich absolvierten Studium bei mir meldete, hatte sie mir erzählt, dass der neue Hausmeister der Schule ihr Vater sei. Ich hatte mich Idar vorgestellt, sobald ich ihn das nächste Mal sah. Seitdem waren wir befreundet.

Nun kehrte Idar mit zwei Flaschen in der Hand zurück. Was es war, konnte ich wegen des blendenden Sonnenlichts nicht erkennen, aber ich nahm eine davon entgegen. Als ich sie hochhielt, sah ich, dass er mir eine Flasche Corona gebracht hatte.

»Idar.« Ich lachte. »Ich trinke kein Bier.«

»Nein? Willst du lieber etwas Stärkeres?«, fragte er.

Ich war verwirrt. »Nein. Auf keinen Fall. Ich meine, ich trinke keinen Alkohol.«

Idar sah mich an. Jetzt war er verwirrt. »Warum nicht?«, fragte er.

»Weil ich Muslim bin«, antwortete ich.

»Ich auch, und ich trinke Bier«, entgegnete Idar ohne den geringsten Hauch von Ironie, als wäre an dieser Aussage überhaupt nichts auszusetzen. Das irritierte mich nur noch mehr. Ich kannte viele Muslime, die sich hin und wieder einmal einen Drink genehmigten. Ich hatte sogar gesehen, wie Idar auf den Feiern mit den Kollegen Bier trank, und war davon ausgegangen, dass er wie viele Muslime, mit denen ich aufgewachsen war, Alkohol trank, obwohl er wusste, dass das im Islam verboten war. Doch seine Reaktion deutete darauf hin, dass er sich dessen überhaupt nicht bewusst war. Also fragte ich nach.

»Als Bektaschi«, erklärte er, »darf man Alkohol trinken, solange man nicht betrunken davon wird.«

»Das wusste ich nicht«, meinte ich. »Bevor ich auf den Balkan kam, hatte ich keine Ahnung vom Bektaschismus.«

»Ja, wir sind etwas moderner in unseren Ansichten.«

»Aber dir ist bewusst, dass die meisten Muslime keinen Alkohol trinken, oder?«

Idar zuckte mit den Schultern und nickte, bevor er mir das Bier aus der Hand nahm und damit zurück zur Bar ging.

Am Nachmittag beschloss Idar, uns zu einem traditionellen albanischen Abendessen auszuführen, in einem Restaurant weit oben in den Bergen.

»Es ist wunderschön dort, Terick, ganz oben«, sagte er, während er seinen schwarzen BMW mit den britischen

Nummernschildern die kurvige Gebirgsstraße in den Llogara-Nationalpark hinauflenkte. Jedes Mal, wenn der Wagen eine Haarnadelkurve nahm, schwang die Hand der Fatima, die am Rückspiegel hing, von einer Seite zur anderen. Die hell leuchtende Sonne schien uns zuzuzwinkern, als wir durch dichte Nadelwälder fuhren. Schon bald jedoch wichen sie einer kargeren Landschaft voller Büsche und Felsen.

Nach einer Weile näherten wir uns dem höchsten Punkt, und Idar bog auf einen Parkplatz nahe dem Gebirgskamm ab. Ich sah mich nach dem Restaurant um, konnte aber keines entdecken. Wir parkten neben einem gelben Bagger, und Idar führte uns zu einer brandneuen Aussichtsplattform auf der anderen Seite der Straße – seine kleine Überraschung vor dem Essen. Der Blick über die blau schimmernde albanische Riviera war atemberaubend.

»Wooow!«, staunten die Mädchen.

»Das ist einfach herrlich, Idar!«, rief Tamara. »Danke, dass du uns hergebracht hast.« Sie war ein großer Fan von Aussichtspunkten, und dieser hier war grandios. Idar grinste und zog eine Zigarette hervor, wobei das schmale Silberarmband an seinem rechten Handgelenk im Sonnenlicht funkelte.

Der Blick reichte bis nach Griechenland; in der Ferne konnten wir Korfu ausmachen. Außer uns waren noch mehrere andere Leute heraufgekommen, vor allem junge Paare, und machten nun fleißig Fotos. Ein Mann in roten Shorts und weißem T-Shirt posierte kühn auf der halbkreisförmigen Betonbrüstung direkt über dem Abhang. Das Paar neben uns schmiegte sich aneinander, während es den Ausblick bewunderte. Unser Blick glitt über grüne Hänge, die sich bis zum Wasser zogen. Auf manchen standen kleine Grüppchen weißer Häuser. Von hier oben aus wirkte das Meer absolut ruhig; wir entdeckten die Umrisse mehrerer Kreuzfahrtschiffe, die zwischen den nahe gelegenen griechischen Inseln und Vlorë umherfuhren. Es war leicht zu erkennen, warum die albanische Stadt schon vor langer Zeit einen so hervorragenden natürlichen Hafen gebildet hatte.

Vlorë wurde zur wichtigsten osmanischen Stadt in Albanien, nachdem die Muslime 1417 und ein zweites Mal 1478 hier ihren ersten Adriahafen erobert und ihm den Namen Avlonya gegeben hatten. Um den Handel in der Region zu stärken, siedelten sie dort Anfang des 16. Jahrhunderts neben den bereits ansässigen Christen eine Reihe sephardischer Juden an, deren Zahl im Verlauf des folgenden Jahrzehnts zunahm. Im ersten Jahrhundert unter osmanischer Herrschaft lebten kaum Muslime in Vlorë.

Die Stadt diente als Basis für mehrere osmanische Feldzüge, darunter auch die versuchte Eroberung Korfus, die Süleyman 1537 unternahm. Er verbrachte mehr als einen Monat in der Stadt und ließ eine Festung errichten, die so imposant war, dass Evliya sie zu den prächtigsten osmanischen Verteidigungsanlagen in Südosteuropa zählte. Außerdem baute Süleyman die Festung von Kaninë und eine Moschee, die beide nicht erhalten sind. Und auch die Muradie-Moschee im Stadtzentrum wird ihm zugeschrieben. Sie entstand im 16. Jahrhundert, angeblich nach Plänen von Sinan. Das könnte stimmen, da Evliya sie als »Sultan-Süleyman-Moschee« bezeichnete und ausführte, dass es zwar eine Inschrift gebe, die den Gründer als einen gewissen »Yakub, Scheich der Gläubigen« identifiziere es aber Süleyman gewesen sei, der sie zur Hauptmoschee gemacht habe. Die Inschrift, die auf einen gewissen »Hasbi« zurückgeht, stammt aus dem Jahr 1542. Schaut man sich den Verlauf von Sinans Karriere während der Regierungszeit von Süleyman an, ist es durchaus wahrscheinlich, dass die Moschee eines seiner frühen Werke sein könnte.

Evliya beschrieb Vlorë als eine offene Ansiedlung mit einer Menge »prunkvoller« Steinbauten, errichtet auf Wiesen zwischen Gärten und Obst- und Olivenhainen. Als er die Stadt gegen Ende seiner Balkanreisen besuchte, lebten dort auch Muslime. Evliya zählt neun Moscheen, drei Madrasas und fünf Maktabs. Kurz nach seinem Aufenthalt dort wurde die Stadt von venezianischen Truppen eingenommen, und nach der Rückeroberung durch die Osmanen begann eine Phase des Niedergangs. Vlorë geriet mehrere Jahrhunderte lang in Vergessenheit und fiel zurück in die Provinzialität. Der österreichische Diplomat Johann Georg von Hahn, der die Stadt Mitte des 19. Jahrhunderts besuchte, beschrieb sie als ärmlich und im Verfall begriffen.

Erst zu Beginn des 20. Jahrhunderts gewann Vlorë wieder an Bedeutung. Am 28. November 1912 rief der berühmteste Sohn der Stadt und Vater des modernen Albaniens, Ismail Qemali, vom Balkon eines zweistöckigen Hauses in Vlorë die Unabhängigkeit des Landes aus. Qemali, der aus einer albanischen Oberschichtsfamilie stammte, hatte eine erfolgreiche Karriere als osmanischer Beamter hinter sich. Doch nach einem Zerwürfnis mit den Autoritäten war er verbannt worden und später in einen nicht umgesetzten Umsturzplan gegen Sultan Abdülhamid II. verwickelt. Anschließend richtete Qemali seine Bemühungen auf den Kampf für ein unabhängiges Albanien, und als er an jenem Tag im Jahr 1912 auf dem Balkon der Nationalversammlung in Vlorë die Flagge mit dem Doppeladler hisste, markierte dies das Ende von fünf Jahrhunderten osmanischer Herrschaft in Albanien.

Das gastliche kleine Familienrestaurant, in das Idar uns zum Abendessen ausführte, befand sich ein Stück weiter unten an der Gebirgsstraße, an einer deutlich waldreicheren Stelle, wo die Luft viel kühler war. Wir saßen draußen auf Holzstühlen an einem großen Holztisch, während die Mädchen auf dem kleinen zum Restaurant gehörenden Spielplatz schaukelten. Die angebotenen Speisen waren traditionelle albanische Gebirgskost, wie Idar erklärte, als er die Bestellung aufgab. Amani und Anaiya entschieden sich für eine etwas klassischere Option: Nudeln. Während wir auf das Essen warteten, spielte ich eine Runde Siebzehnundvier mit ihnen, während Tamara und Idar miteinander ins Gespräch kamen. Liri hatte kürzlich ein Baby bekommen, was Idar zum Großvater machte, und Tamara wollte wissen, wie sich das für ihn anfühlte. Sie fragte ihn auch, wie häufig er nach Albanien zurückkomme. Idar sagte, er versuche, es jeden Sommer zu schaffen.

Schließlich kam die freundliche Kellnerin und brachte uns die Vorspeisen: eine große Schüssel eines lokalen Bergjoghurts namens *kos* und einem Salat aus Tomaten, Oliven und Gurken für alle. Dazu gab es eine Platte mit einer Art Grießbrei, der mit gehackten Innereien vermischt war – ich hasse Innereien, probierte aber der Höflichkeit halber. Doch nachdem ich mehrere Stücke beißend schmeckender, kaum gewürzter Niere erwischt hatte, gab ich es auf. Die Hauptspeise hingegen sah köstlich aus – drei große Platten mit langsam gebratenem Fleisch samt Knochen. Die Kellnerin, die sie uns brachte, nahm sich die Zeit, uns auf Albanisch zu erklären, wie das Lamm zubereitet worden war, und stellte den Grillvorgang gestenreich für uns nach.

»Meine Güte, Idar, das ist viel zu viel«, sagte ich und versuchte einzuschätzen, wie viel Fleisch auf den einzelnen Platten lag.

Tamara hatte ein Risotto bestellt und wollte das traditionelle Essen nur »probieren«, sodass es mir und Idar zukam, drei Platten Gegrilltes zu verspeisen. Ich hatte ein schlechtes Gewissen, weil ich wusste, dass wir das auf keinen Fall schaffen konnten, und ich vermutete, dass er eine extragroße Portion bestellt hatte, in der Hoffnung, dass sich alle daran bedienen würden. Das Fleisch war köstlich, aber bis auf einen Hauch Salz erneut kaum gewürzt. Als wir uns über die Festmahlzeit hermachten, sagte ich zu Idar, wie glücklich wir uns schätzen könnten, dass er uns hergebracht und uns diese wunderbare Erfahrung ermöglicht hatte. Wir saßen inmitten von Einheimischen unter prächtigen Pinien mit Blick auf eine herrliche Gebirgslandschaft und verspeisten eine traditionelle albanische Mahlzeit – all das hatten wir ihm zu verdanken.

Das Essen, das Idar für uns bestellt hatte, erinnerte an die Mahlzeit, die die britische Entwicklungshelferin und Ethnologin Edith Durham bei einem ihrer Aufenthalte in Albanien 1908 vorgesetzt bekam. Wie meine Töchter und Tamara war auch sie kein großer Fan von *kos* und bekam ebenfalls eine große Menge Fleisch serviert, auch wenn sie dazu Maisbrot und Pilaw erhielt. Da Durham eine typische Vertreterin des britischen Empire war, fiel ihre Beschreibung der Einheimischen gewohnt verächtlich aus. Ihren Worten zufolge aßen sie »wie die Wölfe, rissen das Fleisch von den Knochen, schlangen große Stücke hinunter – offenbar im Ganzen – und schleuderten die Knochen hinter sich«[2]. Dieser Tonfall zieht sich durch fast alle ihre Beschreibungen der muslimisch geprägten Kultur, die sie und ihr Begleiter, ein Franziskanermönch, erlebten. Positiv fällt Ediths Urteil über die Albaner nur aus, als sie zu Ehren der christlichen Gäste

---

2 Edith Durham: *Brot, Salz und unsere Herzen. Durch Albaniens rauen Norden*, üb. v. Christel Dormagen. Edition Erdmann 2020.

rakia auftischen, den lokalen Obstbrand. Im Rahmen dieser kleinen Zeremonie sei auch Jesus Christus gepriesen worden, erläutert Edith, bevor sie anmerkt: »Ich kenne nirgendwo ein christliches Dorf, das vergleichbare Rücksicht auf Muslime genommen hätte.«

EINE »BETSÜCHTIGE« STADT

GJIROKASTËR

Die Fahrt nach Gjirokastër sollte zwei Stunden dauern und stellte für Idar und mich eine optimale Gelegenheit dar, einander besser kennenzulernen. In unserer Schule war er mein Lieblingshausmeister von den dreien, die dort arbeiteten. Demzufolge war unser Verhältnis bisher vor allem von Arbeitsthemen geprägt gewesen, wir hatten kaum eine Unterhaltung geführt, die über kaputte Fenster und vermisste Schrankschlüssel hinausging. Unsere Bekanntschaft vertiefte sich erst, als ich Liri zunächst bei ihrer Doktorarbeit half und dann, als ihr Mann die britische Staatsbürgerschaft beantragte. Das hatte mir Idar nie vergessen.

»Du bist ein guter Mensch, Terick«, sagte er gern, wenn er mich vom Schulparkplatz fahren sah.

Idars Haus befand sich, wie früher bei Hausmeistern üblich, auf dem Schulgelände, hinter dem Parkplatz. An manchen Tagen, wenn ich spät dran war und nichts mehr frei war, fing er mich ab, noch bevor ich wieder umdrehen und eine freie Lücke am Straßenrand suchen musste, und ließ mich seinen privaten Stellplatz nutzen. Wenn ich etwas hatte, was erledigt werden musste – kleinere Instandsetzungen in meinem Klassenzimmer –, kümmerte sich Idar persönlich darum und umging dabei – wenn nötig – auch das Onlinemeldesystem, damit mein Anliegen nicht in der langen Liste unterging. Ich hatte ihn nie darum gebeten, so wie er mich nie gebeten hatte, Liri zu helfen.

Bei den Mitarbeiterfesten zum Ende des Schulhalbjahres setzte ich mich immer kurz zu Idar und seinen Kollegen, so wie ich mir auch Zeit für das IT-Team, das Küchenpersonal, die Verwaltungsmitarbeiter und die Lehrassistenten nahm. Das waren die Augenblicke, in denen Idar und ich am ehesten wirklich ins Gespräch kamen und in denen ich einen Einblick in sein Leben erhielt, das mir so bekannt vorkam: Es war die typische Geschichte eines Vaters, der mit seiner Familie an einen Ort fernab des Heimatlandes gezogen war, in der Hoffnung auf ein besseres, sichereres Leben.

Als wir Vlorë nun zunächst Richtung Nordosten verließen und uns im weiteren Verlauf auf der SH 76 in Richtung Südosten durch die Berge schlängelten, fragte Idar, ob er im Auto rauchen dürfe. Ich nickte und drückte auf den Knopf, der das Fenster hinabgleiten ließ. Das plötzliche Rauschen des Windes übertönte die albanische Musik, die aus dem Radio erklang. Idar zog eine Schachtel zollfreie Benson & Hedges und ein kleines Heft mit Streichhölzern hervor. Er brachte eines davon zum Brennen und schützte die Flamme mit gewölbten Händen vor dem kräftigen Wind, sodass er sich erfolgreich die erste von vielen Zigaretten anzünden konnte. Der erste tiefe Zug entspannte ihn sichtlich. Draußen zeichnete die helle Vormittagssonne wolkenförmige Schatten auf die Hänge der uns umgebenden Hügel, hinter denen hohe Berge aufragten. Ich fragte Idar, ob er vor dem Umzug nach England immer schon in Vlorë gelebt habe.

»Nein«, sagte er und schüttelte den Kopf. »Ich bin aufgewachsen in einem Dorf oben in den Bergen, das liegt so einsam, dass man selbst heute nur zu Fuß hinkommt.« Er nahm einen weiteren tiefen Zug und achtete sorgsam darauf, den Rauch aus dem Fenster zu blasen.

Als Junge war sein Lieblingsfach Mathematik gewesen. In jener Zeit hatte die Schule in Albanien um neun Uhr morgens begonnen und um zwei Uhr mittags geendet. Jeder Tag bestand aus fünf Stunden mit nur zwei Pausen dazwischen.

»Wir hatten damals so viel Respekt vor den Lehrern. Ich weiß noch, wie ich weglief und mich versteckte, wenn ich meinen Lehrer durch das Dorf gehen sah, weil er nicht glauben sollte, dass ich das, was er mir an dem Tag beigebracht hatte, nicht zu Hause weiterlernte.«

»Wow, kannst du dir vorstellen, dass die Kinder an unserer Schule so etwas machen würden?«, fragte ich. Wir mussten beide lachen.

In Idars Schule wurde man damals nur versetzt, wenn man die nötige Leistung brachte; es gab Abschlussprüfungen. In Mathe sei das kein Problem für ihn gewesen, erzählte er und schloss das Fenster, damit der stürmische Wind ihm nicht die wenigen verbliebenen Haare zerzauste. »In Mathe war ich der Beste, aber Erdkunde …« Idar schnaubte und lächelte; bei der Erinnerung funkelten seine Augen. »Erdkunde mochte ich überhaupt nicht. In Erdkunde war ich immer einer der schlechtesten.«

Die Stadt lag mittlerweile weit hinter uns. Um uns herum ragten überall Berge auf – wir waren jetzt mitten im Gebirge, und zwischen die Felswände schmiegten sich kleine Dörfer wie das aus Idars Kindheitserinnerungen. Es war kaum eine Menschenseele zu sehen. Die wenigen flachen Bereiche wurden größtenteils landwirtschaftlich genutzt. Hin und wieder passierten wir einzelne Bauern, die mit Werkzeug und Essenspaket in der Hand am Straßenrand entlangliefen. Wenn sie den Wagen kommen hörten, blieben sie stehen und ließen ihn vorbeifahren, die Augen gegen die blendende Augustsonne zusammengekniffen. Da gerade Schulferien waren, wurden einige von ihnen von ihren Enkelkindern begleitet, die von den berufstätigen Eltern für den Sommer aus den Städten aufs Land geschickt worden waren.

Ich bat Idar, mir mehr über seine Kindheit zu erzählen. Wer waren seine Freunde gewesen? Was hatte er mit ihnen unternommen? Hatten sie je irgendwelchen Unfug getrieben?

Idar rauchte seine letzte Zigarette zu Ende und schnipste den Stummel aus dem Fenster. Dann wartete er ab, bis der verbliebene Qualm aus dem Wagen verschwunden war, und schloss es. Sie hätten Unfug getrieben, sagte er, wie alle Kinder, doch eines Tages habe eine unschuldige Dummheit seinen besten Freund das Leben gekostet. Idar war damals nicht dabei und hatte erst hinterher davon erfahren.

»Er spielte auf den Feldern und fand eine Handgranate aus dem Krieg, aus der Zeit, als die Italiener Albanien besetzt hatten. Er wusste nicht, was er da vor sich hatte, und hob sie auf. Sie explodierte, und er war sofort tot. Ich hörte erst davon, als seine Beerdigung angekündigt wurde. Das war ein sehr trauriger Tag.«

Ich warf ihm einen Seitenblick zu. Idar hatte nicht erwähnt, wie sein Freund geheißen hatte, und ich fragte nicht nach. Sein Blick war geradeaus auf die Berge in der Ferne gerichtet. Ich wartete, ob er fortfahren würde. Aber die Geschichte war zu Ende.

»Wie sieht es mit anderen Freunden aus?«

»Die meisten von ihnen habe ich seit mehr als 20 Jahren nicht mehr gesehen«, sagte er und dachte kurz nach. »Ich weiß nur, dass einer von ihnen jetzt irgendwo in Italien lebt.«

Mein Vater war ebenfalls in einem abgelegenen Dorf aufgewachsen und hatte wie Idar immer in sehr respektvollem

Ton über seine Lehrer gesprochen. Auch er hatte fast keinen Kontakt mehr zu seinen Schulfreunden. Einige waren während des Bangladeschkriegs ums Leben gekommen, andere hatte es auf der Suche nach einem besseren Leben in verschiedene Ecken der Welt verschlagen.

Idar hatte sich nicht sein Leben lang gewünscht, Albanien zu verlassen. Als Kind in einem kommunistischen Staat hatte er das nicht einmal für möglich gehalten. Damals hatte er davon geträumt, irgendwann einmal für die Regierung zu arbeiten, so wie alle anderen auch. Dieser Traum ging in Erfüllung, als ihm eines Tages die Leitung der Kantine in einer der Zweigstellen der staatlichen Ölbohrfirma übertragen wurde.

Idars Kindheit fiel in die Zeit des äußerst repressiven Regimes des stalinistischen Diktators Hoxha und seines Nachfolgers Ramiz Alia, das bis 1990 andauerte. Die 40-jährige Herrschaftszeit von Hoxha, eines Verfechters eines antirevisionistischen Marxismus-Leninismus, war geprägt von regelmäßigen mörderischen Vertreibungsmaßnahmen, Elitismus, skrupellosem Machtmissbrauch und Unterdrückung. Infolgedessen entwickelte sich Albanien zu einem der unterjochtesten, unfreisten und isoliertesten Länder Europas. Daher überrascht es kaum, dass Leute wie Idar und seine Freunde nach dem Ende der Schreckensherrschaft sofort ins Ausland gingen.

Merkwürdig nur, dass Idar es anders in Erinnerung hat.

»Das Leben war gut, alle hatten genug. Nicht zu viel, nicht zu wenig, einfach genug. Der Staat stellte sicher, dass das so war. Wenn du zum Beispiel zu viel Vieh auf deinem Hof hast, nimmt der Staat dir weg, was du nicht brauchst, und gibt es jemandem, der es nötiger hat. Das war doch gerecht, oder?« Die Frage war rhetorisch. Idar fasste den »gemeinschaftlichen« Aspekt der politischen Philosophie zusammen.

»Die Berge waren voller Höfe.« Idar nutzte seine frisch angezündete Zigarette, um damit auf die verlassenen Berge zu deuten, an denen wir vorbeifuhren. »Hier waren überall Zitronen und Orangen. Und schau, wie es jetzt aussieht!« Sein Blick glitt über die Gipfel der grünen Hügel und Berge, und er hatte recht: Nirgendwo wuchs etwas. Das Gebirge zog sich links und rechts des Vjosë-Tals durch das Landesinnere. Die Gegend dort ist sehr fruchtbar und war früher für ihre Zitrusfrüchte und den Weinanbau bekannt, doch davon ist nichts mehr auszumachen.

Hoxha erbte ein verarmtes Land, das stark unter den Nachwirkungen der Misswirtschaft der Monarchie und der Großmachtallüren als Marionettenstaat der Italiener und Deutschen gelitten hatte, und es stimmt, dass unter seiner Herrschaft in mehreren Bereichen Fortschritte verzeichnet wurden. Während vorher nur fünf Prozent der Albaner lesen und schreiben konnten, waren es vier Jahrzehnte später fast 100 Prozent, das Land wurde landwirtschaftlich autonom, die erste Eisenbahnstrecke wurde gebaut, alte gesellschaftliche Kategorisierungen (nach Religion, Familienzugehörigkeit und regionaler Herkunft), die als spaltend galten, verloren an Bedeutung, und sowohl das Bildungs- und Gesundheitswesen als auch die Frauenrechte machten Fortschritte. Außerdem gelang es Hoxha, die territoriale Integrität Albaniens zu bewahren, während er die Wirtschaft einer Industrialisierung im sowjetischen Stil unterzog und sie dadurch breiter aufstellte.

Idar erinnerte sich an Hoxhas Bemühungen, die ländliche Prägung des Landes zu schützen und Albanien vor der Verstädterung zu bewahren.

»Man durfte nicht in die Stadt ziehen, wenn man keinen sehr guten Grund hatte, etwa wenn dein Vater dort eine Arbeit hatte oder so etwas. Pro Familie durfte nur einer studieren.«

»Wer war es in deiner Familie?«

»Mein Bruder, er ist heute Baustatiker.«

Das kam mir nicht besonders gerecht vor, ebenso wenig wie die Einschränkungen für die Dorfbewohner, denen es nicht erlaubt war, auf der Suche nach einer besseren Zukunft in die Städte und Metropolen zu ziehen – ohne staatliche Erlaubnis saßen sie fest und mussten in ihrem Schicksal ausharren. Das klang in meinen Ohren ziemlich seltsam, aber Idar betrachtete es ganz pragmatisch, als verstünde er die Beweggründe dahinter und glaubte vielleicht sogar an die Erzählung, mit der diese Vorschriften gerechtfertigt wurden.

»Wir bemerkten ungefähr 1971, dass mit dem kommunistischen Gedanken etwas schieflief«, erzählte er, während er sich bemühte, am Stummel der aufgerauchten Zigarette die nächste anzuzünden. Er rauchte jetzt Kette, nicht weil er es wollte – obwohl das wahrscheinlich auch der Fall war –, sondern weil er sein letztes Streichholz aufgebraucht hatte und wir in der letzten halben Stunde an nichts vorbeigefahren waren, was einem Geschäft geähnelt hätte.

Idar meinte, zu dieser Zeit habe man zum ersten Mal davon gehört, dass Hoxha Leute unrechtmäßig einsperrte und sie foltern ließ. Es gab Gerüchte, dass einige einfach verschwunden seien, aber er gab zu, aufgrund seiner behüteten Kindheit – hoch oben im Gebirgsdorf – im Grunde nur wenig über die wahren Umstände von Hoxhas brutalem Regime mitbekommen zu haben. Er wusste nur, dass es nach den 1970er-Jahren bergab gegangen war, obwohl er sich nicht sicher war, ob es heute besser sei.

»Schau es dir doch an. Alles ist in den Händen einzelner Habgieriger und reicher Leute, die genauso korrupt sind wie der Staat …«

Es ist wenig überraschend, dass Idar eine Verschlechterung

ab den 1970er-Jahren bemerkt hatte, denn anders als andere Diktatoren der Region wie etwa Tito in Jugoslawien, der mit dem Alter sanftmütiger wurde, entwickelte Hoxha sich zunehmend zum Extremisten und Paranoiker und ließ das an seinem Volk aus. Es heißt, dass zu dem Zeitpunkt bereits jeder dritte erwachsene Albaner von Hoxhas Geheimpolizei, der Sigurimi, verhört worden sei, deren Vorgehensweise der des sowjetischen KGB und der Stasi vergleichbar war. Diejenigen, die man als politische Abweichler einstufte, wurden eingesperrt, gefoltert und verschwanden dann einfach. Hinrichtungen politischer Gegner waren Alltag in Hoxhas Welt, in der 34.000 Menschen aus politischen Gründen festgesetzt und mehr als 6000 von ihnen ermordet wurden. Dabei betrug die Gesamtbevölkerung Albaniens damals nur drei Millionen Menschen.

Die zweite große Maßnahme des Diktators bestand darin, dass er jegliche Religionsausübung im Land für illegal erklärte. Hoxha – dessen Name ironischerweise die albanische Version des Titels Hodscha war, was Lehrer (des Islam) bedeutet – ließ sämtliche der über 2000 Moscheen und Kirchen im Land schließen oder zerstören, um Albanien zum ersten offiziell atheistischen Staat der Welt zu machen. Das war der Grund dafür, dass wir auf unserer Fahrt kaum eine Moschee gesehen hatten.

Enver Hoxha kam 1908 in der kleinen osmanischen Stadt Ergiri, wie sie auf Türkisch hieß, zur Welt. Ergiri ist heute unter dem Namen Gjirokastër bekannt.

»Terick, du fährst wirklich gut Auto«, sagte Idar. »Ich hasse es, in Albanien zu fahren. Mit solchen Autos kann ich nicht einmal umgehen.«

»Mit kleinen Wagen?«, fragte ich.

»Nein, Autos, bei denen das Lenkrad auf dieser Seite ist«, meinte er und wies auf das Steuer.

»Aber … du bist doch Albaner!«

»Ich weiß, aber ich habe meinen Führerschein in England gemacht, daher kann ich nur mit Steuer rechts fahren.« Idar schnaubte, als er das sagte, und wir mussten beide laut lachen.

Draußen konnten wir das rauschende Wasser des Flusses Vjosë neben uns sehen. Jetzt, da wir die Stadt Tepelenë erreicht hatten und dort auf die SH 4 abbogen, war es nur noch eine halbe Stunde bis Gjirokastër.

In Tepelenë war eine der faszinierendsten Figuren der albanischen Geschichte geboren worden: Ali Pascha, auch bekannt als der »Löwe von Janina«, ein Mann, der im Westen so legendär war, dass er zum Sinnbild des »orientalischen Despoten« wurde.

Ali war ein Kriegsfürst aus dem 18. Jahrhundert, dessen Vater von lokalen Potentaten ermordet wurde, als er noch ein Kind war. Er wuchs bei seiner blutrünstigen und rachsüchtigen Mutter auf und entwickelte sich zu einem berüchtigten Banditen, der in den Bergen, durch die wir gerade fuhren, aktiv war. Seine Opfer waren oft Händler, die die Osmanen belieferten. Nachdem sie immer wieder Waren an den berüchtigten Räuber und seine Bande verloren hatten, beschlossen die pragmatisch veranlagten Osmanen, dass es wohl besser sei, Ali auf ihre Seite zu ziehen, und ernannten ihn zum Dervendschi-Pascha – ein Titel, der ihm die Verantwortung für genau die Gebirgspässe übertrug, wo er bis vor Kurzem sein Unwesen getrieben hatte. Jetzt verfügte Ali über eine eigene kleine Armee, mit der er für Recht und Ordnung sorgen konnte. Das war ein kluger Schachzug der Osmanen. Mit der Zeit stieg Ali in ihrer Hierarchie immer weiter auf und erwies sich als gnadenloser und ehrgeiziger

Anführer, bis er im Jahr 1788 zum Pascha des Sandschaks von Ioannina (albanisch: Janina) ernannt wurde. Im Lauf der folgenden vier Jahrzehnte erwarb sich Ali einen Ruf als despotischer und gefürchteter Kriegsherr, der sein Territorium dank einer schwachen osmanischen Zentralregierung immer weiter ausdehnen konnte, als wäre er ein unabhängiger Herrscher. Mit der Zeit hatte Ali fast das gesamte heutige Albanien und große Teile Griechenlands unter seine Kontrolle gebracht.

Interessanterweise wird Ali Paschas Erfolg nicht nur seinen kriegerischen Fähigkeiten zugeschrieben, sondern auch seiner religiösen Toleranz. Er selbst war Mitglied des Bektaschi-Ordens, unterstützte aber auch die orthodoxen Christen und sunnitischen Muslime in der Region und erwies sich zudem als geschickter politischer Stratege, der mehrere Allianzen mit westlichen Mächten einging, darunter das napoleonische Frankreich und das britische Empire. Der junge John Hobhouse, später Lord Broughton, der 1809 zusammen mit seinem Freund, dem Dichter Lord Byron, eine Reise durch den Balkan unternahm, erzählt eine amüsante Anekdote über ein Geschenk, das Ali Pascha von Napoleon erhalten hatte. Sie gewährt einen tiefen Einblick in die Unsicherheit, aber auch den Ehrgeiz des berüchtigten Kriegsfürsten.

Hobhouse und Byron waren in der Zitadelle von Tepelenë zu Gast, und an ihrem letzten Tag dort zeigte ihnen der Pascha, der damals bereits die 60 überschritten hatte, stolz das Gewehr, das der französische Kaiser ihm geschenkt hatte. Die beiden Engländer zeigten sich angemessen beeindruckt, als sie das Kurzgewehr mit dem silbernen, mit »Diamanten und Brillanten« besetzten Schaft sahen. Hobhouse bemerkte, dass es sich um ein »hübsches Geschenk« handele. Doch der Sekretär des Paschas, der bei dem Gespräch als Dolmetscher diente, erzählte den beiden die Wahrheit: Als Napoleon die Waffe Ali Pascha überreicht hatte, war ihr Schaft noch ein ganz gewöhnlicher gewesen. Ali Pascha hatte das Silber und die Verzierungen selbst anbringen lassen, damit das Geschenk eines Herrschers würdiger aussah.

Als die Osmanen bemerkten, dass Ali Pascha ein unabhängiges Reich anstrebte, beschloss Sultan Mahmud II., der Laufbahn des Kriegsfürsten ein Ende zu setzen. So kam es, dass er nach blutigen Kämpfen 1822 im Sankt-Panteleimon-Kloster auf der im Pamvotida-See in der nordgriechischen Region Epirus gelegenen Ioannina-Insel, wohin er sich zurückgezogen hatte, von osmanischen Truppen getötet wurde. Trotz seines Rebellenstatus wurde Ali Pascha ein Ehrenbegräbnis im nordwestgriechischen Ioannina, der Hauptstadt seines Reiches, gewährt, während sein abgetrennter Kopf dem Sultan in Konstantinopel überbracht wurde.

Bis heute gilt Ali Pascha als eine Art albanischer Held, weil er sich gegen das Osmanische Reich auflehnte. Die Festung auf dem Hügel von Gjirokastër war einer seiner vielen Wohnsitze gewesen.

Hinter Tepelenë verlief die Straße am Grund des Tals, ebenso wie der Fluss Drino. Rechts von uns lagen die Berge der Kurvelesh-Region, deren Name sich laut Evliya vom Wort »Quraisch« ableitete – dem Stamm des Propheten Muhammad. Der Osmane glaubte nämlich, dass die Urbevölkerung Albaniens Quraischi aus Makkah gewesen seien. Er erzählt, wie ein Mitglied des Quraisch-Stammes, Jabal-i Alhama, versehentlich einem arabischen Beg ein Auge ausstach, woraufhin dieser vom Kalifen Omar forderte, dass im Gegenzug auch Jabal sein Auge verlieren müsse, denn so stehe es im Qur'ān: »Auge für Auge.«. Der Kalif stimmte zu, und Jabal trat zusammen mit 3000 seiner Stammesangehörigen die Flucht an, verfolgt vom Kalifen. Ihr Weg führte sie nach Albanien, wo sie sich in genau den Bergen niederließen, an denen wir gerade vorbeifuhren. So erhielten diese ihren Namen. Evliya behauptet sogar, dass Jabal in der weiter nördlich gelegenen albanischen Stadt Elbasan begraben sei. Als ich Idar die Geschichte erzählte, lachte er und sagte: »Siehst du, ich habe doch gesagt, dass wir Muslime sind!«

Schon bald zeichnete sich die Silhouette von Gjirokastër am Horizont ab. Die Stadt befindet sich hoch oben in den Bergen, direkt unterhalb von Ali Paschas gewaltiger Festung, und besteht aus wunderschönen osmanischen Häusern aus dem 17. und 18. Jahrhundert, die sich wie eine Fata Morgana aus vergangenen Zeiten über die Hänge ziehen.

Wir verließen die Hauptstraße an einem achtstöckigen Gebäude mit rosafarbenen Balkonen, vor dem einige Einheimische auf limettengrünen Gartenstühlen saßen und in der Sonne ihren Kaffee schlürften.

»Das ist Gjirokastër«, verkündete Idar mit einem Anflug von Triumph in der Stimme.

»Ja, das stimmt, aber du weißt doch, dass ich hier bin, um Ergiri zu finden«, sagte ich, und wir mussten beide lachen.

Die Region um Gjirokastër/Ergiri war schon seit der Bronzezeit besiedelt und historisch gesehen meist von Griechen bewohnt gewesen, bis sich im 14. Jahrhundert, kurz vor der Ankunft der Osmanen, umherziehende albanische Nomaden hier niederließen. Zu der Zeit hieß die Stadt Argyrókastro oder Argyrópolis – nach den griechischen Bezeichnungen für Silber, Burg und Stadt –, wahrscheinlich wegen des silbergrauen Gesteins, aus dem die meisten Häuser und die große Verteidigungsanlage auf dem Gipfel erbaut waren. Die Festung ist der älteste Teil der Stadt; einige ihrer Mauern stehen schon seit dem 6. Jahrhundert. Der Rest der Altstadt stammt aus der Zeit, in der sie Ergiri hieß, und stellt die schönste Ansammlung klassischer osmanischer Wohnhäuser in ganz Albanien dar.

Was den Ursprung der Stadt anging, äußerte sich Evliya ziemlich konkret. Er schreibt, dass sie vom Sohn eines griechischen Königs namens Philipp gegründet worden sei. Außerdem glaubt er, dass hier im Verlauf der Geschichte vermutlich auch Venezianer gelebt hätten, da er auf einer Reihe von Häusern das Bild des heiligen Markus, des Schutzpatrons Venedigs, entdeckte. Evliya beschreibt Ergiri als schöne, offene Stadt, die sich unterhalb der Festung über acht Berge und Täler erstreckte und aus schiefergedeckten Steinhäusern bestand. Jedes Einzelne von ihnen verfügte über einen Turm und einen Innenhof, der von einer weißen Granitmauer umstanden war. Weiterhin gehörten zu den Häusern Weinstöcke und Gärten.

Während sich unser kleiner weißer Mégane die steilen Kopfsteinpflastergassen der »Stadt aus Stein« hinaufkämpfte, schaute Idar die ganze Zeit aus dem Fenster, die Zigarette in der Hand, der Mund weit offen, und bewunderte die prachtvollen osmanischen Häuser, die sich über den belebten Hang zogen. Gjirokastër hatte sich den Charme von Evliyas Ergiri offensichtlich erhalten, denn so lange hatte es Idar noch nie ohne einen Zug aus seiner Zigarette ausgehalten.

Unser Ziel war der alte osmanische Basar der Stadt, der im 19. Jahrhundert wiederaufgebaut worden war. Das war laut meinem Reiseführer das schönste Viertel der Stadt, in dem auch die einzige noch bestehende Moschee Ergiris aufragte, die Memi-Bey- oder auch Basarmoschee.

Zu Evliyas Zeiten war die Stadt überaus fromm gewesen, voller »betsüchtiger« Menschen. Es gab mindestens 15

Moscheen, und angehende Hadīth-Gelehrte kamen nach Ergiri, um sich an einer der drei darauf spezialisierten Madrasas ausbilden zu lassen. Außerdem gab es Tekken von drei verschiedenen Sufi-Orden und vier Schreine, die berühmten muslimischen Heiligen gewidmet waren. Leider war all das zerstört worden, als der Sohn der Stadt, Hoxha, in Albanien herrschte. Es heißt, dass die Memi-Bey-Moschee nur deshalb überlebt habe, weil sie bereits als kulturell bedeutsames Monument gelistet war – die Kommunisten nutzten sie als Übungshalle für Zirkusakrobaten, die ihre Trapeze in den hohen Kuppeln der Moschee aufhängten.

Die Reifen des Wagens drehten langsam durch, deshalb war ich erleichtert, als wir um eine Kurve bogen und das gedrungene Minarett der Moschee vor uns lag.

»Gott sei Dank. Ich glaube nicht, dass das Auto es noch viel weiter hoch geschafft hätte!«, sagte ich und stellte den Motor aus.

»Ja, die Straßen sind sehr schmal und seeeehr steil. Ich bin froh, dass du fährst«, lachte Idar.

Ich legte den ersten Gang ein, schlug die Räder Richtung Gehweg ein und zog die Handbremse an. Idar machte sich sofort auf die Suche nach einem Feuerzeug. Wir hatten im Schatten des Minaretts geparkt, das nun über mir aufragte. Ich schaute hinauf zum Balkon, der sich rund um den Turm zog und dessen Bleistiftform durchbrach, und bemerkte die Muqarnas-Elemente. Von der Straße aus führten zwei symmetrisch aufeinander zulaufende Treppen zum eigentlichen Eingang der Moschee hinauf, die im 18. Jahrhundert erbaut worden war, etwa zum selben Zeitpunkt, als der lokale Bandenführer Ali zum osmanischen Pascha gekürt worden war. Oben gelangte man durch ein Drahtgittertor in die Vorhalle, deren Dach von Rundbögen gestützt wurde und aus grauem

Schiefer bestand, ganz ähnlich dem, mit dem die historischen Häuser der Stadt gedeckt waren.

Hinter der Moschee zogen sich Bäume und Sträucher den Hang hinauf, und in der Ferne waren die Mauern der Festung zu erkennen. Links von mir verlief parallel zur Talsohle eine der ursprünglichen Straßen des Basars. Dieses einstige Herzstück des mittelalterlichen Marktes war jetzt von Läden gesäumt, die unter ihren bunten Markisen Kühlschrankmagnete, Gjirokastër-T-Shirts und Miniaturausgaben der Festung verkauften. Zwischen den Läden schlenderte eine Handvoll Touristen umher, eingerahmt von Bougainvilleen, die die Fassaden der auch als Wohnraum dienenden Häuser zierten. Gjirokastër war unbestritten die schönste Stadt, die ich bisher in Albanien zu Gesicht bekommen hatte, und ich verstand, warum selbst Hoxha sie zu einer von nur zwei »Museumsstädten« erklärt hatte. Die andere war Berat, 100 Kilometer weiter nördlich. Außerdem waren Gjirokastër und Berat Hochburgen der klassischen osmanischen Architektur und die einzigen historischen Städte, die nicht vollständig der kommunistischen Modernisierung zum Opfer gefallen waren, in deren Rahmen neben vielen anderen bedeutenden Bauwerken auch Moscheen, Synagogen, Kirchen, Sufi-Tekken und Klöster geschlossen und zerstört worden waren. An ihre Stelle waren meist die hässlichen funktionalen Gebäude der kommunistischen Architektur getreten, und so kam es, dass Berat und Gjirokastër heute zum UNESCO-Weltkulturerbe zählen.

Ich setzte mich auf die Steinstufen vor der alten Moschee und wartete darauf, dass Idar zurückkam. Die Luft war hier oben viel klarer, und der Blick über das Tal, das nun ganz in Sonnenschein getaucht dalag, war spektakulär. Ich versuchte mir auszumalen, wie lebhaft es in Ergiri zugegangen sein musste, als die Stadt von Griechen, Türken, Aromunen, Roma und natürlich Albanern bevölkert war.

Evliya schrieb, die Muslime der Stadt hätten eine tiefe Zuneigung gegenüber Ali, dem Cousin und Schwiegersohn des Propheten Muhammad, und seiner Familie gehegt. Offenbar war »Ya Ali!« einer der beliebtesten Aussprüche gewesen, was die Verbreitung des Vornamens hier in der Gegend erklären könnte. Außerdem hätten die Bewohner Ergiris Persisch gesprochen und die umayyadischen Kalifen Muawiya und Yazid verflucht. Letzterer wurde für den Mord an Husain, dem Enkel des Propheten und dritten Imam der Schia, verantwortlich gemacht. Das deutete darauf hin, dass viele der Stadtbewohner Schiiten gewesen sein dürften. Die Geringschätzung den umayyadischen Kalifen gegenüber reichte bis hin zu der Kleidung, die diese getragen hatten, und den Speisen und Getränken, die sie verzehrten – die Einheimischen weigerten sich, die Farbe Blau zu tragen, *zerde* (einen süßen Reispudding) zu essen oder *boza* (ein leicht alkoholisches Malzgetränk) zu sich zu nehmen, weil sie glaubten, dass es sich dabei um Erfindungen Muawiyas handelte. Doch das hielt sie nicht grundsätzlich davon ab, dem Alkohol zu frönen, wie Evliya beschrieb: »Sie trinken schamlos Wein und andere berauschende Getränke, etwa den sogenannten *reyhania* [heute: *rehani*].« Sobald ein religiöses Fest anstand, putzten sich die Einheimischen – ganz unabhängig von ihrem Glauben – heraus, betranken sich hemmungslos und tanzten den ganzen Tag lang. Das Verschwimmen der Grenzen zwischen den Religionen, das ich überall auf dem Balkan erlebt hatte, hatte sich laut Evliya also auch in Ergiri zugetragen. Ganz egal ob es der Tag des heiligen Georg, der des heiligen Demetrius, der persische Neujahrstag (Nouruz) oder eines der Eid-Feste war – die (muslimischen) »Geliebten laufen

Hand in Hand mit ihren hübschen Jungen herum, umarmen sie und tanzen wie die Christen«. Dieses Verhalten war etwas, was der Osmane als »recht schändlich« empfand, weil es »typisch für Ungläubige« sei, obwohl er in seiner verständnisvollen Art und Weise auch schrieb, dass es eben »ihr Brauch« sei.

Evliya vermerkt eine weitere interessante Beobachtung über Ergiri, und zwar in Bezug auf die lokalen Gewohnheiten, wenn es um die Trauer um Verstorbene ging. Diese habe manchmal bis zu 100 Jahre nach dem Tod des Betroffenen anhalten können und wurde zum Ausdruck gebracht, indem man jeden Sonntag im Haus zusammenkam und professionelle Trauernde engagierte, die den Verlust des Menschen beweinten und beklagten. Evliya empfand dieses Ritual als unerträglich laut und bezeichnete Ergiri als »die heulende Stadt«. Wie es seine Art war, illustrierte er diese regionale Obsession mit einer amüsanten Anekdote: Eines Tages erinnerte ein Mann seine Frau beim Sex daran, dass der folgende Tag Sonntag sei – der Tag der Trauer. Das rief in der Frau die Erinnerung an ihren 17. Ehemann wach (Evliya geht nicht darauf ein, der wievielte der aktuelle war), der in einer Seeschlacht gegen die Engländer ums Leben gekommen war. Daraufhin traf die Frau die eher taktlose Entscheidung, sich noch während des Aktes »Haare raufend« darüber auszulassen, wie sehr sie diesen Mann vermisse und wie großartig der Sex mit ihm gewesen sei. Das führte unweigerlich dazu, dass das Glied des aktuellen Gatten erschlaffte und der Mann es bereute, den Tag der Trauer überhaupt angesprochen zu haben. Evliya schließt die Geschichte mit einem Augenzwinkern ab, indem er andeutet, dass dies womöglich der Grund dafür sei, warum die Männer der Stadt so traurig und schwermütig umherliefen.

Der Einfluss des schiitischen Islam und das bunte Nebeneinander der religiösen Praktiken im historischen Gjirokastër war ein weiteres Beispiel für die Koexistenz verschiedener Glaubensrichtungen auf dem Balkan. Mich überraschte das mittlerweile nicht mehr.

Es wurde immer deutlicher, dass das religiöse Miteinander in dieser Region einst komplex, vielschichtig und fließend gewesen war – praktisch jede Stadt, die wir bisher besichtigt hatten, konnte historische und zum Teil sogar zeitgenössische Beispiele dafür liefern. Das osmanische Sarajevo war offenbar keine Ausnahme gewesen, sondern der Normalfall, weshalb Evliyas Ausführungen über das Zusammenleben von Muslimen, Christen und Juden an den von ihm aufgesuchten Orten auch so nüchtern klingen.

Augenscheinlich hatten die verschiedenen Glaubensrichtungen in der Geschichte des Balkans nicht nur koexistiert – die Grenzen zwischen den religiösen und kulturellen Praktiken waren wohl deutlich durchlässiger, als es uns allgemein vermittelt wird. Ich erkannte immer deutlicher, wie die offenkundige muslimische Identität von Städten wie Višegrad, Niš und jetzt Gjirokastër von denjenigen, die neue und alternative Erzählungen anstrebten, absichtlich zerstört oder zu einer Fußnote degradiert wurde. In der Folge würde niemand, der Gjirokastër heute besuchte, auf die Idee kommen, dass die Stadt einst ein Zentrum der islamischen Forschung und des Sufismus auf dem Balkan war, ein Ort, der Theologiestudenten und Spirituelle aus der ganzen Welt anzog.

Ein Knacken der in die Jahre gekommenen Lautsprecheranlage der Moschee riss mich aus meinen Gedanken. Der einheimische Muezzin machte sich bereit für den *adhān*.

Allāhu akbar. Allāhu akbar. Allāhu akbar. Allāhu akbar …
(Gott ist groß. Gott ist groß. Gott ist groß. Gott ist groß …)
Aschhadu an lā ilāha illā Allāh. Aschhadu an lā ilāha illā Allāh …
(Ich bezeuge, dass es keinen Gott gibt außer Gott. Ich bezeuge, dass es keinen Gott gibt außer Gott …)

Die nicht mehr ganz junge Stimme erfüllte das ganze Tal mit dem Lob Gottes, so wie es die Muezzins früherer Zeiten fast 500 Jahre lang getan hatten, außer in den 40 Jahren, als der berühmteste Sohn der Stadt das Land beherrschte. Der *adhān* wurde weniger melodiös vorgetragen, als ich es an anderen Orten im Balkan erlebt hatte; die Stimme des alten Mannes klang eher zielstrebig. Ich lehnte mich mit dem Rücken gegen die Steinmauer und bemerkte, dass dies mein erster *adhān* in Albanien war.

Kurz darauf entdeckte ich eine vertraute Gestalt, die sich gebeugt die steile Gasse heraufkämpfte. Aus ihrem Mund stiegen Rauchwolken auf. Idar grinste breit. Er hatte ein Feuerzeug erstanden, das er mir jetzt voller Stolz präsentierte. Es war schwarz-rot und trug die Aufschrift »Shqipëria« – so nennen die Albaner selbst ihr Heimatland.

»Alles klar, bist du bereit?«, fragte ich ihn.

Idar nickte, und sein Strahlen war hinter der Rauchwolke kaum zu erkennen.

»Dann auf zur Festung!«

EIN HAUS, ERBAUT VOM PASCHA
GJIROKASTËR

Der Aufstieg zur Festung hinauf lohnte sich allein schon wegen der Aussicht dort oben. Gjirokastër war ein ausgesprochen hübsches Städtchen, und als Idar und ich nun an der Steinmauer lehnten – vor allem um wieder zu Atem zu kommen –, ließen wir den Blick schweigend über die Altstadt schweifen. Sie sah auch heute noch aus, als wäre sie den Seiten von Evliyas *Seyahâtnâme* entsprungen. Ich sah die vielen »Weinstöcke und Gärten« und die »prachtvollen Wohnhäuser«, die er beschrieben hatte, vielleicht sogar von dieser Stelle aus. Drum herum erstreckten sich Berge und Täler. Das Einzige, was fehlte, waren die zahlreichen muslimischen Bauwerke, die der Reisende aufgezählt hatte: die Hizir-Aga-Moschee mit ihrem gemauerten Minarett, die Moschee des Hadschi Murad mit ihrem Brunnen voller süß schmeckendem Wasser, die Halveti-Tekke, wo Evliya einen der jungen Männer aus seinem Gefolge hatte begraben müssen, die vielen Hans, Brunnen und Madrasas – all das war verschwunden. Doch zum Glück hatte sich Gjirokastër seinen Charme bewahrt.

»Eines muss man euch lassen – obwohl Hoxha so islamfeindlich war und so viele Moscheen, Tekken und Madrasas zerstört hat, habt ihr es trotzdem irgendwie geschafft, diese wunderbare osmanische Stadt zu erhalten, Idar«, sagte ich nach einer Weile und klopfte ihm neckisch auf die Schulter.

Idar schwieg, er nickte nur und schaute weiterhin auf die historische Stadt hinab. »Ich wusste nicht, dass es einen solchen Ort in Albanien gibt, Terick …« antwortete er schließlich und verstummte. Ich sah, wie sehr ihn der Anblick bewegte. So hatte ich Idar noch nie erlebt. Das war nicht der stets rationale Mann, mit dem ich seit vielen Jahren zusammenarbeitete, der zähe Kerl, der die Dinge immer so nahm, wie sie kamen. Idar holte eine Zigarette aus der Packung, zündete sie sich mit seinem neuen patriotischen Feuerzeug an und stieß ein kurzes, hartes Husten aus.

»Beim nächsten Mal bringe ich meine Familie mit«, fuhr er fort. »Sie müssen das hier sehen, sie müssen wissen, wie schön Albanien ist und wie viel Geschichte es hier gibt.«

Idar hatte ursprünglich geplant, mit uns allen in den Urlaubsort Sarandë an der griechischen Grenze zu fahren. Angesichts der ungehinderten Aussicht auf Korfu und der katalogreifen Hotels an einem Strand voller strohgedeckter Sonnenschirme war es nicht schwer zu erkennen, warum seine Wahl ausgerechnet auf diesen Ort gefallen war. Ich war kurz versucht gewesen – es gab sogar eine Moschee zu besichtigen, gleich neben den Überresten einer Synagoge aus dem 5. Jahrhundert, aber als Tamara und die Mädchen erfuhren, dass die Fahrt hin und zurück sechs Stunden dauern würde, beschlossen sie verständlicherweise, lieber vor Ort zu relaxen. Idar war sichtlich enttäuscht gewesen, als er meinen Alternativvorschlag hörte: zu zweit ins Inland zu fahren und Gjirokastër zu besichtigen. Der Name der Stadt war ihm ein Begriff, aber er war noch nie dort gewesen und hatte eher zurückhaltend reagiert. Ironischerweise trennte uns nun nur noch gut eine Stunde Fahrt durch das Gebirge von Sarandë, aber ich hatte das Gefühl, dass Idar ganz zufrieden damit war hierzubleiben.

»Danke, Terick«, sagte er und zog ein letztes Mal an seiner Zigarette, bevor er sie an der Festungsmauer ausdrückte.

»Wofür?«

»Danke, dass du mich hergebracht und mir die Geschichte meines Landes gezeigt hast.«

Seine Worte machten mich etwas verlegen, und ich wusste zunächst nicht, was ich sagen sollte. »Manchmal erkennt man die Schönheit der Dinge als Einheimischer weniger gut als jemand, der von außen kommt«, versuchte ich es schließlich, in der Hoffnung, nicht herablassend zu klingen.

Ich hätte gern hinzugefügt, dass die europäischen Muslime ihre Vergangenheit und ihr kulturelles Erbe vielleicht auch einfach nicht so sehr wertschätzten wie einen Sandstrand am blauen Meer mit lauter Musik aus der Bar nebenan, doch das kam mir in dem Augenblick deplatziert vor.

»Du bist ein guter Mann, Terick«, sagte Idar, und sein Gesicht verzog sich zu einem breiten Lächeln, als wir uns auf den Weg ins Innere der Festung machten.

Viel Zeit verbrachten wir dort nicht. Obwohl die Festung auf eine lange und geschichtsträchtige Vergangenheit zurückblickte – sie war im 5. Jahrhundert errichtet und von Ali Pascha im 19. Jahrhundert beträchtlich erweitert worden –, fand ich dort kaum etwas, was meine Aufmerksamkeit fesselte.

Während wir über die gewaltigen Befestigungswälle, durch die inneren Quartiere und zwischen den hohen Bögen der menschenleeren Gänge umherspazierten, fand ich nur einen Hinweis auf den Pascha: eine kleine Tafel, der zu entnehmen war, dass zu der ursprünglichen Festung ein mittlerweile zerstörter Aquädukt mit zwei Ebenen gehört hatte, der 1848 von Edward Lear auf einem Gemälde verewigt worden war. Die Kuratoren der Festung hatten sich vor allem auf den kommunistischen Widerstand gegen die deutsche Besatzung konzentriert, weshalb hauptsächlich Militärgerät aus dem 20. Jahrhundert zu sehen war, darunter Kanonen, ein Panzer und Statuen albanischer Soldaten aus der Hoxha-Ära. Idar war begeistert, als wir vor den Mauern auf das Wrack eines abgefangenen US-amerikanischen Flugzeugs stießen, das noch heute an den Kampf der Kommunisten gegen die westliche Imperialmacht erinnert.

Zu Evliyas Zeiten barg die Festung die Sultan-Bayezid-II.-Moschee, ein großes Gotteshaus mit wunderschön ausgemalter Decke, und 200 zweistöckige Steinhäuser mit Schieferdächern. Nichts davon ist heute erhalten, doch es gibt zwei Grabstätten auf dem Gelände, die angeblich aus dieser Zeit stammen, obwohl sie überraschenderweise nicht auf der Liste der Gräber stehen, die der große Osmane damals in der Stadt vorfand. Es handelt sich um die letzten Ruhestätten von zwei Bektaschi-Babas, Baba Sulltani und Baba Kapllani, denen der fromme Bektaschi Ali Pascha später zweifellos große Verehrung entgegenbrachte.

Der Zugang zu den Gräbern erfolgte durch ein kleines schmiedeeisernes Tor zwischen zwei hohen Festungsmauern ganz in der Nähe des Eingangs. Als Idar und ich hindurchtraten, gelangten wir an einen Ort, der einer kleinen grünen Oase glich: An den Stämmen junger Bäume rankte Efeu empor, und rund um die steinerne Türbe waren Blumen gepflanzt. Die Türbe war über den Gräbern wiederaufgebaut worden, nachdem die Kommunisten sie zerstört hatten. Aus den kleinen Nischen, die in die Wände eingelassen waren, tropfte Kerzenwachs auf den Boden. Dies war ein aktiver Ort der Anbetung, und der Bektaschi Idar war offensichtlich tief bewegt. Er schwieg, während wir um das Mausoleum herumliefen.

Ein paar schmale Stufen führten hinauf zum Eingang der Türbe. Wir versuchten beide, die massive gebeizte Holztür zu öffnen, aber sie war abgeschlossen. Ich machte Idar darauf aufmerksam, dass irgendjemand ein paar silberne Münzen auf der Schwelle hinterlassen hatte. Er nickte, und wir versuchten, zumindest einen Blick ins Innere zu erhaschen. Die beiden kleinen Sarkophage standen nebeneinander in einem komplett weiß gestrichenen Raum, beide mit bestickten weißen Tüchern und Blumensträußen bedeckt. Am Kopfende der Gräber befanden sich drei weiße Steinstufen. Die unterste war mit silbernen Kaffeekannen, Wasserflaschen aus Plastik und Blumen in schmalen Vasen bestückt, während ganz oben eine Reihe von Bilderrahmen und noch mehr Blumen in Vasen zu sehen waren. Außerdem gab es ein kleines Holzschild mit einer goldenen Plakette, auf der in arabischer Schrift »Allah« und »Muhammad« eingraviert war. Auf dem Boden lagen kleine gemusterte Gebetsteppiche. Die Blumen waren frisch und die Gräber sauber und gepflegt. Obwohl die Kommunisten die Türbe einst zerstört hatten, war sie heute doch wieder ein Ort der Andacht für die Einheimischen.

Während Idar noch ganz versunken auf das Grab schaute, spazierte ich um die Türbe herum, an von Kerzenflammen geschwärzten Steinen vorbei. Dabei fielen mir die bunten Bänder auf, die an einigen Pflanzen und Ästen flatterten, genau wie an den bulgarischen Mausoleen.

Die Türbe befand sich in einer versteckten Ecke der Festung. Ein Blinzeln zum falschen Zeitpunkt hätte gereicht, um sie zu verpassen, doch ich war froh, dass wir sie entdeckt hatten. Sie schien mir der einzige Ort der ganzen Anlage zu sein, der noch eine echte Verbindung zur muslimischen Vergangenheit aufwies. Außerdem war sie der einzige Ort, an dem ich mir Ali Pascha vorstellen konnte – vielleicht war er hergekommen, wenn ihn einmal Zweifel befielen oder er etwas Ruhe fernab des geschäftigen Festungstreibens brauchte und ein paar Minuten in dieser kleinen grünen Oase verbringen wollte, in Gesellschaft der verehrten Babas.

Parjon Anastasi spielte früher Fußball für das lokale Team, den Gjirokastër Klubi Sportiv. Aber das war 1978, während der Hoxha-Jahre, und ist lange her – damals hieß der Klub noch KF Luftëtari. Heute ist Parjon aus einem anderen Grund bekannt: Er ist der stolze Besitzer des Zekate-Hauses, des schönsten osmanischen Gebäudes der ganzen Stadt, das 1811 von niemand Geringerem als dem gefürchteten Kriegsherrn Ali Pascha aus Tepelenë erbaut wurde. Parjon begrüßte uns an der Tür zu seinem prachtvollen Haus, wie es sich für einen Ex-Kicker gehörte: in Adidas-Shorts, einem weißen Unterhemd und Sandalen. Irgendwie hatte ich bei einem Mann, der sich um ein nationales Vermächtnis kümmerte, doch mit einer etwas anderen Aufmachung gerechnet.

Das in den Berg hineingebaute Zekate-Haus, von dem aus man einen herrlichen Blick auf die Talhänge hat, ist ein imposanter, vierstöckiger Steinbau, über dessen Eingang zwei hohe Bögen aufragen. Parjon bat uns herein und erklärte uns, dass das Erdgeschoss den Ställen und Wassertanks vorbehalten war. Was wir sehen wollten, befinde sich in den oberen Etagen, meinte er, und führte uns hinauf. Dann ließ er uns allein, damit wir die Räume in Ruhe erkunden konnten.

»Wir treffen uns später auf einen Kaffee«, übersetzte Idar, als Parjon sich verabschiedete und in das bescheidene Häuschen neben dem Eingang zurückkehrte, das er zusammen mit seiner Frau bewohnte. In meiner Vorstellung schaute er sich dort Wiederholungen von WM-Spielen an.

Das Innere des Zekate-Hauses war wirklich eine Pracht: Zwischen den frei liegenden Holzbalken zierten filigrane Ornamente die Wände und Decken. Die größeren Räume verfügten über aufwendig verzierte osmanische Kamine und diwanartige Sitzgelegenheiten entlang der Wände. Man konnte sich leicht vorstellen, wie sich die Ältesten von Ergiri hier versammelt hatten, ein oder zwei von ihnen mit Wasserpfeifen, die sie mit glühenden Kohlen aus der Feuerschale betrieben, und dazu dickflüssigen Kaffee tranken, während man die Angelegenheiten des Tages diskutierte.

»Was für ein herrliches Haus!«, sagte ich und zeigte auf die feinen Blumenmalereien auf der gewölbten Ausbuchtung über dem Kamin. Sie waren im barocken Stil der Tulpenzeit gehalten, wie wir es schon überall auf dem Balkan gesehen hatten.

Idar nickte nur. Zum ersten Mal seit unserer Abfahrt am Morgen hielt er etwas anderes als eine Zigarette in der Hand: sein Handy, mit dem er ein Foto nach dem anderen machte.

Ich deutete an, dass ich hinaufgehen würde, und Idar nickte erneut, den Blick auf die Kamera gerichtet. Auch in den oberen Räumen hatte sich Parjon bei den Möbelstücken sehr zurückgehalten. In der Mitte lagen schwere, rote Teppiche, deren Muster zu den kunstvollen floralen Ornamenten an den Wänden passten. Das imposanteste Zimmer war das, in dem früher die Männer des Haushalts gesessen und sich eine Pfeife zum Kaffee gegönnt hatten. Die Holzdecke dort war mit prächtigen Schnitzereien überzogen, deren Zentrum eine große achteckige Rosette in Rot und Gold bildete, unter der sicherlich einst ein kostspieliger Kronleuchter gehangen hatte. Jetzt befand sich dort nur eine schlichte Energiesparlampe.

Darüber hinaus verfügte der Raum über eine kleine Empore über der hölzernen Eingangstür und glich vom Aufbau her einer kleinen Moschee, bis hin zu den Buntglasfenstern.

Mein Lieblingsort war allerdings die oberste Ebene, wo sich eine traumhafte Dachterrasse befand, von der aus man die spektakuläre Aussicht über das Tal genießen konnte.

Ali Pascha hatte das Haus als Geschenk für einen seiner engsten Vertrauten, Parjons Vorfahren Beqir Zeko, gebaut – daher der Name. Der gefürchtete Herrscher hatte hier zweifellos viele entspannte Stunden zusammen mit Beqir und anderen Freunden verbracht. In der Festung war es mir noch schwergefallen, mir auszumalen, wie der große Pascha dort gelebt haben könnte, doch in diesem Haus konnte ich ihn mir gut vorstellen. Als ich mich in die weichen Kissen auf der Terrasse sinken ließ und versuchte, mich in das Leben eines osmanischen Paschas hineinzuversetzen, kam mir eines der berühmtesten Porträts von Ali Pascha in den Sinn, angefertigt von dem französische Maler Louis Dupré: *Ali Pascha von Janina auf der Jagd am Butrintsee*. Darauf ist der bärtige Ali zu sehen, wie er prachtvoll gekleidet auf weichen Kissen lehnt, einen juwelenbesetzten Dolch an der Seite und eine lange Pfeife im Mund. Obwohl er sich in einem Boot auf einem See befindet, wirkt er völlig entspannt und von allen Sorgen befreit. Genauso fühlte ich mich hier auf der Dachterrasse mit Blick ins Tal.

Das Zekate-Haus war ein passender Abschluss unseres Ausflugs nach Gjirokastër. Es war eines der Gebäude, die der Stadt zur Aufnahme in die UNESCO-Weltkulturerbe-Liste verholfen hatten.

»Es gibt zu viele Albaner, die kennen diese schönen Orte gar nicht«, sagte Idar, als wir unten im Hof saßen, neben Parjons kleinem Anbau.

»Ja, das ist sehr bedauerlich«, meinte ich und nippte am Kaffee, den uns der Ex-Fußballer serviert hatte.

Parjon, der kein Englisch sprach, berichtete Idar, wie schwierig es war, ein derart imposantes historisches Denkmal praktisch ohne staatliche Unterstützung zu erhalten.

»Die Familie muss alle Renovierungsarbeiten selbst bezahlen, sagt er.«

»Es gibt keine Hilfe vom Staat?«

»Hmpf!« Parjon hatte meine Frage verstanden und schüttelte den Kopf.

»Nein«, übersetzte Idar, auch wenn das nicht nötig gewesen wäre. »Unserem Land ist sein Erbe nicht wichtig.«

Ich konnte Idars Frust über das muslimische Kulturerbe und die mangelnde Wertschätzung durch die Gesellschaft nur zu gut nachempfinden. Idar wusste das. Aber je länger unsere Reise durch den westlichen Balkan andauerte, desto besser verstand ich, gegen welche Widerstände wir anzukämpfen hatten, vor allem in Europa. Die Bemühungen, die muslimische Geschichte unseres Kontinents zu ignorieren, auszuradieren, umzuschreiben oder einfach unter den Teppich zu kehren, waren so vehement und umfassend, dass selbst die Menschen, die in muslimischen Ländern lebten, nicht mehr mit ihr vertraut waren.

Parjon beispielsweise – der eines der schönsten historischen Denkmäler von Ergiri besaß – hatte keine Ahnung, dass seine Stadt einst als »betsüchtig« bezeichnet worden war oder dass Gelehrte und Derwische von weither kamen, um hier zu studieren und in den Sufi-Tekken zu meditieren. Und wenn selbst er als Einwohner der Stadt es nicht wusste, wie standen die Chancen dann für Menschen wie Idar oder mich? Wie können wir uns mit etwas befassen, von dem wir nicht einmal wussten, dass es existiert?

Mein Blick wanderte über die Weinranken hin zu den bebauten Hängen von Gjirokastër, über denen die große Festung thronte. Dort oben kreisten zwei Falken auf der Suche nach Beute. Die untergehende Sonne tauchte die majestätischen Umrisse des Zekate-Hauses in ein orangefarbenes Licht. Es war wirklich ein herrlicher Anblick, dachte ich und war zutiefst dankbar dafür, dass ich diesen Ort zusammen mit meinem Freund hatte besuchen können.

Nachdem wir uns von Parjon verabschiedet hatten, gingen Idar und ich schweigend zum Auto. Wir hingen beide unseren Gedanken nach. Ich schaltete das Radio ein, und kurz darauf hallte albanische Musik durch den Wagen, auch wenn der Beat darauf hindeutete, dass es sich um modernen Pop handelte. Idar machte das Fenster auf und zündete sich eine Zigarette an. Ich konnte sehen, dass er in Gedanken noch bei dem Gespräch mit Parjon war.

»Es macht mich einfach wütend, Terick!«, sagte er nach einer Weile, fast mit zusammengebissenen Zähnen.

»Was, Idar?«

»Dass sich unsere Regierung kein bisschen für unsere Geschichte interessiert.«

Es wurde langsam spät, und wir waren hungrig. Deshalb legten wir auf dem Rückweg nach Vlorë einen Stopp in einem traditionellen Restaurant am Straßenrand ein. Das malerische, aus Holz errichtete Lokal verfügte über eine offene Veranda, die auf einen kleinen See hinausging. Während wir unseren gegrillten Fisch mit Kartoffelspalten verspeisten, gingen die Lichter des Restaurants an, eines nach dem anderen, und spiegelten sich im dunklen Wasser des Sees.

Ich hielt mein Glas Sprite empor und bedankte mich bei Idar, dass er den Tag mit mir verbracht und die Geschichte

Gjirokastërs mit mir erforscht hatte. Idar lächelte und hob sein Bier.

»Nein, Terick, ich danke *dir* dafür, dass du mir *meine* Geschichte zeigst.«

EINE STADT WIE AUS EINEM OSMANISCHEN MÄRCHEN

BERAT

»Sollten wir noch warten?«, fragte ich Firbent, als ich mich neben ihn stellte.

»Nein, zu diesem *dschamā'at* kommt niemand mehr«, erklärte der 26-jährige Imam, der kurz zuvor den *adhān* gerufen hatte. »Zum *Ischā* oder *Maghrib* könnten es ein paar mehr werden, aber nicht jetzt.«

Ich befand mich in einer kleinen Moschee am Rand des osmanisch-muslimischen Viertels von Berat, das zum UNESCO-Weltkulturerbe der Stadt gehörte und sich, wie in Gjirokastër, den Hang hinauf bis zur alten Festung auf dem Gipfel zog. Der Unterschied war nur, dass der Hang hier steiler war, die Gassen enger und die Häuser deutlich dichter standen. Die Moschee, in der ich war, hieß »Junggesellenmoschee«, weil sich dort einst die jungen alleinstehenden Verkäufer aus dem Geschäftsviertel zum Gebet versammelten. Doch der Basar ist, ähnlich wie die frommen Junggesellen, längst verschwunden. Heute ist der einzige regelmäßige Besucher der Moschee der Imam, Firbent, der das mittägliche *Dsuhr*-Gebet meist allein verrichtet. Durch mein Erscheinen hatte sich die anwesende Gemeinde auf einen Schlag verdoppelt, doch das war es dann auch schon. Wie das osmanische

Gjirokastër ist auch das osmanische Berat längst verschwunden.

Ich war auf Firbent getroffen, als ich in die Junggesellenmoschee spaziert war und ihn vor dem farbenfrohen Mihrāb sitzen sah, wo er aus einem aufgeschlagenen Qur'ān rezitierte. Nachdem ich meine zwei *rakāts* verrichtet hatte, klappte Firbent – der meine Anwesenheit wohl gespürt hatte – den Qur'ān zu und stand auf. Dann hob er beide Hände neben den Kopf und setzte zum *adhān* an. Der große, schlanke Mann hatte eine wunderschöne musikalische Stimme, der man die klassische Ausbildung anhörte. Etwas später ließ er die *iqāma* folgen, schneller und leiser, bevor er nur wenige Zentimeter rechts vor mir Position bezog. So ist es üblich, wenn nur zwei Gläubige zur *salāt* versammelt sind. Käme während des Gebets ein dritter hinzu, würde er mich einfach an der Schulter berühren. Dann träte ich einen Schritt zurück, um eine neue Reihe aufzumachen, und der Neuankömmling könnte sich neben mich stellen, sodass wir uns beide direkt hinter dem Imam befänden. Doch während der vier *rakāts*, die ich mit Firbent zusammen betete, kam niemand.

Nachdem ich ihm die Hand geschüttelt und ihm dafür gedankt hatte, dass er das Gebet geleitet hatte, erzählte mir Firbent ein wenig über sich selbst.

»Ich habe neun Jahre Ausbildung in Bursa hinter mir«, erklärte er.

»Der alten osmanischen Hauptstadt in der Türkei?«

»Ja, es ist eine ganz besondere Stadt. Ich habe die Zeit dort sehr genossen.«

Bursa war ab 1326 für vier Jahrzehnte, zur Regierungszeit des Reichsgründers Osman und seines Sohnes und Nachfolgers Orhan, die erste osmanische Hauptstadt gewesen. Außerdem war dort der Leichnam von Sultan Murad I. bestattet, dessen anderes Grab wir im Kosovo besichtigt hatten. Firbent zufolge war Bursa immer noch ein wichtiger Ort für die islamische Lehre.

Dann fragte ich Firbent nach Berat und warum seiner Einschätzung nach niemand zum Gebet kam.

»Berat ist tatsächlich mehrheitlich muslimisch«, setzte er an. »Ungefähr 70 Prozent der Leute hier sind Muslime, würde ich sagen.«

»Aber sie praktizieren ihren Glauben nicht?«, fragte ich.

»Na ja, einige gehören dem Bektaschi-Orden an, und die Sunniten ziehen ihre eigenen Moscheen vor. Und ja, viele beten einfach nicht regelmäßig.« Firbent sah traurig aus, als er das sagte.

Er trug eine Hose und ein Poloshirt mit breiten gelben und pinken Querstreifen. Ich hätte ihn gern gefragt, wer ihm die Aufgabe des Imam übertragen hatte und ob er für sein Engagement bezahlt wurde, aber ich hatte den Eindruck, dass Firbent gern weitermachen und die *Sunna*-Gebete abschließen wollte. Also trat ich einen Schritt zurück und sah zu. Die Junggesellenmoschee war nicht groß. Es gab keine Mahfil und nicht einmal einen Minbar, sondern nur einen Mihrāb, neben den Firbent sich nun stellte, eine einsame, traurige Gestalt mit vor der Brust gekreuzten Armen, die stumm ihre Gebete verrichtete. Die Wände der Moschee waren einst mit bunten Mustern und Ornamenten überzogen gewesen, die heute dringend eine Renovierung hätten vertragen können. Auch diese Malereien stammten eindeutig aus der Tulpenzeit. Wie in der Moschee in Skopje zeigte eines der Bilder die Süleymaniye-Moschee in Istanbul, leicht zu erkennen an den vier schlanken Minaretten rund um die zentrale Kuppel. Doch hier nahm sie den Ehrenplatz gleich rechts neben dem aufwendig verzierten Mihrāb ein. Das Bild auf der anderen

Seite hingegen war schwerer zu deuten: zwei Reihen von Gebäuden mit Kuppeldächern, eine über der anderen. Beide Wandmalereien waren von barock anmutenden Blumenmustern in Rot, Gelb und Blassblau eingerahmt. Darüber verlief ein Band mit arabischen Inschriften, das sich einst durch den ganzen Raum gezogen hatte. Die 1828 erbaute Moschee wirkte tatsächlich wie ein Relikt aus vergangenen Zeiten, so wie der »osmanisch« ausgebildete Imam, der allein das Gebet verrichtete – ein Hirte ohne Herde. Beides fühlte sich aus der Zeit gefallen an, als brauchte oder wollte Berat die Moschee nicht länger.

Als Evliya Çelebi 1670 hierherkam, war die Situation ganz anders. Er beschreibt das »albanische Belgrad« als anziehende große offenherzige Stadt voller Weinstöcke, Rosen und Gemüsegärten, mit sehenswerten Steinhäusern und mehreren prachtvollen Anwesen, die sich über sieben Hügel erstreckten. Wie in Gjirokastër traf Evliya auch hier auf eine Stadt, die für ihre Moscheen, ihr Wissen über den Islam und ihre Sufi-Tekken bekannt war. Evliya zufolge herrschte in jener Zeit in Berat großer Bedarf an religiöser Unterweisung. Er zählte mehr als 30 große Moscheen – jede von ihnen mit einem eigenen Gelehrten, der religiöses Wissen vermitteln konnte –, eine Vielzahl kleinerer Gotteshäuser, fünf Madrasas, in denen *ulamā* ausgebildet wurden, fünf Hans und nicht weniger als drei Tekken. Das hieß aber nicht, dass Berat damals eine rein muslimische Stadt gewesen wäre; in den christlichen und jüdischen Vierteln gab es mindestens ebenso viele Kirchen und mehrere Synagogen. Und genauso wenig setzte sich die Bevölkerung nur aus Albanern zusammen: Evliya berichtet, Griechen, Türken, Bosnier und Serben getroffen zu haben – ein weiteres Beispiel für die berühmte osmanische Spielart des *komšiluk*.

Sein Berat war die Heimat von Dichtern, Gelehrten und Schriftstellern mit »enormem Wissen« sowie von Wesiren, Deputierten und weiteren hochgebildeten Menschen. Es handelte sich um kühne *gazi*, die sauber und gepflegt auftraten. Die Bewohner von Berat beeindruckten den Osmanen so sehr, dass er sie mit den Quraisch verglich, dem Stamm des Propheten Muhammad.

Nachdem wir uns am Abend zuvor von Idar und seiner Familie in Vlorë verabschiedet hatten, waren wir am frühen Morgen Richtung Berat losgefahren, und als wir nun durch die Altstadt schlenderten, fanden wir dort noch vieles, das an Evliyas Berat erinnerte. Nach dem Gebet in der Junggesellenmoschee kam ich wieder mit Tamara und den Mädchen zusammen, und wir begaben uns gemeinsam zur Festung. Auf dem Weg durch die engen Kopfsteinpflastergassen des muslimischen Viertels, die gerade genug Platz für zwei Esel nebeneinander boten, sahen wir Zitronenbäume hinter schneeweißen Mauern hervorlugen und Bougainvilleen, die sich an frei liegenden Holzbalken hinaufrankten. In fast jeder Ecke und Spalte blühte etwas. Tamara und die Mädchen faszinierten vor allem die prachtvollen Holztüren, von denen manche extrem gute Fotomotive abgaben, ähnlich wie die in den Medinas von Fes oder Tunis.

Wir brauchten eine halbe Stunde, bis wir, etwas außer Atem, oben angelangt waren. Am schlimmsten war das letzte Stück, das rund um eine Steinmauer herum steil bergauf führte. Doch die Mühe lohnte sich. Die Aussicht von der alten Festung aus war grandios. Im Süden reichte der Blick bis zu den Bergen, die dramatisch und wie aus einer anderen Welt wirkten, als die Sonne durch die Wolken brach und auf die Hänge schien. Rechts von uns sahen wir die neue Flusspromenade, auf der viele Touristen die Augustsonne genossen. Manche saßen im Schatten neu gepflanzter Bäume und beobachteten das Treiben, andere gönnten sich unter Sonnenschirmen in den Farben der italienischen Trikolore eine Tasse des hervorragenden lokalen Kaffees.

Auch als Evliya in Berat eintraf, war ein Teil der Stadt gerade neu entstanden – der Stadtverwalter Hüsein Pascha hatte einen funkelnagelneuen Basar mit 100 Geschäften und kleinen Wasserläufen darin bauen lassen. Dadurch war der Bereich so sauber, dass »man sich auf die Straße setzen und sich von der Schönheit der Umgebung verzaubern lassen konnte«. Der Basar war zudem der Standort des sehenswerten Uhrturmes, dessen Glocke so groß war, dass zehn Menschen in ihr Platz gehabt hätten. Seine Pracht verschlug Evliya die Sprache: »Der Uhrturm ist so herrlich, dass er sich jeder Beschreibung entzieht; man muss ihn sehen, um es zu glauben.« Leider hat er die Zeit genauso wenig überdauert wie der Basar.

Hinter der schicken neuen Promenade – bezahlt aus UNESCO-Mitteln – wich die Altstadt dem, was Hoxhas Architekten für Berat ersonnen hatten: eine Reihe Wohnblöcke, manche mittelhoch, manche niedriger, aber alle in verschiedenen Grau- und Pastelltönen. Die Fußgängern vorbehaltene Promenade endete dort, wo die Wohnblöcke begannen. Weiter rechts, auf der anderen Seite der steinernen Brücke über den Osum, befand sich Gorica, der Stadtteil, der zu Evliyas Zeiten als Koru Varos bekannt war und heute kaum weniger fotogen daherkommt als das alte muslimische Viertel: eine Ansammlung von rund 200 Häusern, in denen früher die nichtmuslimischen Familien der Stadt wohnten, die Griechen und Albaner.

Berats Festung ist weit älter als die Eroberung durch die

Osmanen 1417; sie existierte schon im 3. Jahrhundert vor Christus, als die Römer sie niederbrannten. Später bemühten sich erst die Byzantiner und im 13. Jahrhundert dann die einheimischen Despoten um den Ausbau der Stadt – aus dieser Zeit stammen die meisten Gebäude, die heute zu sehen sind. Evliya beschreibt die Anlage als einen »Kerzenständer auf einer steilen, kargen Felsklippe« und erklärt, die »Grundsteine des Tores sind so groß wie Elefanten«. Solche Steine seien »nur in Hebron nahe Jerusalem und in der Festung von Bender« (im heutigen Moldau) zu finden. In den Häusern rund um die Hauptmauer lebten zu seiner Zeit Griechen, während sich innerhalb der Festung – wie in der größeren von Gjirokastër – mehrere Gebäude und eine mittlerweile zerstörte, Sultan Bayezid II. gewidmete Moschee befanden.

»Ich hätte wirklich nicht damit gerechnet, dass es hier so osmanisch aussieht«, sagte Tamara, als wir uns wieder an den Abstieg machten. Es war fast Mittag, und wir hatten Hunger.

»Ich auch nicht. Es ist wirklich erstaunlich, wie viel noch steht«, meinte ich.

»Sieht es in Gjirokastër auch so aus?«

»Ja, auch wenn die Häuser viel größer sind und das Ganze nicht so postkartenmäßig wirkt wie hier auf dem Hügel. Das hier sieht aus wie eine Stadt aus einem osmanischen Märchen, weil die Häuser so eng stehen.«

»So haben also früher die osmanischen Städte ausgesehen, Dad?«, fragte Amani und wäre fast über eine unebene Stufe gestolpert.

»Ja, so ungefähr, auch wenn seither natürlich viele Gebäude und Monumente verschwunden oder zerstört worden sind. Aber ja, ein besseres Beispiel werden wir auf dieser Reise vermutlich nicht finden.«

Schon beim Betreten der Bleimoschee merkte ich, dass hier irgendetwas anders war. Im Gegensatz zur Junggesellenmoschee war das Innere komplett weiß überstrichen. In diesem Gotteshaus gab es keine verspielte Tulpenmalerei, dafür aber eine stattliche Anzahl Gläubiger. Ich war kurz vor dem Gebet zum Sonnenuntergang eingetroffen und fand mehrere Männer vor, die geduldig auf den *adhān* warteten.

Nachdem ich meine zwei *rakāts* verrichtet hatte, setzte ich mich und hielt Ausschau nach einem Tespih. Normalerweise sind sie in Moscheen allgegenwärtig, hängen direkt dort an ihren Haken, wo Menschen sitzen oder lehnen könnten, aber in der Bleimoschee glänzten sie durch Abwesenheit. Tespih ähneln christlichen Rosenkränzen und werden von Muslimen in aller Welt dazu genutzt, sich von ihnen durch das *dhikr* leiten zu lassen, bei dem Allah gepriesen wird, indem man drei verschiedene Superlative jeweils 33-mal wiederholt. Deshalb enthält die Gebetskette 33 oder 99 Perlen und dient im Grunde als Gedächtnisstütze. Ich habe Tespih immer als sehr hilfreich empfunden, und sie erfreuen sich in vielen muslimischen Kreisen großer Beliebtheit. Doch einige konservative Gläubige lehnen sie ab.

»Da sie nicht Teil der *Sunna* sind, wirst du in dieser Moschee keinen finden«, erklärte Edlir, als ich ihn danach fragte.

Edlir war auf mich aufmerksam geworden, weil ich ganz offensichtlich nicht zu den Stammbesuchern gehörte. Deshalb sprach er mich an. Sein Englisch war überraschend gut, und er erklärte das Fehlen der Gebetsperlen in der Moschee damit, dass es keinerlei Hinweise auf eine Nutzung seitens des Propheten gäbe. Da sie als Hilfsmittel zum Glauben dienten, sei es falsch, sie einzusetzen.

Sobald das Gebet begann, fielen mir auch weitere Dinge auf, die mir als ehemaligem Einwohner von Saudi-Arabien durchaus bekannt vorkamen: die Art und Weise, wie manche Männer zu Anfang des Gebets die Arme verschränkten, und wie weit über ihren Knöcheln die Hosen endeten. Am verräterischsten waren der Umstand, dass sich im Stehen ihre Zehen berührten, und die Tatsache, dass vor der *iqāma* weder die *al-Ichlās*-Sure noch eine *duā* gebetet wurde, wie ich es in anderen Moscheen auf dem Balkan erlebt hatte. Hier ähnelten die jungen Männer denen, die ich in Begleitung von Hamza und Darjan in Novi Pazar getroffen hatte. Sie hatten struppige Rauschebärte und ließen sich von einem jungen Imam durchs Gebet leiten, der ebenfalls einen langen Bart und nur eine kleine Kappe auf dem Kopf trug. Der klassische Aufzug eines Balkanimams war in der Bleimoschee nirgendwo zu entdecken. Das alles deutete auf eines hin: In diese Moschee gingen die Anhänger des Salafismus, einer vor allem in Saudi-Arabien verbreiteten islamischen Strömung. Das überraschte mich ein wenig, da ich Albanien immer mit einem eher liberalen Islam in Verbindung gebracht hatte.

Nach dem Gebet saß ich noch ein wenig mit Edlir und zwei Freunden von ihm zusammen. Einer der beiden erinnerte mich an die Figur Compo aus der britischen Sitcom *Last of the Summer Wine*: ungepflegt, vorlaut und energiegeladen. Wie Compo war auch er scharfsinnig und wusste, wie er andere zum Lachen brachte. Der zweite im Bunde war Kasim, der wie ich eine Zeit lang in Saudi-Arabien gelebt hatte. Er hatte an der Universität in Madinah studiert – eine der führenden Institutionen für Islamwissenschaften des Landes. Außerdem hatte er einige Zeit in Kairo verbracht und sprach fließend Arabisch. Das bedeutete, dass er im Gespräch mit mir auf arabische Begriffe zurückgreifen konnte, wenn ihn seine Englischkenntnisse im Stich ließen. Englisch war seine vierte Sprache nach seiner Muttersprache Albanisch, Arabisch und Französisch.

Kasim hatte eine Behinderung, durch die eine Hälfte seines Körpers teilweise gelähmt war. Sein linker Arm war nach innen gekrümmt, und er schien ihn nicht nutzen zu können. Er war stämmig, hatte ein freundlich wirkendes Gesicht und eine angenehm sanftmütige Art. Ich mochte ihn sofort und willigte deshalb gern ein, als Edlir und er mich fragten, ob ich mit ihnen zusammen etwas essen gehen wolle.

Wir verließen die Bleimoschee und steuerten auf die Hauptstraße zu. Edlir und Kasim wollten mir eines der Restaurants hier zeigen, in denen das Essen halal zubereitet wurde. Ich fragte, ob es davon viele hier in Berat gebe, und die beiden nickten. Dann fragte ich, ob es möglich sei, Essen an meine Familie liefern zu lassen, die sich in dem osmanischen Haus oben am Hang ausruhte, das wir für unsere Zeit hier gebucht hatten.

»Klar, das Restaurant kann ihnen etwas hinaufbringen«, sagte Edlir.

»Aber das Haus ist in der historischen Altstadt mit den engen Gassen, und ich bin mir nicht ganz sicher, wie die Adresse lautet.«

»Alles okay, solange sie mit dem Motorrad da hochkommen, ist das kein Problem. Breit genug für ein Motorrad ist die Straße doch, oder?«

»Ähm, ich glaube ja …«

Das zählt zu den Dingen, die ich an Kleinstädten so liebe: Jeder kennt absolut jede Straße und Gasse, ob sie nun einen Namen tragen oder nicht. Ich musste einfach nur den Besitzer des Hauses anrufen und das Handy an den Essensausfahrer überreichen, und schon war das Moped unterwegs und düste die engen Kopfsteinpflasterstraßen hinauf. Es spielte keine Rolle, dass die Gassen keine offiziellen Bezeichnungen hatten und dass die Häuser für mich alle gleich aussahen. Der Fahrer wusste genau, wo er hinmusste. Wenige Minuten später erhielt ich eine Nachricht von Tamara, in der sie sich für Hähnchenpizza, Pommes, Limonade und Schokoriegel bedankte. Außerdem habe der Fahrer freundlicherweise einen riesigen Grashüpfer von der Tür entfernt, der meine Familie offenbar als Geiseln genommen hatte.

Die Angestellten im Pizzaladen trugen alle T-Shirts mit der Aufschrift »Medina Pizza Hallal« – eine Hommage an die heilige Stadt in Saudi-Arabien. Einige von ihnen hatten lange Bärte und begrüßten uns mit *salām*. Wir bestellten das, was laut Kasim die örtliche Spezialität war – ein gegrilltes Sandwich mit Salami, Thunfisch und Käse –, und begaben uns damit zum Ufer des Osum. Beide Männer weigerten sich, mich für das Essen zahlen zu lassen, und machten mir deutlich, dass ich als *musāfir* ihr Gast sei.

Es war ein warmer Sommerabend, und die kühle Luft, die vom Fluss aufstieg, war äußerst angenehm. Wir nahmen Kurs auf die Promenade, wo sich am Tag die Touristen gedrängt hatten.

»Hier war früher der osmanische Basar«, erklärte Kasim, als wir uns auf ein Holzpodest setzten, das einer kleinen Bühne glich.

Ich nickte und biss in mein dickes, knuspriges Sandwich. Die Kombination aus Fleisch und Fisch hätte mich normalerweise nicht unbedingt angesprochen, aber ich wollte etwas Ortsübliches probieren und war deshalb der Empfehlung von Edlir und Kasim gefolgt. Jetzt war ich froh darüber – das Sandwich war köstlich.

»Berat war früher eine richtig schöne muslimische Stadt«, sagte Edlir.

Die Männer waren hier in Berat geboren und sehr stolz auf das muslimische Erbe ihres Landes, was ich in Albanien bisher noch nicht erlebt hatte und als sehr erfrischend empfand. Das sagte ich den beiden jetzt auch und erklärte ihnen, dass die Osmanen bei den anderen Balkanbewohnern häufig als Eindringlinge galten.

»*Alhamdulillah*, sie haben uns den Islam gebracht. Das ist ein wunderbares Geschenk, selbst wenn sie hier eingefallen sind«, stimmte Kasim zu.

»Woran würden wir jetzt glauben, wenn sie nicht gewesen wären?«

Edlir nickte weise, und wir nahmen alle einen weiteren großen Bissen von unseren Sandwiches, so lange sie noch warm waren.

Der osmanische Markt, von dem die beiden sprachen, war einer von Evliyas bevorzugten Aufenthaltsorten in Berat gewesen. Er schrieb, dass Freunde und Geliebte hier den Tag damit verbrachten, die »gut aussehenden jungen« Verkäufer anzusprechen, ohne dass dies als unziemlich betrachtet worden wäre. Im Gegenteil, die Eltern der Jungen waren stolz darauf, dass ihre Söhne derart umworben wurden. Evliyas Darstellung legt nahe, dass Männer und Jungen in seiner Zeit sowohl hier in Berat als auch in Ergiri (Gjirokastër) durchaus mehr als nur platonische Beziehungen eingingen.

Das war nicht die einzige gesellschaftliche Gepflogenheit, die das muslimische Berat mit dem muslimischen Ergiri teilte: Als Evliya die Gewohnheiten der »höflichen und eleganten« Dichter und Gelehrten von Berat beschreibt, muss er eingestehen, dass sie, wie die Ergirianer, »eher dem Zechen als der Frömmigkeit zuneigen«.

Ich fragte mich, was Edlir und Kasim, die beide einer ultrakonservativen Strömung des Islam anhingen, aus diesen

Informationen gemacht hätten. Wie hätten sie auf die liberale und tolerante Einstellung gegenüber Alkohol und gleichgeschlechtlichen Liebesbeziehungen reagiert, die die Stadtbewohner zu osmanischen Zeiten offenbar pflegten? Ich überlegte, ob sie wohl wussten, was Evliya geschrieben hatte.

Meine Erfahrungen mit Muslimen, die den Lehren saudiarabischer Islamgelehrter folgten, legten den Schluss nahe, dass die beiden sich zumindest sehr unwohl damit gefühlt hätten, was wahrscheinlich auch der Grund dafür war, dass ich das Thema gar nicht erst anschnitt.

Von den Hängen auf beiden Seiten des Osum funkelten die Lichter in den osmanischen Häusern auf uns herab. Keines der Bauwerke stach hervor: Der Grundaufbau und die Farben waren überall gleich, auch wenn sich jedes ein bisschen von den anderen unterschied. Die Häuser hier waren nicht so herrschaftlich wie die in Gjirokastër. Sie waren kleiner, kompakter und nur ein oder zwei Stockwerke hoch, was den eher bescheidenen Wohlstand der ursprünglichen Bewohner widerspiegelte.

»Eure Stadt ist einfach wunderschön. Die muslimische Geschichte Albaniens ist außerhalb des Landes kaum bekannt.«

»Hmmmpf …«, schnaubte Kasim und füllte seinen Mund mit einem großen Bissen Brot und geschmolzenem Käse. »Nicht nur außerhalb des Landes. Ich bin Geschichtslehrer, doch für die Osmanen sind beim Thema albanische Geschichte nur zwei Unterrichtsstunden vorgesehen. … Fast 500 Jahre Geschichte in zwei Stunden. Ist das zu glauben? Zwei Stunden.« Er klang resigniert, als er das sagte.

Als intelligenter und gebildeter Mann genoss Kasim großes Ansehen und Respekt unter seinen Altersgenossen. Nach unserer Unterhaltung in der Moschee war es Zeit für das

Abendgebet, und es war Kasim, der die Anwesenden durch das Gebet leitete.

Nun fuhr er fort: »Stattdessen basiert die albanische Geschichte hauptsächlich auf einer Legende – Skanderbeg –, die in weiten Teilen erfunden ist.«

Ich fragte ihn, wie er das meinte.

»500 Jahre osmanischer Einfluss auf unser Land, und ich habe zwei Stunden dafür, in denen ich das muslimische Reich in einem schlechten Licht dastehen lassen muss. Aber den legendären Skanderbeg, der nur 65 Jahre oder so lebte – den muss ich als eine Art Superhelden darstellen, obwohl seine Geschichte größtenteils erfunden ist. Das meiste ist gelogen!« Kasim lachte, als er das sagte, und Edlir stimmte ein. Er hörte das offensichtlich nicht zum ersten Mal.

Tamara hatte viel über Krujë gelesen, das im Mittelalter Skanderbegs Hauptstadt war, und wir hatten einen Kurztrip dorthin geplant. Daher interessierten mich Kasims Ansichten zu dem großen albanischen Helden ungemein.

Skanderbeg wurde 1405 in das in Zentralalbanien beheimatete Adelsgeschlecht der Kastrioti hineingeboren und erhielt den Namen Gjergj (Georg). Er war einer der ersten antiosmanischen »Freiheitskämpfer« auf dem Balkan. Wie Ali Pascha diente auch Gjergj Kastrioti zunächst im osmanischen Militär, wo er entweder als Geisel oder im Rahmen der Dewschirme gelandet war. Seine Kühnheit und die Fähigkeiten, die er im Dienst des Sultans bewies, verschafften ihm den Ehrennamen »İskender«, nach Alexander dem Großen, was auch ein Verweis auf die Tatsache gewesen sein könnte, dass seine Mutter angeblich aus Nordmazedonien stammte.

Skanderbeg entwickelte sich schnell zu einem sehr erfolgreichen und loyalen Janitscharen, der Sultan Murad II. in einer Reihe wichtiger Schlachten zum Sieg verhalf und dafür den Titel »Bey« verliehen bekam. So entstand der Name Skanderbeg: durch die Verbindung von »İskender« mit »Bey« beziehungsweise »Beg«.

Doch 1443 wandte sich Skanderbeg von den Osmanen ab. Er desertierte, brachte in der Folgezeit große Teile Zentralalbaniens unter seine Kontrolle und machte Krujë zu seiner Hauptstadt. Im Verlauf der folgenden zwei Jahrzehnte vereinte er viele albanische Adelsgeschlechter hinter sich und konnte alle osmanischen Eroberungsversuche abwehren; einige der Schlachten sind bis heute berühmt. Erst nach seinem Tod erlangte das Osmanische Reich die Macht über seinen Herrschaftsbereich wieder zurück. Skanderbegs tapferer Widerstand gegen die mächtigen Osmanen führte dazu, dass er von späteren nationalistisch gesinnten albanischen Geschichtsschreibern unsterblich gemacht wurde. In den Jahrhunderten seit seinem Tod hatte man seine Lebensgeschichte – wie die von Ali Pascha – beträchtlich ausgeschmückt; aus dem regional bedeutenden Kriegsfürsten wurde eine beinahe mythische, heiligenähnliche Gestalt, die sich als mutiger Anführer der unterdrückten Christen den tyrannischen muslimischen Imperialisten widersetzte.

In Kasims Augen war der Skanderbeg-»Mythos« ein typisches Beispiel dafür, wie Geschichte so umgeschrieben wurde, dass die Muslime als Feind dastanden. Als Geschichtslehrer bereitete es ihm große Sorgen, dass die jungen Albaner dazu herangezogen wurden, jemanden wie Skanderbeg zu bewundern, während die großen osmanischen Figuren in der Geschichte Albaniens keine Rolle spielten. Ihm zufolge gab es zwei Skanderbegs: die historische Person und den mythischen Nationalhelden, von dem er den Kindern erzählen musste.

Ich fand den Gedanken faszinierend, und wir unterhielten uns lange über solche Gestalten, nicht nur auf dem Balkan, sondern in ganz Europa. Ich erzählte den beiden die merkwürdige Geschichte des spanischen Nationalheiligen Jakobus, den die dortigen Katholiken als mythischen »Maurentöter« bezeichnen. Es gab nur ein Problem: Zu Jakobus' Lebzeiten gab es gar keine Muslime.

»Was?« Kasim hätte sich fast an der Limonade verschluckt, die er gekauft hatte, um das Sandwich damit herunterspülen.

»*Yani*, er war ein *sahāba* von Isa, *alai sallam*«, sagte ich in einer Mischung aus Englisch und Arabisch. Jakobus sei ein Jünger Jesu gewesen und im Jahr 44 gestorben, lange bevor der Prophet Muhammad den Islam ausgerufen hatte.

»Warum …? Wie …?«

»An dieser Stelle wird es wirklich unverschämt«, sagte ich.

Der heilige Jakobus erhielt den Beinamen »Maurentöter«, nachdem man im Spanien des Mittelalters eine ganze antimuslimische Legende um ihn herum kreiert hatte. Darin geht es um eine erfundene kriegerische Auseinandersetzung, die Schlacht von Clavijo, in der sich die Christen unter der Führung von Ramiro I., dem König von Asturien, einer Überzahl an Muslimen gegenübersahen, an deren Spitze der Umayyaden-Emir von Córdoba stand. In diesem Augenblick erschien plötzlich der heilige Jakobus, obwohl er schon seit 800 Jahren tot war, um auf einem weißen Pferd das christliche Heer zum Sieg zu führen und dabei 5000 Muslime zu erschlagen. Dieser Mythos, der erst lange nach dieser angeblichen Schlacht entstand, spielte eine wichtige Rolle im spanischen Selbstverständnis und wurde seit dem Mittelalter von vielen berühmten Malern und Bildhauern aufgegriffen, die das frei erfundene Ereignis des Heiligen, der Muslime tötet, in ihren Werken darstellten. Statuen von Santiago Matamoros (Jakobus, der Maurentöter), der auf seinem Pferd Turban tragende Muslime niedermetzelt, sind bis heute in fast jeder großen Kirche Spaniens zu finden, auch in der ehemaligen Umayyaden-Moschee in Córdoba. Die Legende fand sogar den Weg über den Atlantik, wo Jakobus als Konquistador dargestellt wurde und einige Orte in Mexiko ihm zu Ehren den Namen Matamoros erhielten. Es gibt keine Hinweise darauf, dass der echte Jakobus je in Spanien gewesen wäre, trotz aller Behauptungen, dass seine sterblichen Überreste in der Kathedrale von Santiago de Compostela in Galicien begraben liegen.

»*Ya Allah*!« Kasim war mittlerweile in lautes Gelächter ausgebrochen. »Sie nehmen einen von Isas *sahāba*, erfinden eine Geschichte darüber, wie er 800 Jahre nach seinem Tod in einer Schlacht, die nie stattfand, Muslime umbringt, und machen ihn dann zum Nationalheiligen, obwohl er das Land nie betreten hat. *Subhanallah!*«

Kasim fragte mich, wo wir auf unserer Balkanreise bisher noch Station gemacht hätten. Ich erzählte den beiden, dass wir in Bosnien angefangen hätten, in Sarajevo, Mostar und Blagaj, und dann über Višegrad nach Serbien gefahren seien. Dann sagte ich, dass ich sehr erstaunt darüber gewesen sei, wie muslimisch der Südwesten war, und erklärte, wie ungewohnt die Vorstellung von Muslimen in Serbien für den Rest der Welt sei.

»Die Leute glauben, Serbien sei ein rein christliches Land.«

»So wollen es die Serben eben … Sie wollen, dass alle glauben, es gäbe keine serbischen Muslime«, meinte Edlir.

Anschließend berichtete ich von den Tagen in Nordmazedonien und meiner Enttäuschung darüber, dass man dort ein Bild der Vergangenheit zu vermitteln versuchte, das die lange muslimische Geschichte des Landes ignorierte, vor allem in Skopje.

»Hat Skopje eine bedeutende osmanische Geschichte?«, fragte Edlir.

»Ja, ich war völlig überwältigt. Ich konnte kaum glauben, wie viele historische Bauwerke es dort gab.«

»Ich weiß, dass dort viele Albaner leben, aber dass es dort so viel muslimische Geschichte gibt, war mir nicht klar.«

Wir unterhielten uns eine Zeit lang über den Platz in Skopje, der die Neuausrichtung des nationalen Kulturerbes vorantreiben und eine Verbindung zu den antiken Makedoniern herstellen sollte. Die beiden kannten den Platz gut, weil er häufig in den Nachrichten zu sehen gewesen war. Für sie stellte er nur ein weiteres Beispiel dafür dar, wie die Geschichte des Balkans umgeschrieben wurde, um alle positiven Auswirkungen der muslimischen Kultur in der Region unter den Teppich zu kehren.

Als es an der Zeit war auseinanderzugehen, überreichte Kasim mir als Abschiedsgeschenk die weiße Kappe, die er getragen hatte, als er durch das *Ischā*-Gebet führte. Ich war zutiefst gerührt und dankte ihm, bevor wir einander umarmten und uns die Hände schüttelten, mit dem Versprechen, in Kontakt zu bleiben. Edlir und ich sahen zu, wie Kasim in der Nähe des früheren Basarviertels in der Dunkelheit einer der vielen engen Gassen aus dem Mittelalter verschwand. Dann begleitete Edlir mich zum Fuß des Hanges, an dem sich unsere Unterkunft befand, und schaute hinauf.

»Meinst du, du findest dein Haus wieder?«, lachte er.

»*Inschallah*, Bruder«, sagte ich und umarmte ihn, bevor ich eine der Gassen in der Nähe des Hotels Belgrad Mangalem hinaufging.

ALTE UND NEUE HAUPTSTÄDTE

DURRËS, TIRANA UND KRUJË

Ich bedauerte es, Berat verlassen zu müssen. Ich hätte noch viele weitere Tage damit verbringen können, durch die mittelalterlichen Gassen zu schlendern und mich mit Kasim und Edlir zu unterhalten. Die Stadt war neben Gjirokastër der Höhepunkt unseres Albanienaufenthalts gewesen. Die beiden Orte hatten uns einen wunderbaren Einblick gewährt, wie das muslimische Albanien zu Evliyas Zeiten ausgesehen haben dürfte, und damit hatten wir nicht gerechnet. Unser nächstes Ziel war die Hauptstadt des Landes, Tirana.

Wir fuhren frühmorgens los und steuerten als Erstes nicht die Stadt selbst, sondern den Strand im nahe gelegenen Durrës an, das trotz der 35 Kilometer Entfernung in gewisser Weise wie ein Teil von Tirana wirkte. Die viel befahrene SH 2, die die beiden Städte verband, war auf beiden Seiten stark bebaut, und zwischen den vielen Einkaufszentren und Geschäften hindurchzufahren, fühlte sich an, als wäre man auf dem Weg von einem Ende einer Metropole zum anderen.

Durrës vermittelt ein Bild der gesamten albanischen Riviera. Tief gebräunte Auswanderer aalten sich auf ihren Sonnenliegen, einen Cocktail neben sich, und genossen den wohlverdienten Urlaub in der alten Heimat, während unter den kleinen Pavillons, die den Strand säumten, wohlhabende

Städter saßen, die für einen Tag aus Tirana hergekommen waren und die Aussicht bewunderten. Im Meer wimmelte es vor Kindern, die Sommerferien hatten und sich mit aufblasbarem Spielzeug vergnügten. Manchmal gesellten sich auch ihre Eltern dazu. Andere bauten unter den bunten Sonnenschirmen Sandburgen.

Wir waren nicht nur nach Durrës gefahren, um einen Tag am Meer zu verbringen, sondern auch um die Eigentümerin der Wohnung zu treffen, die wir für die nächsten Tage in Tirana gebucht hatten. Iryana erwartete uns in einem der Cafés, deren Tische bis auf den Strand hinaus standen. Sie hatte rotblonde Locken, trug eine große Sonnenbrille und rauchte eine Zigarette nach der anderen. Während sie mir beschrieb, wie ich zu der Wohnung finden, wo ich parken könnte und – ganz wichtig – wie der Aufzug funktionierte, schlangen die Mädchen eine große Portion Nudeln hinunter, und Tamara nutzte die Zeit, um auf einer Sonnenliege kurz die Augen zuzumachen.

Der Rest des Nachmittags verlief genau so, wie wir es geplant hatten: Die Mädchen ließen sich im blauen Meer treiben und hingen dabei auf ihren aufgeblasenen Wasserspielzeugen wie zwei halb verwelkte Pflanzen, die man seit Wochen nicht mehr gegossen hatte. Hin und wieder schlossen Tamara und ich uns ihnen an, aber die meiste Zeit über sahen wir ihnen vom Strand aus zu und lasen in unseren Büchern. Ich befasste mich mit der weiteren Reiseplanung. Tamara hatte nicht so lange Urlaub bekommen, wie wir ursprünglich gehofft hatten, und würde fünf Tage später von der montenegrinischen Hauptstadt aus nach Hause fliegen. Doch bis dahin hatten wir noch ehrgeizige Pläne: Wir wollten Tirana sehen und auf der Weiterfahrt nach Shkodër in Krujë haltmachen, bevor dann die spektakuläre Küste Montenegros und zum Abschluss die

Hauptstadt Podgorica auf dem Programm standen. Danach blieben den Mädchen und mir zehn Tage, um uns zu erholen und in aller Ruhe noch einmal Bosnien zu erkunden.

Die Sonne verschwand schon hinter dem Horizont, als wir ins belebte Stadtzentrum von Tirana hineinfuhren. Unser Apartment befand am Boulevard Zogu I, benannt nach dem Politiker, der in den beiden Jahrzehnten zwischen den beiden Weltkriegen zunächst Ministerpräsident, dann Präsident und schließlich (ein ziemlicher repressiver) König von Albanien war.

Ahmet Muhtar Zogolli – so sein bürgerlicher Name – stammte aus einer einflussreichen muslimischen Familie osmanischer Beys und hatte schon im Fürstentum Albanien eine Reihe wichtiger Regierungsposten inne, zuletzt das des Ministerpräsidenten, bevor er ins Exil gehen musste. Als er mit jugoslawischer Unterstützung zurückkehrte, stieg er 1925 zum Präsidenten auf und regierte weitgehend diktatorisch. Drei Jahre später erklärte er Albanien zur Monarchie und erhob sich selbst zum König. Während seiner Herrschaft beschränkte Zogu die Bürgerrechte und ging ein Bündnis mit dem italienischen Faschistenführer Mussolini ein, was Albanien de facto zu einem Vasallenstaat Italiens machte. Nach dem Einfall italienischer Truppen floh Zogu I. aus dem Land. Die Rückkehr blieb ihm auch unter Hoxha verwehrt, und er starb 1961 in Frankreich.

Zogus einziger Sohn bemühte sich nach der Jahrtausendwende um die Wiedereinführung der Monarchie und wurde als König Leka I. von seinen Unterstützern im Land willkommen geheißen. Nach seinem Tod wurde sein gleichnamiger Sohn Oberhaupt des Hauses Zog und gilt als Thronprätendent.

Unser Boulevard war eine der Hauptzugangsstraßen zum Skanderbeg-Platz, dessen Mitte die berühmteste Skanderbeg-Statue Albaniens zierte, ein Reiterstandbild. Dies war das Herz des modernen Tirana. Durch die zentrale Lage unserer Unterkunft, direkt neben der naturwissenschaftlichen Fakultät der Universität, war sie auch ohne Navigationssystem leicht zu finden. Ich parkte den Wagen vor dem gelben Fakultätsgebäude und stieg aus. Neben einer schmalen Haustür, die zwischen den Schaufenstern kaum auffiel, stand ein kräftiger Mann, genau wie Iryana es beschrieben hatte. Wir rafften unsere Rucksäcke und Koffer zusammen und liefen damit Richtung Tür. Der Wachmann bewegte sich nicht von der Stelle, sondern musterte uns nur von oben bis unten. Erst als ich den Schlüssel hervorzog, kam Leben in ihn. Jetzt lächelte er, hielt uns die Tür auf und half uns dabei, das Gepäck in den dunklen Eingangsbereich zu tragen, wo ich die Türen eines winzigen Aufzugs und eine Betontreppe ausmachen konnte. Ich fühlte mich direkt in die vielgeschossigen Wohnblöcke meiner Kindheit in Ostlondon zurückversetzt.

Der Aufzug traf mit einem lauten Rumpeln ein, was dazu führte, dass wir besorgte Blicke wechselten. Aber wir hatten keine Wahl – die Wohnung lag im siebten Stock. Also quetschten wir uns alle zusammen hinein. Anaiya, die keine beengten Räume mag und panische Angst vor Aufzügen hat, war sehr blass, weshalb ich sie in den Arm nahm und ihr so vermutlich noch mehr die Luft abschnürte.

Schweigend hörten wir zu, wie der Aufzug die einzelnen Stockwerke passierte, und zählten im Kopf mit. Es schien Jahre zu dauern, bis ein erneutes Rumpeln verkündete, dass wir da waren. Als die uralten Metalltüren auseinanderglitten, stolperten wir erleichtert aus der Konservendose hinaus in den Flur. Unsere Wohnung war wunderbar modern und geräumig, mit einem schönen, offenen Wohnbereich samt Küche und Esstisch und einem kleinen Balkon nach hinten raus. Ich ging hinüber und öffnete die Tür, woraufhin ein Schwall warmer Luft und der Lärm der geschäftigen Stadt zu uns hereindrangen. Vor mir ragten die Hochhäuser Tiranas auf, glitzernde Türme vor dem dunklen Nachthimmel. Ich hielt nach Minaretten Ausschau, konnte aber keine entdecken. Hoch oben am Himmel war der Mond zu sehen. Es war fast Vollmond.

Die Anfänge von Tirana liegen im Mittelalter, und obwohl die Ansiedlung bereits im Zusammenhang mit der Auseinandersetzung zwischen Skanderbeg und den Osmanen im 16. Jahrhundert erwähnt wird, galt sie erst ab 1614 als Stadt. In jenem Jahr ließ der Feudalherr Sulejman Pascha Bargjini eine Moschee, ein Hamam und ein Imäret erbauen, was Tirana in den Stand einer *kasaba*, einer Art Kleinstadt, erhob. Das dürfte auch der Grund dafür sein, warum Evliya Tirana keine große Aufmerksamkeit schenkte, als er hier vorbeikam. Er schrieb nur, dass die Stadt in einer großen Ebene erbaut sei und über einige vortreffliche, mit Kacheln verzierte öffentliche Gebäude sowie über Moscheen, Hans, Badehäuser, Basare, Weinstöcke und Gärten verfüge, sonst aber nicht weiter bemerkenswert sei.

Größere Bedeutung erlangte Tirana erst durch den Niedergang von Skanderbegs alter Festungshauptstadt Krujë im 18. Jahrhundert, als die mächtige lokale Herrscherfamilie Toptani, die zu den Vorfahren Zogus zählte, ihren Sitz von Krujë nach Tirana verlegte. Von da an entwickelte sich Tirana zu einem relativ wohlhabenden Handels- und Handwerkszentrum mit etwa 40 Moscheen. Viele von ihnen enthielten wunderschöne Malereien, wie der österreichische Diplomat Johann Georg von Hahn Mitte des 19. Jahrhunderts feststellte – er war vor allem von den fröhlich ausgemalten Moscheen in ihrer grünen Umgebung sowie von den hohen Pappeln der Stadt angetan. 1920, als Tirana zur Hauptstadt aufstieg, setzte sich die Bevölkerung jeweils ungefähr zur Hälfte aus sunnitischen Muslimen, die dem Sufi-Orden der Rifai anhingen, und Bektaschis zusammen.

Leider wurden während der Befreiungskämpfe gegen die italienischen und deutschen Besatzer und später, als Hoxha seine Pläne eines atheistischen Staates durchsetzte, fast alle historischen Moscheen und viele religiöse Bauwerke wie Tekken und Türben zerstört – auch die erste je erwähnte Moschee Tiranas, die Sulejman Pascha Bargjini erbaut hatte. Die einzige historische Moschee, die bis heute erhalten ist, stand zufälligerweise ganz in der Nähe unserer Wohnung, und dorthin begab ich mich nun auch an unserem ersten Abend in Tirana, um das *Ischā*-Gebet zu verrichten.

Die Hadschi-Et'hem-Bey-Moschee in Tirana hat etwas von einer Kathedrale. Das sehenswerte osmanische Gotteshaus befindet sich mitten im Stadtzentrum, ganz in der Nähe der Skanderbeg-Statue, und verfügt über eine einzige Kuppel und ein elegantes schmales Minarett. Das Auffälligste an ihr ist jedoch der prachtvolle, von mehreren Bögen getragene und mit Malereien und Blumenornamenten verzierte Portikus. Er erinnerte mich sofort an die Ali-Pascha-Moschee im nordmazedonischen Tetovo. Dies war eine der fröhlich ausgemalten Moscheen, die von Hahn gesehen hatte. Die einst offene Vorhalle ist heute auf allen Seiten durch gehärtetes Glas gegen die Elemente geschützt.

Ich ging hinein und fand mich in einem Gebetsraum wieder, dessen obere Hälfte mit kunstvoll gemalten rotbraunen und grünen Rankenmustern im offenbar allgegenwärtigen

Barockstil der Tulpenzeit dekoriert war. Viele der Ornamente rahmten historische osmanische Stadtansichten ein. Mein Blick suchte nach Sinans Süleymaniye-Moschee, und tatsächlich gab es mehr als eine Darstellung einer Moschee mit mehreren Kuppeln, die infrage kamen. Eine von ihnen befand sich neben einem der Bögen, der die farbig ausgemalte Kuppel stützte, eine weitere ein Stück über dem Mihrāb. Der hölzerne Minbar der Moschee war deutlich größer als diejenigen, die ich bisher gesehen hatte, und bot einen ungewohnten Anblick: In der Kanzel am oberen Ende der Treppe hing eine dreiarmige Leuchte, die vermuten ließ, dass der Minbar nicht vom Imam genutzt wurde. Im hinteren Teil des Raumes befand sich darüber hinaus eine kleine verzierte Mahfil, doch ich sah niemanden, der sie benutzte.

Der Grundstein der Moschee wurde etwa 1793 gelegt, von Molla Bey, einem Feudalherrn aus Petrelë, einem Dorf südlich von Tirana. Beim Tod von Molla, einem Enkel von Sulejman Pascha Bargjini, stand nicht mehr als die Kuppel. Der Rest der Moschee, darunter das Minarett und die Vorhalle, wurden um 1821 von seinem Sohn Et'hem Beg hinzugefügt, einem Hadschi, der die Pilgerreise nach Makkah unternommen hatte. Nach ihm ist die Moschee heute auch benannt. Um dem Bauprojekt seines Vaters den letzten künstlerischen Schliff zu geben, heuerte Et'hem Beg für die wunderschönen Wandmalereien bekannte Künstler aus Dörfern im heute griechischen Teil des Pindosgebirges an, die bereits andere Moscheen und Kirchen ausgestaltet hatten.

Ich setzte mich und wartete auf den Ruf zum Gebet. Langsam füllte sich der Raum, größtenteils mit glatt rasierten Männern in westlicher Kleidung: Hemden oder T-Shirts, Jeans oder anderen Hosen. Nach einer Weile ging einer dieser Männer, der ein kurzärmliges Karohemd und helle Chinos trug, in die Ecke des Raumes und nahm ein Mikrofon in die Hand. Dann hob er die rechte Hand über das rechte Ohr zum halben *Takbīr* und setzte zu einem der schönsten *adhāns* an, die ich je erlebt hatte. Seine kräftige und melodiöse Stimme hielt die gedehnten Passagen deutlich länger, als ich bisher auf dem Balkan gehört hatte, ohne den geringsten Anflug eines Zitterns. Der Mann war mittleren Alters und hatte einen kleinen Schnurrbart. Wäre ich ihm auf der Straße begegnet, wäre ich nie auf die Idee gekommen, dass er ein so hervorragender Muezzin sein könnte. Noch beeindruckender klang der Ruf, weil er von der hohen Decke der Moschee widerhallte, wie im Inneren einer Kathedrale. Als der Mann fertig war, stand ich auf und ging zu ihm, um ihm die Hand zu schütteln und mich zu bedanken. Er wirkte etwas überrascht, lächelte aber.

Beim Verlassen der Moschee nach dem Gebet fiel mir eine kleine Steinplatte über dem Eingang auf. Dort war zu lesen, dass das Bauwerk auf Molla Bey zurückginge. Er sei ein »großer Anführer, Vollbringer guter Taten« und ein »nobler Feldherr« gewesen, und der Bau der Moschee habe Tirana neues Leben eingehaucht – zweifellos auf die gleiche Weise, wie sein Urgroßvater sie zuvor mit seiner mittlerweile zerstörten Moschee bekannt gemacht hatte. Die Inschrift erwähnte zudem einen »Suzi«, womit Suzi Ahmed Efendi gemeint sein könnte, ein osmanischer Dichter aus dem 19. Jahrhundert, und behauptete dann etwas großspurig, dass Tirana durch die Fertigstellung der Moschee zu ähnlicher Schönheit aufgestiegen sei wie Istanbul durch die Hagia Sophia.

Östlich von Tirana erstreckt sich der Dajti-Nationalpark. Von hier aus bietet sich ein großartiger Blick auf die Hauptstadt, und nirgends ist die Aussicht besser als an Bord des Dajti-Ekspres, der Seilbahn zum Nationalpark hinauf.

Die Talstation der Seilbahn versteckte sich am Ostrand der Stadt, ganz am Ende einer heruntergekommenen alten Straße in einem Wohngebiet. Das Gebirge diente während des Kalten Krieges vielen als Unterschlupf, und als wir uns dem Ekspres näherten, sah ich mehrere Schilder, die auf einen Ort namens »Bunkart« hinwiesen – einen alten Atombunker, der mittlerweile in ein Museum mit Kunstgalerie umgewandelt worden war, samt Vorführungssaal, in dem Liveveranstaltungen und Konzerte stattfanden.

Wir fuhren auf einen leeren Parkplatz und liefen aufgeregt zur Seilbahn hinüber. Die Fahrt führte steil den grünen, üppig bewachsenen Steilhang hinauf. 15 grandiose Minuten lang schrumpfte das Häusermeer von Tirana unter uns zusammen, während wir über kleine Seen und einfache Bauernhöfe mit sorgsam gepflügten Feldern hinwegschwebten. An einer Stelle lugte ein weißes Minarett zwischen den Baumkronen hervor.

»Die Moschee ist gar nicht so klein, wie ich dachte«, sagte ich, als wir näher kamen.

»Wow, schau mal, wie weit die Seilbahn hinauffährt!«, rief Anaiya, die den Endpunkt hoch über uns entdeckt hatte und meinen Kommentar taktvoll ignorierte. Sie hatte es offensichtlich satt, ständig überall Minarette zu entdecken.

»Der Ausstieg ist oben auf dem Gipfel. So steht es hier«, meinte Tamara und las aus der kleinen Broschüre vor, die sie an der Talstation mitgenommen hatte.

Als wir uns dem letzten Abschnitt des steilen Hangs näherten, wurde deutlich, wie hoch wir eigentlich waren.

»Hui, es knackt in meinen Ohren!«, rief Tamara.

»Autsch, in meinen auch.« Amani hielt sich die Hände über die Ohrmuscheln.

Die Endstation befand sich am *Dajti Tower Belvedere Ho-*

tel, ein Gebäude, das eher einem Kontrollturm am Flughafen ähnelte als einer Luxusunterkunft. Wir machten kurz Rast, um in dem kleinen Café neben dem Ausstiegspunkt ein Getränk zu uns zu nehmen. Während ich auf den Kaffee wartete, fiel mir auf, dass die meisten Gondeln leer waren: Hier war nicht viel los. In einer der wenigen, die besetzt waren, saß ein verheiratetes Paar. Die Frau war von Kopf bis Fuß in einen Niqab gehüllt – das hatten wir in Albanien bisher noch nicht gesehen –, der Mann trug eine Cargohose und ein langärmliges Hemd. Wären wir in Bosnien gewesen, wäre ich ohne Weiteres davon ausgegangen, dass es sich um Touristen aus den Golfstaaten handelte, aber Albanien war nicht unbedingt als Urlaubsort für Araber bekannt. Und wie unsere Erfahrungen in Berat gezeigt hatten, breitete sich der konservative Islam auch in Albanien aus. Wahrscheinlich waren die beiden Einheimische.

Am Rand des Weges in den Dajti-Nationalpark hinein standen junge Kerle mit Sportwaffen, die den Passanten anboten, damit auf eine Auswahl an Holzzielen zu schießen. Sie wirkten abgerissen und gelangweilt. Andere Männer hielten Ponys zum Reiten bereit. Sie hätten die Väter der Jungen sein können und sahen genauso gelangweilt aus. Die meisten Leute liefen einfach an ihnen vorbei Richtung Wald. Eine Familie war damit beschäftigt, Girlanden für ein Picknick aufzuhängen – offenbar hatte eines der kleinen Mädchen Geburtstag.

Auf dem Weg in den Wald kamen wir an zwei verlassenen Hotels vorbei, die sich in unterschiedlichen Stadien des Verfalls befanden. Zwischen sie gequetscht war ein Restaurant, vor dem sich über einem Grill ein wenig appetitlich wirkendes Lamm langsam an einem dicken Metallspieß drehte. Seine Haut war bereits ziemlich dunkel, und das Tier hatte noch seinen Kopf samt Augäpfeln, aus denen es uns bei jeder Umdrehung anzuschauen schien. Die Mädchen zuckten zusammen, als sie das sahen. Der Himmel über uns war jetzt bewölkt.

Dann führte uns der Betonweg an einer Reihe uralter Eichen vorbei, deren dicke, knorrige Wurzeln frei lagen, bevor wir zum ersten von mehreren halb versunkenen Bunkern kamen. Sie wurden in jedem Reiseführer über das Land erwähnt, und wir hatten auf unserer Reise bereits einige davon in der Landschaft verstreut gesehen, waren aber noch keinem von ihnen so nahe gekommen wie diesem. Es dauerte nicht lange, und Anaiya hatte einen zweiten erspäht.

»Wofür sind sie da?«, fragte sie und schaute hinein.

»Das sind Bunker, die gebaut wurden, falls ein Krieg ausbricht«, erklärte ich.

»Sie sehen unheimlich aus«, meinte Amani.

Damit hatte sie recht: Die runden Betonkuppeln wirkten wie gespenstische Überreste einer vergangenen Ära.

»Wie kommt man da rein?«, wollte Amani wissen und umkreiste einen der Bunker. »Es gibt keine Tür und keinen Eingang.«

Die Bunker bestanden aus Stahlbeton. Vorne befand sich ein niedriger Schlitz, durch den eine Waffe abgefeuert werden konnte. Die Öffnung war breit genug, dass die Soldaten hindurchkriechen konnten. Der paranoide Diktator Enver Hoxha hatte 173.000 solcher Bunker in ganz Albanien bauen lassen – fast sechs Stück pro Quadratkilometer!

Sie entstanden über 20 Jahre hinweg ab Mitte der 1960er-Jahre, was hohe Kosten verursachte und auf große Ablehnung im Volk stieß. Hoxha baute sie so, dass im Notfall jeder Albaner in einem Bunker unterkommen und das Land verteidigen konnte. Auch wenn sie nie zu diesem Zweck genutzt wurden, fanden einige 1997 während des albanischen Aufstands und in den Grenzorten im ein Jahr später ausbrechenden Kosovokrieg Verwendung. Heute sind die meisten verlassen, wie diejenigen, die vor uns lagen. Einige der größeren Exemplare sind mittlerweile anderen Zwecken zugeführt worden und dienen als Behausungen, Cafés oder Lagerhäuser.

»Ich glaube, man musste vorne reinklettern …« Ich beugte mich hinunter, um die Maße der Öffnungen zu begutachten.

»Schau mal, Dad, hier drinnen steht etwas geschrieben!«, rief Anaiya.

Jemand hatte etwas an die Innenwände des Bunkers gesprayt, den sie sich gerade ansah. Ich versuchte die Worte zu entziffern, aber es war zu dunkel. Amani und Tamara fotografierten gerade den anderen Bunker, und so beschloss Anaiya, sich das Graffito näher anzusehen.

»Sei vorsichtig – wer weiß, wer da drinnen ist«, witzelte ich.

Anaiya warf mir einen strengen Blick zu. Sie beugte sich weiter vor, nun aber etwas verhaltener. Der Bunker lag im Schatten einer großen Eiche, sodass kein Licht hineinschien. »HALLOOOOOOOOO?«, rief sie in die Öffnung hinein. Kaum war ihre Stimme verklungen, kam eine kleine Fledermaus herausgeflattert. Anaiya zuckte zurück. »Boah! Amani! Mum! Habt ihr das gesehen? In meinem war eine Fledermaus!«, quietschte sie.

»Wo?«, fragte Amani. Aber es war zu spät. Die Fledermaus war davongeflogen.

»Sie ist schon weg. Komm, wir gucken, ob bei dir auch eine drin ist.«

Die beiden gingen zu dem Bunker, den Amani und Tamara fotografiert hatten, und stellten sich vor die Öffnung, um ein paarmal »Hallo!« zu rufen, aber keine der beiden traute sich so richtig nahe heran, nur für den Fall, dass drinnen eine Fledermaus schlief. Nach einer Weile gaben sie enttäuscht auf.

Ich warf einen Blick auf mein Handy. Es war fast drei Uhr, und wir hatten noch einen weiteren Zwischenstopp geplant, bevor wir mit Shkodër den Ort unserer nächsten Unterkunft ansteuern würden. Es war Zeit, den Dajti-Ekspres zurück ins Tal zu nehmen.

Von der Seilbahnstation aus fuhren wir auf die SH 1, die aus Tirana hinausführte. Kaum hatten wir die Stadt verlassen, als wir die ersten Schilder passierten, die auf Albaniens erste Hauptstadt Krujë aufmerksam machten. Dieser Ort, der »Kruja« ausgesprochen wird und weniger als eine Autostunde von Tirana entfernt ist, liegt mehr als 600 Meter über dem Meeresspiegel am Fuß des Krujë-Bergs in der Nähe des Flusses Ishëm. Als erster albanischer Staat wurde 1190 das Fürstentum Arbanon (oder Albanon) gegründet, und die herrschende Familie Progoni machte Krujë zur Hauptstadt. Nach der Einnahme durch die Osmanen im frühen 15. Jahrhundert war es genau diese Stadt, die Skanderbeg für die Albaner zurückeroberte.

Die Straße nach Krujë hinauf war steil und gewährte uns einen ersten Blick auf die Stadt. Die meisten Häuser waren ein- oder zweistöckig und wirkten durch ihre Ziegeldächer und die umstehenden Olivenbäume geradezu bilderbuchmäßig mediterran. Eine Seite des Berges war deutlich besiedelter als die anderen. Dort befanden sich auch eine Reihe neuer, zum Teil noch im Bau befindlicher Wohntürme. Sie ragten übereinander am Hang auf, wodurch unmöglich zu erkennen war, welches Gebäude das höchste war.

Je höher wir kamen, desto älter wurden die Häuser. Weit vor uns tauchte die berühmte Festung von Krujë auf. Wir stiegen aus und liefen darauf zu. Der Weg führte uns eine alte Kopfsteinpflastergasse hinab, die aussah, als hätte sie eigentlich in die Altstadt von Skopje gehört, da sie eng war und von Geschäften in restaurierten osmanischen Häusern mit hölzernen Fensterläden gesäumt. Über uns waren sogar die Umrisse eines schmalen Minaretts zu sehen. Vor dem Berggipfel wirkte der Anblick ziemlich grandios. Es war ein schöner, sonniger Tag, und die enge Gasse bot uns etwas Schatten, als wir an Läden vorbeiliefen, die traditionelle albanische Kleidung, rot-schwarze Nationalflaggen, Metallplatten mit eingravierten arabischen Schriftzügen und Kupferrahmen mit Porträts von Skanderbeg feilboten.

Skanderbeg war der Gouverneur der Stadt gewesen, bevor er den Osmanen den Rücken kehrte und die Stadt für seine »Liga von Lezhë« einnahm, einem Zusammenschluss albanischer Fürsten unter seiner Führung. Die folgenden zwei Jahrzehnte bis zu seinem Tod konnte Skanderbeg Krujë erfolgreich halten, was ihm den Status des Nationalhelden einbrachte.

Zu den Überresten aus jener Zeit gehören die Ruinen der ursprünglichen Mauer rund um die Burg, die Skanderbeg verteidigte, und der ersten Moschee der Stadt, die ihr Eroberer Mehmed I. gebaut hatte. Letztere befand sich vor dem neuen Skanderbeg-Museum, das die meisten Besucher anzog. Wir beschlossen, zunächst einmal die Südostecke der Festung anzusteuern. Dort befand sich eine Ansammlung alter Gebäude. Ich wollte schauen, ob wir eine der beiden historischen Tekken finden könnten, die es dort angeblich gab. Wir liefen durch weitere enge, moosbewachsene Kopfsteinpflastergassen, die zwischen kleinen osmanischen Bauten hindurchführten. Ich fragte mich, ob eine der Tekken ein weiteres Grab von Sarı Saltık enthalten könnte – Anhänger des rebellischen Heiligen pilgerten mindestens seit dem 17. Jahrhundert in die Stadt.

Hinter den Häusern kamen die Berge in Sicht. Schon bald liefen wir an erhöhten Grabstätten mit steinernen Mützen vorbei: den Gräbern der Bektaschi-Babas. Sie lagen im Schatten eines imposanten alten Olivenbaumes, hinter dem sich – direkt am Steilhang, wie ein Adlerhorst – die Tekke mit der Türbe von Hadschi Mustafa Baba befand: die Dollma-Tekke.

Die Sarkophage waren in einem wunderschönen achteckigen Mausoleum untergebracht, mit Buntglasfenstern, floralen Ornamenten an den Innenwänden und Holztüren, deren unterer Teil leuchtend grün gestrichen war. Die Muster deuteten darauf hin, dass es aus dem 18. Jahrhundert datierte, aber es gab keine englischsprachige Infotafel, die das bestätigt hätte. Am Ende des Raumes befand sich – ungewöhnlich für eine Türbe – ein Mihrāb, der offensichtlich nicht für das Gebet gedacht war, da in seiner Mitte ein Metallkasten mit einem Abzug darüber angebracht war, damit man darin brennende Kerzen aufstellen konnte – der Muqarnas-Abschluss des Mihrāb war schwarz vor Ruß. Ich zählte drei Sarkophage, zwei direkt nebeneinander und einen dritten vor einer weiteren, deutlich kleineren Nische, und fragte mich, ob in einem davon wohl der Tekken-Gründer Hadschi Mustafa Baba lag.

Die Sarkophage standen erhöht und hatten die Toblerone-Form, die ich überall auf dem Balkan gesehen hatte. Auf jedem von ihnen lagen gemusterte Teppiche und Tücher und auf einem ein riesiger Tespih und eine albanische Übersetzung des Qur'ān. Ich war ganz allein. Nach der Szene in der Murad-Türbe bei Pristina hielten sich Tamara und die Mädchen von Mausoleen fern. Sie waren gerade dabei, den Rest der Tekke zu erkunden. Der Legende nach war Shehim Baba, einer ihrer Leiter im 19. Jahrhundert, für den Beitritt Ali

Paschas zum Bektaschi-Orden verantwortlich gewesen. Ich suchte die Wände nach der Süleymaniye-Moschee ab, fand aber nur ein Abbild einer Moschee über dem Eingang. Dabei handelte es sich jedoch nicht um die Süleymaniye – sie hatte nur zwei Minarette.

Nach einer Weile traten zwei junge Männer ein. Einer von ihnen hatte wirres lockiges Haar, das des anderen war kurz und mausgrau. Beide trugen eine Brille und Shorts, die ihnen bis über die Knie reichten.

»Ich versuche, mehr über den Islam in meinem Land zu lernen«, sagte der Lockenkopf Olen Goli, nachdem wir uns vorgestellt hatten. »Ich bin zum Islam konvertiert.«

»Ach ja? Was hat dich dazu bewogen?«, fragte ich.

Ich erkannte das Lächeln, das Olen mir zuwarf, sofort wieder. »Genau genommen gibt es zwei Gründe«, setzte er in hervorragendem Englisch an. »Überall war ständig die Rede von den durchgedrehten Muslimen und dem durchgedrehten Islam, und ich wollte wissen, was denn eigentlich so verrückt war an diesen ganzen Leuten, also fing ich an, mich mit dem Islam zu beschäftigen ...« Er lächelte immer noch. Ebenso wie ich. Er wusste, dass ich ihn verstand. »Und je mehr ich darüber erfuhr, desto mehr fühlte ich mich dazu hingezogen.«

Ich nickte. Es war die altbekannte Geschichte vom Skeptiker, der zur Überzeugung findet. Ich hatte schon viele Konvertiten gehört, deren Erzählung so anfing.

»Ich hatte mir den Islam vorgeknöpft, um herauszufinden, warum ich ihn hassen sollte, und mich stattdessen in ihn verliebt!«

Wir fingen beide an zu lachen.

»Und der zweite Grund?«

»Der ist komplizierter und hat mit etwas zu tun, was mir erst hinterher klar wurde. Ich habe erkannt, dass die albanische Identität heute und historisch gesehen immer eng mit einer muslimischen Identität verknüpft war.« Olen hielt inne, damit ich ihm folgen konnte. »Es sind die Muslime, die das albanische Volk immer schon unterstützt haben, hier, im Kosovo, in Mazedonien. Immer wenn es Aggressionen gegen Albaner gab, gingen sie von den Christen um uns herum aus, nicht von den Muslimen.«

»Willst du sagen, dass du auch zum Islam konvertiert bist, weil du dich dadurch albanischer fühlst?«

»Ich glaube, ja. Auf einer unbewussten Ebene ist das ganz sicher so.«

Ich war verblüfft. Die ethnisch-religiöse Nationalpolitik dieser Region faszinierte mich, aber ich war immer davon ausgegangen, dass die Menschen ihre »Seite« schon vor langer Zeit gewählt hatten und die Grenzen dazwischen undurchlässig waren. Nie wäre mir der Gedanke gekommen, dass ich jemanden kennenlernen könnte, der sich aufgrund seiner Ethnizität im Hier und Jetzt für eine bestimmte Religionszugehörigkeit entscheiden würde, und doch sprach ich hier mit diesem jungen Albaner, der das Christentum, mit dem er aufgewachsen war, gegen den Islam eingetauscht hatte, weil »Albaner sein« auf dem Balkan tatsächlich häufig mit »Muslim sein« gleichgesetzt wird. Natürlich gab es auch albanische Christen, sogar fast 20 Prozent der Bevölkerung, doch Olen fühlte sich als Muslim offensichtlich albanischer, auch wenn er zugab, dass das ein unbewusster Teil seiner Entscheidung gewesen war. Das war etwas, was mich wirklich überwältigte. Hier drehte sich das Thema Religion nicht darum, was richtig oder falsch war, sondern um die Identität.

»Und was denkst du so über den Islam in Albanien?«, fragte ich.

Olen dachte einen Augenblick nach und meinte dann: »Ich glaube, dass der Islam in Albanien neuen Auftrieb erhält, denn die Religionsausübung war hier historisch gesehen lange verboten, und darüber haben viele Leute ihren Zugang dazu verloren. Alles musste heimlich und im Verborgenen passieren, und das machte es sehr schwer.«

»Und der Bektaschi-Orden, was hältst du von dem?«

»Er ist Teil des albanischen Kulturerbes, und die Menschen haben eine Wahl getroffen. Wenn sie die Dinge auf eine gewisse Weise tun wollen, steht es ihnen frei«, antwortete Olen. Wieder hatte er seine Worte sehr sorgfältig gewählt.

Ich versprach ihm und seinem Freund, mit ihnen in Kontakt zu bleiben, und ließ sie dann weiter ihre Fotos vom Grab machen, während ich Tamara und die Mädchen suchen ging. Sie hatten den Hauptgebetsraum gefunden, in einer der umfunktionierten alten Bastionen der Festung. Ich kam in einen kreisrunden, lindgrün gestrichenen Raum, an dessen Wänden lauter gerahmte Bilder von Hasan, Husain und verschiedenen Babas hingen. Der ganze Raum war von einer niedrigen bequemen Sitzfläche gesäumt, auf der alle drei einen Platz zum Ausruhen gefunden hatten.

»Wow.« Ich trat die Stufe hinab auf den dunklen Holzboden.

»Krass, oder?«, meinte Tamara. »So stelle ich mir die Tekke in Tetovo vor, von der du mir erzählt hast.«

»Ja, nur dass die Wände dort vollständig mit Malereien bedeckt waren und die Aussicht nicht so grandios war wie hier!«

»Jep, der Blick aus dem Fenster hier ist echt beeindruckend.«

Ich reckte den Kopf nach draußen, und die Aussicht verschlug mir den Atem. Das breite Tal, durch das wir aus Tirana hergekommen waren, erstreckte sich jetzt vor mir, während am Horizont ein Gipfel hinter dem anderen aufragte. Die Bektaschis hatten offensichtlich ein gutes Gespür für den richtigen Standort, sei es bei der Tekke am Fuß der Berge in Tetovo oder an der Quelle der Buna in Blagaj. Ich konnte nachvollziehen, warum die Anhänger an Orten wie diesen beim *dhikr* in Trance gerieten.

TEIL FÜNF

MONTENEGRO

DAS MUSLIMISCHE MONTENEGRO

PODGORICA

Von Albanien aus steuerten wir direkt die wunderschöne Bucht von Kotor in Montenegro an, um die letzten gemeinsamen Tage mit Tamara zu genießen, bevor sie zum Arbeiten nach London zurückkehrte.

Wir verbrachten zwei traumhaft entspannte Tage am Strand und in der prachtvollen venezianischen Festung und schwelgten in den Freuden des einfachen Familienurlaubs: Wir aßen Eis, schwammen im Meer und gingen essen. Nach einer spektakulären Fahrt nach Podgorica über den Kamm der Schwarzen Berge, denen das Land seinen Namen verdankte, stand am nächsten Morgen der traurige Abschied von Tamara an.

Urlaub zu dritt war nichts Neues für die beiden Mädchen und mich. Dank meines Lehrerberufs hatten wir stets zur selben Zeit Ferien. Deshalb hatten wir immer schon viele Tagesausflüge zusammen unternommen: zu Sehenswürdigkeiten im Umland, ins Britische Museum oder zu Verwandten. Als die Mädchen älter wurden und mehr Mitspracherecht bei den Zielen verlangten, führten unsere Touren uns zu Flohmärkten oder Ausstellungen in angesagten Kunstgalerien.

Und natürlich hatten wir hin und wieder das Glück, gemeinsam ins Ausland zu reisen, wo Tamara zu uns stieß, solange sie freihatte. Als Eltern hielten wir diese Zeiten allein mit unseren Töchtern für wertvolle Erfahrungen – sie ermöglichten uns, eigenständige Beziehungen zu ihnen zu pflegen. Deshalb verreiste auch Tamara ab und zu ohne mich mit den Mädchen, zuletzt waren die drei auf der griechischen Insel Santorini und in New York gewesen. Aus dem gleichen Grund machten Amani und ich später nach ihrem Schulabschluss eine Rucksacktour durch Andalusien. Sie wollte unbedingt die muslimische Geschichte Südspaniens erkunden und erste Erfahrungen darin sammeln, allein unterwegs zu sein, und wir freuten uns beide über ein wenig exklusive Vater-Tochter-Zeit. Wenn die Coronapandemie vorbei und Anaiya mit der Schule fertig ist, habe ich etwas Ähnliches auch mit ihr vor.

Deshalb hatte ich schon einen Plan für unsere verbleibende Zeit auf dem Balkan aufgestellt, der alle unsere Interessen in Einklang bringen sollte. So lange Tamara bei uns gewesen war, hatte ich mich zwischendurch einfach absetzen und das lokale muslimische Kulturerbe allein erkunden können. Tamara und die Mädchen hatten in dieser Zeit meist etwas weniger »Ödes« gemacht, etwa auf Märkten nach Mitbringseln gesucht, stundenlang am Strand gelegen oder eine Kunstausstellung besucht.

Jetzt, da Tamara weg war, mussten die Mädchen und ich einen Kompromiss finden und uns den Vorlieben der jeweils anderen fügen, wie wir es immer taten, wenn wir zu dritt unterwegs waren. Deshalb hatten Amani und Anaiya die vergangene Woche damit verbracht, eine Liste aller Dinge zu erstellen, die sie gern unternehmen würden. Darauf standen Aktivitäten wie Bowling, noch mehr Zeit mit Schwimmen im Meer verbringen, ins Kino gehen, einen McDonald's auftreiben, Curry essen, weitere Wasserfälle ausfindig machen und einen Tierpark oder Zoo besuchen, aber auch ein paar typische Teenagerdinge wie Ausschlafen oder Zeit am Handy.

Daraus hatten wir drei einen ausgewogenen Zehntagesplan erstellt. So kam es, dass am Nachmittag ein Besuch der osmanischen Altstadt von Podgorica auf dem Programm stand, bevor ich ihnen abends ihr Lieblingsessen kochen würde, während sie sich ganz ihren Handys widmen konnten. Der darauffolgende Tag entsprach dann ganz ihren Wünschen – wir würden die Rückfahrt nach Bosnien damit verbringen, nach Wasserfällen zu suchen.

Selbst nach der Einnahme durch die Osmanen im 15. Jahrhundert war Podgorica eine Provinzstadt geblieben – und doch war sie, wie Evliya anmerkte, dem erobernden Sultan Mehmed II. wichtig genug erschienen, um dort eine Festung zu errichten. Der Grund dafür war, so Evliya, damit das nahe gelegene Shkodër zu beschützen. Die unzugängliche Landschaft des gebirgigen Montenegro und die Unterstützung, die die einheimischen Stämme durch die Venezianer erhielten, sorgten dafür, dass die Osmanen im Grunde nur den Süden des Landes unterwerfen konnten.

Der Großteil des Landes erlangte de facto im 18. und offiziell ein Jahrhundert später die Unabhängigkeit. Nach dem Ersten Weltkrieg trieb das Land in die Arme des Königreichs Jugoslawien, nach dem Zweiten Weltkrieg wurde es Teil der Sozialistischen Föderativen Republik und bildete nach dessen Zerfall zusammen mit Serbien eine abgespeckte Version namens Bundesrepublik Jugoslawien, bevor es 2006 erneut vollständig unabhängig wurde.

Die Ruinen von Mehmeds Festung lagen in der Nähe des Zusammenflusses zweier Ströme: der größeren Morača und der kleineren Ribnica. Dorthin waren die Mädchen und ich jetzt unterwegs. Die Strecke würde uns durch die Altstadt führen, die hier als Stara Varoš bezeichnet wurde und in der ich zwei historische Moscheen und einen Uhrturm aus dem Osmanischen Reich ausgemacht hatte.

Die Osmanagić-Moschee entstand zu Beginn des 18. Jahrhunderts auf Geheiß von Mehmed Pascha Osmanagić, dessen Türbe im kleinen Innenhof zu besichtigen war. Als ich mit den Mädchen im Auto vorfuhr, stand das *Asr*-Gebet kurz bevor. Die Straßen der Altstadt waren menschenleer, wie der Rest von Podgorica – in den Sommermonaten zieht es alle Stadtbewohner an die Küste. Ich fragte mich, ob ich in der Moschee überhaupt jemanden antreffen würde oder ob sie sogar verschlossen wäre. Draußen stand eine Tafel mit einer Schwarz-Weiß-Fotografie, die ein stark beschädigtes Minarett und eine halb verfallene Moschee zeigte. So hatte es hier ausgesehen, bevor die osmanischen Bewahrer von TİKA das historische Bauwerk renoviert hatten.

Die kleine und eher bescheidene Moschee war aus Stein gebaut, und rund um das Grundstück verlief eine Mauer, die mit den gleichen rotbraunen Terrakottaziegeln gedeckt war wie das Dach der Moschee. Das Gotteshaus war im klassischen osmanischen Stil gehalten, mit einem schlanken weißen Minarett. Ich fragte die Mädchen, ob sie mich hineinbegleiten wollten, aber sie waren mit einer Runde Stadt-Land-Fluss beschäftigt – sie hatten das Spiel gerade erst für sich entdeckt. Also stellte ich sicher, dass sie mich über Amanis Handy erreichen konnten, sagte ihnen, sie sollten die Türen des Wagens von innen abschließen, und begab mich in die Moschee, um das *Asr*-Gebet zu verrichten.

Drinnen erwartete mich ein frisch renovierter Innenraum: Über frei liegenden Steinbögen prangte eine prachtvolle hölzerne Mahfil. Der Boden war von einem Teppich in Rot und

Senfgelb bedeckt. Die Wände waren weiß verputzt, und jedes Fenster war von dezenten, hübschen Blütenmustern eingerahmt, die ergänzt wurden durch Malereien von Blumen in blauen Vasen. Der Mihrāb und der Minbar waren kunstvolle Schnitzarbeiten aus dunklem Holz und wirkten ganz neu, ebenso wie die Deckenverkleidung.

Ich stellte meine Schuhe in einem flachen Regal ab und setzte mich. Es war fast Zeit für das Gebet, als Mirza die Moschee betrat. Ich hatte bisher noch keinen montenegrinischen Muslim getroffen und war gespannt. Mirza lief schnurstracks an mir vorbei und betätigte einen Schalter neben dem Minbar. Dann rief er langsam und melodisch den *adhān*. Anschließend verrichtete er die vier *rakāts* des *Sunna*-Gebets. Als er damit fertig war, trat ich an ihn heran, wie ich es beim einsamen Imam in Berat getan hatte, und begrüßte ihn mit einem *salām* und einem festen Handschlag. Mirza war nicht der Imam der Moschee, aber ich bat ihn trotzdem, uns durch das Gebet zu führen.

Als wir hinterher gemeinsam Richtung Ausgang gingen, kamen wir ins Gespräch.

»Ich bin schon als Muslim geboren worden, wie viele montenegrinische Muslime in Podgorica, doch als junger Mann habe ich den Glauben nicht praktiziert«, erklärte er, als wir in der Nähe des eisernen Eingangstores stehen blieben, von wo aus ich die Mädchen im Auto sehen konnte. Wie sich herausstellte, hatte Mirza das Gespräch mit mir genauso gesucht wie andersherum; meine Anwesenheit in der Moschee hatte ihn neugierig gemacht. Als er sah, wie ich den Mädchen zuwinkte, fragte er nach ihnen.

»Das sind meine beiden Töchter, wir reisen seit etwa einem Monat durch den Westbalkan, aber meine Frau musste nach London zurückkehren und ist heute Morgen in Podgorica abgeflogen. Also haben wir beschlossen, die Stadt zu erkunden, bevor wir wieder nach Bosnien fahren.«

Mirza war beeindruckt und fand es toll, dass ich Zeit mit meinen Töchtern allein verbrachte. Er trug ein schwarzes T-Shirt mit einem ausgewaschenen englischen Schriftzug auf der Brust und eine dreiviertellange Jogginghose – eine bei Muslimen beliebte sommerliche Alternative zu Shorts, da sie bis unter das Knie reicht und zum Gebet getragen werden kann. Mirza hatte einen dunkelbraunen Bart und den Ansatz eines Schnurrbarts. Ich fragte ihn, ob sich mehr Leute zum Gebet versammelten, wenn Podgorica nicht so menschenleer sei.

»Zu den fünf täglichen Gebeten kommen nur wenige, aber beim Freitagsgebet sind beide Moscheen voll.«

»So ist es in London auch«, sagte ich.

Das schien Mirza zu überraschen; er hatte gehört, dass die Muslime in London überaus fromm seien und die Regeln genau befolgten.

»Wenn man sich die Anzahl der Muslime hier und in London anguckt, ist der Anteil derer, die in die Moschee gehen, relativ betrachtet ehrlich gesagt vermutlich gleich«, meinte ich.

Mirzas Englisch war ausgezeichnet, was daran lag, dass in Montenegro alle Schüler schon sehr früh mit dem Englischunterricht begannen. Ich fragte ihn, was er beruflich mache oder ob er sich noch in der Ausbildung befinde. Er hatte ein kindliches Gesicht, aber der Bart deutete darauf hin, dass er schon älter war, weshalb sein wahres Alter schwer zu schätzen war.

»Ich habe Grafikdesign in Skopje studiert, einer viel muslimischeren Stadt«, erklärte er.

»Ja, das ist mir auch aufgefallen. Ich war absolut erstaunt, als wir dort waren. Skopje könnte auch irgendwo in der Türkei liegen, oder?«

»Du warst da?« Mirzas Augen begannen zu leuchten. Ich nickte. »Genau. In Mazedonien gibt es viele Muslime.«

»Mehr als hier?«

»Ja, hier sind es nicht mehr allzu viele«, sagte er und klang dabei etwas bedrückt.

»Wie war es denn, als du jünger warst? Wie sah das Leben hier damals aus? Dieses Bild vom kaputten Minarett – erinnerst du dich noch an die Zeit?«, fragte ich und wies auf die Tafel mit dem Schwarz-Weiß-Foto.

»Natürlich, nach dem Zweiten Weltkrieg bestand die Moschee nur noch aus einem Haufen Steine. Es war sehr gefährlich, und wir mussten uns fernhalten. Niemand durfte sie benutzen.«

»Hat TİKA den Wiederaufbau organisiert?«

»Nein. Die Ältesten hier aus der Umgebung hatten das schon viel früher beschlossen. Die Anwohner halfen, mehr als 100 Traktorladungen Schutt aus dem Inneren des Gebäudes und drum herum wegzuschaffen. Dann haben sie Geld gesammelt und das Gebäude wiederaufgebaut.«

»Waren an dieser Aktion nur Muslime beteiligt?«

Mirza überlegte kurz, als müsste er seine Erinnerung durchforsten. »Das war noch vor meiner Geburt, daher bin ich mir nicht sicher, aber ich gehe davon aus, dass *jeder* hier in der Umgebung, ob Muslim oder nicht, für den Wiederaufbau war, weil die Moschee Teil der Stadt und ihrer Geschichte ist.«

»Du erinnerst dich also daran, dass diese Moschee in Benutzung war, als du Kind warst?«

»Ja, beide Moscheen, vor allem zum Freitagsgebet, aber es kamen nie viele Leute. Heute ist es zum *Dschuma*-Gebet immer voll.«

»Verstehe. Wann kam TİKA denn dann ins Spiel?«

»2011. TİKA kam und bot an, uns nach einem Brandanschlag auf die Moschee bei den Renovierungsarbeiten zu unterstützen.«

»Jemand hat versucht, die Moschee niederzubrennen?«

»Ja, ich glaube, manche Menschen hören schlechte Dinge über den Islam in den Medien und machen Dummheiten. Aber eigentlich haben wir dieses Problem in Podgorica gar nicht. Die Leute wissen, dass diese Moscheen einfach immer schon da waren. Sie wissen, dass es in Montenegro immer schon Muslime gab. Nur einige wenige, vielleicht ein paar dumme junge Leute, die keine Ahnung von Geschichte haben, kommen manchmal auf die Idee, so etwas zu tun.«

Ich bemerkte, dass Mirza auf die Uhr sah, wollte ihm aber noch eine letzte Frage stellen, bevor er ging. Ich holte mein Handy heraus und zeigte ihm ein Foto kleiner Gebäckstücke, die unsere Vermieter uns bei unserer Ankunft in der Ferienwohnung hier in Podgorica hingestellt hatten.

»Wie heißt das hier?«

Mirza dachte kurz nach und bekam dann leuchtende Augen. »Priganice!«, rief er. »Es gibt sie in süß oder herzhaft, und sie sind eine typische montenegrinische Spezialität. Bestimmt auch ein Erbe aus osmanischen Zeiten.«

Ich lachte und erzählte ihm, dass ich genau das beim Anblick des Gebäcks vermutet hatte, obwohl die Mädchen sich darüber lustig machten, dass ich alles hier für osmanisch hielt. Da musste auch Mirza lachen. Wir gaben uns zum Abschied die Hand und umarmten uns, bevor er sich durch eine schmale Straße vor einem hellgelben, im osmanischen Stil gehaltenen Hauses entfernte.

Der Islam stellt nach dem orthodoxen Christentum die zweitgrößte Glaubensgemeinschaft in Montenegro dar, fast

20 Prozent der Bevölkerung sind Muslime. Wie in den Nachbarländern gehören die meisten den Volksgruppen der Bosniaken oder Albaner an. Die Muslime, die sich wie Mirza ethnisch als Montenegriner sehen, machen nicht mehr als zwei Prozent der Bevölkerung aus.

Die Mädchen und ich beschlossen, das Auto in der Nähe der Osmanagić-Moschee stehen zu lassen, da die Überreste der Festung von hier aus zu Fuß zu erreichen waren. Die Gassen rund um die Moschee waren mittelalterlich schmal, gesäumt von einer Mischung aus farbenfroh verputzten Wohnhäusern und älteren Bauten, die wie die Moschee eine Steinfassade aufwiesen. Manche Elemente waren der osmanischen Architektur nachempfunden. In den meisten Gärten rankte sich der Wein, und in einigen von ihnen standen auch Palmen. Wir begegneten keiner Menschenseele, während wir durch das Viertel spazierten. Bis auf den einen oder anderen Automotor in der Ferne und das Bellen eines kleinen Hundes irgendwo in einem Vorgarten war alles still. An der Ecke einer heruntergekommenen Mauer prangte eine Reihe von Graffitis, und Anaiya strahlte, als sie den Namen »Tamara« entdeckte.

»Guck mal, Amani!«, rief sie und lief zur Mauer.

Unter »Tamara« standen ein Pluszeichen und ein Name, der wütend durchgestrichen worden war. Doch das Herz mit dem Pfeil hindurch war unverändert geblieben. Ich versuchte den durchgestrichenen Namen zu entziffern, während die Mädchen sich in verschiedenen Posen vor dem Namen ihrer Mutter fotografierten. »Tharik« stand dort ganz sicher nicht.

Die ersten Menschen, auf die wir stießen, waren zwei ältere Damen vor der einzigen weiteren Moschee von Podgorica, der weiß verputzten, ebenfalls terrakottagedeckten Starodoganjska-Moschee, deren Minarett deutlich gedrungener war.

Die Frauen waren damit beschäftigt, einen großen Orientteppich zu reinigen, weswegen der kleine Innenhof von Wasser bedeckt war. Die Moschee war eindeutig offen, und ich versuchte den Frauen verständlich zu machen, dass ich gern hineingehen würde. Eine von ihnen, die kurze blonde Haare hatte und eine beigefarbene Strickjacke trug, begriff, was ich ihr sagen wollte, und bedeutete mir mit einem Lächeln, näher zu kommen.

Die Mädchen folgten mir in einen engen Innenhof. Rechts lag die Moschee, links befanden sich die Büroräume des Großmuftis von Montenegro. Nur die Türen zur Moschee standen offen, und auch hier war eindeutig zu sehen, dass alles frisch renoviert war. Der Aufbau des Gotteshauses glich dem der Osmanagić-Moschee, aber der Innenraum war schlichter gestaltet: Der Mihrāb war eine einfache weiße Nische, und die Wände zierten keinerlei Farben oder Ornamente. Eine Reihe runder Fenster sorgte für ein maritimes Ambiente. Laut einem Schild vor der Tür war dies die älteste noch bestehende Moschee Podgoricas und Montenegros, erbaut Ende des 15. Jahrhunderts von einem gewissen Skender Causin.

Ich dankte den beiden Frauen dafür, dass sie uns einen Blick hinein gewährt hatten, und als ich mich umdrehte, stellte ich fest, dass Anaiya Bekanntschaft mit der Moscheekatze geschlossen hatte und ihr mit einem großen Blatt über das Fell strich. Ich lächelte, als sie mich darauf aufmerksam machte, dass sie sich weiterhin an die von mir und Tamara zu Beginn des Urlaubs aufgestellten Regeln hielt – kein direkter Kontakt zwischen Tier und Hand.

Laut der Karte auf meinem Handydisplay verlief hinter einigen Häusern in der Nähe der Moschee ein Fußweg zum Fluss. Unser erster Versuch, ihn zu finden, führte uns in eine

Sackgasse, wo ein kleines Mädchen von etwa fünf oder sechs Jahren fröhlich singend auf einem rosafarbenen Fahrrad umherfuhr. Als sie uns erblickte, hielt sie an, verstummte und schaute fragend zu uns herüber. Wir winkten ihr zu, aber sie starrte uns einfach weiter an. Schließlich fanden wir einen kleinen Pfad, der sich um einige Felsbrocken schlängelte, die aussahen, als hätten sie einst eine Mauer gebildet. Wir hörten Wasser rauschen. Der Pfad führte uns zur einstigen Festung, die heute hauptsächlich aus niedrigen Ruinen und einer Parkanlage besteht. Dies war das Zentrum der osmanischen Ansiedlung – als Evliya hier war, hatte er kaum mehr als einen Militärposten vorgefunden. Er zählte 300 Gebäude, eine Moschee und eine Menge Lagerhäuser innerhalb der Festungsmauern, in der 700 Garnisonssoldaten stationiert waren. Evliya schrieb, er habe keine Madrasa, kein Han und keinen Basar ausmachen können, was ihn bezweifeln ließ, ob hier wirklich eine Gemeinschaft von Menschen lebte.

Das imposanteste Bauwerk, das überdauert hatte, war die Stari Most na Ribnici – eine Brücke, die sich über den kleineren Fluss spannte, direkt bevor er in die rauschende Morača mündete. Die Stari Most, die auch als Adži-Pascha-Brücke bekannt war, nach dem örtlichen Pascha, der ihren Bau in Auftrag gegeben hatte, war die älteste Brücke in Podgorica und verband ganz in der Nähe der Festung zwei steil ansteigende Ufer miteinander. Sie bestand aus einem großen perfekt geformten Bogen wie ihr berühmter Namensvetter in Mostar, war aber kaum breit genug, um zwei Fußgängern nebeneinander Platz zu bieten. Außerdem verfügte sie auf der Südseite über ein besonderes Merkmal: Dort befand sich neben einem kleineren Bogen eine Aussparung, die genau die richtige Größe für einen Wachposten hatte. Der Fluss darunter war fast ausgetrocknet, wodurch die vielen Felsbrocken im Flussbett frei lagen – glatt geschliffen vom Wasser in niederschlagsreicheren Zeiten. Die Mädchen warfen einen Blick auf die kristallklaren Rinnsale zwischen den Steinen, schlüpften aus ihren Flipflops und hüpften direkt hinein. Als das kalte Wasser mit ihren nackten Füßen in Berührung kam, quietschten sie auf. Schon bald waren sie damit beschäftigt, Fotos zu machen, Steintürmchen zu bauen und sich auch sonst wie zwei Kleinkinder am Strand zu benehmen.

Hoch über uns passierte die verkehrsreichste Straße der Stadt die Blažo-Jovanović-Brücke über die Morača, benannt nach einem Nationalhelden, der kurz nach dem Zweiten Weltkrieg Ministerpräsident der Teilrepublik Montenegro gewesen war. Der große Bogen des mächtigen Betonbaus war ein Abbild der kleinen osmanischen Brücke neben uns. Zu dieser ging ich nun, da man von dort aus einen guten Blick auf das Südufer hatte, wo ein Großteil der ehemaligen Festung gestanden haben dürfte. Der Nachbau der Außenmauer mit Blick auf die Morača legte nahe, dass sich die Festung ursprünglich bis in das Stadtviertel erstreckt hatte, das wir gerade durchquert hatten. Heute existierten nur noch ein paar halb eingestürzte Mauern, die sich über den Hang zogen, die größte ganz oben. Für die neu angelegten Treppen und Mauern hatten die Landschaftsgärtner der Stadt ähnliche Steine verwendet, sodass sie rein äußerlich kaum von den ursprünglichen Ruinen zu unterscheiden waren. Die Festungsmauern waren kein großer Hingucker, aber sie waren von einem der bedeutendsten Sultane aller Zeiten erbaut worden, Mehmed dem Eroberer – einem Mann, der durch seine Kämpfe gegen Mauern den Verlauf der Geschichte verändert hatte.

Mehmeds größtes Hindernis bei der Belagerung der begehrten byzantinischen Hauptstadt Konstantinopel waren die angeblich unüberwindbaren Stadtmauern gewesen – die äußere und die innere. Die Hauptmauer im Inneren umschloss die legendäre Stadt auf einer Länge von 23 Kilometern, war zwölf Meter hoch und knapp fünf Meter dick. Bis es Mehmed schließlich gelang, Konstantinopel einzunehmen, ging man allgemein davon aus, dass Wälle und Mauern ausreichten, um eine Stadt gegen Eindringlinge zu schützen. Schließlich hatten die Mauern von Konstantinopel bereits zuvor zwei muslimischen Angriffen durch die Umayyaden und früheren Belagerungen durch die Sassaniden, die Slawen, die Rus und die Bulgaren standgehalten. Als Mehmeds Artillerie sie mit ihren gewaltigen Kanonen durchbrach, markierte dies das Ende der Zeit, in der man sich bei der Verteidigung von Städten auf massive Festungsbauten verließ.

Ich schaute zu den Mädchen hinüber, die immer noch im Flussbett beschäftigt waren. Anaiya versuchte einen Teil des Rinnsals aufzustauen, während Amani durch das seichte Wasser watete und ihr die nötigen Steine zusammensuchte. Am anderen Ufer standen zwei Männer mittleren Alters in kurzen Hosen und T-Shirts. Einer hatte graue Haare und trug eine Brille, während der andere fast kahl war. Sie hatten große, leere Farbbottiche dabei, die sie als Eimer nutzten, und begutachteten die glatten Steine, einen nach dem anderen. Gefiel ihnen einer, ließen sie ihn in den Eimer fallen. Wenn die Eimer voll waren, kletterten die Männer das Ufer auf derselben Seite wieder hinauf und verschwanden zwischen den Häusern, bevor sie mit geleerten Eimern zurückkehrten, um sie erneut zu füllen. Ich hatte gelesen, dass von der alten Festung auch deshalb so wenig übrig war, weil sich die Einheimischen an den Steinen bedient und sie zum Hausbau verwendet hatten. Nun fragte ich mich, ob das auch der Grund dafür war, dass die beiden Männer Steine sammelten, ob sie sie als Baumaterial verwendeten, doch dann fiel mir auf, dass sie jeden Einzelnen danach aussuchten, wie glatt und ansehnlich er war. Sie wollten nichts bauen, sondern nur einen Garten verschönern!

Wir verließen die Brücke auf der Nordseite und steuerten den hektischen Sankt-Petar-Cetinjski-Boulevard an. Auf dem Weg dorthin stießen wir an einer der neu gebauten Mauern auf ein weiteres »Tamara«-Graffito. Dieses war viel größer, in schwarzen Buchstaben mit rotem Schatteneffekt. Die Mädchen und ich konnten nicht anders, als in Gelächter auszubrechen. Wir waren schon so oft zusammen im Urlaub gewesen und hatten noch nie ein Graffito des Namens Tamara entdeckt, doch heute waren es nun schon zwei gewesen. Die Mädchen waren fest überzeugt, dass ihre Mutter uns Zeichen hinterlassen hatte, die wir finden sollten.

Es gab noch ein weiteres Bauwerk, das ich mir anschauen wollte – den *Sahat kula*, den Uhrturm, der sich auf der Anhöhe hinter der Brücke befand, in Richtung der Osmanagić-Moschee, wo unser Auto stand. Laut der Karte ragte er auf einem kleinen Platz hinter einem Supermarkt auf, wo ich auch die Zutaten für unser Abendessen besorgen könnte.

Vor dem dunkler werdenden Himmel wirkte der gemauerte Turm beinahe bedrohlich. Anfangs war ich mir nicht sicher, ob es überhaupt der richtige war, weil es kein sichtbares Zifferblatt gab, nur eine Holztür am Fuß des Turmes, eine Reihe kleiner Löcher, aus denen man vom Treppenhaus hinaus nach draußen schauen konnte, und ein leeres Bogenfenster ganz oben.

»Das erinnert mich an den Turm aus *Trapped*, Anaiya«, meinte Amani und kniff die Augen zusammen, um das unheilvolle Bauwerk zu mustern.

»Total«, stimmte Anaiya zu.

Trapped war eine Kindersendung gewesen, die beide sehr gemocht hatten und in der viele mittelalterliche Motive vorkamen. Die zwei hatten recht: Der Turm ähnelte einer Art mittelalterlichem Kerker. Er hatte überhaupt nicht den gleichen Charme wie der, den ich in Skopje gesehen hatte. Nur auf einer Seite war eine Uhr zu sehen. Sie war schwarz mit weißen lateinischen Ziffern, und die Zeiger und Zahlensymbole rosteten bereits. Der Uhrturm stand allein auf einem trostlos wirkenden Platz, auf dem sich außer uns nur ein paar Säufer auf Bänken aufhielten.

Wir gingen über die Straße zum VOLI-Supermarkt und suchten die Zutaten für unser Essen zusammen. Die Mädchen packten noch ein paar Süßigkeiten in den Korb. Auf dem Weg zum Auto erhielt ich eine Nachricht von Tamara, die uns schrieb, dass sie gut angekommen sei, sich allein mit den Katzen im Haus aber ziemlich einsam fühle. Ich antwortete und versprach ihr, sie nach dem Essen über Video anzurufen. Dass sie auch fragte, was am nächsten Tag bei uns auf dem Programm stünde, verschwieg ich den Mädchen. Ich schrieb nur: »Die Niagarafälle!«, woraufhin Tamara mir ein verwirrt schauendes Emoji schickte.

Der Weg zu den montenegrinischen Niagarafällen führte uns Richtung Südosten über die viel befahrene E 762 an ausgedörrten Äckern vorbei, bis sie an einer Kreuzung mit großen Lagerhallen auf den Fluss Cemi traf. Die staubige Straße, in die wir nun einbogen, folgte dem Fluss Richtung Südwesten, an ländlichen Behausungen vorbei, auf deren Veranden alte Frauen saßen und auf die Felder hinausschauten, während ihre Männer mit einer Axt Feuerholz hackten. Die Häuser hier waren deutlich größer als in Podgorica und schienen mit der Zeit und der wachsenden Anzahl an Familienmitgliedern ausgebaut worden zu sein. Die meisten von ihnen waren Fachwerkbauten mit etwas Anbaufläche drum herum. Viele grenzten hinten an den Fluss, den wir hören, aber nicht sehen konnten. Dies war vermutlich der flachste Teil Montenegros, durch den wir bisher gefahren waren, obwohl sich in der Ferne die allgegenwärtigen Berge abzeichneten.

Ich hatte den Mädchen vor der Abfahrt gesagt, sie sollten ihre Badeanzüge anziehen, und ihnen dann aufgetragen, nach einem Schild mit der Aufschrift »Restoran Niagara« Ausschau zu halten. Unser Ziel war keine offizielle touristische Sehenswürdigkeit, sondern der zugängliche Teil einer kleinen Schlucht am Cemi, wo sich durch die Mischung aus hartem und weichem Gestein eine Reihe traumhafter natürlicher Becken, Spalten und Felskanten gebildet hatte. Man hatte einen kleinen Damm eingezogen, damit sich das Wasser nicht in alle Richtungen ausbreitete und die Umgebung überflutete, und so war ein flacher Teich aus tiefblauem, kristallklarem Wasser entstanden, in dem die einheimischen Familien ihre Kinder herumpaddeln und schwimmen ließen, inmitten verschiedener Wasservögel.

Laut meiner Wegbeschreibung konnten wir entweder dem Schild Richtung Restaurant folgen und von dort aus zu der Wasserstelle laufen oder etwa 200 Meter weiter an einer kleinen Eisenbrücke parken, von wo aus eine Leiter zu den Wasserfällen hinabführte. Wir hatten das einfache Holzschild des Restaurants bald entdeckt und beschlossen, weiter zur Brücke zu fahren.

»Guck, Dad, da muss es sein!«, rief Anaiya und zeigte auf zwei rostige Metallschienen. Ich konnte keine Brücke erkennen – offenbar war bei der Onlineübersetzung der Wegbeschreibung etwas schiefgelaufen.

»Das ist doch keine Brücke!«, meinte Amani verächtlich, als hätte sie meine Gedanken gelesen.

Wir stiegen aus und schauten über den Rand der »Eisenbrücke« nach unten, wo sich uns ein herrlicher Anblick bot: tiefblaues Wasser in einem großen, seichten Steinbecken, das an dessen Ende über einen kleinen Damm in die Tiefe stürzte. Vom Restaurant aus hatte man einen Blick aufs Wasser, und rundherum hatten es sich eine Reihe Familien und Paare bequem gemacht, um sich zu sonnen oder ein Bad zu nehmen. Unterhalb des Wasserfalls erstreckte sich eine kleine Schlucht, die sich ein Stück weiter zu einem breiten Flusslauf öffnete, an dessen Rändern immer wieder große Lücken klafften und massive Felsbrocken eine wilde Flusslandschaft erzeugten. Durch die trockene Jahreszeit gab es keine großen Wasserfälle, nur ein flaches Rinnsal am Fuß der Schlucht, aber der Anblick war trotzdem spektakulär, und so konnten die Mädchen hier sicher schwimmen gehen. Sobald Amani und Anaiya einen Blick hinabgeworfen hatten, kletterten sie die Leiter hinab.

Als ich unten angekommen war, sah ich nur noch zwei schwarze Haarschöpfe im kristallklaren Wasser. Ich setzte mich an den Rand des Beckens. Zwei Gänse watschelten vorbei, gefolgt von ein paar Enten samt Küken. Auf einer Seite des Beckens saß eine ältere Dame mit den Füßen im Wasser auf einem Felsen. Neben ihr stand ihr Mann in blauen Badeshorts knietief im Becken und spritzte die Enkelin nass. Um ihm zu entkommen, tauchte das Mädchen unter und schwamm davon. Doch das Wasser war so klar, dass der Großvater jedes Mal, wenn sie wieder hochkam, schon auf sie wartete.

Abgesehen von dem etwas großspurigen Namen waren die Niagarafälle eine hervorragende Wahl gewesen. Meine Mädchen konnten nicht nur eine Aktivität abhaken, die bereits auf ihrer Urlaubswunschliste gestanden hatte, sondern darüber hinaus auch noch den Punkt »mit Enten in einem Fluss schwimmen«.

TEIL SECHS

RÜCKKEHR NACH BOSNIEN UND HERZEGOWINA

DIE BIBLIOTHEK DES EFFENDI

FOČA UND ZENICA

Die Straße nach Foča war von lauter Gedenkorten für die Toten gesäumt. Ich hätte gern an jedem einzelnen angehalten und ihn mir angeschaut, aber das ging nicht. Dafür fehlte uns die Zeit, denn wir befanden uns auf dem letzten langen Abschnitt unserer Reise, einer vierstündigen Autofahrt von Südbosnien nach Zenica in der Mitte des Landes. Nach einem ausgiebigen Frühstück waren wir später losgekommen als geplant und mussten vor der Pause auf halber Strecke etwas Zeit aufholen.

In den vergangenen Tagen hatten wir eine Reihe weiterer Punkte auf unserer Liste abhaken können, indem wir von unserer Unterkunft im südbosnischen Trebinje nahe der kroatischen Grenze aus einen Ausflug nach Dubrovnik eingeschoben hatten. Dort hatten wir Lokrum, das grüne und felsige Eiland vor der Stadt, besucht und in der blauen Adria gebadet, und als wir durch die wunderschöne, von Mauern umgebene Stadt wanderten, ergänzten die Mädchen ihre Liste um den Punkt »ein Filmset besuchen« und erklärten mir lang und breit, an welchen Stellen *Game of Thrones* gedreht worden war.

In Trebinje nahmen wir ein Abendessen im Schatten der malerischen Osman-Pascha-Resulbegović-Moschee ein, und ich ließ die Mädchen jeden Morgen ausschlafen, auch heute, weshalb wir nun ohne Unterbrechung durchfahren mussten, bis wir Foča, unser Ziel auf halber Strecke, erreicht hätten. Das war äußerst bedauerlich, da die Landschaft, durch die wir kamen, spektakulär war: Auf beiden Seiten der Straße erhoben sich zerklüftete Felswände mit einzelnen Flecken Grün, an denen sich Bäume festklammerten wie Bonsais in den Steinlandschaften japanischer Zengärten. Später, als wir zu den Gipfeln des Sutjeska-Nationalparks hinauffuhren, gingen die Felswände in grasbewachsene Hänge über, und wir vernahmen das Läuten von Kuhglocken, die in der leichten Brise hin und her schwangen. Das helle Leuchten der Mittagssonne tauchte die Landschaft in ein goldenes Licht. Hier und da stützte sich ein Bauer auf einen wackeligen Weidezaun, und wir kamen durch Dörfer, in denen Frauen mit bunt gemusterten Kopftüchern neben Tischen mit lokal erzeugtem Honig und selbst gebranntem *rakija* saßen. Die Straße zog sich weiter und weiter den Kamm hinauf, bis wir in Foča waren, dem Städtchen, in dem die älteste Moschee Bosniens stand.

»Wow! Guck mal!«, rief Anaiya, als am Straßenrand plötzlich Schilder mit Totenköpfen und gekreuzten Knochen auftauchten.

»Gibt es hier Landminen, Dad?«, fragte Amani.

»Ja, ich meine, gelesen zu haben, dass viele Gegenden des Balkans immer noch nicht frei betretbar sind, weil dort während des Krieges unheimlich viele Landminen gelegt wurden, die bis heute noch nicht geräumt sind.«

»Heißt das, dass wir in die Luft fliegen könnten, wenn wir dort drüben herumlaufen?« Anaiya klang ernsthaft besorgt.

»Ja, erinnerst du dich nicht mehr an die Geschichte von Idars Kindheitsfreund, die ich euch erzählt habe? Er starb, weil er eine Handgranate gefunden hatte. Das kommt vor, aber keine Sorge, wir halten uns beim Wandern an die sicheren Gebiete.«

»Glaubst du, dass sie alle Bereiche markiert haben, in denen es Minen gibt, oder sprengen sich immer noch Leute aus Versehen in die Luft?«, fragte Amani.

»Ich denke mal, dass die meisten Gefahrenzonen mittlerweile gekennzeichnet sind. Man hört nichts mehr davon, dass hier Menschen durch Minen ums Leben kommen, und ich bin mir sicher, der Staat bemüht sich darum, alle Minen zu räumen.«

Während des Bosnienkrieges sollen die drei Kriegsparteien angeblich etwa zwei Millionen Minen gelegt haben. Trotz immenser Anstrengungen, das Land davon zu befreien, befinden sich im Boden von Bosnien und Herzegowina immer noch rund 80.000 Minen, was das Land zu einer der tödlichsten Regionen für Wanderungen abseits der markierten Pfade macht. Seit dem Krieg gab es dadurch fast 2500 Verletzte und Tote. Das Problem war so groß, dass eine lokale Nichtregierungsorganisation noch kurz vor unserer Reise davor gewarnt hatte, dass Pokémon-Go-Spieler wie Hamza und Amre, die beiden Jungen aus Novi Pazar, ungeräumte Bereiche meiden sollten.

Dass Anaiya gerade auf dem Weg nach Foča so viele Schilder entdeckte, lag daran, dass die Stadt während des Krieges ein wichtiges Ziel der bosnisch-serbischen Truppen gewesen war. Wie in Višegrad kam es auch in Foča zu einem Massaker, bei dem fast 3000 muslimische Bewohner der Stadt getötet und viele Frauen und Mädchen verschleppt und vergewaltigt wurden.

Einer der Gründe dafür war laut den Einheimischen, dass Foča als »Heimat« des bosnischen Islam galt, da man davon ausging, dass hier schon vor der osmanischen Besatzung

Muslime lebten. Die Turhan-Emin-Beg-Moschee zehn Kilometer weiter nördlich in Ustikolina dürfte die erste Moschee des Landes gewesen sein. Sie ist benannt nach einem der Generäle von Sultan Murad II. und soll ursprünglich um das Jahr 1448 herum erbaut worden sein. Das heutige Bauwerk wurde vor rund zehn Jahren fertiggestellt, nachdem das Original im Krieg zerstört worden war, ebenso wie die 14 Moscheen von Foča. Die Bestrebungen, den Islam und die Muslime von Foča nachhaltig auszulöschen, verliefen so erfolgreich, dass die dort ansässigen bosnischen Serben den Namen der Stadt im Anschluss an den Krieg in Srbinje änderten – »Stadt der Serben«. Mittlerweile hat sie ihren alten Namen zurück.

Heute sind mindestens drei der zerstörten Moscheen von Foča von den heimgekehrten Muslimen – weniger als ein Viertel der ursprünglichen Gemeinde – wiederaufgebaut worden. Zu ihnen zählt die Careva Džamija, die sich im selben Teil der Stadt befindet wie die Ruinen der ehemals berühmtesten Islamschule Bosniens, der Mehmed-Pascha-Madrasa. Ganz in der Nähe steht der Mehmed-Pascha-Uhrturm. Beide sind angeblich nach dem bosnisch-serbischen Großwesir Sokollu Mehmed Pascha benannt.

Nachdem wir in einem netten Restaurant mit Blick auf die Ćeotina, einen Zufluss der Drina, Mittag gegessen hatten, fuhren wir mit dem Auto zur Careva-Moschee, die an einem kleinen Platz in einem der ältesten Teile der Stadt hoch über dem Zentrum stand. Dort hinauf führte eine kurvenreiche kopfsteingepflasterte Straße, die von traditionellen Geschäften mit hohen altmodischen Fensterläden aus Holz und kleinen Bänken davor gesäumt war. Auf diesen Bänken saßen Einheimische in der Sonne und unterhielten sich. Das Ganze strahlte eine eindeutig osmanische Atmosphäre aus und stand in starkem Kontrast zum Zentrum von Foča mit seinen hohen modernen Gebäuden.

Als wir ankamen, fanden wir die Moschee verschlossen vor, aber das war nicht weiter schlimm. Ich wollte nur sehen, wie sie gebaut wurde. Das Projekt stand kurz vor der Fertigstellung, und die Holzelemente waren so neu, dass sie noch nicht einmal wetterfest gemacht worden waren. Die Holzpfeiler der Vorhalle waren vermutlich das eindrucksvollste Symbol des Wiederaufbaus. Sie ruhten auf alten steinernen Basen im korinthischen Stil und waren so angefertigt worden, dass sie genauso breit und hoch waren wie die Originale. Der Kontrast zwischen dem erhaltenen Stein, der nun in das helle Holz überging, war ein treffendes Bild für die Wiedergeburt der Moschee.

Das Bauwerk lag am Hang, sodass man von hier aus einen schönen Blick auf Foča und die sattgrünen Berge des Nationalparks hatte. Die Mädchen und ich verharrten eine Weile dort und genossen die Aussicht, bevor wir uns wieder ins Auto setzten und nach Zenica weiterfuhren.

Beim Aufwachen erwartete uns ein nasser, trüber Donnerstag in Zenica. Offenbar war Zentralbosnien der einzige Ort auf dem Balkan, an dem es während des Sommers ständig regnete.

»Mein Freund aus London liebt den bosnischen Sommer dafür. Er sagt, das Wetter sei genau wie in London«, grinste Mevludin Sahinovic.

Er hatte recht: Der Himmel war grau, die Luft so kalt, wie wir es seit Sarajevo nicht mehr erlebt hatten, und auf dem Weg durch das diesige Stadtzentrum musste ich sogar an den berühmten Londoner Nebel denken.

Mevludin hatte den Bosnienkrieg erlebt, und sein Bruder

war als »Widerstandskämpfer« für die Armee der Republik Bosnien und Herzegowina (ARBiH) ums Leben gekommen. Heute lebte Mevludin in London; wir hatten uns kennengelernt, als er eine Rede bei einer Gedenkfeier anlässlich des Massakers von Srebrenica hielt. Ich hatte dort einige meiner Fotos zum Thema muslimisches Erbe in Europa ausgestellt. Er verbrachte den Sommer immer hier zu Hause in Zenica, und als ich ihm von unseren Plänen berichtete, den Balkan zu bereisen, bestand er darauf, dass ich ihn in seiner Heimatstadt besuchte.

Da er den Anlass meines Aufenthalts kannte, hatte er uns einen Termin in der Sultan-Ahmed-Madrasa organisiert, einer wunderschönen osmanischen Islamschule aus dem Jahr 1720. Ein Tor aus dunklem Holz führte in einen kleinen quadratischen Innenhof, in dessen Mitte ein kunstvoll verzierter Brunnen mit bronzenen Wasserhähnen stand.

»Kommt mit, ich will euch jemanden vorstellen«, sagte Mevludin und geleitete uns alle drei in eines der größeren Zimmer mit Blick auf den Hof. Sobald wir durch die offene Tür getreten waren, fühlten wir uns mehrere Jahrhunderte in die Vergangenheit versetzt. Vor uns erstreckten sich Reihe um Reihe lauter Regale, die mit Schnitzereien reich verziert waren und auf denen sich Bücher in verschiedenen Sprachen türmten, von Bosnisch bis Persisch. Weitere stapelten sich auf den Stühlen und Trittleitern, die dazu dienten, an die oberen Regalfächer heranzukommen, und warteten darauf, sortiert und irgendwo dazwischengequetscht zu werden. An vielen Stellen ragten größere Werke hervor – sie lagen flach, weil der Platz nicht reichte, um sie aufrecht hinzustellen. Am Ende mancher Fächer fanden sich große schwarze Plaketten mit den Worten »Allah« und »Muhammad« in goldener Schrift, in anderen standen Schwarz-Weiß-Fotos früherer

Lehrer der Schule. In der Luft vermischte sich der Geruch von kaltem Zigarettenrauch und alten Büchern. Ich fühlte mich, als wäre ich in einem riesigen Antiquariat aus einem anderen Jahrhundert gelandet. Mevludins kräftige Statur füllte den gesamten Gang, durch den er nun lief. Er war ein typischer untersetzter Bosnier, allerdings – ganz untypisch – mit Vollbart und kurz geschorenen Haaren. Als er am Ende der Regale angekommen war und zur Seite trat, gab er den Blick auf einen großen altmodischen Bibliothekarstisch frei, hinter dem ein älterer Mann mit schwarzer Kappe, kurzärmligem, dezent gestreiftem Hemd und grauer Weste saß, in der Hand eine Zigarette.

»*Salām aleikum*, Effendi«, begrüßte Mevludin den Mann, dessen weißer Bart kurz und sauber gestutzt war. Er erwiderte den Gruß, und die beiden unterhielten sich kurz auf Bosnisch. Dann wandte sich Mevludin zu mir, Amani und Anaiya um.

»Das ist Ibrahim Babić Effendi, der Bibliothekar der Sultan-Ahmed-Madrasa«, sagte er.

Ich grüßte den Mann ebenfalls mit *salām*, und die Mädchen taten es mir nach. Dann fragte ich, warum er Effendi genannt wurde. Die Bezeichnung war offenbar ein türkischer Ehrentitel, der Ibrahim verliehen worden war, weil er einer der führenden Imame der Hauptmoschee von Zenica war. Zu Zeiten der Osmanen hatte Effendi so etwas wie »gebildeter Herr« bedeutet und war der am zweithäufigsten verwendete Titel nach Agha gewesen.

»Das ist das älteste Buch der Bibliothek«, übersetzte Mevludin, als der Effendi ein uraltes Werk mit vergilbten Seiten aufschlug, auf denen jeder Zentimeter mit arabischen Schriftzeichen bedeckt war. Am lesbarsten war noch der Haupttext des Buches in der Mitte jeder Seite; davon ausgehend zogen sich mehrere weitere Absätze in kleinerer Schrift über die Ränder.

»Das sind Kommentare«, erklärte Mevludin, der als jahrelanger Islamschüler selbst fließend Arabisch sprach.

Die Handschrift war in der weit verbreiteten Naschi-Kalligrafie verfasst und offenbar ein Werk der islamischen Rechtswissenschaft.

»Es ist ein Buch des *fikh*. Deshalb finden sich neben dem Haupttext auch so viele Kommentare.« Mevludin nahm den Text in Augenschein und las einige Abschnitte.

»Es handelt sich um eine Kombination aus hanafitischem und schafiitischem *fikh*«, schlussfolgerte er.

Das sind zwei der am weitesten verbreiteten Rechtsschulen des Islam. Erstere war vor allem auf dem Territorium des ehemaligen Osmanischen Reiches beliebt und gleichzeitig diejenige, die meine Eltern mir vermittelt hatten. Sie entstand im 8. Jahrhundert und geht auf den islamischen Theologen Imam Abu Hanifa zurück.

»Wie alt ist das Buch?«, fragte ich.

Mevludin wandte sich Ibrahim Effendi zu. Zwischen den beiden entspannte sich ein kurzer, aber angeregter Austausch, in dessen Verlauf Mevludins Augen hinter den Gläsern seiner dick umrahmten Brille immer größer wurden.

»Laut einigen türkischen Experten, die vor Kurzem hier waren und die Bibliothek besucht haben, ist es offenbar mehr als 600 Jahre alt.«

»Wow! Das ist älter als die Madrasa. Vor 600 Jahren gab es weder Sarajevo noch Osmanen hier!«

Mevludin nickte. Ich sah, dass auch er aufrichtig erstaunt war.

Der Effendi legte das Buch beiseite, um kurz zu verschwinden und ein anderes zu holen.

»Das ist mein Lieblingsbuch«, sagte er und schlug ein etwas kleineres Werk auf, dessen Seiten weniger vollgeschrieben waren als die des letzten.

»Das ist eine *Sīra* des Propheten Muhammad *sallallahu alaihi wa sallam*. Sie ist mehr als 300 Jahre alt«, sagte er und lächelte, wobei seine nikotinfleckigen Zähne zum Vorschein kamen.

Eine *Sīra* ist eine Biografie des Propheten. Hier war der Text in einer moderneren Form der Naschi-Schrift verfasst, und es gab keine Kommentare auf dem fünf Zentimeter breiten Rand, der den sauber und bündig gesetzten Haupttext auf allen Seiten umgab. Der Kalligraf war nicht ganz so bewandert gewesen wie der des *fikh*-Buches, da der Text etwas weniger kunstvoll geschrieben war. Es gab rote Markierungen, um Wörter hervorzuheben, und als der Effendi die Seiten durchblätterte, entdeckten wir auch die eine oder andere kleine Randnotiz.

»Ich arbeite an einem Buch, von dem ich hoffe, dass es jungen Leuten eine Warnung sein wird«, sagte er und nahm wieder Platz an seinem Tisch, auf dem sich die Unterlagen stapelten.

Ich hatte mich nach dem Islam in Bosnien erkundigt und gefragt, ob es ihn mit Sorge erfüllte, dass sich die jungen Muslime radikaleren Strömungen zuwandten. Der Effendi zündete sich eine Zigarette mit weißem Filter an und nahm einen tiefen Zug. Seine alten Augen wanderten erst zum Fenster und dann zum Hof, wo Anaiya gerade vor dem Brunnen posierte. Nun fielen mir die scharfen Falten unter seinen Augen und rund um seinen Mund auf. Er strich sich über den kurzen weißen Bart, während Mevludin und ich darauf warteten, dass er fortfuhr.

»Die Leute glauben, dass der Wahhabismus durch den Krieg hergekommen ist, mit den Mudschaheddin, die für uns gekämpft haben. Aber er war schon lange zuvor hier, seit dem Beginn der humanitären Bemühungen aus dem Osten.«

Er schnipste seinen Zigarettenstummel in einen kleinen Holzaschenbecher, der bereits überquoll.

Seine Stimme wurde lauter. »Sie haben den Namen Muhammads und die Einheit Gottes vom Glauben losgelöst«, sagte er mit einer zornigen Handbewegung. Dadurch verteilten sich kleine Ascheflocken auf dem Tisch, die er sorgfältig aufwischte.

»Das Schlimmste ist, dass die saudische Theologie es nicht schafft, das Herz des Muslims auf *taqwā* [Gottesfurcht] einzustellen und vorzubereiten.«

Er hielt plötzlich inne. Mevludin, der die Worte des Effendi wunderbar taktvoll in einem leisen Flüsterton übersetzt hatte, verstummte ebenfalls. Wir warteten ab, aber als der Effendi immer noch zögerte, versuchte ich ihn zum Weiterreden zu bewegen.

»Warum finden junge Menschen das so verlockend?«, fragte ich. Die Frage holte ihn wieder in die Gegenwart zurück.

»Es stellt ihnen ein Ziel in Aussicht. Sie sind jung, und die strengen Vorgaben ziehen sie an. Schuld daran sind die Ideologen. Wussten Sie, dass jemand versucht hat, dagegen vorzugehen, indem er diese Ansichten schriftlich widerlegt hat, sein Buch dann aber nicht in Saudi-Arabien herausbringen durfte und es deshalb in Ägypten veröffentlicht hat?«

Mevludin und ich schüttelten den Kopf.

»Wir müssen uns besinnen; wir müssen auf Abu Hanifa schauen und auf die großen *ulamā* der Vergangenheit. Die jungen Bosnier müssen den Blick nur auf die eigene Geschichte richten, auf Personen wie Hasan Kafi Pruščak, der deutlich machte, dass ›Taten‹ und *Īmān* [Glaube] nicht das Gleiche sind. Die ›Taten‹ sind die Früchte des *Īmān*.«

Ich hatte keine Ahnung, wer Pruščak war, und konnte den Effendi auch nicht danach fragen. Er war jetzt so richtig in Fahrt und geriet immer mehr in Aufruhr. Dabei sprang er von einem Gedanken zum anderen.

Letztlich war es der Gebetsruf der Schulmoschee, der unserem Gespräch ein Ende setzte. Der Effendi erklärte, er müsse nun gehen und die *salāt* verrichten.

Auf dem Weg zur Tür fragte ich ihn, was er vom zunehmenden Tourismus aus den Golfstaaten hier in Bosnien halte. Freute er sich darüber?

»Nein, das freut mich kein bisschen. Das ist nur die Jagd nach dem großen Geld«, sagte er und schloss die Tür zur Bibliothek hinter sich ab. Ich hätte ihn gern noch mehr dazu sagen hören, aber es war zu spät, er streckte uns bereits die Hand entgegen. Also bedankten wir uns dafür, dass er sich Zeit für uns genommen hatte, und er hastete in Richtung der alten Moschee davon.

KAFFEE MIT BOSNISCHEN KÖNIGEN

VRANDUK UND TRAVNIK

Vranduk war einst einer der vielen Sitze der bosnischen Könige im Mittelalter und deshalb ein bedeutender Ort für das bosnische Selbstverständnis. Denn die Stadt stellt die Verbindung zum vorosmanischen Königreich Bosnien dar, den Beweis, dass es eine historische »bosnische« Identität gab, bevor die Muslime das Land besetzten.

Das, erklärte Mevludin, als wir im mittlerweile vertrauten Nieselregen zur Festung fuhren, war von großer Bedeutung, als man etwas suchte, was man den serbischen Kriegspropagandisten entgegensetzen konnte.

»Sie behaupteten, dass die Muslime in Bosnien einfach islamisierte Serben seien und wir uns nur wieder auf unsere wahre Identität besinnen müssten«, erzählte er, während ich registrierte, dass unsere Strecke dem Verlauf der Bosna folgte.

Vranduk liegt hoch oben auf einem Felsen, wie es für einen mittelalterlichen Herrschersitz angemessen ist, mit Blick auf das grüne Wasser der Bosna. Die Festung wird auf allen Seiten von dicht bewaldeten Hügeln flankiert, die sich über das Flusstal erheben, und ragt inmitten einer Reihe überraschend moderner zweistöckiger Gebäude mit roten Ziegeldächern auf, die an Schweizer Berghütten erinnern.

Viel ist über die alte Festung nicht bekannt, aber man geht davon aus, dass hier mehrere bosnische Könige Gäste empfingen und wichtige Dokumente unterschrieben. Sie herrschten über das kurzlebige Königreich Bosnien, das im 14. und 15. Jahrhundert knapp 100 Jahre lang existierte und aus einem ungarischen Banat hervorgegangen war, das bereits im 12. Jahrhundert bestanden hatte. Es gilt als gesichert, dass sich hier auch der letzte bosnische König aufhielt, Stjepan Tomašević, der später von den Osmanen gefangen genommen und enthauptet wurde.

Der steile kopfsteingepflasterte Weg hinauf zum Eingang führte an der kleinen Džamija Sultan Mehmeda II El Fatiha entlang. An der Fassade wies ein Schild darauf hin, dass die osmanischen Bewahrer von TİKA auch diese Moschee vor Kurzem renoviert hatten. Von außen glich sie einem kleinen weißen Wohnhaus, bis auf das Minarett aus hellem Holz – das erste dieser Art, das ich in Bosnien sah. Am Minarett hing die grüne Flagge der Balkanmuslime, und vor der Moschee saßen drei Frauen mittleren Alters mit Kopftuch.

»Das sind Einheimische«, meinte Mevludin, als wir die Frauen mit einem *salām* grüßten. »Sie kümmern sich um die Moschee.«

Eine weitere Frau mit einem leuchtend rosafarbenen Kopftuch hatte einen Stand, an dem sie traditionelle Strickwaren verkaufte. Wir liefen weiter zur kleinen Zitadelle und kamen unterwegs an einem Wasserbecken aus Stein vorbei, über dem zwei Tafeln mit den Namen der im Bosnienkrieg gefallenen Dorfbewohner hingen. Aus dem Waldgebiet neben uns flog plötzlich eine Schar Amseln auf, und der Himmel über uns war weiterhin bedeckt, was die Festung wahrhaft mittelalterlich wirken ließ. Zum Glück hatte der Nieselregen aufgehört.

Wir betraten den großen Turm, auf dessen zwei Ebenen mittelalterliche Gegenstände ausgestellt waren. Im Erdgeschoss war eine lange Tafel gedeckt, mit Glaskelchen, aus Plastik nachgebildeten Speisen und einer leuchtend roten Tischdecke. Daneben standen zwei Vitrinen, in denen die Samtumhänge des bosnischen Königspaars ausgestellt waren. Der Umhang des Herrschers war in königlichem Purpur gehalten und mit sechs goldenen Fleur-de-Lys bestickt. Obwohl dieses Symbol für gewöhnlich mit dem französischen Königshaus assoziiert werde, erklärte Mevludin, hätten sechs solcher Lilien auch das Wappen des Königreichs Bosnien geziert. Außerdem seien sie nach der Unabhängigkeit von Bosnien und Herzegowina und während des Bosnienkriegs ein paar Jahre auf der Flagge der Republik zu sehen gewesen. Das obere Stockwerk war bis auf einen urigen Schreibtisch aus Holz mit Tintenfass und Feder darauf leer.

Wir verließen das Museum und schlenderten an den Mauern der Festung entlang, hinter denen die umliegenden grünen Berge aufragten, aus deren oberem Teil Nebel aufstieg wie Rauch von einem Feuer. Die bosnischen Könige hatten sich definitiv einen beeindruckenden Ort für ihren Herrschersitz ausgesucht. An einem Ende der Mauer stand eine kleine Kanone aus Eisen auf einem Holzgestell, doch sonst gab es nicht viel zu sehen. Auf dem Weg zum grasbewachsenen Innenhof wies Anaiya darauf hin, dass wir die einzigen Besucher in der Festung waren. In der Mitte des Hofes war eine Zielscheibe aufgestellt, und Mevludin entdeckte einen Bogen aus Holz und den dazugehörigen stumpfen Pfeil. Ich ging davon aus, dass es sich um Ausstellungsgegenstände handelte, aber Mevludin bestand darauf, dass wir unser Glück versuchten. Das fand Anaiya spannender als alles andere, was wir an diesem Tag gesehen hatten, und so ließen Mevludin und ich die Mädchen, nachdem wir ihnen erklärt hatten, worauf sie achten mussten, in aller Ruhe auf die Zielscheibe schießen und setzten uns selbst in das kleine Café der Festung.

»Ich finde, es ist an der Zeit, dass du lernst, wie man bosnischen Kaffee trinkt, nach bosnischer Art«, verkündete Mevludin, nachdem man uns ein kleines Tablett mit zwei winzigen fingerhutförmigen Keramiktässchen und zwei altertümlich wirkenden bronzefarbenen Kännchen mit Stiel vorgesetzt hatte. Die Kännchen enthielten den dickflüssigen türkischen Kaffee, der hier bosnischer Kaffee hieß. In der Mitte stand ein Schälchen mit Zuckerstücken.

»Wie man Kaffee trinkt?«, fragte ich etwas verwirrt, aber Mevludin hatte bereits mit der Vorführung begonnen, indem er sich ein großes Stück Zucker zwischen die Zähne klemmte. Als ihm auffiel, dass er so nichts mehr sagen konnte, spuckte er es wieder aus.

»Du fängst damit an, den Zucker nicht in den Kaffee zu geben, sondern ihn zwischen die Zähne zu nehmen – so«, sagte er und zeigte es mir erneut, bevor er den Klumpen wieder herausnahm.

»Dann saugst du den Kaffee durch das Zuckerstück, so.« Er steckte sich den Zucker wieder zwischen die Zähne und hob dieses Mal auch einen Fingerhut mit Kaffee an die Lippen. Dann fing er an, die braune Flüssigkeit durch den Zucker zu saugen, was ein leises, schlürfendes Geräusch erzeugte. Ich sah zu, völlig fasziniert von dieser bizarren Trinkmethode. Irgendwie schaffte es Mevludin, ein halbes Tässchen durch dieses eine Zuckerstück zu trinken, bevor es in seinem Mund zerfiel.

»Es geht nur mit diesem altmodischen grobkörnigen Zucker«, sagte er und hielt ein solches Stück hoch.

»Aha, und warum?«, fragte ich und sah mir die Zuckerstücke, die kleinen Kristallbrocken ähnelten, genauer an.

»Weil sie anders verarbeitet sind als moderne Zuckerwürfel und sich nicht so schnell auflösen«, erklärte er. »Okay, jetzt bist du dran.«

Ich suchte ein schönes großes Stück aus dem Schälchen heraus.

»Ja, das ist gut«, meinte Mevludin anerkennend, als er den weißen Klumpen sah. Ich nahm ihn zwischen die Zähne, hob den dicken braunen Kaffee an die Lippen und fing an zu saugen. Der warme Kaffee schmeckte extrem süß, weil er auf dem Weg durch den Zucker Teile davon in sich aufnahm. Nach einigen Sekunden spürte ich, wie der Klumpen zerfiel, und plötzlich war mein Mund mit furchtbar süßem, zuckrigem Kaffee gefüllt.

»Nicht schlecht für das erste Mal!«, lachte Mevludin, der meine angewiderte Reaktion auf das aufgelöste Zuckerstück beobachtet hatte.

»Eine ganz neue Erfahrung«, sagte ich und spülte den verbliebenen Zucker in meinem Mund mit mehr Kaffee hinunter, »aber ich glaube, ich gebe den Zucker lieber weiter direkt in den Kaffee, damit er sich gleichmäßig verteilen kann.«

»Ja, ich weiß, was du meinst. Ehrlich gesagt nimmt eigentlich niemand mehr seinen Kaffee so zu sich, außer vielleicht einige der Älteren. Die meisten trinken nicht einmal mehr diesen Kaffee, die ganzen Trendsorten wie Latte macchiato und Cappuccino haben sich durchgesetzt.«

»Und wie ist es bei dir?«, fragte ich.

»Ich trinke immer noch gern bosnischen Kaffee. Mir gefallen die dickflüssige, körnige Konsistenz und der bittere Geschmack, aber das liegt vielleicht daran, dass es mich an Bosnien erinnert.«

»Ich muss zugeben, dass ich diese Art von Kaffee schon an vielen Orten getrunken habe – vor allem in ehemaligen osmanischen Ländern – und nie so richtig überzeugt davon bin, auch wenn er mir ab und zu durchaus schmeckt. Er ist mir einfach zu bitter«, sagte ich und zog eine Flasche Wasser aus meinem Rucksack. »Aber danke, dass du mir die ursprüngliche Trinkweise gezeigt hast. Du hättest dir wohl keinen passenderen Ort dafür aussuchen können als den Sitz der bosnischen Könige!« Ich lachte, und Mevludin fiel mit ein, obwohl er anmerkte, dass die bosnischen Könige aller Wahrscheinlichkeit nach nie Kaffee getrunken hatten, da der erst viel später mit den Osmanen herkam. Darüber mussten wir nur noch mehr lachen.

Die Straße von Vranduk nach Travnik war ziemlich voll, weil wir in den Spätnachmittagsverkehr geraten waren. So dauerte die eigentlich einstündige Fahrt fast zwei Stunden.

»Das ist vermutlich die meistbefahrene Strecke in ganz Bosnien«, stöhnte Mevludin, während wir auf Travnik zukrochen.

Wir schoben uns in einer langen Autoschlange eine einspurige Straße entlang, gesäumt von Geschäften, die hauptsächlich im Besitz wohlhabender Kroaten waren – große Autohäuser, Supermärkte und Einzelhandelsunternehmen. Keines davon gehörte einheimischen Muslimen, erklärte Mevludin.

»Während des Krieges konnten die bosnischen Muslime im Grunde nichts kaufen, das nicht mit hohen Steuern durch die Kroaten in Kroatien oder die bosnischen Kroaten in Bosnien belegt war. Im Grunde galt das Waffenembargo nur für die bosnischen Muslime. Die bosnischen Katholiken« – die Kroaten – »erhielten alles, was sie brauchten, über Kroatien. Deshalb florierten ihre Geschäfte.«

Ich bemerkte einige Soldaten, die an uns vorbeiliefen, auf dem Arm offenbar eine kroatische Flagge. Ich wies Mevludin darauf hin.

»Sie tragen diese Flagge, weil viele Gemeinden in Bosnien das rot-weiße Schachbrettmuster der Kroaten als Teil ihres Stadtwappens übernommen haben«, erklärte er.

Wir krochen die nächsten paar Meter voran. Da wir noch kein Mittagessen gehabt hatten, fragte ich Mevludin, ob er wüsste, wo wir anhalten und etwas essen könnten.

»Ganz hier in der Nähe ist ein gutes Restaurant namens Bajra. Dort gibt es hervorragende Ćevapi.«

»Ich hätte nichts dagegen«, sagte ich und drehte mich zu Amani und Anaiya um. »Mädels, was wollt ihr?«

»Ähm, ich hätte gern etwas mit Hähnchen«, antwortete Amani.

»Ja, ich auch.« Anaiya nickte.

»Glaubst du, sie haben dort auch Hähnchen?«, fragte ich Mevludin.

»Ja, bestimmt«, gab er zurück. »Dort ist es, gleich hier links.« Er zeigte auf ein Restaurant im skandinavischen Stil mit einer kleinen Veranda, die von einer Reihe dicker Holzbalken gestützt wurde. Die gesamte Fassade des Gebäudes bestand aus in Holz eingefasstem Glas. Es schien recht gut besucht zu sein – offenbar hatten viele Leute die gleiche Idee gehabt wie wir.

»Wir beide nehmen Ćevapi, oder?«, fragte Mevludin. Ich nickte – ich war sehr gespannt auf diese bosnische Version von Köfte. Die saftigen, leicht gesalzenen Hackfleischröllchen wurden mit frisch gebackenem *somun* – bosnischem Brot – und gehackten Zwiebeln serviert. Einfach und köstlich. Ich hatte Ćevapi bereits im bosnischen Serbien probiert, aber nun konnte ich sie zum ersten Mal in Bosnien essen.

»Und Hähnchen für die Mädchen?«

»Ja, bitte«, sagten Amani und Anaiya.

In den Rattanstühlen des Restaurants saßen größtenteils Familien, und fast überall stand die Spezialität des Hauses auf dem Tisch: Ćevapi.

»Ich befürchte, es gibt doch kein Hähnchen. Das, was ich auf den ersten Blick dafür gehalten habe, ist Kalbfleisch. Wenn ihr wollt, können wir woandershin fahren.« Mevludin war mit enttäuschtem Blick zu uns zurückgekehrt.

»Was ist euch lieber, ihr beiden? Wollt ihr die Ćevapi probieren, oder sollen wir gehen?«, fragte ich.

Amani und Anaiya warfen sich einen Blick zu. Ich wusste, dass sie Hunger hatten.

»Dann probieren wir die Ćevapi«, entschied Anaiya.

»Seid ihr sicher? Es ist wirklich in Ordnung, wenn wir woandershin fahren.«

»Nein, schon gut, wir nehmen das, was ihr esst«, sagte Amani.

»Also eine Runde Ćevapi für alle!«

Kurz darauf stand die größte Ćevapi-Portion auf unserem Tisch, die ich je gesehen hatte. Auf dem großen silbernen Servierteller türmte sich ein Berg kleiner gebratener Hackfleischröllchen mit einer Portion fein gewürfelter roher Zwiebeln auf beiden Seiten. Während die Mädchen und ich noch einen Blick wechselten – ich glaube, sie fühlten sich an die riesige Menge Fleisch erinnert, die Idar für uns bestellt hatte –, erschien der Kellner mit dickem, frisch gebackenem *somun* in silbernen Schalen. Jeder Fladen war einmal durchgeschnitten, und aus der weichen, fluffigen Mitte stieg Dampf auf.

»Mmmh, das ist etwas für euch, Mädels«, sagte ich und reichte den beiden jeweils ein Stück Brot.

»Das ist echt viel Fleisch, Dad«, meinte Anaiya.

»Keine Sorge«, lachte ich. »Mevludin ist Bosnier, und wie

ihr seht, haben die meisten von ihnen eine Menge Platz im Bauch. Ich bin sicher, er könnte das meiste davon allein aufessen!«

»Ja, macht euch keine Gedanken«, versicherte Mevludin. »Diese Menge an Ćevapi ist gar kein Problem für mich! Esst einfach, so viel ihr schafft.«

Mevludin hatte ebenfalls zwei Töchter, und er begegnete Amani und Anaiya mit der Warmherzigkeit eines Vaters.

Die Mädchen aßen jeweils vier Röllchen Fleisch und viel Brot, das immer wieder aufgefüllt wurde, während Mevludin und ich, ohne mit der Wimper zu zucken, die restlichen Ćevapi verdrückten. Das Fleisch war deutlich saftiger als das, was ich in Serbien gegessen hatte, und – noch wichtiger – nicht zu salzig. Die hohe Qualität des Fleisches liege daran, erklärte Mevludin, dass das Restaurant an eine sehr gute Schlachterei angebunden sei.

Travnik ist eine hübsche kleine Stadt im Lašva-Tal unterhalb des Vlašić-Gebirges, einem der höchsten des Landes, das viele Skitouristen anzog. Es gibt Hinweise darauf, dass diese Region schon in der Bronzezeit und zu Zeiten der Römer besiedelt war, und die Stadt gehörte bis zur osmanischen Eroberung zum Königreich Bosnien. In deren Folge konvertierte ein Großteil der Bevölkerung zum Islam, und Travnik gelangte als Residenzstadt und schließlich als Hauptstadt des Eyalats Bosnien zu einiger Bedeutung. Anfang des 19. Jahrhunderts unterhielten mehrere westeuropäische Mächte dort Konsulate. Es ist also kein Wunder, dass uns in Travnik mehrere prachtvolle osmanische Bauwerke begegneten. Nicht zuletzt war Travnik die Geburtsstadt von Ivo Andrić.

Mevludin hatte Travnik unbedingt noch in das Tagesprogramm hineinquetschen wollen, weil er hier vier Jahre lang, zwischen seinem 14. und 18. Lebensjahr, auf ein Madrasa-Internat gegangen war und sehr gute Erinnerungen an die Stadt hatte.

»Als Kinder liebten wir es, das Minarett hinaufzuklettern und dort oben auf der Kante zu sitzen«, sagte er und zeigte auf ein abgeschlossenes Minarett innerhalb der Festung.

»Wie, da ganz oben, wo es kein Geländer oder so gibt?« Amani riss ungläubig die Augen auf.

»Cool«, kam von Anaiya.

»Ja, wir fanden es toll, dort oben zu sitzen und die Beine baumeln zu lassen. Meistens waren wir dort, wenn wir uns aus der Madrasa geschlichen hatten. Wir kannten die Straßen hier wie unsere Westentasche und schafften es immer zurück, bevor unsere Abwesenheit auffiel.« Da er mittlerweile selbst Lehrer war, musste Mevludin lachen.

Wir standen in einem der alten osmanischen Wachtürme, von wo aus wir auch Mevludins frühere Schule sehen konnten. Die Elči-Ibrahim-Pašina-Madrasa war ein großer, imposanter Bau, dessen Stil der maurischen Architektur nachempfunden war. Die Hauptverkehrsstraße neben der Madrasa verschwand zwischen den baumbestandenen grünen Hängen des Vlašić-Gebirges, die das Tal bis in die Ferne säumten. Abseits der Straße waren einige der weißen Gräber zu erkennen, die überall in der bosnischen Landschaft verstreut sind.

Mevludin war so groß, dass er im Turm immer wieder den Kopf einziehen musste. Jetzt stand er mit dem Rucksack über einer Schulter unter dem mittelalterlichen Bogen der Fensteröffnung und genoss die Aussicht, die ihm aus seiner Jugend so vertraut war.

»Meine Freunde und ich sind immer die grasbewachsenen Hügel hochgerannt«, sagte er lächelnd und zeigte auf die Hänge weit unter uns, auf denen auch Pinien wuchsen. Es war leicht zu erkennen, warum sie hier hochgekommen waren. Der Ausblick über Travnik war grandios.

Während Amani und Anaiya auf den schmalen Schutzwällen herumliefen, auf denen einst die osmanischen Soldaten Wache gestanden hatten, und die verschiedenen Wachtürme erkundeten, betrachteten Mevludin und ich den Nebel, der die Hänge hinabzog, während der Himmel langsam dunkler wurde – eine Erinnerung daran, dass der Abend nahte. Gemeinsam zählten wir die Minarette der Stadt: Wir kamen auf insgesamt fünf, auch wenn Mevludin meinte, dass es noch mehr gebe, die verdeckt seien.

»Dass wir überhaupt so viele sehen können, liegt daran, dass Travnik im Krieg so gut verteidigt wurde. Deshalb sind die Moscheen hier nicht zerstört worden, im Gegensatz zu anderen Städten«, erzählte er und schaute auf die Uhr. Wir gingen die grasbewachsenen Stufen hinab. »Ich glaube, die Zeit reicht noch für das kleine Festungsmuseum.«

Die Mädchen standen gerade vor einer der Außenmauern. Amani hielt ihre Kamera in der Hand, während Anaiya sie mit kreativen Ratschlägen für das optimale Foto von Travnik beglückte. Ich hörte die beiden darüber diskutieren, wie wichtig es sei, dass ein Minarett im Bild zu sehen sei, und wartete, bis sie fertig waren, bevor ich sie zu uns rief.

Auf dem Weg zum runden Turm in der Mitte der Festungsanlage fragte ich Mevludin, was ihn nach London verschlagen habe.

»Nach Großbritannien bin ich über ein Studienstipendium für Wales gekommen. Dort lernte ich meine Frau kennen. Sie ist als Kind konvertiert, weil ihre Mutter wegen einer Tante zum Islam übergetreten war, die wiederum Muslima geworden war, als sie in Nigeria arbeitete. Ihretwegen bin ich in Großbritannien geblieben.« Mevludin lachte, als er das sagte.

»Wir sind nach unserer Hochzeit nach Luton gezogen und leben heute mit unseren beiden Töchtern in London, wo wir als Lehrer an islamischen Schulen arbeiten.«

Wie das Museum in Vranduk erstreckte sich auch die Ausstellung in der Festung von Travnik über zwei Etagen. Oben fanden sich vor allem Infotafeln an den Wänden, auf denen die Funde vorgestellt wurden, die in der und rund um die Festung herum gemacht worden waren. Einige dieser Funde waren in einer kleinen Vitrine zu sehen, aber insgesamt war das untere Stockwerk deutlich interessanter. Hier stand ein imposanter Webstuhl aus Holz im Mittelpunkt. Einige der darauf gefertigten Kleidungsstücke waren in Vitrinen an den Wänden zu bewundern. Rundherum waren andere kleine Haushaltsgeräte ausgestellt – eine Ecke war ganz der hiesigen Leidenschaft für das Kaffeetrinken gewidmet.

»Guck mal.« Mevludin griff nach einem der Gegenstände, einem kleinen Metallfässchen mit einem langen dünnen Griff. Ich bemerkte, wie Amani und Anaiya einen Blick wechselten. Wir waren es nicht gewohnt, uns in Museen aufzuhalten, in denen man die Exponate anfassen durfte.

»Darin kann man Kaffeebohnen rösten«, sagte er und drehte das Gerät herum, sodass eine kleine aufschiebbare Öffnung erschien. Dort kämen die Bohnen rein, erklärte er. Dann begann er die dosenförmige Apparatur mithilfe des langen Griffes kreisen zu lassen. Wir sahen gebannt zu, wie Schüler auf einem Schulausflug.

»Man hat es langsam über dem Feuer im Haus gedreht, um die Bohnen zu erhitzen«, fuhr Mevludin fort, bevor er uns die Konstruktion zeigte, mit der die Bohnen gemahlen wurden, und eine weitere, in der man den Kaffee kochte. Die ganze Prozedur klang wunderbar erfüllend, aber auch sehr zeitaufwendig.

»Wow«, meinte Amani. »So viel Arbeit für eine Tasse Kaffee!«

Mevludin und ich lachten.

»In Bosnien wird Kaffee sehr ernst genommen«, betonte er.

Der Nebel, der über die Berghänge gezogen war, breitete sich in der Stadt aus, als wir vier über die Steinbrücke liefen, die aus der Festung hinausführte. Mevludin wies uns auf ein paar weitere Stellen hin, an denen er sich mit seinen Schulfreunden häufig aufgehalten hatte, unter anderem auf eine seiner Lieblingsmoscheen, die Bunte Moschee, die unser nächstes Ziel war. Am Fuß der Brücke erwartete uns der Schriftzug »Never Forget Srebrenica«, der in kunstvollen Buchstaben auf eine niedrige Mauer gemalt war – ein Verweis auf die Stadt im Westen des Landes, wo sich das schlimmste Massaker des Krieges abgespielt hatte, bei dem die bosnisch-serbische Armee mehr als 8000 Muslime ermordet hatte.

»Die Stadt hat sich kaum verändert«, sagte Mevludin.

Unser Spaziergang führte uns an prachtvollen Wohnhäusern aus der Habsburgerzeit vorbei. Travnik war am Hang erbaut, und die schmalen Straßen führten mal bergauf, mal bergab. Hinter einer kleinen rosafarbenen Bäckerei bogen wir ab und sahen plötzlich eine quadratische Moschee vor uns, die von einem schmalen Wassergraben umgeben war. Davor stand ein kleiner Steinbrunnen unter einem Holzdach. Ich schaute zur Moschee hinauf: Im oberen Bereich zierte eine Reihe ausgeblichener Blumenmalereien die Flächen zwischen den vergitterten Fenstern. Auf halber Höhe prangten ehemals farbenfrohe Einfassungen mit herrlichen Blumenmustern. Es war leicht zu erkennen, warum dieses Bauwerk Bunte Moschee genannt wurde, aber sie war dringend renovierungsbedürftig.

Mevludin und ich erklommen die Stufen hinauf zur großen, mit Schnitzereien verzierten Eichentür. Durch ihre linke Hälfte zog sich ein Riss bis zum Boden hinab. Als wir eingetreten waren, erstreckte sich über uns eine Holzdecke, die mit geometrischen Mustern in Grün, Blau und Gelb bemalt war. In der Mitte hing ein großer goldener Kronleuchter. Auch der hölzerne Minbar war grün gestrichen, ebenso der Mihrāb; beide umgaben florale Ornamente, die zu denen auf dem Perserteppich passten. Vor dem Minarett stand ein Mann fortgeschrittenen Alters und betete. Er trug eine Weste mit der Aufschrift »Bosnia« auf dem Rücken und eine weiße Kappe auf dem Kopf. Die grüne Mahfil der Moschee umgab den Gebetsraum auf drei Seiten.

Sobald das *Maghrib*-Gebet vorbei war, ging Mevludin mit mir zum Imam.

»Dieser Mann war einer meiner ersten Lehrer an der Madrasa«, sagte er und stellte mich dem Imam vor, der uns durch das Gebet geleitet hatte. Ich streckte ihm die Hand entgegen, die er mit seinen beiden umfasste. Dann lächelte er und fragte auf Arabisch, wie es mir ginge. Ich antwortete und entschuldigte mich dabei für mein schlechtes Arabisch. Anschließend trat ich einen Schritt beiseite und ließ Mevludin ein wenig mit dem Mann plaudern, den er offensichtlich sehr mochte. Der Imam war klein und untersetzt. Er trug ein türkisches Gewand und einen Turban, wie ich es bei Imamen überall auf dem Balkan gesehen hatte. Aus dem Gespräch der beiden war ersichtlich, wie sehr sie einander schätzten und respektierten, was mich aufrichtig rührte.

»Er führt hier seit fast 20 Jahren durch die fünf Gebete«, sagte Mevludin, als wir die Moschee verließen. »Als ich in Travnik zur Schule ging, haben wir häufig hier gebetet. Er ist ein so gütiger Mensch und fehlt mir sehr.«

AUSGESTOCHEN VON DE NIRO

SARAJEVO

Unsere zweite Ferienwohnung in Sarajevo befand sich im Wohnviertel Višnjik, oberhalb eines steilen Hanges mit Blick auf die Altstadt. Die meisten der Häuser hier waren nach dem Zweiten Weltkrieg erbaut worden, als dieser Bereich als Wohngebiet erschlossen wurde. Zuvor hatten hier lauter Kirschbäume gestanden – Višnjik heißt übersetzt »Kirschgarten«. Es war ein nettes Viertel mit vielen Familien und einer Reihe Grünflächen in der Nähe. Im Norden schloss sich die Universitätsklinik von Sarajevo an, im Süden das noble Botschaftsviertel.

Bei unserer Anreise aus Zenica am Vortag war uns der Hang nicht sonderlich steil vorgekommen. Doch als wir jetzt im Zickzackmarsch durch Straßen, in denen ausgebombte Häuser neben von Einschusslöchern übersäten Wohnblocks standen, ins Zentrum hinunterliefen, machten sich unsere Waden schmerzhaft bemerkbar.

Anaiya vermittelte uns allen ein besseres Verständnis von der Stadt, indem sie uns einzelne Passagen aus *Ich bin ein Mädchen aus Sarajevo* nacherzählte. Sie hatte das Kriegstagebuch mittlerweile fast ausgelesen.

»Im Grunde ist die Freundin gestorben, weil sie von einem herunterfallenden Dachziegel erschlagen wurde«, erzählte sie sehr nüchtern.

Amani und ich wechselten einen Blick – das war ein schmerzhafter Einblick in den Bosnienkrieg durch die Augen eines Kindes.

»Dann starb ihr Onkel, weil jemand eine Handgranate ins Haus warf.«

»Wie traurig!«, meinte Amani.

Anaiya hielt den Blick auf die Straße gerichtet, als sie weiterlief. Ich wusste nicht, ob sie verhindern wollte, am steilen Hang zu stolpern, oder ob die im Buch geschilderten Ereignisse sie bedrückten.

»Aber was für ein tapferes Mädchen, oder?«, sagte ich.

»Ja, sie ist eine Art bosnische Anne Frank. Sie hat alles in ihrem Tagebuch festgehalten und ihm sogar einen Namen gegeben«, erklärte Anaiya.

»Wie hieß es denn?«, fragte Amani.

»Mimmy.«

»Hat du es gern gelesen?«

»So würde ich es nicht ausdrücken, aber es hat mir gezeigt, wie schlimm es damals für die Bosnier war«, antwortete Anaiya, immer noch mit gesenktem Blick.

Wenn wir verreisten, bemühten Tamara und ich uns stets darum, dass die Mädchen Bücher lasen oder Filme und Dokumentationen sahen, die eine Verbindung zum jeweiligen Land hatten. Manchmal empfahlen wir ihnen etwas, aber *Ich bin ein Mädchen aus Sarajevo* hatte sich Anaiya ganz allein ausgesucht. Vielleicht lag es daran, dass Zlata ungefähr so alt war wie sie, als sie das Tagebuch schrieb – ich weiß es nicht, aber ich erinnere mich daran, wie stolz ich war, als unsere Tochter uns erzählte, sie wolle es auf der Reise durch den Westbalkan lesen.

Am berühmten Sebilj in der Baščaršija trafen wir Lejla vom bosnischen Tourismusverband und einen jungen Studenten namens Haris Kusturica. Ich hatte Lejla durch ein Interview für einen Artikel kennengelernt und mich bei ihr gemeldet, als ich mit den Reiseplanungen begann, in der Hoffnung, dass sie mich dabei unterstützen könnte, ein Gespür für Sarajevo zu bekommen. Lejla machte eine Reihe von Vorschlägen, unter anderem einen geführten Rundgang durch die Altstadt.

»Hallo, Tharik, schön, dich endlich persönlich zu treffen.« Sie lächelte, als ich ihr die Hand gab und ihr Amani und Anaiya vorstellte. »Hi, ihr beiden. Ich habe ein kleines Geschenk für euch dabei.« Lejla überreichte ihnen jeweils einen Schlüsselanhänger mit der Aufschrift »I ♥ Sarajevo«. Die Mädchen bedankten sich.

»Wie du ja schon weißt, Tharik, hat Frau Razija leider keine Zeit, wegen des Sarajevo Film Festivals …«, setzte Lejla an.

»Ich weiß, und ich war im ersten Augenblick ein bisschen unglücklich darüber, dass die Absage so spät kam, aber dann habe ich ihr Profilbild auf WhatsApp gesehen.«

»Ja, es tut mir sehr leid, aber die Anfrage der Festivalorganisatoren kam in letzter Minute. Wir haben geantwortet, dass Frau Razija nicht könne, weil sie schon gebucht sei, aber als sie uns sagten, wer die Stadtführung haben wollte, na ja … Wie hätten wir da ablehnen können?« Lejla lachte.

»Keine Sorge, als ich das Foto mit Robert De Niro sah, habe ich nur gedacht: ›Alles klar, völlig verständlich, dass sie uns in letzter Minute versetzt hat!‹« Jetzt lachten alle bis auf Haris, der neben Lejla stand und etwas verlegen lächelte.

»Ich entschuldige mich noch einmal in aller Form, kann euch aber versichern, dass ich euch, wie schon in der Mail geschrieben, einen sehr fähigen Ersatz besorgt habe, jemanden, der in Hinblick auf den Zweck eurer Reise vielleicht sogar noch interessanter für euch ist.« Sie wandte sich Haris zu. »Hiermit möchte ich euch Herrn Haris Kusturica vorstellen, der hier in Sarajevo studiert und den Sommer über für uns arbeitet.«

Haris trat einen Schritt vor und gab mir die Hand.

Frau Rajiza war eine sehr erfahrene Stadtführerin des Tourismusverbandes, und ich hatte mich darauf gefreut, von jemandem herumgeführt zu werden, der Sarajevo bis ins letzte Detail kannte. Deshalb war ich anfangs ganz schön enttäuscht gewesen, als ich von der kurzfristigen Änderung erfuhr. Doch das Wissen, dass wir von einem Hollywoodstar dieses Kalibers ausgestochen worden waren, machte es etwas erträglicher. Lejla, der die Last-Minute-Absage unangenehm war, hatte den jungen Haris vorgeschlagen und dazugesagt, dass sie es verstehen könne, wenn wir die Tour verschieben wollten, doch das kam eigentlich nicht infrage. Die Mädchen und ich hatten die Zeit davor und danach schon anders verplant, mit Bowlen und einem Besuch im städtischen Zoo, und so hatte ich eingewilligt, dass wir uns von Haris herumführen lassen würden.

Anschließend machte ich mir die Vorteile bewusst: Haris arbeitete nur den Sommer über für den Tourismusverband und neigte deshalb vielleicht weniger dazu, den üblichen Text herunterzubeten. Außerdem war er ein Einheimischer, der nach dem Bosnienkrieg geboren war, was bedeutete, dass wir die Perspektive eines Sarajevaners erfahren würden, der die Schrecken des Krieges *nicht* selbst miterlebt hatte. Haris, so wurde mir klar, könnte sich als genauso interessant herausstellen wie die Stadt.

»Herr Haris weiß sehr viel über unsere Stadt und wird euch gut herumführen können«, sagte Lejla, die sich immer noch bemühte, mich für den jungen Studenten zu erwärmen.

»Ja, da bin ich mir sicher«, antwortete ich und lächelte Haris an.

»In Ordnung. Ich muss euch jetzt leider allein lassen, das Büro ruft. Für das Festival ist noch eine Menge zu tun …«

Lejla winkte uns zu und machte sich auf den Weg.

Wir waren passend zum Beginn der größten jährlichen Kulturveranstaltung der Stadt gekommen, dem Sarajevo Film Festival – dem größten Filmfest auf dem Balkan. Es war einer der Höhepunkte des Jahres für die Stadt, und mir war klar, dass der Tourismusverband viel zu tun hatte. Deshalb war ich Lejla dankbar, dass sie sich Zeit für uns genommen hatte, auch wenn der gute alte Robert De Niro Vorrang vor uns erhalten hatte.

»Was studieren Sie, Haris?«, erkundigte ich mich, nachdem er uns die Geschichte des Sebilj erläutert hatte.

»Bildende Kunst«, antwortete er.

Darauf hätte ich auch selbst kommen können. Mit seinen langen Haaren, dem jugendlichen Gesicht und Chucks in Kombination mit einer ausgewaschenen schwarzen Jeans und einem karierten Flanellhemd wirkte Haris wie der Inbegriff eines Kunststudenten. Ich fragte ihn, warum er sich für die Sommerferien gerade diesen Job ausgesucht hatte.

»Ich wollte eine Arbeit, bei der ich mehr über meine eigene Kultur und meine geliebte Stadt lerne.«

Ich war beeindruckt. Haris hatte nicht nur einen Sommerjob angenommen, sondern dazu noch einen, der Stolz auf das eigene historische Erbe verriet. Das war ein junger Mann nach meinem Geschmack, und er hatte seine Hausaufgaben ganz offensichtlich gemacht.

»Wussten Sie, dass wir 1989 einen Sebilj nach Belgrad geschickt haben und einen nach Louisiana in den USA?«, fragte er.

Ich schüttelte den Kopf. »Mir war bekannt, dass Novi Pazar und Sjenica je einen bekommen haben, aber ich hatte keine Ahnung, dass auch welche als Geschenk an die serbische Hauptstadt und sogar in die USA gegangen sind!«

Haris lächelte. Sein Selbstvertrauen wuchs.

Auf dem Weg durch die engen Gassen des alten Basars Richtung Altstadt stellte ich ihm weitere Fragen über sein Leben.

»Ich bin in der Altstadt zur Welt gekommen und habe Englisch gelernt, seit ich ein Kind war, und zwar durch Zeichentricksendungen im Fernsehen, Popmusik und Filme. Hier sind alle Filme nur untertitelt, was es viel leichter macht, sich die englischen Begriffe einzuprägen. Neben den Balkansprachen beherrsche ich noch zwei weitere.«

»Wow, sehe ich das richtig: Sie sind 19 Jahre alt, sprechen mehrere Sprachen und arbeiten in den Sommerferien?«

Haris nickte.

»Wenn Sie die Zukunft Bosniens sind, muss sich das Land keine Sorgen machen!«

Er lachte ein wenig verlegen. Die Mädchen waren damit beschäftigt, in den Läden der Altstadt nach Mitbringseln zu suchen. Ich erklärte Haris, dass er mir über die Geschichte des Handelsviertels nicht allzu viel zu erzählen brauche, da ich bereits bei meinem ersten Besuch hier gewesen sei.

»Wenn ich mit dem Studium fertig bin, will ich nach Deutschland ziehen. Da gibt es eine große bosnische Community. Viele Leute in meinem Alter wollen dorthin. Hier gibt es keine Arbeit, und die, die da ist, wird schlecht bezahlt.«

Haris war also doch nicht die Zukunft Bosniens. Seine Träume und Hoffnungen lagen im Ausland. Das war ein klassisches Problem auf dem Balkan: der Braindrain. Sobald die klügsten und talentiertesten jungen Leute ihre Ausbildung abgeschlossen hatten, wanderten sie aus. Haris erklärte, warum das so war.

»Die Hauspreise und die Mieten steigen und steigen, die Gehälter aber nicht. Für junge Bosnier ist es wenig verlockend hierzubleiben.«

Wir verließen das Handelsviertel und steuerten das Ufer der Miljacka an, wo das Rathaus – die Vijećnica – lag. Das Gebäude mit seiner auffälligen Fassade aus rotbraunen und gelben Kacheln war von einem österreichischen Architekten entworfen worden und im gleichen pseudomaurischen Stil gehalten wie Mevludins Madrasa. Das Rathaus sei Ende des 19. Jahrhunderts mit viel Tamtam eröffnet worden, als größtes Bauwerk der europäischen Supermacht Österreich-Ungarn in Bosnien und Herzegowina, erklärte Haris. Als Inspiration hätten die Kunst und die Architektur der Muslime in Spanien und Marokko gedient, und die auffälligen Querstreifen und die Bogenfensterreihen seien den berühmtesten Moscheen der Umayyaden-Dynastie in Damaskus, Syrien und Córdoba nachempfunden.

Das Rathaus war hübsch und zog alle Blicke auf sich, wirkte aber stilistisch deplatziert. Die architektonischen Wurzeln der Vijećnica lagen nicht auf dem Balkan, was umso absurder war, da Sarajevo einen jahrhundertealten und ausgeprägten eigenen islamischen Stil aufwies.

Haris zufolge lag das daran, dass das Rathaus von nichtmuslimischen Kolonialherren gebaut worden war, die das lokale Kulturerbe weder verstanden noch respektierten. Ich war mir da nicht so sicher.

Obwohl Österreich-Ungarn die Ästhetik der einheimischen islamischen Architektur verkannte, hatte es nichts dagegen, dass die Muslime in Bosnien und Herzegowina ihre

Religion ausübten, nachdem es das Gebiet von den Osmanen übernommen hatte. Im Gegenteil: Während die Machthaber anderer Staaten der Region versuchten, die jeweilige Bevölkerung mithilfe ausgeprägter nationalistischer Ideologien zu *einem* Volk zu machen, gewährten die Habsburger den bosnischen Muslimen Religionsfreiheit und gestatteten ihnen, weiterhin enge Beziehungen zum Osmanischen Reich zu pflegen, da der Kalif in Konstantinopel/Istanbul der Schutzherr der muslimischen *umma* war.

Dennoch war auch der deutschsprachige Teil Europas nicht weniger antimuslimisch eingestellt als der Rest des Kontinents. Deutsche Intellektuelle wie Karl Marx und Friedrich Engels beispielsweise äußerten sich häufig herablassend über die Osmanen und die Balkanbewohner, die sie durchaus als »Völkerabfälle« bezeichnen. In Briefen und Artikeln diskutieren sie die »orientalische Frage« und zeichnen ein Bild vom Balkan als einem Ort, den die Türken aufgrund des »Fanatismus des Islam« nicht nur nicht zivilisiert hätten – vielmehr sei die »Anwesenheit der Türken in Europa ein ernsthaftes Hindernis« für seine Entwicklung.

In der Vijećnica hatte Erzherzog Franz Ferdinand, dessen Ermordung den Ersten Weltkrieg auslöste, seinen letzten Empfang abgehalten. Die Stelle, an der Gavrilo Princip ihn kurz darauf niederschoss, befand sich nur ein paar Hundert Meter weiter die Straße hinab und war durch eine Plakette markiert.

Nach dem Zweiten Weltkrieg sei das Gebäude zur National- und Universitätsbibliothek von Bosnien und Herzegowina umfunktioniert worden, erklärte Haris. Dort habe man seltene Bücher und Handschriften aufbewahrt, die von großer Bedeutung für das Kulturerbe Bosniens waren. Deshalb hatte die bosnisch-serbische Armee die Vijećnica zu einem ihrer Hauptziele während der Belagerung Sarajevos erklärt. Der andauernde Beschuss habe das prachtvolle Bauwerk in einen Haufen Schutt und Asche verwandelt, auf dem Vedran Smailović, der »Cellist von Sarajevo«, später sein Instrument spielte. So entstand das berühmte Foto.

»Ich war damals noch nicht einmal geboren, aber ich kenne das Foto trotzdem sehr gut. Jeder kennt es«, sagte Haris, als ich ihn nach Smailović fragte. »Wir werden es gleich noch als Teil eines Kunstwerks sehen, wenn wir uns die Galerie in meiner Universität anschauen.«

Die Universität war üblicherweise kein Bestandteil der Stadtführung, aber unser Rundweg entwickelte sich ohnehin zu einer Tour durch Haris' Sarajevo, und da die Mädchen und ich großes Interesse daran hatten, einheimische Kunst zu sehen, hatte Haris vorgeschlagen, sein Fakultätsgebäude zu besichtigen.

Haris hatte den Bosnienkrieg nicht selbst erlebt, dennoch war er in seinem Leben überaus präsent, wie bei jedem Bosnier, mit dem ich bisher gesprochen hatte. Das war keine große Überraschung. Wenn Haris durch die Straßen von Sarajevo ging, konnte er bis heute Einschusslöcher in den Wänden sehen. Wenn er den Blick auf die umliegenden Berge richtete, sah er die schmalen weißen Grabsteine der Märtyrer, die von dort herabschauten – eine beständige Erinnerung daran, dass sie sterben mussten, damit er leben konnte. Jedes Jahr am zweiten Tag des Eid-al-Fitr-Festes betete Haris zusammen mit dem Rest Bosniens für die Gefallenen. Es spielte keine Rolle, dass er noch nicht geboren war, als es geschah; der Genozid an seinem Volk war Teil seiner Identität.

Wir saßen vor der Vijećnica auf einer Mauer am Fluss. Mittlerweile war die Sonne hinter den Wolken hervorgekommen und brachte die rot-gelbe Fassade des Gebäudes zum Leuchten. Da wir nun schon ganz schön weit gelaufen waren, wurden die Mädchen langsam müde.

»Vielleicht können wir irgendwo einen Kaffee trinken?«, schlug ich vor. Haris sah sich um, und plötzlich breitete sich ein Lächeln auf seinem Gesicht aus.

»Ich weiß den perfekten Ort, der zudem noch eine spannende Geschichte hat.«

Es war nicht weit. Das Inat kuća ist ein hübsches, weiß verputztes osmanisches Wohnhaus mit einem prachtvollen grünen Holztürmchen auf dem Dach, gegenüber der Vijećnica auf der anderen Seite der Miljacka.

»Die Geschichte hinter dem Namen ist ganz lustig … Inat kuća heißt übersetzt ›Trosthaus‹«, setzte Haris an, als wir über die Brücke liefen. »Früher befand es sich dort, wo heute das Rathaus steht, und es gehörte einem sehr eigensinnigen Mann namens Benderija. Als die Habsburger ihn aufforderten, ihnen das Land zu verkaufen, lehnte er ab. Doch da die neuen Herrscher ihr neues Rathaus unbedingt an diesem Ort bauen wollten, direkt neben dem historischen Stadtzentrum, fragten sie immer wieder. Irgendwann willigte Benderija ein, aber er verlangte eine gewaltige Menge Gold für das Grundstück und stellte die Bedingung, dass sein Haus vollständig auseinandergenommen und auf der anderen Seite des Flusses wieder zusammengesetzt werden musste!« Haris lachte, als er die Geschichte erzählte.

Sie war durchaus amüsant, und mir gefiel der Gedanke, dass ein einheimischer Bosnier sich der Großmacht widersetzt hatte.

»Der Legende nach saß der alte Mann jeden Tag auf der Brücke hier und sah zu, wie das Haus Stein für Stein hinübertransportiert wurde. Und deshalb heißt es Inat kuća!«

»Weil er das Haus zum Trost erhalten hat?« Ich fragte mich, ob ich irgendetwas missverstanden hatte.

»Trost?« Haris wirkte kurz verwirrt, doch dann verstand er, wo das Problem lag. »Oh nein, nein! Nicht ›Trost‹, sondern ›Trotz‹, mit t und z. Weil er so trotzig war.«

Jetzt stimmte ich in Haris' Gelächter ein, und wir amüsierten uns beide über das sprachliche Missverständnis.

»Tut mir leid, mein Englisch …«, entschuldigte er sich.

Haris hatte mit seiner Übersetzung etwas danebengelegen; in Wahrheit bedeutete *inat* »stur«, was Benderijas Verhalten natürlich besser beschreibt. Doch leider wies man uns im Inat kuća ab, weil der Mittagsansturm bevorstand und man dort nur Gäste einließ, die auch etwas essen wollten. Deshalb schlug Haris vor, zum »Rahatlook« in der Innenstadt zu gehen, wenn wir es noch ein bisschen aushalten könnten. Dort waren wir bereits gewesen, bevor wir zu Beginn der Reise nach Mostar aufgebrochen waren, und die Mädchen erinnerten sich daran, wie gut der Kuchen dort geschmeckt hatte. Also stimmten wir zu.

Vom Inat kuća aus liefen wir am Fluss entlang, über eine Straße, die nach dem Gründer von Sarajevo und Novi Pazar benannt war, der Obala Isa-Bega Ishakovića. Wir kamen an der Kaisermoschee vorbei, wo Mitte des 15. Jahrhunderts die erste Moschee Sarajevos errichtet worden war, zu Ehren von Sultan Mehmed II. Nach der Zerstörung des ursprünglichen Baus war hier Haris zufolge ein Neubau entstanden, der Süleyman dem Prächtigen gewidmet war, weshalb die Moschee heute Kaisermoschee heißt.

Etwas weiter lag die imposante Synagoge der Aschkenasim aus dem Jahr 1902, als während der österreichisch-ungarischen Zeit viele aschkenasische Juden in die Stadt kamen. Haris erklärte, dass die Haupthalle über eine prächtige, mit geometrischen Figuren bemalte Holzdecke im maurischen

Stil verfüge, ganz ähnlich dem, den man aus der islamischen Kunst in Spanien kenne.

Als wir endlich an Haris' Universität angelangt waren, war das Trio der abrahamitischen Religionen komplett. Die Kunstakademie war in einer wunderschönen Kirche aus dem späten 19. Jahrhundert untergebracht. Sie war für die evangelische Gemeinde gebaut worden, die nach der Inbesitznahme Bosniens durch die Habsburger größer wurde. Doch mit dem Ende der K.-u.-k.-Monarchie nach dem Ersten Weltkrieg verließ die Gemeinde die Stadt. Irgendwann fiel das Gebäude an die Stadt Sarajevo, die daraufhin die Kunstakademie dort unterbrachte.

Wäre ich zu Beginn unserer Reise auf eine Moschee, eine Synagoge und eine Kirche so nah beieinander gestoßen, hätte ich Sarajevo vielleicht ganz klischeehaft mit Jerusalem verglichen und wäre angesichts der historischen Toleranz und Koexistenz innerhalb dieser herrlichen Stadt ins Schwärmen geraten. Doch diese Zeiten waren vorbei. Auf meiner Balkanreise auf den Spuren von Evliya hatte ich gelernt, dass diese Form des *komšiluk* im muslimischen Teil Europas keine Ausnahme darstellte. Evliya hatte mir vor Augen geführt, dass es der Normalfall gewesen war. Die Habsburger hatten die Tradition nur fortgeführt, als sie in die Stadt kamen.

»Erst als ich angefangen habe zu studieren, habe ich erkannt, was dieses Gebäude früher war. Ich war wegen der Kuppel immer davon ausgegangen, dass es irgendwann einmal eine Moschee war«, sagte Haris, als wir durch eine moderne Glastür traten, die geschickt in die klassizistische Fassade eingearbeitet war.

»Lustig, oder? Mir wäre es vermutlich genauso ergangen, denn in England haben die Kirchen spitze Türme, keine Kuppeln«, sagte ich.

Im Inneren der Akademie führte uns Haris zu dem Kunstobjekt, von dem er erzählt hatte: Vedran Smailović saß in seinem Anzug auf einem kaum sichtbaren Stuhl, vor sich sein Cello. Unter ihm häuften sich Schutt und Trümmer. Smailović hatte einen struppigen Schnurrbart und fast schulterlanges Haar, das er in einer leichten Tolle zur Seite gekämmt hatte. Seine rechte Hand war ausgestreckt und führte den Bogen, während er mit ausdruckslosem Gesicht inmitten der halb weggebrochenen, nach oben offenen Kuppeln der Vijećnica sein Instrument spielte.

Der Künstler hatte das berühmte Foto neben einem anderen platziert, auf dem die Bibliothek von außen zu sehen war, umgeben von einer dichten Rauchwolke. Dann hatte er quer über beide Bilder »festival Sarajevo, Sarajevska zima '93, Sarajevo Winter '93« geschrieben und eine Schneeflocke in die Mitte gesetzt. Die Mädchen und ich studierten das Werk eingehend, während Haris uns mehr darüber erzählte.

»Das ist so ein trauriges Bild«, meinte Anaiya, als Haris fertig war.

»Hat er wirklich gespielt oder nur für das Foto posiert?«, wollte Amani wissen.

»Er hat wirklich gespielt, das machte er damals so. Er setzte sich in die Ruinen von zerstörten Bauwerken oder an Orte, wo Menschen ermordet worden waren, um die Aufmerksamkeit darauf zu lenken.«

»Wow, wie mutig …« Anaiya verstummte.

»Ja, manchmal spielte er an Orten, wo Scharfschützen auf ihn zielten. Aber es funktionierte – eine Menge Menschen hörten von seinem Mut, und seine Geschichte bewegte viele dazu, Druck auf die internationale Gemeinschaft auszuüben, damit diese dem Krieg ein Ende setzte.«

Wir verließen die Universität und überquerten den Fluss über die angesagte Festina-Lente-Brücke. Die Mädchen verbrachten einige Zeit damit, sich in der zentralen Skulptur zu fotografieren, die an einen extravaganten BMX-Looping erinnerte, während Haris mir erklärte, dass die Brücke von drei Studierenden seiner Universität entworfen worden sei.

»Der Name ist lateinisch und bedeutet ›Eile mit Weile‹. Die Brücke ist darauf ausgelegt, dass die Menschen dort entschleunigen und die Aussicht genießen.«

Wir setzten uns auf eine der kleinen Holzbänke im Looping und beschlossen, genau das zu tun, so lange die Mädchen noch mit ihren Fotos beschäftigt waren.

Der Blick ging über den Fluss Richtung Westen, wo heruntergekommene, von Einschusslöchern übersäte Mietshäuser neben leuchtend bunt gestrichenen historischen Wohnhäusern aus der Habsburgerzeit standen. In der Ferne ragten die Glasfassaden der Zwillingstürme in den blauen Himmel, die von den Einheimischen »Momo und Uzeir« genannt wurden. Das waren die Namen zweier Figuren aus der beliebten jugoslawischen Radioshow *Cik Cak* – einer war Serbe, der andere Bosnier. Momo und Uzeir waren während des Bosnienkrieges heftig attackiert worden, doch sie hatten dem Beschuss standgehalten und waren einfach nicht zusammengebrochen. Stark lädiert, aber aufrecht erhoben sich nach wie vor ihre Außenskelette – wenig verwunderlich, dass die Türme als Sinnbild für Sarajevos Widerstandsfähigkeit gelten.

ZURÜCK IN »JERUSALEM«

SARAJEVO

Das Café »Rahatlook« ist bei Einheimischen und Touristen vor allem aus einem Grund beliebt: Man hat einen Blick über das berühmte jüdische Viertel der Stadt. Dort befindet sich die älteste noch existierende Synagoge des Landes, in der heute das Jüdische Museum von Bosnien und Herzegowina untergebracht ist. Rund ein Jahrhundert vor Evliyas Besuch in Sarajevo errichtet, dürfte sie einer der Orte gewesen sein, die er beim Durchzählen der religiösen Bauwerke der Stadt mitrechnete. Damals war sie Teil eines ausgedehnten Wohnkomplexes, rund um einen zentralen Innenhof gelegen, mit zahlreichen Unterkünften für die ärmsten Juden Sarajevos.

Zu Evliyas Zeiten waren die meisten Juden in Sarajevo Sephardim, die sich aus Spanien gerettet hatten. Der Schutz, den die Osmanen ihnen boten, erlaubte ihnen, weiterhin in Europa zu bleiben, und sicherte ein blühendes Gemeindeleben. Vor dem Zweiten Weltkrieg zählte die jüdische Gemeinde in Bosnien und Herzegowina etwa 22.000 Mitglieder. Die meisten lebten in Sarajevo, zusammen mit Christen und Muslimen, was der Stadt den berühmten Beinamen »Jerusalem Europas« einbrachte. Tragischerweise schrumpfte ihre Zahl durch die Nazis ganz erheblich: Fast die Hälfte der bosnischen Juden wurde während des Zweiten Weltkriegs ermordet. Da viele der Überlebenden in andere Länder emigrierten, gibt es heute nur noch rund 1000 Juden in Bosnien und Herzegowina.

Das »Rahatlook« war geräumig und einladend. Drinnen standen einfache Holzmöbel, und die bodentiefen Bogenfenster sorgten dafür, dass der Innenraum lichtdurchflutet war. Dazu passte die Sammlung verschrobener Kunstgegenstände.

Ich ließ Haris und die Mädchen an einem Tisch im Sonnenschein Platz nehmen, mit Blick auf das jüdische Viertel, und ging zur Tresen-Bar-Kombination, wo eine Reihe nackter Glühbirnen von der Decke baumelte. Dort quetschte ich mich zwischen die Hipster der Stadt, die auf hölzernen Hockern saßen und ihren Latte macchiato schlürften, um für die Mädchen zwei Stücke vom besten Schokoladenkuchen des Ladens, für Haris eine Dose Coca-Cola und für mich einen Flat White zu bestellen.

Während wir mit unseren Getränken in der warmen Nachmittagssonne saßen, erzählte Haris, wie die Geschichte seiner Familie mit der der Juden in Sarajevo verknüpft war.

»Mütterlicherseits gehören wir zur Korkut-Familie«, fing er an und öffnete seine Dose mit einem lauten Zischen.

»Verzeihung, aber wer sind die Korkuts?«, fragte ich.

»Der Großonkel meiner Großmutter war Besim Korkut, der Verfasser der berühmtesten bosnischen Qur'ān-Übersetzung.«

»Wirklich?«

»Ja, und über ihn bin ich mit Derviš Korkut verwandt. Wissen Sie, wer das ist?«, fragte er und nahm einen Schluck von seiner Cola. Ich rührte Zucker in meinen Kaffee.

Amani und Anaiya schaufelten sich glücklich den Schokoladenkuchen hinein.

»Das ist soooo lecker, Dad«, sagte Anaiya und formte mit ihrer linken Hand das Zeichen für »okay«. Ich lächelte zurück und hob den Daumen.

Dann wandte ich mich wieder Haris zu. »Tut mir leid, nein.«

»Derviš Korkut war Besims Bruder und der Mann, der die Sarajevo-Haggada vor dem Raub durch die Nazis bewahrte.«

Fast hätte ich mir den Kaffee über mein T-Shirt gekippt. Deshalb hatte Lejla also geglaubt, dass Haris eine gute Wahl für mich sei. »Wie bitte? Sie sind mit dem Mann verwandt, der die Sarajevo-Haggada gerettet hat? Ernsthaft?«

»Ja, es ist sehr bedauerlich, dass das Nationalmuseum wegen Renovierungsarbeiten geschlossen ist. Sonst hätten wir hineingehen und uns die Haggada anschauen können.«

Ich war ziemlich enttäuscht gewesen, als wir erfahren hatten, dass das Nationalmuseum von Bosnien und Herzegowina während unseres Aufenthalts in Sarajevo geschlossen hatte, weil ich wusste, dass mir dadurch der Anblick dieses prächtigen Objekts aus dem 14. Jahrhundert entgehen würde. Dass ich hier nun mit einem Nachfahren des Muslims zusammensaß, der es vor dem Zugriff durch die Nazis bewahrt hatte, war mehr als nur ein Trost.

Die Sarajevo-Haggada ist eine der ältesten sephardischen Haggadot der Welt: eine prachtvolle gebundene Handschrift mit goldenen und silbernen Verzierungen, die die Geschichte des Auszugs der Juden aus Ägypten erzählt. Traditionell wird zu Beginn des Sederabends daraus gelesen, um den Auftakt des Pessachfestes zu markieren. Die Sarajevo-Haggada ist vermutlich um 1350 in Barcelona entstanden und eine der wenigen mittelalterlichen jüdischen Handschriften, die gegenständliche Malerei enthalten. Besonders faszinierend ist die Illustration eines spanischen Seders, da dort eine schwarze Frau zu sehen ist, die am Mahl teilnimmt. Sie trägt die Kleidung einer wohlhabenden Jüdin und ist vermutlich die erste Darstellung eines schwarzen Menschen jüdischen Glaubens.

Im Anschluss an das Alhambra-Edikt nahmen einige Juden die Haggada aus Spanien mit, und obwohl ihr Wert niemals offiziell geschätzt wurde, heißt es doch, dass sie 1992, bevor sie eine Zeit lang als Leihgabe nach Spanien ging, für sieben Millionen Dollar versichert worden sei.

Die Haggada kam Ende des 19. Jahrhunderts in das Nationalmuseum von Sarajevo, wo sie sicher aufbewahrt wurde, bis die Stadt während des Zweiten Weltkriegs dem Unabhängigen Staat Kroatien zugeschlagen wurde, einem Marionettenstaat der Nazis. Den Posten des leitenden Bibliothekars des Museums hatte damals Haris' Vorfahr inne, Derviš Korkut, ein Islamwissenschaftler aus einer Familie von Gelehrten und Kadis. Wie sich herausstellte, tat Korkut deutlich mehr, als die Haggada einfach nur vor dem Zugriff der Nazis zu schützen, wie Haris es so bescheiden formuliert hatte.

Schon 1940, als die jugoslawische Regierung durch eine Reihe antijüdischer Gesetze die Nazis beschwichtigen wollte, schrieb Korkut den Artikel »Antisemitismus ist den Muslimen von Bosnien und Herzegowina fremd«, womit er sein Land an die langjährige Tradition des religiösen Miteinanders erinnern wollte. Als der Gründer und Führer der faschistischen Ustascha, Ante Pavelić, verkündete, seinen Staat »judenfrei« machen zu wollen, verfasste Korkut einen weiteren Text, in dem er die Juden von Sarajevo verteidigte.

Sobald er mitbekam, dass der zu der Zeit in Sarajevo stationierte Generalleutnant Johann Fortner um ein Treffen mit dem Museumsdirektor Jozo Petrović gebeten hatte, wusste Korkut, dass die Nazis es auf die Haggada abgesehen hatten.

Es waren bereits Gerüchte aufgekommen, dass sie aus widerwärtigen Gründen die Synagogen und Kultureinrichtungen in den besetzten Gebieten plünderten, etwa um »jüdische Städte« und ein »Museum der untergegangenen Rasse« zu errichten, die »arische« Touristen nach der Auslöschung der europäischen Juden besichtigen könnten.

Korkut, der zehn Sprachen fließend beherrschte, wurde als Dolmetscher zum Treffen zwischen Fortner und Petrović, der kein Deutsch sprach, hinzugezogen. Vor dem Termin flehte er den Museumsdirektor an, ihn die Haggada verstecken zu lassen, damit die Nazis sie nicht in die Hände bekämen. Petrović zögerte zunächst, willigte schließlich aber ein, und so begaben sich die beiden zusammen in den Keller des Museums, wo die Haggada in einem Tresor verwahrt wurde. Korkut steckte sich den kleinen Kodex – er maß 15 mal 23 Zentimeter – in den Hosenbund und zog seine Anzugjacke darüber. Dann gingen die beiden Männer wieder nach oben, um sich mit dem Nazi zu treffen.

»Es heißt, er hätte dort gestanden und dem Nazi einfach ins Gesicht gelogen, als es um den Aufbewahrungsort der Haggada ging. Dabei hielt er sie die ganze Zeit in seiner Hose versteckt«, erzählte Haris lächelnd.

»Was für ein Held!«, rief ich. »Sich einfach zu weigern, vor den Nazis einzuknicken!«

Es ist nicht ganz klar, was genau bei dem Treffen passierte, aber laut einer Darstellung antworteten der Museumsdirektor und Korkut auf Fortners Frage nach der Haggada, dass bereits ein anderer Nazioffizier da gewesen sei und sie konfisziert habe.

Korkut nahm die wertvolle Handschrift mit nach Hause und erzählte nur seiner Frau Servet davon, bevor er am Nachmittag das Haus verließ, um »seine Schwester zu besuchen«. In Wahrheit begab er sich in ein Bergdorf im Treskavica-Massiv, dessen Imam ein Freund von ihm war. Korkut zeigte ihm die Haggada und bat ihn, sie an einem sicheren Ort zu verstecken. Der Imam verbarg sie inmitten der Qur'ān-Ausgaben der Moschee, bis der Krieg vorbei war. Sobald die Nazis Sarajevo verlassen hatten, gab er Korkut die Haggada zurück, und dieser brachte sie wieder ins Museum.

»Was für eine tolle Geschichte, Haris – ein Muslim nimmt die bedeutendste jüdische Handschrift des Landes an sich und versteckt sie in einer Dorfmoschee, wo sie neben den Qur'ān-Ausgaben in Sicherheit ist. Genial, absolut genial!« Ich war außer mir vor Begeisterung. »Wie fühlt es sich für dich an, wenn du diese Geschichte über deine Familie und deine Stadt hörst?«

»Es macht mich sehr stolz und gleichzeitig sehr traurig, denn obwohl Korkut die Haggada rettete, konnte doch niemand die Juden retten.«

Er hatte recht, auch wenn Korkut doch zumindest einer Jüdin half, der 19-jährigen Donkica Papo, die er in seinem Haus versteckte und als muslimisches Dienstmädchen aus Servets Heimatdorf ausgab. Donkica siedelte schließlich nach Israel über, wo sie die Geschichte ihrer Rettung durch die Korkuts erzählte. Daraufhin wurde das muslimische Paar in Yad Vashem – der Holocaustgedenkstätte in Jerusalem – zu Gerechten unter den Völkern erklärt.

Die Korkuts sind nicht die einzigen Menschen aus Sarajevo, die diesen Titel tragen: Auch Ahmed Sadik, Zekira Besrević und die Familie Hardaga sind dafür geehrt worden, dass sie ihr Leben riskierten, um Juden vor dem Holocaust zu retten.

»Früher hatten wir eine riesige jüdische Gemeinschaft, und unsere Stadt war als ›Jerusalem‹ bekannt, aber ich habe das nie miterlebt.«

»Wissen Sie, ob es noch Juden hier in der Stadt gibt?«

»Zufällig ja. Einer meiner besten Freunde ist Jude, und ich

war sogar bei seiner Bar-Mizwa, wo ich einige weitere Mitglieder der sehr kleinen Gemeinde kennengelernt habe, die hier noch existiert.«

»Wie war es dort?«

»Schön, aber auch traurig, weil man hört, wie viele von ihnen in andere Länder wie Israel auswandern, da hier nur noch so wenige übrig sind. Bald sind es gar keine mehr.«

Nach Korkuts Einsatz wurde die Haggada noch einmal von einem Muslim gerettet. Dieses Mal während des Bosnienkrieges, als es einen Einbruch ins Museum gab. Der Bibliothekar Enver Imamović fand die Haggada auf dem Boden und brachte sie in einem unterirdischen Tresorraum unter, bis der Krieg vorbei war.

Diese Geschichten über Muslime, die die Juden von Sarajevo und deren großen Schatz, die Haggada, retteten, waren herzerwärmend, doch am meisten berührte mich die von Korkut. Er wurde als attraktiver Mann von großem Intellekt und enormer Integrität beschrieben und verfocht genau die Prinzipien, die ich bewunderte. Er hatte sich gegen die Faschisten und die Nazis aufgelehnt und das Vordringen des Antisemitismus bekämpft. Als Muslim, der auf sein religiöses und kulturelles Erbe stolz war, widersetzte er sich später auch dem Kommunismus von Tito und äußerte sich offen gegen die antireligiöse Haltung des Staates. Außerdem erhob er seine Stimme, als bekannt wurde, dass das historische muslimische Zentrum von Sarajevo abgerissen und durch Wohnblöcke ersetzt werden sollte. Wegen seines Engagements verbrachte er im kommunistischen Jugoslawien aufgrund fingierter Vorwürfe der Kollaboration mit den Nazis viele Jahre im Gefängnis. Korkut war Teil einer Gruppe europäischer Muslime, die klar erkannten, dass Antisemitismus ihren eigenen Wertvorstellungen widersprach, und die bereit waren, ihr Leben zu riskieren, um die Opfer dieser niederträchtigen Weltsicht zu beschützen. Je mehr ich über ihn erfuhr, desto mehr wünschte ich mir, ich hätte ihn kennenlernen dürfen, allein um meinen Respekt ihm gegenüber persönlich zum Ausdruck bringen zu können. Obwohl Korkut in Yad Vashem geehrt wurde, ist seine Geschichte außerhalb Bosniens kaum bekannt. Die Haggada, die er rettete, ist mittlerweile Teil des UNESCO-Weltdokumentenerbes.

Die Mädchen hatten ihren Schokoladenkuchen aufgegessen und spielten jetzt Karten. Unsere Zeit mit Haris ging dem Ende entgegen, also beschloss ich, ihm die Frage zu stellen, die mir schon seit unserem Kennenlernen durch den Kopf spukte – welche Auswirkungen hatten die Erinnerungen an den Bosnienkrieg auf ihn?

»Empfinden Sie es als belastend? Ich meine, Sie waren noch nicht einmal geboren, als der Krieg stattfand, und trotzdem scheint ein so großer Teil Ihrer Identität als Bosnier und Bewohner Sarajevos davon bestimmt zu werden.«

»Ja, es ist schwer, nach vorn zu schauen. Das ist klar. Sei es wirtschaftlich oder kulturell …« Haris verstummte und suchte nach Worten. Ich sagte nichts. »Was meiner Generation Probleme bereitet, ist, dass wir das, was passiert ist, respektieren und die Erinnerung daran bewahren wollen, gleichzeitig aber auch an einer neuen und besseren Zukunft arbeiten möchten, ohne das Gefühl zu haben, ständig voller Zorn und Trauer zurückschauen zu müssen. Das lastet manchmal schwer auf uns und macht es so kompliziert, ein Gleichgewicht zwischen der Vergangenheit und dem zu finden, was wir als junge Bosnier anstreben.« Ich bemerkte, dass Haris sich große Mühe gab, bedacht zu formulieren. Bei einem derart sensiblen Thema, bei dem die Wunden noch nicht verheilt waren, wollte er sich nicht falsch ausdrücken.

Wir verließen das »Rahatlook« und liefen zurück in Richtung Baščaršija, zum Ausgangspunkt unseres Rundgangs. Unterwegs stellte ich Haris noch einige weitere Fragen, die nichts mit der Stadtführung zu tun hatten.

»Können Sie mir sagen, was Religion für Sie bedeutet?«

Diese Frage schien ihn etwas zu überraschen.

»Sie meinen, Muslim zu sein, der Islam?«

»Ja, empfinden Sie als Künstler die Religion in irgendeiner Hinsicht als einschränkend?«

»Nein, aber ich bin auch kein Freund der starren, strengen Auslegung. Ich halte sie für gefährlich.« Haris zögerte. Vielleicht hatte er Angst, dass ich ihn verurteilen könnte.

In vielen konservativen muslimischen Kulturen wird die Kunst aufgrund einer strikten Interpretation des Islam unterdrückt. Damit hatte ich immer schon meine Probleme, vor allem angesichts der wunderschönen künstlerischen Traditionen im Islam. Von den Umayyaden über die Osmanen bis in die heutige Zeit hinein haben Muslime stets prachtvolle und besondere künstlerische Ausdrucksformen hervorgebracht. Ich war auf der Reise sogar öfter einer eigenständigen europäisch-muslimischen Stilrichtung begegnet, dem Tulpenstil, der auf die Osmanen zurückging. Deshalb war ich froh, jemanden wie Haris getroffen zu haben, der seinen Glauben nicht als Hindernis für sein künstlerisches Schaffen betrachtete.

»Machen Sie sich Sorgen, dass die Menschen in Bosnien sich *dieser* Art des Islam zuwenden könnten?«, fragte ich.

»Hmm ... Ich weiß nicht ... Ich ziehe den Sufismus vor. Er hat hier in Bosnien mehr Tradition, und ich mag es, dass der Fokus auf die Liebe Allahs, auf Herzenswärme und Aufgeschlossenheit gerichtet ist.«

Als wir uns in der Baščaršija verabschiedeten, dankte ich Haris für die Stadtführung. Ich betonte, dass die interessantesten Aspekte seine Erzählungen über sein Leben und seine Familie gewesen seien. Dann sagte ich ihm, wie sehr ich es bewunderte, dass er so hart arbeitete, und dass ich hoffte, er würde Bosnien nicht in Richtung Deutschland verlassen. Haris schaute mich irritiert an, weshalb ich ihn an das erinnerte, was er zuvor gesagt hatte.

»Es wäre überaus bedauerlich«, sagte ich. »Bosnien braucht Leute wie Sie.«

Da lächelte er.

ERINNERUNGSKULTUR IN SARAJEVO

SARAJEVO

Es war unser letzter Tag in Sarajevo. Wir hatten die vergangene Woche damit verbracht, uns die Stadt zu einem zweiten Zuhause zu machen. Ohne Auto – wir hatten den Wagen gleich nach unserer Ankunft hier abgegeben – waren wir mit Bussen und Straßenbahnen gefahren, hatten bei McDonald's halal zu Mittag gegessen, den städtischen Zoo besucht und sogar eine Bowlingbahn ausfindig gemacht. Abends ging ich zum Beten in eine lokale Moschee ganz in der Nähe der Ferienwohnung, und es gab eine *pakeri*, in der ich morgens schon gar nicht mehr sagen musste, was ich wollte: frische Croissants für die Mädchen, mit Fleisch gefüllte Bureks für mich und Anaiya und Pizzabrot für Amani. Obwohl Sarajevo eine Großstadt war, glich die Atmosphäre im Zentrum doch der einer Kleinstadt, alles wirkte sicher und vertraut. Wir würden es sehr bedauern, wenn die Stunde des Abschieds kam.

Ich hatte mir die Rückkehr zum Gazi-Husrev-Beg-Komplex aus symbolischen Gründen für den letzten Tag aufgehoben. Die erste bosnische Moschee, in der ich auf dieser Reise gebetet hatte, sollte auch die letzte sein. Lejla hatte mir ein Treffen mit einem Mitarbeiter der Moschee vermittelt, das zeitig am Morgen stattfinden sollte. Den Mädchen war das zu früh, sie wollten lieber ausschlafen, bevor wir uns nachmittags eine Reihe Kurzfilme für Jugendliche anschauen wollten, die im Rahmen der Kategorie »TeenArena Shorts« beim Sarajevo Film Festival gezeigt wurden. Also brachte ich ihnen ihre übliche *pakeri*-Bestellung in die Wohnung und schlenderte dann an der Herz-Jesu-Kathedrale aus dem 19. Jahrhundert vorbei in Richtung der engen Gassen der Altstadt.

Aldin war ähnlich groß wie Mevludin, aber nicht so kräftig gebaut. Als ich sein kleines Büro in einer Ecke des Moscheehofes betrat, telefonierte er gerade in fließendem Arabisch. Nachdem er aufgelegt hatte, stellte ich mich vor, und wir gaben uns die Hand. Aldin war jünger, als ich erwartet hatte.

»Wir müssen gerade noch warten, bis mein Kollege kommt und mich ablöst, aber dann kann ich dich ein bisschen herumführen«, sagte er in fehlerfreiem Englisch zu mir. Ich fragte mich, wie viele Sprachen er wohl noch beherrschte.

Während wir warteten, fragte ich Aldin nach Robert De Niros Besuch hier im Komplex. Er erzählte mir ganz aufgeregt, dass er die Führung durch die Moschee selbst übernommen habe, musste aber zugeben, dass er ein bisschen enttäuscht gewesen sei vom alten Bobby.

»Wahrscheinlich der Jetlag«, meinte er, bevor er sich zwei arabischen Touristen zuwandte, die gerade eingetreten waren und ihn nun in gebrochenem Englisch ansprachen. Aldin antwortete – zu ihrer großen Erleichterung – in seinem perfekten Arabisch. Die beiden jungen Männer trugen Shorts und wollten wissen, ob sie trotzdem einen Blick in die Moschee werfen dürften. Ihnen war bewusst, dass Shorts eigentlich nicht akzeptiert waren, aber sie hatten überlegt, dass es so früh am Tag vielleicht doch okay wäre, weil keine gemeinsamen Gebete anstanden.

Aldin hätte einfach Nein sagen können, denn so lautete die Vorschrift. Er hätte ihnen sogar vorhalten können, dass sie es doch eigentlich besser wissen müssten. Stattdessen sah er sie verständnisvoll an und erlaubte ihnen, die Moschee zu betreten, solange sie einen gewissen Abstand zu den Betenden wahrten.

Draußen im Hof tummelten sich Touristen aus aller Welt, viele von ihnen ähnlich unangemessen gekleidet. Für die Frauen hielt Aldin einen kleinen Korb mit bunten Tüchern bereit, die sie sich um den Kopf und die nackten Schultern werfen konnten. Beim Betreten einer Moschee galten klare Regeln, aber sie wurden hier nur dann streng durchgesetzt, wenn jemand wirklich unpassend gekleidet war – was deutlich häufiger vorkam, als ich vielleicht dächte, erklärte Aldin.

Als die arabischen Touristen weg waren, wollte ich wissen, ob er schon andere Stars durch die Moschee geführt habe.

»2010 war Morgan Freeman hier und 2014 Angelina Jolie und Brad Pitt.«

»Wow, das ist eine beeindruckende Liste.«

Ich wollte Aldin noch weiter ausfragen, aber bevor ich den Mund öffnen konnte, kam ein Portugiese herein, der ebenfalls eine kurze Hose trug und sich erkundigte, ob er so in die Moschee gehen dürfe. Aldin sagte ihm das Gleiche wie zuvor den Arabern, dieses Mal auf Englisch, bevor er einen klein gewachsenen jungen Bosnier begrüßte, der über den Hof gelaufen kam. Das war der Kollege, auf den wir gewartet hatten.

»Okay, lass uns gehen, bevor noch mehr Leute kommen und Fragen stellen«, meinte Aldin, und so verließen wir hastig die Moscheeanlage und suchten uns ein Café.

Aldin arbeitete schon seit fast sechs Jahren im Gazi-Husrev-Beg-Komplex, seit er sein Studium der Islamwissenschaften abgeschlossen hatte.

»Wow, wenn bei mir zu Hause jemand so etwas studiert hat, wäre er hinterher nicht im Tourismusbereich tätig, sondern wahrscheinlich eher Imam einer Moschee oder Führungskraft in einer Madrasa«, meinte ich.

Aber Aldin besaß mehr Weitsicht als ich. Er hob seinen Kaffee an die Lippen und nahm sehr bewusst einen Schluck, bevor er in gemessenem Tonfall zu sprechen begann.

»Heute ist es wichtiger denn je, dass Leute, die nichts über den Islam wissen, mit Islamexperten sprechen können«, begann er. »Deshalb halten wir es für so wichtig, dass Menschen mit guten Kenntnissen über den Islam in Positionen arbeiten, wo man sich traut, ihnen die Fragen zum Glauben zu stellen, die man sonst vielleicht für sich behalten würde.«

Ich schaute in Aldins glatt rasiertes junges Gesicht, während er sich die schwarz umrandete Brille hochschob und erneut nach seinem Kaffee griff. Er war jünger als ich, und trotzdem hatte ich das Gefühl, mich mit jemandem zu unterhalten, der mehrere Jahre älter war. Ich erkannte, dass er absolut recht hatte.

Eines der größten Probleme des Islam war, dass sich gerade diejenigen Menschen, die den Glauben nicht verstanden, lautstark über ihn äußerten, was zu Missverständnissen und Fehlinterpretationen führte. Der durchschnittliche Nichtmuslim auf der Straße hatte keine Chance, sich mit kenntnisreichen Muslimen auszutauschen, weil er so gut wie nie mit ihnen zusammenkam. Sie hielten sich hinter den Mauern einer Moschee, in Madrasas oder Universitäten auf. Doch Aldin, Absolvent der Islamwissenschaften, saß täglich im Informationsbüro einer der meistbesuchten Touristenattraktionen der Stadt, ansprechbar für jeden in Shorts gekleideten Portugiesen und jede Britin im Bikini, die nach Sarajevo kamen. Solche Leute hatten Fragen, die zum Teil bizarr waren, und es war gut, wenn sie jemand beantwortete, der wusste, was, zum Teufel, sie eigentlich meinten.

»Stimmt es, dass Frauen unterdrückt werden?«

»Müssen sie ihren Männern gehorchen?«

»Wie viele Frauen kann ein Muslim haben?«

»Warum müssen eure Frauen dieses Ding um den Kopf tragen?«

»Habt ihr den Auftrag, Nichtmuslime zu töten?«

»Was halten Sie davon, was der IS gerade macht?«

»Warum beten Sie fünfmal am Tag?«

»Was ist Ramadan?«

»Manche Fragen sind unsinniger als andere«, meinte Aldin. Den Leuten, die sie stellten, schenkte er sein breitestes Lächeln – bevor er ihnen eine ebenso detaillierte Auskunft gab wie allen anderen auch. »Ich achte sehr genau darauf, sie nicht in die Irre zu führen oder zu verwirren.«

Aldin erklärte, dass er diese Vorgehensweise während seiner theologischen Ausbildung gelernt habe. Er nutzte logische und konkrete Beispiele, um zu erklären, warum manche Dinge im Islam so sind, wie sie sind, oder warum sie mit dem Glauben in Verbindung gebracht werden. Aldin befand sich in einer einmaligen Position, da er über das akademische Wissen verfügte, um diese Fragen so zu beantworten, wie es ein Imam oder ein Mufti tun würden, dabei aber in Jeans, kariertem Hemd und mit einem entwaffnenden Lächeln in der Moschee stand.

Genau deshalb ist er so immens wichtig.

Selbst die Menschen mit den dümmsten Fragen scheuen sich nicht, sie dem Touristenführer zu stellen – und exakt dafür halten die meisten Leute Aldin. Er erklärte mir, dass viele derjenigen, die ihn täglich ansprechen, im Gazi-Husrev-Beg-Komplex zum ersten Mal der muslimischen Kultur begegneten. Mit jemandem reden zu können, der aussieht wie sie, erleichtert es ihnen, ihre falschen Annahmen offenzulegen.

Das klang ganz wunderbar, aber ich fragte mich, wie viele Leute mit seinem Abschluss wohl bereit wären, einen solchen Job anzunehmen.

»Es gibt keine Arbeit in Bosnien«, sagte Aldin, »und das war auch der Grund dafür, warum ich die Stelle ursprünglich zugesagt habe. Aber manchmal wählt der Job eben auch uns aus. Anfangs dachte ich, es sei eine gute Stelle, weil ich es mag, mich mit Menschen zu unterhalten und mehr über andere Kulturen zu lernen.«

»Wann hast du erkannt, dass der Job dich ausgewählt hat?«

»Als ich Fragen über den Islam gestellt bekam statt über die Moschee. Die Geschichte des Bauwerks steht auch in Büchern, auf Wikipedia und so weiter, über die können sich die Leute leicht informieren. Doch was sie *wirklich* beschäftigte, war das Thema Islam, wie ich schnell feststellte. Deshalb kamen sie in eine Moschee. Die Fragen waren manchmal echt schwierig oder sogar beleidigend, aber je mehr ich gestellt bekam, desto besser verstand ich, warum ich diesen Job mache.«

Ich war froh, dass Aldin so dachte, fragte mich aber, wie lange das anhalten würde. Irgendwann bräuchte jemand wie er sicherlich eine etwas intellektuellere Beschäftigung.

»Genau das ist die Herausforderung – die Monotonie, wenn es um die Geschichte von Gazi Husrev Beg geht, und die grundlegenden Fragen zum Islam, die jeden Tag gestellt werden.«

Aldin trank einen weiteren Schluck Kaffee und entschied, dass es nun an der Zeit sei, *mir* die Geschichte von Gazi Husrev Beg zu erzählen.

»Gazi Husrev Begs Vater war der Gouverneur von Südrumelien und stammte aus Südbosnien. Seine Mutter war die Schwester des großen osmanischen Sultans Süleyman des Prächtigen.«

»Wow«, entfuhr es mir. Ich war also auf eine weitere Verbindung zum großen Sultan gestoßen. »Ich habe gehört, dass er sehr religiös war – stimmt das?«

»Ja, er gehörte dem Sufi-Orden der Helveti an und galt zeit seines Lebens als sehr fromm, weil er einen so großen Teil seines Privatvermögens in den Bau religiöser Stätten investierte. Gazi Husrev Beg vermachte sein gesamtes Geld dem Komplex und verfügte, dass es zur Gründung einer Madrasa, einer Suppenküche für die Armen und zum Kauf von Büchern für die Bibliothek verwendet werden solle. All das besteht bis heute.«

Die Sonne schien uns jetzt fast direkt ins Gesicht. Sie näherte sich dem Zenit, und es wurde immer wärmer. Die Straße, auf die wir schauten, war relativ zentral gelegen und gut besucht, mittlerweile waren viele Touristen unterwegs. Ich beobachtete, wie sich ein Vater hinabbeugte, um sein Kleinkind an der Hand zu halten. Das Kind trug einen blauen Sonnenhut mit einem roten Anker darauf, hatte gerade erst laufen gelernt und schaffte immer nur ein paar Schritte am Stück. Die stolze Mutter stand ein paar Meter entfernt.

Da vibrierte mein Handy. Amani hatte mir eine Liste der Snacks und Süßigkeiten geschickt, die ich auf dem Rückweg besorgen sollte. Ich fragte zurück, ob die beiden schon herausgefunden hätten, wann genau die Kurzfilme am Nachmittag liefen. Das hatten sie: »Der erste geht um vier los«, schrieb Amani.

Ich erkundigte mich bei Aldin nach der Abkehr von der Religion unter den Kommunisten – wie erholte sich die muslimische Nation Bosnien von dieser Periode?

»Damals wurden mehr als 600 Moscheen zerstört, aber wir bauen sie wieder auf. Schließlich sind sie unser Kulturerbe.

Die Madrasas sind wieder offen, und wir haben Studiengänge der Islamwissenschaft, für Imame und so weiter.«

»Wer kümmert sich um das alles?«

»Wir haben eine Art Präsidenten der Islamischen Gemeinde von Bosnien und Herzegowina, er ist auch für den Gazi-Husrev-Beg-Komplex zuständig. Außerdem gibt es ein angeschlossenes Institut, das sich um den Erhalt des Kulturerbes kümmert. Darüber hinaus bekommen wir Unterstützung von TİKA, die uns dabei geholfen hat, eine Reihe von Bauwerken zu restaurieren.«

»Ja, ich habe auf unserer Reise gesehen, dass sie überall auf dem Balkan osmanisch-muslimische Kulturdenkmäler renoviert«, meinte ich und fügte hinzu, dass ich froh darüber sei, weil es sich um das muslimische Erbe ganz Europas handele, nicht nur das des Balkans.

Aldin bat mich, ihm diesen Gedanken zu erläutern.

»Als europäischer Muslim habe ich das Gefühl, dass das muslimische Erbe auf dem Balkan auch mein Erbe ist – das Erbe aller Muslime und Nichtmuslime Europas, und wir können so viel daraus lernen.«

Jetzt nickte Aldin zustimmend. »Ja, für Europa ist dieser Teil der Geschichte von großer Bedeutung. Das Kulturerbe besteht schon seit Jahrhunderten.« Er schwieg kurz, bevor sich sein Gesicht zu einem spöttischen Grinsen verzog. »Ich muss immer lachen, wenn ich Leute fragen höre: ›Wie ist es, Europäer und Muslim zugleich zu sein?‹ Wir mussten nicht erst lernen, ›europäische Muslime‹ oder ›westliche Muslime‹ zu sein. *Wir* leben schon seit Hunderten von Jahren als Muslime hier in Europa.«

Jetzt war ich an der Reihe zu nicken.

»Sie sollten alle hierherkommen und uns anschauen: So sehen europäische Muslime aus. So haben Muslime, die in

Europa leben, immer schon ausgesehen. Wir tragen keinen inneren Konflikt in uns, wir sind nicht verwirrt und haben kein Problem damit, diese beiden Identitäten miteinander zu vereinbaren – wir sind seit fast sechs Jahrhunderten Muslime und Europäer und glücklich damit. Kommt, kommt her und schaut uns an.«

Aldin hatte völlig recht. Hier in der Region lebten lauter einheimische europäische Muslime, die sich mit ihrer Identität absolut wohlfühlten; ich hatte viele von ihnen auf der Reise getroffen. Doch gleichzeitig hatte ich unterwegs auch gelernt, dass sie von der dominanten Hälfte Europas ständig zum »Fremdkörper« erklärt wurden. Der Westbalkan war, ebenso wie alle anderen Gebiete, die einst zu Evliyas muslimischem Europa gehört hatten, schon vor langer Zeit von Westeuropa als fremd abgestempelt worden. Das ständige Beharren darauf, diese Region als Süd*ost*europa zu bezeichnen, war Bestandteil dieser konstanten Distanzierung. Auch wenn es oft heißt, diese Unterteilung sei eben das Ergebnis des in jüngerer Vergangenheit hochgezogenen Eisernen Vorhangs, lassen die vorkommunistischen Reiseberichte von Westeuropäern doch vermuten, dass das so nicht stimmt. Ob diese Autoren nun den muslimischen Ursprung einer prachtvollen Brücke leugnen oder die Überzeugung hegen, dass sie durch ihre weiße Hautfarbe und ihre westliche Herkunft auf einer anderen Stufe der Evolution ständen als die braunen Muslim-Albaner, eines ist klar: Diese Trennlinie existierte schon lange bevor der Eiserne Vorhang fiel. Sie diente dazu, die furchterregenden, barbarischen »Mohammedaner«, »Sarazenen« und »Türken« fernzuhalten.

Wie der Eiserne Vorhang ist auch diese Trennlinie ein Konstrukt, und doch hat sie eine immense Wirkung. Durch die Entfremdung von Südosteuropa hat sich Westeuropa erfolgreich und vielleicht sogar bereitwillig vom lebendigen muslimischen Kulturerbe des Kontinents abgespalten und sich somit jeglicher Hinweise auf eine tief verwurzelte muslimische Identität entledigt. Das ist eine falsche Darstellung, auf die sich heute Muslimfeinde auf dem ganzen Kontinent stützen.

Aldin und ich leerten mit einem bedächtigen letzten Schluck unsere Kaffeetassen, bevor er mich anstieß und sagte, es sei Zeit für einen Spaziergang.

Er wolle mir jemanden vorstellen.

Jakovs winzige Werkstatt, die gleichzeitig als Geschäft diente, befand sich in einer der engen Gassen des alten Basarviertels, ganz in der Nähe des Gazi-Husrev-Beg-Komplexes.

Aldin und Jakov kannten einander, weil Jakov immer wieder Anfragen von Touristen erhielt, die sich ein Mitbringsel mit einer arabischen Inschrift versehen lassen wollten. Bevor er zu gravieren anfing, ließ Jakov Aldin den Schriftzug auf seine Korrektheit überprüfen. Jakov war zur Zeit der kommunistischen Herrschaft geboren worden, als die Religion und jegliche religiöse Unterweisung verboten waren, sodass es ihm verwehrt geblieben war, Arabisch zu lernen. Aldin hingegen war Teil der jungen Generation Bosniens, die ihre islamischen Wurzeln und ihre muslimische Identität wiederentdeckte. Er lebte in einem Land, in dem er dazu ermutigt wurde, den Islam zu studieren und Arabisch zu lernen, aber das war nur möglich dank der Opfer von Leuten wie Jakov, die sich noch an eine ganz andere Welt erinnerten.

»Ein Freund von mir war damals Imam«, sagte Jakov. Aldin dolmetschte für uns, da Jakov auch kein Englisch sprach. »Er hatte eine Schwester in Albanien, und immer wenn er sie besuchte und die beiden sich unterhielten, standen Flaschen mit alkoholischen Getränken auf dem Tisch. Das musste sein, denn ansonsten hätte vielleicht jemand die Geheimpolizei informiert. Man wusste nie, wer ein Spitzel war, und wenn bekannt geworden wäre, dass ihr Bruder Imam war, wäre es das Ende für ihn gewesen.«

Ich schaute mich in Jakovs kleiner Werkstatt um. Hinter seinem Stuhl stand ein großes kupferfarbenes Tablett, auf dem er das Wort »Sarajevo« und eine Abbildung der Gazi-Husrev-Beg-Moschee eingraviert hatte. Das war der größte Gegenstand, der zum Verkauf stand. Auf der Arbeitsplatte war ein gemusterter Teppich ausgebreitet. Rund um einen weißen Keramikaschenbecher, in dem zwei Zigarettenstummel lagen, standen verschiedene traditionelle Kaffeegefäße. Über der Arbeitsplatte hing eine schwarze ausziehbare Lampe und daneben eine Korktafel mit Vorlagen für eine Reihe typischer geometrischer Muster. Neben Jakov befand sich die große selbst gebaute Holzkonstruktion, in die er die Becher oder Teller einspannte, die er gravieren wollte.

Der ganze Raum war leicht chaotisch und strahlte die typische unverstellte Atmosphäre einer Metallwerkstatt aus. Bis auf die elektrische Lampe hätte alles, was zu sehen war, so auch im Sarajevo zu Evliyas Zeiten verwendet werden können.

Jakov zog eine Schachtel Marlboro aus der Tasche und bot mir eine an. Ich lehnte höflich ab. Er setzte seine Brille ab, legte sie auf ein silbernes Tablett und rieb sich den Nasensteg. Auf dem Weg hierher hatte Aldin mir erzählt, dass er mich mit jemandem bekannt machen werde, der während der Belagerung der Stadt in Sarajevo gekämpft hatte, aber ich solle mir nicht zu große Hoffnungen machen. Ich hatte Jakov bisher noch keine einzige direkte Frage gestellt, sondern ihn einfach reden lassen. Jetzt überlegte ich laut, warum ein

Polizist im Ruhestand eine Metallwerkstatt betrieb. Aldin lächelte, als er die Frage übersetzte – er wusste, dass sie Jakov amüsieren würde.

Jakov lachte kurz in sich hinein und krempelte sich dann mit der Zigarette im Mundwinkel den Ärmel hoch, um mir die riesige Narbe zu zeigen, die sich von seiner Achselhöhle bis zur Mitte des Unterarms zog.

»1993 wurden wir in der Nähe des »Hotels Bristol« eingesetzt, direkt an der Front. Wir hatten keine Armee, wir waren die Armee. Die Militärpolizei. Und wir standen unter heftigem Beschuss durch die Serben.«

Er hielt inne.

»Die Kugel ging durch mich hindurch und traf eine Hauptschlagader. Ich blutete wie verrückt. Es dauerte nicht lange, bis ich ohnmächtig wurde, und meine Freunde wussten, dass sie mich in ein Krankenhaus schaffen mussten, sonst würde ich sterben. Aber man konnte ja nicht inmitten eines Krieges einen Krankenwagen rufen.«

Jakov schnippte die Asche seiner Zigarette in den Aschenbecher und hielt kurz inne.

»Hast du Bilder davon gesehen, wie unsere Straßen hier im Krieg aussahen?«, fragte er dann.

Ich nickte.

»Sie hätten mich fast erwürgt, als sie mich hinter sich herzogen.« Er schlang sich einen Arm um den Hals, um mir das Geschehen zu verdeutlichen. »Sie verfrachteten mich in einen Volkswagen, der in der Nähe stand, und fuhren mich dann durch den Kugelhagel zum Krankenhaus.«

Er zündete sich eine weitere Zigarette an und nahm einen besonders tiefen Zug, als die Erinnerungen zurückkehrten.

»Wir verließen einen Kriegsschauplatz, um im Krankenhaus auf den nächsten zu treffen. Es war das reinste Chaos.

Es gab keine Medikamente, keinen Strom. Nichts. Sie haben mich drei Stunden lang mithilfe eines Generators operiert und mich mit Morphium betäubt.« Erneut schnippte er die Asche seiner Zigarette sehr bedacht in den Aschenbecher. Die Anzahl der darin befindlichen Stummel hatte sich in der kurzen Zeit, seit wir hier waren, verdoppelt.

»Trotzdem waren sie sich nicht sicher, ob der Arm die Sache überstehen würde, und erwogen während der nächsten 48 Stunden immer wieder, ihn zu amputieren. Es war furchtbar.« Jakov erzählte die Geschichte, ohne mich oder Aldin anzuschauen.

Jetzt verstummte er ganz.

»Ich gucke keine Nachrichten mehr und versuche, nicht darüber zu reden, was passiert ist. In meinem Freundeskreis ist es verboten. Wenn wir uns treffen, wird jeder, der damit anfängt, sofort ausgeschlossen …« Aldin hörte auf, das Gesagte zu übersetzen, und stand auf, um Jakov zu umarmen.

Er weinte.

Ich hatte die Werkstatt eines Mannes betreten, der unerschütterlich wirkte. Doch jetzt, da die Erinnerungen an die Schrecken der Belagerung zurückkehrten, ähnelte er einem verängstigten kleinen Jungen. Das machte mich sehr traurig.

Als Aldin sich wieder setzte, fragte ich ihn leise, ob wir besser gehen sollten.

»Nein, es ist schon in Ordnung. Er will, dass du es hörst.«

Jakov zündete sich eine weitere Zigarette an. Während er langsam den Rauch einsog, sammelte er sich und schaffte es sogar, ein wenig zu lächeln. Er war jetzt bereit, meine ursprüngliche Frage zu beantworten.

»Ich mache diesen Job aus zwei Gründen«, sagte er. »Zum einen ist die Arbeit eine Art Therapie für mich. Ich war 30 Jahre alt, als ich im Krieg kämpfte, ich habe viele Kollegen verloren und schreckliche Dinge gesehen, und die Arbeit hilft mir dabei, nicht darüber nachzudenken. Handwerkliche Arbeit eignet sich gut dafür. Etwas zu tun zu haben, hält mich davon ab, den ganzen Tag herumzusitzen und über das nachzudenken, was geschehen ist.«

»Hat der Staat dir je dabei geholfen, das Erlebte zu verarbeiten?«, fragte ich.

»In den ersten sechs Monaten nach dem Krieg gab es Unterstützung, psychologische Beratung und so … Ich weiß noch, wie ich eines Tages beim Therapeuten saß und über den Krieg sprach, als er plötzlich sagte: ›Sie müssen nicht schreien.‹ Dabei hatte ich nicht geschrien. Dachte ich zumindest.« Jakov nahm einen tiefen Zug.

»Hast du das Gefühl, dass der Staat deinen Einsatz wertschätzt?«

»Nein!«, kam es entschieden zurück. Das brauchte Aldin nicht zu übersetzen. »Sie haben mehr Orden an diejenigen verliehen, die nicht im Krieg dabei waren, als an die Kämpfer.« Er redete jetzt immer schneller. »Die Rente, die wir bekommen, ist ein Witz. Bei der letzten Versammlung habe ich das auch gesagt. Ich habe gesagt: ›Diese Rente können Sie auch einfach streichen, die ist ein Witz.‹«

Jakov griff nach seiner Brille und setzte sie wieder auf.

»Das ist der andere Grund dafür, dass ich diese Arbeit mache. Dadurch kann ich meine Rechnungen bezahlen.«

Jakovs Rente belief sich samt Invalidenzuschuss auf 540 bosnische Mark im Monat. Die durchschnittliche Miete für eine kleine Wohnung in Sarajevo liege bei 800 Mark, erklärte Aldin.

»Ich mache das jetzt seit sechs Jahren, ein Nachbar hat es mir beigebracht. Ich habe angefangen, mich dafür zu interessieren, als mein Sohn für ein Schulprojekt einen großen Teller gravieren musste und ich seine Arbeit fertiggestellt habe. Es hat mir total viel Spaß gemacht. Irgendwann verstand ich, dass es auch meiner Psyche guttat, wegen der therapeutischen Wirkung.«

Eine arabische Frau im Niqab klopfte an die Tür und erkundigte sich in gebrochenem Englisch nach dem traditionellen Kaffeeset im Schaufenster. Jakov nannte ihr den Preis, und sie bedankte sich und ging. Da mir nicht mehr viel Zeit blieb, bis ich wieder bei den Mädchen sein wollte, bedankte ich mich bei Jakov dafür, dass er seine Erinnerungen mit mir geteilt hatte, und versprach, für sein Wohlergehen zu beten. Ich schüttelte ihm die feste, ledrige Hand und trat zusammen mit Aldin wieder auf die engen Gassen der Altstadt hinaus.

Während der Belagerung von Sarajevo gingen jeden Tag mindestens 300 Geschosse auf die Stadt nieder, sodass kein Gebäude verschont blieb. Unter denjenigen, die komplett zerstört wurden, waren die Krankenhäuser und die Medienzentralen sowie die Bibliotheken und Kultureinrichtungen. Mehrere Straßen wurden unpassierbar, weil sie immer wieder ins Visier der Scharfschützen in den umliegenden Hügeln gerieten. Die willkürlichen Angriffe hatten fast 14.000 Todesopfer und über 50.000 Verletzte zur Folge. In einem der Eröffnungsplädoyers vor dem Internationalen Strafgerichtshof für das ehemalige Jugoslawien im Jahr 2003 hieß es, dass die Belagerung den Bewohnern Sarajevos »mittelalterliche Entbehrungen« abverlangt habe und sie »in ständiger Todesangst« gelebt hätten.

Als ich mich an diesem letzten Tag in Sarajevo zum Abschluss noch einmal in »meine« Moschee begab, war die Sonne bereits untergegangen. Die Moschee verfügte über ein klassisches osmanisches Minarett in Weiß und lag etwas oberhalb von unserer Ferienwohnung am Hang. Auf dem Weg dorthin fiel mir ein alter Mann auf, der in dieselbe Richtung schlurfte. Ich musste lächeln, weil er mich an die »Onkel« erinnerte, die wir als Jugendliche immer zur Moschee hatten gehen sehen – damals waren sie ein Signal für uns, schnell in die andere Richtung zu laufen, damit sie nicht versuchten, uns mitzuschleifen.

In den Toreinfahrten an der Kopfsteinpflasterstraße vor der Moschee spielten ein paar Mädchen Fangen. Sie schienen ungefähr im gleichen Alter wie Amani und Anaiya zu sein, aber einige von ihnen hatten blonde Haare und blaue Augen. Ich sah, wie eine Mutter herauskam und schimpfte, dass die Mädchen zu laut seien, woraufhin diese kichernd davonrannten. Als die Frau mich sah, lächelte sie mir zu, bevor sie wieder ins Haus ging. Über unseren Köpfen knackte die Lautsprecheranlage der Moschee, und dann erklang der *adhān*, mit dem der Muezzin zum *Ischā*-Gebet rief. Die Mädchen hörten das fünfmal am Tag, und sonntags kam noch das Glockengeläut der nahe gelegenen katholischen Kirche hinzu. Im Grunde unterschied sich ihre Kultur gar nicht so sehr von unserer in England, nur dass sich der Islam hier nicht fremd oder ausländisch anfühlte.

Als der Onkel an der großen Holztür zur Moschee angelangt war, hatte ich ihn eingeholt. Ich hielt sie für ihn auf und grüßte ihn mit einem *salām*. Da ging ein Strahlen über sein Gesicht, und er antwortete mit *walaikum assalām*, wobei er einige Zahnlücken entblößte.

Die Moschee hatte eine helle Holzdecke, aber keine Kuppel. Die Wände waren nicht mit kunstvollen Malereien verziert. Selbst der Mihrāb war schlicht gehalten: weiß, mit wenigen Zeilen arabischer Kalligrafie darüber und einer kleinen orientalischen Lampe in der Nische. Der Onkel ging an mir vorbei und nahm neben einem anderen älteren Mann Platz, der auf einem Stuhl ganz vorn saß und betete. Die beiden waren fast identisch gekleidet: weite Hose, kurzärmeliges Hemd und eine Weste mit vielen Taschen, wie sie Angler tragen.

Bisher war die Moschee so gut wie leer. Neben den beiden Onkeln war nur noch ein junger, etwas ungepflegt wirkender Mann da, der an einer Wand lehnte. Er trug Jeans und eine blaue Daunenjacke und erinnerte mich an die Kerle, die man im Morgengrauen auf den Londoner Märkten Stände aufbauen sah – zäh und ziemlich hart im Nehmen.

Nach einer Weile deutete einer der Onkel auf den Minbar, wo das Gewand des Imams hing, und ich fragte mich schon, ob er seinem Freund auffordern wollte, uns durch das Gebet zu führen. Doch als der andere Mann aufstand und sich zum Minbar begab, griff er nicht nach dem Gewand, sondern drückte auf einen Schalter, bevor er zu einem Mikrofon hinüberging. Der Raum füllte sich jetzt so langsam, mittlerweile waren etwa 15 Männer und Jungen versammelt sowie eine Frau mittleren Alters, die mit ihrem bunten Kopftuch hinten unter der Mahfil stand. Die meisten der Männer waren jung. Ich erkannte einige von ihnen wieder, und einer von ihnen erkannte mich; wir nickten einander schweigend zu. Der Onkel begann, dreimal die *al-Ichlās*-Sure zu rezitieren, bevor er eine kurze *duā* mit der *Fātiḥa* sprach. Das bedeutete, dass die *iqāma* kurz bevorstand, und wir stellten uns in einer Reihe auf. Ich konnte immer noch nicht sehen, wer heute Abend durch das Gebet führen würde, und fragte mich, ob der zweite Onkel diese Rolle übernehmen würde, aber er blieb sitzen. Ich drehte mich nach hinten um, um zu schauen, ob vielleicht ein Imam herbeieilte, aber dort war bis auf ein paar verspätete Gläubige niemand zu sehen. Die Einheimischen hatten sich in der Zwischenzeit dem abgerissenen jungen Mann in der

Daunenjacke zugewandt. Er stand auf, zog die Jacke aus und schlenderte ganz lässig nach vorn, wo er eine kleine Kappe nahm und sie sich auf den Hinterkopf setzte.

Nach einem kurzen Blick auf seine Füße setzte er zum *Takbīr* an.

Seine Rezitation war ausdrucksvoll und stetig; man merkte, dass er Übung hatte. Nach der *Fātiḥa* wählte er eine lange Sure aus, woraus ich schloss, dass er den Qur'ān gut kannte und wahrscheinlich ein *ḥāfiẓ* war.

Als das gemeinschaftliche Gebet zu Ende war, schlossen die Onkel einen kurzen *dhikr* an, und der ganze Raum war vom Lobgesang auf Gott und seinen Gesandten erfüllt. Ich stimmte erst mit ein, doch irgendwann setzte ich mich und hörte einfach zu. Als der Gesang verklang, zog ich ein letztes Mal mein kleines, mittlerweile ziemlich mitgenommenes Notizbuch hervor.

»Das muslimische Europa ist gesund und munter«, schrieb ich und fügte dann hinzu: »Noch.«

GLOSSAR

Adhān: muslimischer Gebetsruf

Allah: arabisches Wort für Gott

Asr: drittes der fünf täglichen Gebete im Islam, verrichtet am Nachmittag

Bayram: türkische Bezeichnung für die Eid-Feste

Beg/Bey: militärischer Titel oder Titel des Gouverneurs eines Sandschaks

Bismillāh: »Im Namen Gottes«; muslimische Formel, die häufig vor einer Handlung ausgesprochen wird, bei der man Gott um Hilfe ersucht

Derwisch: Schüler oder Anhänger eines Sufi-Ordens

Dhikr: Gedenken an Gott, von verschiedenen muslimischen Gruppen auf unterschiedliche Weise ausgeführt

Dschamā'at: gemeinschaftlich verrichtetes Gebet

Dschihād: Anstrengung für die Sache Gottes

Dschuma: wöchentliches Gebet am Freitagmittag, das nur gemeinschaftlich verrichtet wird

Dsuhr (auch Zuhr): zweites der fünf täglichen Gebete im Islam, verrichtet am Mittag

Duā: Anrufung Gottes, Bittgebet

Eid al-Adha: Fest zum Abschluss der Pilgerfahrt in Makkah (Hadsch)

Eid al-Fitr: Fest zum Abschluss des Fastenmonats (Ramadan)

Eyalet: frühere osmanische Bezeichnung für eine große Provinz

Fadschr: erstes der fünf täglichen Gebete im Islam, verrichtet zu Sonnenaufgang

Fātiḥa: erste Sure des Qur'ān, die beim Gebet zu Beginn jedes *rakāts* rezitiert wird

Gazi: osmanische Bezeichnung eines Kämpfers für den Islam

Hadīth: überlieferte Aussage oder Handlung des Propheten

Hāfiz: jemand, der den gesamten Qur'ān auswendig gelernt hat

Hamam: öffentliches Badehaus

Han: Karawanserei, Unterkunft für Reisende

Hodscha: Titel eines geistlichen Lehrers

Imam: Person, die die Gläubigen durch das Gebet führt (unter Schiiten zudem der Titel des spirituellen Oberhaupts einer Gemeinde)

Imāret: wohltätige Unterkunft, normalerweise an eine Moschee angegliedert; bietet Kost und Logis für Reisende und Arme

Iqāma: Ruf, der im Anschluss an den *adhān* den Beginn des Freitagsgebets verkündet

Ischā: fünftes der fünf täglichen Gebete im Islam, verrichtet am späten Abend

Kadi: Richter der islamischen Theologie, manchmal auch Provinzgouverneur

Kāfir: Nichtmuslim oder Ungläubiger; Plural: *kuffār*

Komšiluk: bosnische Tradition der Nachbarschaftlichkeit, friedliches Zusammenleben

La Convivencia: Bezeichnung für das Zusammenleben der Religionen unter der muslimischen Herrschaft in Spanien

Madrasa: Bildungseinrichtung für die grundlegende, weiterführende und höhere Bildung

Maghrib: viertes der fünf täglichen Gebete im Islam, verrichtet zum Sonnenuntergang

Mahfil: hölzerne Empore im hinteren Teil der meisten Moscheen, üblicherweise den Frauen vorbehalten

Maktab: Grundschule, in der Jungen das Rezitieren des Qur'ān lernen

Masdschid: Moschee

Mihrāb: Nische im vorderen Teil einer Moschee, von der aus der Imam durch das Gebet führt

Minbar: Kanzel in einer Moschee, von der aus der Imam seine Predigten hält

Mufti: islamischer Rechtsgelehrter und Geistlicher, der eine Fatwa (Rechtsauskunft) erteilen und Urteile aussprechen kann

Muqarnas: Stilelement der klassischen osmanischen Architektur, in- und übereinandergesetzte stalaktitenförmige Ornamente, die den spitz zulaufenden Abschluss von Nischen bilden

Murīd: wörtlich übersetzt »Suchender«, bezeichnet aber meist einen Novizen eines Sufi-Ordens

Musāfir: arabisches Wort für einen Reisenden

Musāfirhan: Unterkunft für Reisende

Nargileh: traditionelle Pfeife

Pascha: Ehrentitel hoher osmanischer Beamter

Paschalik: eine Provinz, synonym zu Eyalet

Rakāt: Gebetsabschnitt, meist in zweifacher, dreifacher oder vierfacher Wiederholung

Salām: wörtlich übersetzt »Frieden«, die übliche Grußformel unter Muslimen. Vollständige Form: *Assalāmu aleikum* (Friede sei mit dir)

Salāt: rituelles Gebet der Muslime

Sandschak: Verwaltungsbezirk innerhalb einer muslimischen Provinz

Schiiten: eine der beiden großen Strömungen des Islam

Sīra: die Biografie des Propheten

Sufi: Anhänger einer mystischen Strömung des Islam (Sufismus)

Sunniten: größere der beiden Hauptströmungen des Islam

Sure/Sura: Kapitel des Qur'ān

Takbīr: Bezeichnung für die Formel *Allāhu akbar* (Gott ist groß), ausgesprochen zu Beginn des Gebets

Tambour: Architekturelement; dient bei osmanischen Moscheen der Erhöhung der Kuppel

Taqwā: Gottesfurcht

Tekke: Ort, an dem ein Sufi-Orden religiöse Rituale vollzieht

Tespih: auch *Misbaha*; 33 oder 99 (bunte) Perlen auf einer Schnur, Hilfsmittel beim *dhikr*

Thawb: langes Gewand, das traditionell in arabischsprachigen Ländern getragen wird, vor allem in der Golfregion

Tughra: Namenszug eines osmanischen Sultans, gewöhnlich in kunstvoller Kalligrafie

Türbe: türkisches Wort für Grabstätte

Ulamā: muslimischer Gelehrter

Umma: Bezeichnung für die Gemeinschaft aller Muslime weltweit

Waqf: Stiftung eines Besitztums zu religiösen oder wohltätigen Zwecken

Wuḍū: rituelle Waschung, die Muslime vor dem Gebet vollziehen

DANK

Niemand war wichtiger für dieses Buch als die drei Menschen, die mich auf der Reise begleitet haben. Deshalb danke ich als Allererstes meiner wunderbaren Frau Tamara für ihre bedingungslose Liebe, Unterstützung, Geduld und Ermutigung, dafür, dass sie an mich geglaubt hat, als mir selbst dieser Glaube fehlte, und dafür, dass sie die tollste, lustigste und interessanteste Lebens- und Reisegefährtin aller Zeiten ist. Genauso danke ich meinen beiden Töchtern Amani und Anaiya – ihr seid zu mutigen und bezaubernden jungen Frauen herangewachsen, die mich beflügeln und mich ständig etwas Neues lernen lassen. Ihr bringt mich zum Lachen und schenkt mir so viel Freude und Vergnügen, wenn ich mit euch zusammen bin, dass es zu den schönsten und großartigsten Erfahrungen meines Lebens zählt, euch großgezogen zu haben. Ich danke euch allen dreien dafür, dass ihr mich meine Version unseres faszinierenden Abenteuers erzählen lasst, und hoffe auf viele weitere dieser Art. Außerdem habe ich dem leuchtenden kleinen Stern zu danken, der in unser Leben trat, als wir ihn am dringendsten brauchten, in den dunklen Stunden der weltweiten Pandemie, die wütete, während ich die letzten Kapitel verfasste. Damit meine ich meine dritte Tochter – Maya, wenn du das hier eines Tages lesen kannst, sollst du wissen, dass dies auch deine Geschichte ist.

Ich schulde sehr vielen Leuten Dank – zu vielen, um sie hier einzeln aufzuzählen –, will aber doch einige herausgreifen, die mich auf meiner literarischen Reise unterstützt, ermutigt oder ertragen haben: meinen Cousin Nurul Uddin und meine guten Freunde Tahsin Pak, Nizam Malji, Matthew Teller und Simon »Ismael« Dale, die sich meine frühen Versuche angehört haben, mich nie den Glauben haben verlieren lassen und mir die ehrlichen Rückmeldungen gegeben haben, die ein Schriftsteller braucht. Ebenso dankbar bin ich für die liebevolle Zuneigung und Unterstützung der Gemeinschaft, in der ich im Londoner East End aufgewachsen bin, die auf jeden meiner Hilferufe reagiert hat und mir weiterhin den Rücken stärkt.

Eine eigene Erwähnung verdient mein enger Freund Mevludin Sahinovic wegen seiner ständigen und aufrichtigen Unterstützung, seines Feedbacks und seiner Fachkenntnis rund um das Thema Islam in Bosnien und auf dem Balkan. Außerdem danke ich Elmedin Music in Sarajevo und Egon Loli in Vlorë dafür, dass sie mir ihr Spezialwissen als Einheimische zur Verfügung gestellt haben – so etwas findet man nicht in Büchern.

Mein Dank gilt Professorin Abigail Green und Professor Llewelyn Morgan von der University of Oxford für ihre wertvolle Unterstützung und Beratung.

Ein ganz großes Dankeschön geht an meine Agentin und Mentorin Jennifer Barclay, die es geschafft hat, einen enttäuschten Schriftsteller ohne jedes Selbstvertrauen aufzubauen und ihm und seinem Manuskript wieder neues Leben einzuhauchen. Ich danke dem ganzen Team bei Bradt Guides für sein Einfühlungsvermögen und dafür, dass es meine Wünsche, meine Bedürfnisse und meine vielen zweifellos nervigen Angewohnheiten ausgehalten hat. Ich danke meinem hervorragenden Lektor Ross Dickinson, der mich verstanden und mir dabei geholfen hat, den Text zu genau dem zu machen, was ich mir vorgestellt hatte. Und Ollie Davis, dessen Coverdesign und Landkarte die Atmosphäre und Dynamik unserer Reise gekonnt einfangen.

Zutiefst dankbar bin ich den Bewohnern des westlichen Balkans, angefangen bei den vielen ungenannten Menschen, die uns in ihrem Leben willkommen geheißen haben und uns unterwegs halfen, bis hin zu den Märtyrern, die ihr Leben dafür gelassen haben, den Frieden in diese wunderschöne Region zu bringen. Ich bitte sie alle um Verständnis und, wenn nötig, Vergebung, sollte das, was ich hier geschrieben habe, nicht dem entsprechen, wie sie es in Erinnerung haben.

Zum Abschluss möchte ich meine Eltern erwähnen, denen ich am allermeisten zu verdanken habe: meiner Mutter Rina Khanam die Abenteuerlust und meinem Vater Mozir Uddin Ahmad die Wissbegier und die Liebe zu Büchern.